JLPT
합격 시그널

일본어능력시험

단어장 N2

테마별 **필수 어휘**와 **기출 어휘** 완전 마스터

저자 JLPT 연구모임

시사일본어사

이 책의 구성

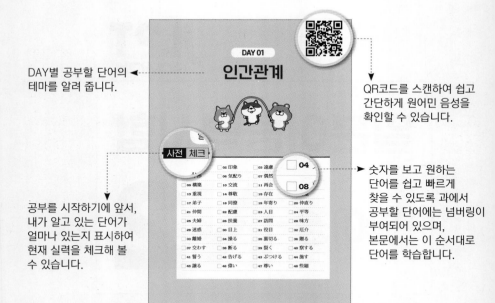

DAY별 공부할 단어의
테마를 알려 줍니다.

QR코드를 스캔하여 쉽고
간단하게 원어민 음성을
확인할 수 있습니다.

공부를 시작하기에 앞서,
내가 알고 있는 단어가
얼마나 있는지 표시하여
현재 실력을 체크해 볼
수 있습니다.

숫자를 보고 원하는
단어를 쉽고 빠르게
찾을 수 있도록 과에서
공부할 단어에는 넘버링이
부여되어 있으며,
본문에서는 이 순서대로
단어를 학습합니다.

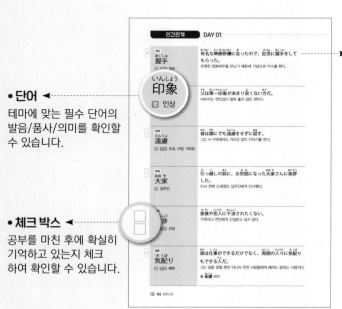

● 단어
테마에 맞는 필수 단어의
발음/품사/의미를 확인할
수 있습니다.

● 예문
제시 단어가 어떻게 사용
되는지, 테마와 관련된
문장을 통해 뉘앙스를
익힐 수 있습니다.

● 체크 박스
공부를 마친 후에 확실히
기억하고 있는지 체크
하여 확인할 수 있습니다.

2

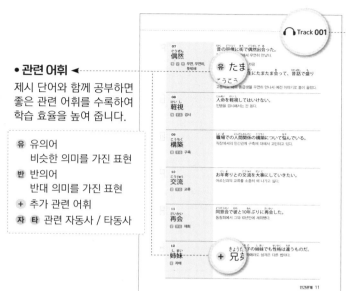

● 트랙 번호

● 트랙 번호

모든 제시 단어와 예문은
원어민 음성을 들으며
발음을 확인할 수 있습니다.

전체 원어민 음성은 하단
QR코드 스캔을 통한 스트
리밍 서비스 이용, 혹은 시
사일본어사 홈페이지에서
mp3 파일을 다운로드 후
이용할 수 있습니다.
(www.sisabooks.com/jpn)

전체 음성 듣기

● 관련 어휘

제시 단어와 함께 공부하면
좋은 관련 어휘를 수록하여
학습 효율을 높여 줍니다.

- 유 유의어
  비슷한 의미를 가진 표현
- 반 반의어
  반대 의미를 가진 표현
- ➕ 추가 관련 어휘
- 자 타 관련 자동사 / 타동사

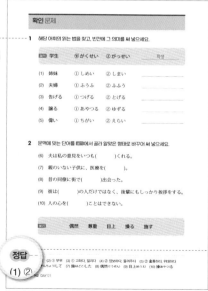

● 확인 문제

문제를 통해 공부한 단어의
발음 및 문장 활용을 다시
한번 체크해 봅니다.

● 정답

하단의 정답을 보고 채점을
한 후, 다시 한번 문제를
확인하며 복습해 봅니다.

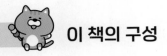

이 책의 구성

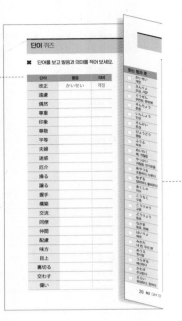

• 단어 퀴즈
얼마나 기억하고 있는지
현재 성취도를 확인하기
위해 제시된 단어를 보고
발음과 의미를 적어 봅니다.

▶ 점선을 따라 접으면
퀴즈 정답을 확인할 수
있습니다.

• 퀴즈 정답
절취선을 따라 접어
퀴즈의 정답을 확인하고,
정답을 맞춘 단어에
체크해 봅니다.

▶ 다시 한번 단어를 보며
발음과 의미를 적고 복습
해 봅니다. 앞서 확실히
기억하지 못했던 단어를
반복 연습하여 확실히
암기하고 넘어갈 수
있습니다.

• 독해 연습 ◀······
테마와 관련된 내용의
독해 지문을 읽으면서
공부한 어휘가 긴 글에서
어떻게 사용되고 있는지를
알아봅니다.

······▶ **• 해석**
글에서 단어가 어떤
뉘앙스로 사용되었는지를
한국어로 문맥을 보며
파악해 봅니다.

시험 직전

시험에 출제되는
유형에 맞게 구분한 **어휘집**

집중 공략 어휘

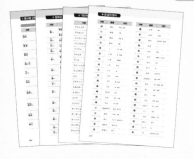

**한 글자 명사, 가타카나어, 접두어/접미어, 복합 동사, 자주
사용하는 표현**에서 문제 유형에 맞는 단어를 바로 찾아볼 수
있습니다.
또한 **품사별 고득점 어휘**에서는 독해나 청해 등의 한 지문 안에
나올 수 있는 다양한 단어에 익숙해질 수 있도록 함께 기억하면
좋은 보다 폭넓은 레벨의 단어를 문장과 함께 학습할 수 있습
니다.

기출 어휘

시험 직전 간단하게 복습할 수 있도록 현재까지 출제된
과거 문자 어휘 영역의 **유형별 기출 어휘**를 발음순으로
수록하고 있습니다.

색인

발음 순으로 수록된 **색인**을 통해 본문에서 다룬 모든
단어를 빠르게 찾을 수 있습니다.

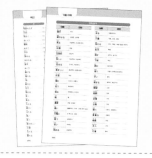

5

목차

시험 직전
집중 공략 어휘

품사 일람표	
명	명사
동	동사
イ	イ형용사
ナ	ナ형용사
연	연체사
부	부사
자	자동사
타	타동사

관련어 일람표	
+	추가 관련어휘
반	반의어
유	유의어

음성듣기

DAY 01

인간관계

얼마나
알고 있나요?

사전 체크

☐ **01** 握手	☐ **02** 印象	☐ **03** 遠慮	☐ **04** 大家
☐ **05** 干渉	☐ **06** 気配り	☐ **07** 偶然	☐ **08** 軽視
☐ **09** 構築	☐ **10** 交流	☐ **11** 再会	☐ **12** 姉妹
☐ **13** 重視	☐ **14** 尊敬	☐ **15** 存在	☐ **16** 尊重
☐ **17** 弟子	☐ **18** 同僚	☐ **19** 年寄り	☐ **20** 仲直り
☐ **21** 仲間	☐ **22** 配慮	☐ **23** 人目	☐ **24** 平等
☐ **25** 夫婦	☐ **26** 扶養	☐ **27** 訪問	☐ **28** 味方
☐ **29** 迷惑	☐ **30** 目上	☐ **31** 役目	☐ **32** 厄介
☐ **33** 離婚	☐ **34** 操る	☐ **35** 裏切る	☐ **36** 贈る
☐ **37** 交わす	☐ **38** 断る	☐ **39** 裂く	☐ **40** 察する
☐ **41** 誓う	☐ **42** 告げる	☐ **43** ぶつける	☐ **44** 施す
☐ **45** 譲る	☐ **46** 偉い	☐ **47** 尊い	☐ **48** 些細

01
あくしゅ
握手
명 する 악수

ゆうめい　えいが　はいゆう　あ　　　　　　　きねん　あくしゅ
有名な映画俳優に会ったので、記念に握手をして
もらった。
유명한 영화배우를 만났기 때문에 기념으로 악수를 했다.

02
いんしょう
印象
명 인상

ちち　だいいちいんしょう　　　　　よ　　　　ほう
父は第一印象があまり良くない方だ。
아버지는 첫인상이 별로 좋지 않은 편이다.

03
えんりょ
遠慮
명 する 조심, 사양, 거리낌

かれ　だれ　　　　　えんりょ　　　　はな
彼は誰にでも遠慮をせずに話す。
그는 누구에게라도 거리낌 없이 이야기를 한다.

04
おおや
大家
명 집주인

ひ　こ　　まえ　　　　せわ　　　　おおや　　　　あいさつ
引っ越しの前に、お世話になった大家さんに挨拶
した。
이사 전에 신세졌던 집주인에게 인사했다.

05
かんしょう
干渉
명 する 간섭

かぞく　こいびと　かんしょう
家族や恋人に干渉されたくない。
가족이나 연인에게 간섭받고 싶지 않다.

06
きくば
気配り
명 する 배려

かれ　しごと　　　　　　　　　　しゅうい　ひとびと　きくば
彼は仕事ができるだけでなく、周囲の人々に気配り
ひと
もできる人だ。
그는 일을 잘할 뿐만 아니라 주변 사람들에게 배려도 잘하는 사람이다.
はいりょ
유 配慮 배려

07
ぐうぜん
偶然
명 ナ 부 우연, 우연히,
뜻밖에

むかし どうりょう まち ぐうぜん で あ
昔の同僚に街で偶然出会った。
옛날 동료를 거리에서 우연히 만났다.

유 たまたま 우연히, 가끔

こうこう じ だい どうきゅうせい あ むかしばなし も
高校時代の同級生にたまたま会って、昔話で盛り
あ
上がった。
고등학교 때의 동급생을 우연히 만나서 예전 이야기로 흥이 올랐다.

08
けい し
軽視
명 する 경시

じんめい けい し
人命を軽視してはいけない。
인명을 경시해서는 안 된다.

09
こうちく
構築
명 する 구축

しょく ば にんげんかんけい こうちく なや
職場での人間関係の構築について悩んでいる。
직장에서의 인간관계 구축에 대해서 고민하고 있다.

10
こうりゅう
交流
명 する 교류

とし よ こうりゅう だい じ
お年寄りとの交流を大事にしていきたい。
어르신과의 교류를 소중히 해 나가고 싶다.

11
さいかい
再会
명 する 재회

どうそうかい かれ ねん さいかい
同窓会で彼と10年ぶりに再会した。
동창회에서 그와 10년만에 재회했다.

12
し まい
姉妹
명 자매

かお に ふた ご し まい せいかく ちが
顔が似ている双子の姉妹でも性格は違うものだ。
얼굴이 닮은 쌍둥이 자매라도 성격은 다른 법이다.

きょうだい
+ 兄弟 형제

13
じゅう し
重視
명 する 중시, 중요시

けっこんあい て　　　がいけん　　　せいかく　じゅう し
結婚相手は、外見よりも性格を重視している。
결혼 상대는 겉모습보다도 성격을 중요시하고 있다.

14
そんけい
尊敬
명 する 존경

ちち　おお　　がくせい　　そんけい
父は多くの学生から尊敬されている。
아버지는 많은 학생들로부터 존경받고 있다.

＋ うやま
敬う 존경하다

かれ　すば　　　　じんかく　も　ぬし　　うやま　　　ひと
彼は素晴らしい人格の持ち主で、敬うべき人だ。
그는 훌륭한 인격의 소유자로, 존경할 만한 사람이다.

15
そんざい
存在
명 する 존재

わたし　　　　はは　いちばん み ぢか　そんざい
私にとって母は一番身近な存在だ。
나에게 있어서 엄마는 가장 가까운 존재이다.

16
そんちょう
尊重
명 する 존중

おっと　わたし　い けん　　　　　そんちょう
夫は私の意見をいつも尊重してくれる。
남편은 나의 의견을 늘 존중해 준다.

17
で し
弟子
명 제자

わたし　で し　あたら　　みせ　だ
私の弟子が新しい店を出した。
내 제자가 새 가게를 냈다.

18
どうりょう
同僚
명 동료

かのじょ　まえ　かいしゃ　どうりょう
彼女は前の会社の同僚です。
그녀는 전 회사의 동료입니다.

⊕ なか ま
仲間 동료, 한패

19
とし よ
年寄り
名 노인, 어르신

_{わかもの} _{とし よ} _{せき} _{ゆず} _{ば めん} _み
若者が年寄りに席を譲る場面をよく見る。
젊은이가 어르신에게 자리를 양보하는 장면을 자주 본다.

20
なかなお
仲直り
名 する 화해

_{しんゆう} _{おおげん か} _{なかなお}
親友と大喧嘩をしてやっと仲直りした。
친구와 크게 싸우고 겨우 화해했다.

21
なか ま
仲間
名 동료, 한패

_{なか ま} _{ねんかん} _{かつどう} _{つづ}
仲間のおかげで4年間クラブ活動を続けられた。
동료 덕분에 4년 동안 동아리 활동을 계속할 수 있었다.

22
はいりょ
配慮
名 する 배려

_{さいきん} _{わかもの} _{め うえ} _{ひと} _{はいりょ} _た
最近の若者は、目上の人への配慮が足りない。
요즘 젊은이는 윗사람에게의 배려가 부족하다.
유 気配り 배려

23
ひと め
人目
名 남의 눈, 남의 시선

_{かれ} _{じ ぶん} _{じ しん} _{ひとめ} _き
彼は自分に自信がないのか、いつも人目を気にしている。
그는 자신에게 자신이 없는 것인지 항상 남의 시선을 신경쓰고 있다.

24
びょうどう
平等
名 ナ 평등

_{じ かん} _{だれ} _{びょうどう}
時間は誰にも平等だ。
시간은 누구에게나 평등하다.

25

夫婦
ふうふ

명 부부

私たち夫婦は結婚して10年になる。
わたし　　ふうふ　　けっこん　　　　　　　　ねん

우리 부부는 결혼하고 10년이 된다.

유 夫妻 부부
　　ふさい

26

扶養
ふよう

명 する 부양

親は大人になるまで子供を扶養すべきだ。
おや　おとな　　　　　　こども　　ふよう

부모는 어른이 될 때까지 아이들을 부양해야 한다.

27

訪問
ほうもん

명 する 방문

プレゼントを持って友達の新居を訪問した。
　　　　　　も　ともだち　しんきょ　ほうもん

선물을 가지고 친구의 새집을 방문했다.

28

味方
みかた

명 する 내 편, 우리 편,
자기편, 아군

親はどんな時でも子供の味方であるべきだ。
おや　　　　とき　　こども　みかた

부모는 어떤 때라도 아이의 편이어야 한다.

+ 味方する 편을 들다
　みかた

29

迷惑
めいわく

명 ナ する 폐, 귀찮음,
성가심

私のミスのせいで迷惑をかけた人たちに謝りたい。
わたし　　　　　　　めいわく　　　　　ひと　　　　あやま

나의 실수 탓에 폐를 끼친 사람들에게 사과하고 싶다.

30

目上
めうえ

명 나이가 위임, 윗사람

彼は目上の人だけではなく、後輩にもしっかり挨拶
かれ　めうえ　ひと　　　　　　　　　　こうはい　　　　　　　　あいさつ
をする。

그는 윗사람뿐만 아니라 후배에게도 확실히 인사를 한다.

반 目下 아랫사람
　めした

31
やくめ
役目
명 임무, 직무, 책임, 역할

こども だいじ そだ おや やくめ
子供を大事に育てるのが親の役目だ。
아이를 소중하게 기르는 것이 부모의 역할이다.

やくわり
유 役割 역할

じぶん やくわり は
自分の役割はちゃんと果たしてください。
자신의 역할은 제대로 다해 주세요.

32
やっかい
厄介
명 ナ 귀찮음, 성가심,
번거로움

かのじょ しんせきぜんいん めいわく やっかい そんざい
彼女は親戚全員に迷惑をかけている厄介な存在だ。
그녀는 친척 모두에게 폐를 끼치고 있는 성가신 존재이다.

33
りこん
離婚
명 する 이혼

わたし りょうしん ねんまえ りこん べつべつ く
私の両親は5年前に離婚して別々に暮らしている。
우리 부모님은 5년 전에 이혼해서 따로 살고 있다.

けっこん
반 結婚 결혼

34
あやつ
操る
통 조종하다, 다루다

ひと こころ あやつ
人の心を操ることはできない。
사람의 마음을 조종할 수는 없다.

35
うらぎ
裏切る
통 배신하다

しん しんゆう わたし うらぎ
信じていた親友が私を裏切った。
믿고 있던 친구가 나를 배신했다.

36
おく
贈る
통 보내다, 선사하다,
선물하다

ちち たんじょうび いわ おく
父の誕生日のお祝いにネクタイを贈った。
아버지 생일 축하 선물로 넥타이를 선물했다.

おく もの
+ 贈り物 선물

| 37 か交わす 통 주고받다, 교환하다 | 最近、彼女とは一言も言葉を交わしていない。
최근 그녀와는 한마디도 말을 주고받고 있지 않다. |

| 38 ことわ断る 통 거절하다 | 彼からデートに誘われたが、別の用事があったため断った。
그에게 데이트 신청을 받았지만 다른 볼일이 있어서 거절했다. |

| 39 さ裂く 통 찢다, 떼다 | その事件が夫婦の仲を裂いた。
그 사건이 부부 사이를 갈라놓았다. |

| 40 さっ察する 통 헤아리다, 살피다 | 彼女の辛い状況を察して、アドバイスをした。
그녀의 괴로운 상황을 살펴서 조언을 했다. |

| 41 ちか誓う 통 맹세하다 | 彼は彼女を一生幸せにすると誓った。
그는 그녀를 평생 행복하게 해 줄 거라고 맹세했다. |

| 42 つ告げる 통 고하다, 알리다 | 2年付き合った彼に別れを告げた。
2년 사귄 그에게 이별을 고했다. |

43
ほんね
ぶつける

동 부딪치다, 부닥뜨리다, (감정 등을) 토로하다, 뱉어내다

本音をぶつけても続けられる人間関係を作りたい。
본심을 토로해도 계속할 수 있는 인간관계를 만들고 싶다.

자 ぶつかる 부딪치다, 충돌하다

横断歩道で自転車にぶつかって怪我をした。
횡단보도에서 자전거에 부딪쳐서 다쳤다.

44
ほどこ
施す

동 베풀다, 시행하다, (장식, 가공을) 가하다

親のいない子供に、医療を施した。
부모가 없는 아이에게 의료를 베풀었다.

彼女は顔に薄い化粧を施した。
그녀는 얼굴에 옅은 화장을 했다.

45
ゆず
譲る

동 양보하다, 물려주다, 양도하다

電車の中ではお年寄りに席を譲るようにしている。
전철 안에서는 어르신에게 자리를 양보하려고 하고 있다.

この机は兄に安く譲ってもらった。
이 책상은 형(오빠)에게 싸게 넘겨 받았다.

46
えら
偉い

イ 훌륭하다, 위대하다, 장하다

会社の偉い人が私の顔を覚えてくれた。
회사의 높으신 분이 내 얼굴을 기억해 주었다.

まだ4才なのに一人で着替えができるなんて、偉いですね。
아직 네 살인데 혼자서 옷을 갈아입을 수 있다니, 장하네요.

47
とうと
尊い

イ 귀중하다, 존귀하다

医者は尊い命を守るために働いている。
의사는 존귀한 생명을 지키기 위해 일하고 있다.

48
ささい
些細

ナ 사소함

あの二人は些細な事で喧嘩ばかりしている。
저 두 사람은 사소한 일로 싸움만 하고 있다.

1 해당 어휘의 읽는 법을 찾고, 빈칸에 그 의미를 써 넣으세요.

| 보기 | 学生 | ✔ がくせい | ② がっせい | 학생 |

(1)	姉妹	① しめい	② しまい	_____
(2)	夫婦	① ふうふ	② ふふう	_____
(3)	告げる	① つげる	② とげる	_____
(4)	譲る	① あやつる	② ゆずる	_____
(5)	偉い	① ちがい	② えらい	_____

2 문맥에 맞는 단어를 보기 에서 골라 알맞은 형태로 바꾸어 써 넣으세요.

(6) 夫は私の意見をいつも(　　　　)くれる。

(7) 親のいない子供に、医療を(　　　　)。

(8) 昔の同僚に街で(　　　　)出会った。

(9) 彼は(　　　　)の人だけではなく、後輩にもしっかり挨拶をする。

(10) 人の心を(　　　　)ことはできない。

| 보기 | 偶然　　　尊重　　　目上　　　操る　　　施す |

단어 퀴즈

✽ 단어를 보고 발음과 의미를 적어 보세요.

단어	발음	의미
改正	かいせい	개정
遠慮		
偶然		
尊重		
印象		
尊敬		
平等		
夫婦		
迷惑		
厄介		
操る		
譲る		
握手		
構築		
交流		
同僚		
仲間		
配慮		
味方		
目上		
裏切る		
交わす		
偉い		

선을 따라 접으면 답을 확인할 수 있어요.

✖ 한번 더 복습해 봅시다.

읽는 법과 뜻		한자	발음	의미
□	かいせい 개정	예 改正	かいせい	개정
□	えんりょ 조심, 사양	遠慮		
□	ぐうぜん 우연히, 뜻밖에	偶然		
□	そんちょう 존중	尊重		
□	いんしょう 인상	印象		
□	そんけい 존경	尊敬		
□	びょうどう 평등	平等		
□	ふうふ 부부	夫婦		
□	めいわく 폐, 귀찮음	迷惑		
□	やっかい 귀찮음, 번거로움	厄介		
□	あやつる 조종하다, 다루다	操る		
□	ゆずる 양보하다, 물려주다	譲る		
□	あくしゅ 악수	握手		
□	こうちく 구축	構築		
□	こうりゅう 교류	交流		
□	どうりょう 동료	同僚		
□	なかま 동료, 한패	仲間		
□	はいりょ 배려	配慮		
□	みかた 내 편, 우리 편	味方		
□	めうえ 윗사람	目上		
□	うらぎる 배신하다	裏切る		
□	かわす 주고받다	交わす		
□	えらい 위대하다, 장하다	偉い		

DAY 02
성격과 성질

음성듣기

얼마나
알고 있나요?

사전 체크

- [ ] **01** 安易
- [ ] **02** 臆病
- [ ] **03** 温和
- [ ] **04** 活気
- [ ] **05** 純粋
- [ ] **06** 真剣
- [ ] **07** 性格
- [ ] **08** 素朴
- [ ] **09** 中途半端
- [ ] **10** 長所
- [ ] **11** 卑怯
- [ ] **12** 人柄
- [ ] **13** 利口
- [ ] **14** わがまま
- [ ] **15** 潤う
- [ ] **16** 黙る
- [ ] **17** 歪む
- [ ] **18** 厚かましい
- [ ] **19** 荒い
- [ ] **20** 幼い
- [ ] **21** 恐ろしい
- [ ] **22** 大人しい
- [ ] **23** 賢い
- [ ] **24** しつこい
- [ ] **25** ずうずうしい
- [ ] **26** そそっかしい
- [ ] **27** 頼もしい
- [ ] **28** だらしない
- [ ] **29** つまらない
- [ ] **30** なれなれしい
- [ ] **31** 鈍い
- [ ] **32** 粘り強い
- [ ] **33** はなはだしい
- [ ] **34** 柔らかい
- [ ] **35** 大げさ
- [ ] **36** おおざっぱ
- [ ] **37** 温厚
- [ ] **38** 活発
- [ ] **39** 頑固
- [ ] **40** 頑丈
- [ ] **41** 下品
- [ ] **42** 柔軟
- [ ] **43** 消極的
- [ ] **44** 率直
- [ ] **45** 和やか
- [ ] **46** 朗らか
- [ ] **47** 陽気
- [ ] **48** のんびり

01
あん い
安易
명 ナ 안이, 손쉬움

あん い　　かんが　　　しゃかい　　つうよう
そんな安易な考えは社会では通用しない。
그런 안이한 생각은 사회에서는 통용되지 않는다.

02
おくびょう
臆病
명 ナ 겁이 많음,
겁이 많은 사람

か こ　しっぱい　おも　だ　　　　おくびょう
過去の失敗を思い出すと、臆病になってしまう。
과거의 실패를 떠올리면 겁쟁이가 되어 버린다.
＋ おくびょうもの
臆病者 겁쟁이

03
おん わ
温和
명 ナ 온화

かれ　おんわ　　せいかく
彼は温和な性格をしている。
그는 온화한 성격이다.

04
かっ き
活気
명 활기

みせ　　　　ひと　おお　　かっき
この店は、いつも人が多くて活気がある。
이 가게는 항상 사람이 많고 활기가 있다.

05
じゅんすい
純粋
명 ナ 순수

かれ　いま　じ だい　　　めずら　　　　じゅんすい　わかもの
彼は今の時代には珍しいほど純粋な若者だ。
그는 지금 시대에는 드물만큼 순수한 젊은이다.

06
しんけん
真剣
명 ナ 진지함, 진정임

じょうだん　　　　しんけん　はなし
これは冗談ではなく真剣な話です。
이것은 농담이 아니라 진지한 이야기입니다.

07
せいかく
性格
명 성격

性格と血液型には、何の関係もない。

성격과 혈액형에는 아무런 관계도 없다.

08
そぼく
素朴
명 ナ 소박

彼女には、都会に住む人が持っていない素朴さが
ある。

그녀에게는 도시에 사는 사람이 가지고 있지 않은 소박함이 있다.

09
ちゅうとはんぱ
中途半端
명 ナ 어중간함

彼女はいつも中途半端で最後まで何かをしたことが
ない。

그녀는 항상 어중간하게 해서 마지막까지 무언가를 한 적이 없다.

10
ちょうしょ
長所
명 장점

彼の長所は明るくて親切なところだ。

그의 장점은 밝고 친절한 점이다.

반 短所 단점 デメリット 디메리트, 결점, 단점

유 メリット 장점, 이점

11
ひきょう
卑怯
명 ナ 비겁

卑怯な手を使わずに、正々堂々と勝負しませんか。

비겁한 방법을 사용하지 않고 정정당당히 승부하지 않겠습니까?

12
ひとがら
人柄
명 인품, 사람됨

メールの文章から彼女の人柄がいいと感じました。

메일의 문장에서 그녀의 인품이 좋다고 느꼈습니다.

13
りこう
利口

명ナ 영리함, 머리가 좋음

いぬ　　ほか　いぬ　　くら　　　　ひじょう　　りこう
この犬は他の犬に比べて非常に利口だ。
이 개는 다른 개에 비해서 아주 영리하다.

14
わがまま

명ナ 제멋대로 굶, 버릇없음

かれ　　　　　　　　じこちゅう　　　　ひと　す
彼はわがままで自己中だから人に好かれない。
그는 제멋대로이며 자기중심적이라서 사람들이 좋아하지 않는다.

유 かって
勝手 제멋대로임

かのじょ　じぶんかって　こうどう　まわ　　めいわく
彼女は自分勝手な行動で周りに迷惑をかけている。
그녀는 제멋대로인 행동으로 주변에 폐를 끼치고 있다.

15
うるお
潤う

통 습기를 띠다, 넉넉해지다,
여유가 생기다

け しょうすい　はだ　うるお　　　　　ひょうばん
この化粧水は肌が潤うことで評判だ。
이 화장수는 피부가 촉촉해지는 것으로 평판이 좋다.

16
だま
黙る

통 입을 다물다, 침묵하다

かのじょ　おこ　　　　　　　　だま
彼女は怒るとすぐに黙ってしまう。
그녀는 화가 나면 바로 입을 다물어 버린다.

17
ゆが
歪む

통 비뚤어지다, 일그러지다

かれ　　　かていかんきょう　えいきょう　　せいかく　ゆが
彼は、家庭環境が影響して、性格が歪んでしまった。
그는 가정 환경의 영향으로 성격이 비뚤어져 버렸다.

타 ゆが
歪める 일그러뜨리다, 비뚤어지게 하다

わる　はなし　き　　　　　　かれ　かお　ゆが
悪い話を聞いたのか、彼は顔を歪めた。
안 좋은 이야기를 들은 건지 그는 얼굴을 일그러뜨렸다.

18
あつ
厚かましい

イ 뻔뻔하다

かのじょ　　ひと　めいわく　かんが　　　あつ　　　　　　せいかく
彼女は、人の迷惑を考えない厚かましい性格だ。
그녀는 다른 사람에게 민폐인 것을 생각하지 않는 뻔뻔한 성격이다.

19
あら
荒い

✓ 거칠다, 난폭하다

<ruby>彼<rt>かれ</rt></ruby>は<ruby>言葉遣<rt>ことばづか</rt></ruby>いが<ruby>少々<rt>しょうしょう</rt></ruby><ruby>荒<rt>あら</rt></ruby>いようだ。

그는 말투가 조금 거친 것 같다.

20
おさな
幼い

✓ 어리다, 미숙하다, 유치하다

<ruby>彼<rt>かれ</rt></ruby>の<ruby>発言<rt>はつげん</rt></ruby>には<ruby>主体性<rt>しゅたいせい</rt></ruby>がなく、とても<ruby>幼<rt>おさな</rt></ruby>い。

그의 발언에는 주체성이 없고 매우 유치하다.

21
おそ
恐ろしい

✓ 무섭다, 두렵다

<ruby>最近<rt>さいきん</rt></ruby>、<ruby>恐<rt>おそ</rt></ruby>ろしい<ruby>事件<rt>じけん</rt></ruby>が<ruby>多<rt>おお</rt></ruby>い。

최근에 무서운 사건이 많다.

22
おとな
大人しい

✓ 얌전하다, 온순하다

うちのペットは、えさをあげる<ruby>時<rt>とき</rt></ruby>だけ<ruby>大人<rt>おとな</rt></ruby>しい。

우리 집 반려동물은 사료를 줄 때만 얌전하다.

23
かしこ
賢い

✓ 현명하다, 영리하다

<ruby>彼<rt>かれ</rt></ruby>は<ruby>学校<rt>がっこう</rt></ruby>の<ruby>成績<rt>せいせき</rt></ruby>も<ruby>良<rt>よ</rt></ruby>く、とても<ruby>賢<rt>かしこ</rt></ruby>い。

그는 학교 성적도 좋고 매우 영리하다.

24
しつこい

✓ 집요하다, 끈덕지다, 개운하지 않다, 칙칙하다

<ruby>何度<rt>なんど</rt></ruby>も<ruby>電話<rt>でんわ</rt></ruby>して、しつこいと<ruby>思<rt>おも</rt></ruby>われたかな。

몇 번이나 전화를 해서 집요하다고 여겨졌으려나.

유 くどい 끈덕지다, 장황하다

くどいようですが、この<ruby>話<rt>はなし</rt></ruby>はここだけの<ruby>秘密<rt>ひみつ</rt></ruby>です。

집요한 듯 하지만, 이 이야기는 여기만의 비밀입니다.

25

ずうずうしい

✓ 뻔뻔하다

彼<ruby>かれ</ruby>はいつも飲<ruby>の</ruby>み会<ruby>かい</ruby>でお金<ruby>かね</ruby>を払<ruby>はら</ruby>わないずうずうしい人<ruby>ひと</ruby>だ。

그는 언제나 회식에서 돈을 내지 않는 뻔뻔한 사람이다.

26

そそっかしい

✓ 덜렁대다, 조심성이 없다

彼女<ruby>かのじょ</ruby>はしょっちゅう忘<ruby>わす</ruby>れ物<ruby>もの</ruby>をして本当<ruby>ほんとう</ruby>にそそっかしい。

그녀는 늘 물건을 잃어버리고 정말 덜렁댄다.

27

頼<ruby>たの</ruby>もしい

✓ 믿음직하다, 기대할 만하다

彼<ruby>かれ</ruby>はどんなに難<ruby>むずか</ruby>しい仕事<ruby>しごと</ruby>でもやってくれて、とても頼<ruby>たの</ruby>もしい。

그는 아무리 어려운 업무라도 해 주어서 매우 믿음직스럽다.

28

だらしない

✓ 칠칠치 못하다, 단정치 못하다, 야무지지 못하다

彼<ruby>かれ</ruby>は時間<ruby>じかん</ruby>にだらしなくて、約束<ruby>やくそく</ruby>の時間<ruby>じかん</ruby>を守<ruby>まも</ruby>ったことがない。

그는 시간 활용을 잘 못해서 약속 시간을 지킨 적이 없다.

29

つまらない

✓ 시시하다, 하찮다, 보잘것 없다

つまらない嘘<ruby>うそ</ruby>をついて親友<ruby>しんゆう</ruby>を怒<ruby>おこ</ruby>らせてしまった。

하찮은 거짓말을 해서 친구를 화나게 하고 말았다.

30

なれなれしい

✓ 매우 친숙하다, 허물없다

彼<ruby>かれ</ruby>は上司<ruby>じょうし</ruby>になれなれしく話<ruby>はな</ruby>しかけて注意<ruby>ちゅうい</ruby>された。

그는 상사에게 허물없이 말을 걸어서 주의받았다.

31
にぶ
鈍い
イ 둔하다, 무디다

後ろの方で鈍い音がした。
뒤쪽에서 둔탁한 소리가 났다.

32
ねば づよ
粘り強い
イ 끈기있다

彼はやると決めたことは決して諦めない粘り強い
性格だ。
그는 한다고 정한 것은 결코 포기하지 않는 끈기있는 성격이다.

33
はなはだしい
イ 매우 심하다, 대단하다

彼女は非常識もはなはだしい。
그녀는 몰상식도 이만저만이 아니다.

34
やわ
柔らかい
イ 부드럽다

赤ちゃんの肌はとても柔らかかった。
아기의 피부는 매우 부드러웠다.

35
おお
大げさ
ナ 과장됨

彼女は小さいことを大げさに話す癖がある。
그녀는 작은 일을 과장되게 이야기하는 버릇이 있다.

36
おおざっぱ
ナ 대략적임, 조잡함, 엉성함

父は神経質だが、母は反対におおざっぱな性格だ。
아빠는 예민한데, 엄마는 반대로 엉성한 성격이다.

37
おんこう
温厚

ナ 온후, 온화함

かれ　なに　たい　　もんく　い　　　　　　おんこう　じんぶつ
彼は何に対しても文句を言ったりせず、温厚な人物
だった。
그는 무슨 일에 대해서도 불만을 말하거나 하지 않는 온후한 인물이
었다.

38
かっぱつ
活発

ナ 활발

あに　かっぱつ　あか　　ひと
兄は活発で明るい人だ。
오빠는(형은) 활발하고 밝은 사람이다.

39
がんこ
頑固

ナ 명 완고

わたし　ちち　　　　　　がんこ　ひと　いけん　き
私の父はとても頑固で人の意見を聞こうとしない。
우리 아버지는 정말 완고해서 남의 의견을 들으려고 하지 않는다.

40
がんじょう
頑丈

ナ 명 튼튼

がんじょう　　こわ
このカメラは頑丈で、壊れにくい。
이 카메라는 튼튼해서 잘 고장나지 않는다.

41
げひん
下品

ナ 명 품위 없음, 천박함

かれ　　　　　げ ひん　　　　　い　　　　　きら
彼はいつも下品なことを言うので、嫌われている。
그는 항상 품위 없는 말을 해서 미움받고 있다.

反 じょうひん
上品 품위 있음, 고상함

せんさい　じょうひん　あじ
このレストランのメニューは繊細で上品な味が
ひょうばん
評判だ。
이 레스토랑의 메뉴는 섬세하고 품위 있는 맛으로 평판이 자자하다.

42
じゅうなん
柔軟

ナ 유연, 융통성이 있음

なや　　とき　じゅうなん　かんが　かた　　　　ほう
悩んだ時は柔軟な考え方をした方がいい。
고민이 있을 때는 유연한 사고방식을 하는 편이 좋다.

43
しょうきょくてき
消極的
ナ 소극적

私の弟はどんなことにも消極的な性格だ。
내 남동생은 어떠한 것에도 소극적인 성격이다.

반 積極的 적극적
せっきょくてき

44
そっちょく
率直
ナ 名 솔직

お客様の率直な意見をお聞かせください。
고객님의 솔직한 의견을 들려 주세요.

유 素直 순진함, 솔직함, 순순함, 고분고분함
すなお

45
なご
和やか
ナ 온화함, 부드러움

パーティーは和やかな雰囲気だった。
파티는 온화한 분위기였다.

46
ほが
朗らか
ナ 명랑함, 쾌청함

朗らかな人になってほしくて、太朗と名付けた。
명랑한 사람이 되었으면 해서 타로라고 이름 지었다.

47
ようき
陽気
ナ 名 명랑함, 밝고 쾌활함,
기후, 날씨

彼はいつも明るくて、とても陽気な人だ。
그는 언제나 밝고 매우 쾌활한 사람이다.

48
のんびり
副 する 한가로이, 유유히,
태평스레

父はのんびりした性格で、いつも母に小言を言われている。
아버지는 태평스러운 성격으로 늘 엄마에게 잔소리를 듣는다.

유 気楽 홀가분함, 속 편함, 태평함
きらく

1 해당 어휘의 읽는 법을 찾고, 빈칸에 그 의미를 써 넣으세요.

보기 | 学生   ☑ がくせい   ② がっせい   <u>학생</u>

(1) 活気   ① かっき   ② がっき   _____

(2) 温厚   ① おんふう   ② おんこう   _____

(3) 柔軟   ① じゅうなん   ② じゅなん   _____

(4) 朗らか   ① ほがらか   ② なごやか   _____

(5) 賢い   ① しつこい   ② かしこい   _____

2 문맥에 맞는 단어를 보기 에서 골라 알맞은 형태로 바꾸어 써 넣으세요.

(6) これは冗談ではなく(   )話です。

(7) 彼女は小さいことを(   )話す癖がある。

(8) そんな(   )考えは社会では通用しない。

(9) お客様の(   )意見をお聞かせください。

(10) (   )手を使わずに、正々堂々と勝負しませんか。

보기 | 安易   真剣   卑怯   大げさ   率直

정답 --

(1) ① 활기   (2) ② 온후함   (3) ① 유연함   (4) ① 명랑함   (5) ② 현명하다, 영리하다
(6) 真剣(しんけん)な   (7) 大(おお)げさに   (8) 安易(あんい)な   (9) 率直(そっちょく)な   (10) 卑怯(ひきょう)な

단어 퀴즈

✽ 단어를 보고 발음과 의미를 적어 보세요.

선을 따라 접으면 답을 확인할 수 있어요.

단어	발음	의미
改正	かいせい	개정
純粋		
真剣		
利口		
幼い		
柔らかい		
温厚		
柔軟		
率直		
安易		
臆病		
活気		
頼もしい		
厚かましい		
賢い		
鈍い		
消極的		
和やか		
活発		
素朴		
大げさ		
黙る		
頑固		

✽ 한번 더 복습해 봅시다.

읽는 법과 뜻
☐ かいせい 개정
☐ じゅんすい 순수
☐ しんけん 진지함, 진정임
☐ りこう 영리함
☐ おさない 어리다, 미숙하다
☐ やわらかい 부드럽다
☐ おんこう 온후, 온화함
☐ じゅうなん 유연
☐ そっちょく 솔직
☐ あんい 안이, 손쉬움
☐ おくびょう 겁이 많음
☐ かっき 활기
☐ たのもしい 믿음직하다
☐ あつかましい 뻔뻔하다
☐ かしこい 현명하다
☐ にぶい 둔하다, 무디다
☐ しょうきょくてき 소극적
☐ なごやか 온화함, 부드러움
☐ かっぱつ 활발
☐ そぼく 소박
☐ おおげさ 과장됨
☐ だまる 침묵하다
☐ がんこ 완고함

한자	발음	의미
예 改正	かいせい	개정
純粋		
真剣		
利口		
幼い		
柔らかい		
温厚		
柔軟		
率直		
安易		
臆病		
活気		
頼もしい		
厚かましい		
賢い		
鈍い		
消極的		
和やか		
活発		
素朴		
おおげさ		
黙る		
頑固		

음성듣기

DAY 03

감정과 태도 (1)

얼마나
알고 있나요?

사전 체크

☐ **01** 覚悟	☐ **02** 勝手	☐ **03** 感激	☐ **04** 感心
☐ **05** 気の毒	☐ **06** 恐縮	☐ **07** 苦情	☐ **08** 決断
☐ **09** 後悔	☐ **10** 肯定	☐ **11** 失望	☐ **12** 深刻
☐ **13** 信頼	☐ **14** 沈黙	☐ **15** 丁寧	☐ **16** 独立
☐ **17** 本気	☐ **18** 冷静	☐ **19** 諦める	☐ **20** あきれる
☐ **21** 焦る	☐ **22** 謝る	☐ **23** 恨む	☐ **24** 驚く
☐ **25** 狂う	☐ **26** 逆らう	☐ **27** ためらう	☐ **28** 流す
☐ **29** 嘆く	☐ **30** 腹立つ	☐ **31** 満ちる	☐ **32** 怪しい
☐ **33** 勇ましい	☐ **34** うっとうしい	☐ **35** くだらない	☐ **36** 険しい
☐ **37** 清々しい	☐ **38** 辛い	☐ **39** 懐かしい	☐ **40** 憎い
☐ **41** ばからしい	☐ **42** 物足りない	☐ **43** 曖昧	☐ **44** 意地悪
☐ **45** 気楽	☐ **46** 上品	☐ **47** 積極的	☐ **48** 生意気

01
かくご
覚悟
명 する 각오

留学するか迷っていたが、ついに覚悟を決めた。
유학을 할지 망설이고 있었지만, 마침내 각오를 했다.
㉴ 決心 결심

02
かって
勝手
명 ナ 제멋대로 굶,
자기 좋을 대로 함

主人はいつも私の意見を聞かずに勝手に決めて
しまう。
남편은 언제나 내 의견을 듣지 않고 마음대로 결정해 버린다.
㉴ わがまま 제멋대로 굶, 버릇없음

03
かんげき
感激
명 する 감격

夢だった舞台に立てて感激しています。
꿈이었던 무대에 설 수 있어 감격하고 있습니다.

04
かんしん
感心
명 する 감심, 감탄, 감동

何も言わなくても掃除を始めた息子を見て感心した。
아무말 하지 않아도 청소를 시작한 아들을 보고 감탄했다.

05
きのどく
気の毒
명 ナ 가엾음, 딱함

お母さんとお父さんを同時に亡くしたなんて、本当
に気の毒だ。
어머니와 아버지를 동시에 잃었다니 정말 가엾다.

06
きょうしゅく
恐縮
명 ナ する 죄송, 황송

山田さんには何から何までしてもらって恐縮です。
야마다 씨가 다 해 주셔서 황송합니다(고맙고 송구합니다).
㉴ 恐れ入る 황송해하다, 죄송해 하다

07
く じょう
苦情
명 불평, 불만, 클레임,
고충

家の中でピアノを弾いたら、うるさいと苦情が
入った。
집 안에서 피아노를 쳤더니, 시끄럽다고 클레임이 들어왔다.

🔾 文句 불평, 불만, 이의　不平 불평　クレーム 클레임
彼はいつも文句ばかり言って、何もしない。
그는 언제나 불평만 하고, 아무것도 하지 않는다.

08
けつだん
決断
명 する 결단

一人で決断する前に、私に相談してください。
혼자서 결단하기 전에, 저에게 상담(상의)해 주세요.

09
こうかい
後悔
명 する 후회

この服を買ったことを本当に後悔している。
이 옷을 산 것을 정말로 후회하고 있다.

10
こうてい
肯定
명 する 긍정

彼は友達の問いに肯定も否定もしなかった。
그는 친구의 물음에 긍정도 부정도 하지 않았다.

🔾 否定 부정

11
しつぼう
失望
명 する 실망

憧れていた先輩の裏の姿に失望した。
동경했던 선배의 본 모습에 실망했다.

🔾 がっかりする 실망하다, 낙심하다, 맥 풀리다

みんなをがっかりさせたくありません。
모두를 실망시키고 싶지 않습니다.

12
しんこく
深刻
명 ナ 심각

父の深刻な表情を見ると、会社で何かあったようだ。
아버지의 심각한 표정을 보니, 회사에서 무슨 일이 있었던 것 같다.

13

しんらい
信頼

명 する 신뢰

じぶんいがいだれ　　　しんらい　　　　　　　　　かな
自分以外誰も信頼できないのは、悲しいことだ。
자기 이외의 누구도 신뢰할 수 없는 것은 슬픈 일이다.

14

ちんもく
沈黙

명 する 침묵

ちんもく　た　　　　　　　　　　　　　　　はなし
沈黙に耐えられず、どうでもいい話をたくさんした。
침묵을 견디지 못해, 상관없는 이야기를 많이 했다.

15

ていねい
丁寧

명 ナ 정중, 주의 깊고
세심함

しょうひん　こうかん　い　　　　　　てんいん　　　　　ていねい　たいおう
商品の交換に行ったら、店員がとても丁寧に対応
してくれた。
상품을 교환하러 갔더니 점원이 매우 공손하게 대응해 주었다.

16

どくりつ
独立

명 する 독립

さくねん　かいしゃ　や　　　どくりつ
昨年、会社を辞めて独立した。
작년에 회사를 그만두고 독립했다.

17

ほん き
本気

명 ナ 본심, 진심

し あい　　　だれ　　　ほん き　だ
その試合では誰もが本気を出していた。
그 시합에서는 누구나가 진심을 다하고 있었다.

18

れいせい
冷静

명 ナ 냉정

れいせい　　かんが　　　　　わ
冷静に考えれば分かることです。
냉정하게 생각하면 이해할 수 있는 일입니다.

19

あきら
諦める

🈺 단념하다, 포기하다

ひざを怪我したから、プロ野球選手になる夢を
諦めた。

무릎을 다쳤기 때문에 프로 야구 선수가 되는 꿈을 단념했다.

20

あきれる

🈺 어이가 없다, 기가 막히다

何度も同じミスをする後輩にあきれて、何も言えな
かった。

몇 번이나 같은 실수를 하는 후배에게 기가 막혀, 아무 말도 할 수 없
었다.

21

あせ
焦る

🈺 조바심 하다, 안달하다,
초조하게 굴다

焦らず、ゆっくり勉強するのもいい。

조급해 하지 말고, 느긋하게 공부하는 것도 좋다.

22

あやま
謝る

🈺 사과하다, 사죄하다

彼がいくら謝っても、許すことはできない。

그가 아무리 사과하더라도, 용서할 수는 없다.

23

うら
恨む

🈺 원망하다

被害者の家族は、犯人を恨んでいる。

피해자 가족은 범인을 원망하고 있다.

24

おどろ
驚く

🈺 놀라다, 경악하다

意外な調査の結果に驚かされた。

의외의 조사 결과에 놀라게 되었다.

25
くる
狂う
🔲 미치다, 돌다,
(사물, 기계가) 이상하다

彼は狂ったように歌いだした。
그는 미친듯이 노래하기 시작했다.

26
さか
逆らう
🔲 역행하다, 거스르다,
반항하다

弟は最近、親に逆らってばかりいる。
남동생은 요즘 부모님에게 반항만 하고 있다.

유 反抗する 반항하다

반 従う 따르다

27
ためらう
🔲 주저하다, 망설이다

彼女に連絡したいが勇気が出ず、ためらっている。
그녀에게 연락하고 싶지만 용기가 안 나 주저하고 있다.

유 迷う 헤매다, 망설이다

彼女をデートに誘おうか、迷っている。
그녀에게 데이트를 청할지 망설이고 있다.

28
なが
流す
🔲 흘리다, 흐르게 하다,
(없었던 것으로) 잊어버리다

多くの人がその映画を見て感動の涙を流した。
많은 사람들이 그 영화를 보고 감동의 눈물을 흘렸다.

今までの失敗は水に流して、今後に期待しましょう。
지금까지의 실패는 잊고 앞으로를 기대합시다.

29
なげ
嘆く
🔲 한탄하다, 슬퍼하다,
개탄하다

多くの人が彼の突然の死を嘆いた。
많은 사람들이 그의 갑작스런 죽음을 슬퍼했다.

30
はら だ
腹立つ
🔲 화가 나다

ルール無視や迷惑行為に腹立つのは当然のことだ。
룰 무시나 민폐 행위에 화가 나는 것은 당연한 일이다.

➕ むかつく 화가 치밀다, 짜증 나다, 메슥거리다

その人の声を聞くだけでもむかつく。
그 사람의 목소리를 듣는 것만으로도 짜증이 난다.

31
み
満ちる

동 차다, 가득하다

かれ　じしん　み　こえ　せつめい
彼は自信に満ちた声で説明した。
그는 자신에 찬 목소리로 설명했다.

32
あや
怪しい

イ 수상하다, 이상하다

きのう　いえ　まえ　あや　ひと
昨日、家の前に怪しい人がいた。
어제, 집 앞에 수상한 사람이 있었다.

33
いさ
勇ましい

イ 용감하다, 용맹스럽다

かんこくだいひょうせんしゅ　いさ　すがた　かんどう
韓国代表選手の勇ましい姿に感動した。
한국 국가대표 선수의 용감한 모습에 감동했다.

34
うっとうしい

イ 울적하고 답답하다,
귀찮다, 번거롭다

はは　なんど　べんきょう　い
母に何度も勉強しろと言われて、うっとうしく
かん
感じた。
엄마가 몇 번이나 공부하라는 소리를 해서 귀찮게 느껴졌다.

35
くだらない

イ 시시하다, 하찮다

こども　ていあん　き　す
子供の提案をくだらないと切り捨てるべきでは
ない。
어린이의 제안을 하찮다고 무시해서는 안 된다.

유 つまらない 시시하다, 재미없다

これ、つまらないものですが、どうぞ。
이거, 별것 아니지만 받아 주세요.

36
けわ
険しい

イ 가파르다, 험하다,
위태롭다, 험악하다

なに　もんだい　かのじょ　ひょうじょう　けわ
何か問題があったのか、彼女の表情がとても険しい。
뭔가 문제가 있었던 것인지 그녀의 표정이 매우 험악하다.

37
すがすが
清々しい
イ 상쾌하다,
시원하고 개운하다

せいけつ へや み すがすが き ぶん
清潔な部屋を見ると、とても清々しい気分になる。
청결한 방을 보면 매우 상쾌한 기분이 된다.

38
つら
辛い
イ 괴롭다, 고통스럽다

かのじょ たにん つら ひょうじょう み つよ ひと
彼女は他人に辛い表情を見せない強い人だ。
그녀는 타인에게 괴로운 표정을 보이지 않는 강한 사람이다.

くる
유 苦しい 괴롭다
かのじょ くる ぜったい な
彼女は苦しいことがあっても絶対泣かない。
그녀는 괴로운 일이 있어도 절대 울지 않는다.

39
なつ
懐かしい
イ 그립다, 정답다

こうこう どうそうかい なつ はなし で
高校の同窓会で、懐かしい話がたくさん出た。
고등학교 동창회에서 그리운 이야기가 많이 나왔다.

40
にく
憎い
イ 밉다, 밉살스럽다

かいしゃ つぶ しゃちょう にく
会社を潰した社長が憎い。
회사를 파산시킨 사장이 밉다.

にく
+ 憎む 미워하다, 싫어하다, 증오하다

41
ばからしい
イ 터무니없다, 어리석다

かれ ひにく まじめ う と
彼の皮肉を真面目に受け取るのはばからしい。
그의 빈정거림을 진지하게 받아들이는 것은 어리석다.

42
もの た
物足りない
イ 뭔가 아쉽다,
어쩐지 섭섭하다

はん た すこ もの た かし
ご飯を食べたが、少し物足りなかったのでお菓子を
か
買った。
밥을 먹었지만 조금 부족했기 때문에 과자를 샀다.

43
あいまい
曖昧

ナ 名 애매, 분명하지 않음

何を聞いても、彼はいつも曖昧な返事しかしない。
무엇을 물어도 그는 언제나 애매한 답변밖에 하지 않는다.

44
い じ わる
意地悪

ナ 名 심술궂음, 짓궂음

昨日は先輩に意地悪なことを言われて気分が
悪かった。
어제는 선배에게 짓궂은 말을 들어서 기분이 나빴다.

45
き らく
気楽

ナ 홀가분함, 속 편함,
태평함

負担に思わないで、気楽に考えてください。
부담으로 생각하지 말고, 편하게 생각해 주세요.

유 のんびり 유유히, 한가로이

父は引退して田舎でのんびり暮らしている。
아버지는 은퇴하고 시골에서 한가로이 살고 있다.

46
じょうひん
上品

ナ 名 품위 있음, 고상함

彼女の上品なしぐさに憧れる人が多い。
그녀의 품위 있는 몸짓을 동경하는 사람이 많다.

반 下品 품위 없음, 천박함

47
せっきょくてき
積極的

ナ 적극적

新しい場所では積極的に自分から話しかけるべきだ。
새로운 장소에서는 적극적으로 자기가 먼저 말을 걸어야 한다.

반 消極的 소극적

48
なま い き
生意気

ナ 名 건방짐, 주제넘음

その学生は生意気な態度で先輩を怒らせた。
그 학생은 건방진 태도로 선배를 화나게 했다.

확인 문제

1 해당 어휘의 읽는 법을 찾고, 빈칸에 그 의미를 써 넣으세요.

| 보기 | 学生 | ⓥ がくせい | ② がっせい | 학생 |

(1) 怪しい　　① いさましい　② あやしい　_____

(2) 冷静　　　① れいじょう　② れいせい　_____

(3) 憎い　　　① にくい　　　② つらい　　_____

(4) 意地悪　　① いじわる　　② いじあく　_____

(5) 焦る　　　① あせる　　　② あきる　　_____

2 문맥에 맞는 단어를 보기 에서 골라 알맞은 형태로 바꾸어 써 넣으세요.

(6) 何を聞いても、彼はいつも(　　　　)返事しかしない。

(7) 弟は最近、親に(　　　　)ばかりいる。

(8) 意外な調査の結果に(　　　　)された。

(9) 主人はいつも私の意見を聞かずに(　　　　)決めてしまう。

(10) 彼女は他人に(　　　　)表情を見せない強い人だ。

| 보기 | 驚く　　逆らう　　辛い　　曖昧　　勝手 |

단어 퀴즈

✖ 단어를 보고 발음과 의미를 적어 보세요.

단어	발음	의미
改正	かいせい	개정
感心		
苦情		
恐縮		
勝手		
気の毒		
後悔		
深刻		
冷静		
諦める		
焦る		
謝る		
驚く		
逆らう		
怪しい		
憎い		
曖昧		
積極的		
狂う		
嘆く		
満ちる		
流す		
勇ましい		

정답은 다음 장에서 확인할 수 있어요.

✖ 한번 더 복습해 봅시다.

읽는 법과 뜻
☐ かいせい 개정
☐ かんしん 감심, 감탄함
☐ くじょう 불평, 불만
☐ きょうしゅく 죄송, 황송
☐ かって 제멋대로 굶
☐ きのどく 가엾음, 딱함
☐ こうかい 후회
☐ しんこく 심각
☐ れいせい 냉정
☐ あきらめる 단념하다
☐ あせる 초조하게 굴다
☐ あやまる 사과하다
☐ おどろく 놀라다, 경악하다
☐ さからう 거스르다
☐ あやしい 수상하다
☐ にくい 밉살스럽다
☐ あいまい 애매
☐ せっきょくてき 적극적
☐ くるう 미치다, 이상하다
☐ なげく 한탄하다
☐ みちる 차다, 가득하다
☐ ながす 흘리다, 흐르게 하다
☐ いさましい 용감하다

한자	발음	의미
예 改正	かいせい	개정
感心		
苦情		
恐縮		
勝手		
気の毒		
後悔		
深刻		
冷静		
諦める		
焦る		
謝る		
驚く		
逆らう		
怪しい		
憎い		
曖昧		
積極的		
狂う		
嘆く		
満ちる		
流す		
勇ましい		

DAY 04

감정과 태도 (2)

얼마나
알고 있나요?

사전 체크

☐ 01 意外	☐ 02 意欲	☐ 03 過剰	☐ 04 我慢
☐ 05 感謝	☐ 06 機嫌	☐ 07 恐怖	☐ 08 緊張
☐ 09 愚痴	☐ 10 謙遜	☐ 11 誤解	☐ 12 正直
☐ 13 慎重	☐ 14 想像	☐ 15 抵抗	☐ 16 でたらめ
☐ 17 悲劇	☐ 18 皮肉	☐ 19 礼儀	☐ 20 憧れる
☐ 21 与える	☐ 22 表す	☐ 23 恐れる	☐ 24 担ぐ
☐ 25 拒む	☐ 26 耐える	☐ 27 頼る	☐ 28 慰める
☐ 29 怠ける	☐ 30 乱す	☐ 31 迎える	☐ 32 淡い
☐ 33 疑わしい	☐ 34 惜しい	☐ 35 悔しい	☐ 36 心強い
☐ 37 騒々しい	☐ 38 とんでもない	☐ 39 のろい	☐ 40 みっともない
☐ 41 いいかげん	☐ 42 邪魔	☐ 43 素直	☐ 44 退屈
☐ 45 惨め	☐ 46 案外	☐ 47 ほっと	☐ 48 ぼんやり

01
い がい
意外
명 ナ 의외, 뜻밖

今回の大雨は意外に被害が大きかった。
이번 큰비는 의외로 피해가 컸다.

02
い よく
意欲
명 의욕

最近、学習意欲がなくなり、成績が落ちた。
요즘 학습 의욕이 없어져서 성적이 떨어졌다.

03
か じょう
過剰
명 ナ 과잉

彼は他人の何気ない一言に過剰な反応を見せることがある。
그는 다른 사람의 아무 뜻 없는 한마디에 과잉된 반응을 보이는 경우가 있다.

반 不足 부족

04
が まん
我慢
명 する 참음, 견딤

彼はダイエットのために1か月間お酒を我慢している。
그는 다이어트를 위해 한 달간 술을 참고 있다.

05
かんしゃ
感謝
명 する 감사

母の日に、日ごろの感謝の気持ちを伝えた。
어머니날에 평소의 감사의 마음을 전했다.

06
き げん
機嫌
명 기분, 심기

部長は機嫌が悪いから話しかけない方がいいですよ。
부장님은 심기가 불편하니까 말을 걸지 않는 편이 좋습니다.

07
きょう ふ
恐怖
名 공포

子供の頃の恐怖は、トラウマになる場合がある。
어릴 적 공포는 트라우마가 되는 경우가 있다.

恐ろしい 두렵다, 겁나다

08
きんちょう
緊張
名 する 긴장

重要なプレゼンを前にして、緊張しています。
중요한 프레젠테이션을 앞두고 긴장하고 있습니다.

09
ぐ ち
愚痴
名 푸념

年のせいか、母は愚痴ばかり言うようになった。
나이탓인지 엄마는 푸념만 하게 되었다.

10
けんそん
謙遜
名 ナ する 겸손

彼は世界的なピアニストだが、いつも謙遜している。
그는 세계적인 피아니스트이지만 항상 겸손하다.

謙虚 겸허

11
ご かい
誤解
名 する 오해

誤解を生むような話し方は避けるべきだ。
오해를 낳을 듯한 말투는 삼가야 한다.

勘違い 착각

12
しょうじき
正直
名 ナ 정직

私は質問に全部正直に答えた。
나는 질문에 전부 정직하게 답했다.

13
しんちょう
慎重
名 ナ 신중

こう か　　 き かい　　　　　 しんちょう　 あつか
高価な機械なので慎重に扱ってください。
비싼 기계이니 신중하게 다루어 주세요.

14
そうぞう
想像
名 する 상상

かれ　 だいがくきょうじゅ　　　　 そうぞう
彼が大学教授だとは想像もつかなかった。
그가 대학교수라고는 상상도 하지 못했다.

15
ていこう
抵抗
名 する 저항, 반발심,
거부감

に ほん　　　　 み あ　　　 ていこう　 かん　　 ひと　 おお
日本ではお見合いに抵抗を感じる人も多い。
일본에서는 맞선에 거부감을 느끼는 사람도 많다.

16
でたらめ
名 ナ 엉터리, 무책임함

ともだち　　　　　　　　　 うわさ　 なが　　　　 うら ぎ　　　 き ぶん
友達にでたらめな噂を流され、裏切られた気分だ。
친구가 터무니없는 소문을 퍼뜨려, 배신당한 기분이다.

17
ひ げき
悲劇
名 비극

くに　 はんざいりつ　 たか　　　　　 ひんこん　 ひ　 お　　　　 ひ げき
この国の犯罪率の高さは、貧困が引き起こした悲劇
い
と言われている。
이 나라의 범죄율이 높은 것은 빈곤이 일으킨 비극이라고 말해지고
있다.

ひ さん
＋ 悲惨 비참

18
ひ にく
皮肉
名 ナ 빈정거림, 얄궂음,
짓궂음

じょう し　　　　　　　　　 ひ にく
あの上司はいつも皮肉ばかりだ。
그 상사는 항상 빈정거리기만 한다.

19
れい ぎ
礼儀
명 예의

あの子は生活態度も良く、礼儀正しい。
그 아이는 생활 태도도 좋고, 예의 바르다.

유 作法 예절, 예의범절

20
あこが
憧れる
동 동경하다, 그리워하다

私は父に憧れて、弁護士になりました。
나는 아버지를 동경해, 변호사가 되었습니다.

21
あた
与える
동 (자기 것을) 주다, 부여하다

彼らの活動は国民に感動を与えた。
그들의 활동은 국민에게 감동을 안겨주었다.

22
あらわ
表す
동 나타내다, 보이다

こらえきれず、彼は怒りを表した。
참지 못해 그는 분노를 내비쳤다.

자 表れる 나타나다

23
おそ
恐れる
동 무서워하다, 두려워하다, 우려하다

田中教授は厳しいので、みんなが恐れている。
다나카 교수는 엄격해서 모두가 무서워한다.

24
かつ
担ぐ
동 (물건·짐을) 메다, 지다, 짊어지다

彼は重い荷物も軽々と担いでしまう。
그는 무거운 짐도 가볍게 지고 만다.

＋ 担う 메다, (책임 등을) 짊어지다

安村さんは会社の経営を担う責任者です。
야스무라 씨는 회사의 경영을 짊어진 책임자입니다.

25
こば
拒む
동 거절하다, 거부하다

祖母は老人ホームに入ることを拒んでいる。
할머니는 요양원에 들어가는 것을 거부하고 있다.

26
た
耐える
동 견디다, 참다

いじめに耐える必要はありません。
괴롭힘을 견딜 필요는 없습니다.

27
たよ
頼る
동 의지하다

いつも頼っていた先輩が会社を辞めた。
늘 의지했던 선배가 회사를 그만두었다.

28
なぐさ
慰める
동 위로하다, 위안하다

失敗した後輩を慰め、勇気づけた。
실수한 후배를 위로하며, 용기를 북돋웠다.

29
なま
怠ける
동 게으름 피우다

怠けていたら、結果は出ないと上司に怒られた。
게으름 피우고 있으면 결과는 안 나온다고 상사에게 혼났다.

30
みだ
乱す
동 흐트러뜨리다, 어지럽히다

生活リズムを乱さないように決まった時間に寝ている。
생활 리듬을 흐트러뜨리지 않도록 정해진 시간에 자고 있다.

자 みだ
乱れる 흐트러지다

急に吹いてきた風で髪型が乱れた。
갑자기 불어 온 바람으로 헤어스타일이 흐트러졌다.

31
むか
迎える

동 맞다, 맞이하다

あの旅館は客を笑顔で迎えてくれる。
りょかん きゃく えがお むか

그 여관은 손님을 웃는 얼굴로 맞이해 준다.

32
あわ
淡い

イ (색, 맛, 향기 등) 진하지
않다, 엷다, 희미하다

彼から返事があるかもと、淡い期待をしていた。
かれ へんじ あわ き たい

그로부터 답변이 있을지도 모른다고, 희미한 기대를 하고 있었다.

유 薄い 엷다, 연하다
うす

コーヒーは苦手ですが、薄いものなら飲めます。
にが て うす の

커피는 잘 못 마시지만, 연한 거라면 마실 수 있습니다.

33
うたが
疑わしい

イ 수상하다, 의심스럽다

その医者の診断は疑わしいので、違う病院へ行った。
い しゃ しんだん うたが ちが びょういん い

그 의사의 진단은 의심스러워서 다른 병원에 갔다.

34
お
惜しい

イ 아깝다, 애석하다

昨日の試合は一点差で負けてしまって惜しかった。
きのう し あい いってん さ ま お

어제 시합은 1점 차로 져 버려서 아까웠다.

35
くや
悔しい

イ 분하다, 억울하다

試合に負けて本当に悔しい。
し あい ま ほんとう くや

시합에 져서 정말로 분하다.

36
こころづよ
心強い

イ 마음 든든하다,
믿음직스럽다

母が近くに住んでいるので心強い。
はは ちか す こころづよ

엄마가 근처에 살고 있어서 마음 든든하다.

반 心細い 불안하다, 쓸쓸하다
こころぼそ

私一人で行くのは心細いから、一緒に来てくれる？
わたし ひとり い こころぼそ いっしょ き

나 혼자 가는 건 불안하니까, 같이 와 줄래?

37

騷々しい
そうぞう

イ 시끄럽다, 떠들썩하다,
어수선하다, 뒤숭숭하다

隣の夫婦は喧嘩ばかりして、騷々しくて迷惑だ。
となり ふうふ けんか そうぞう めいわく
옆집 부부는 싸우기만 하고 시끄러워서 민폐이다.

38

とんでもない

イ 터무니없다, 당치도 않다,
천만에

彼が首になるなんて、とんでもない話だ。
かれ くび はなし
그가 해고 당하다니, 당치도 않은 이야기이다.

39

のろい

イ 느리다, 더디다

仕事がのろく、いつも同僚に迷惑をかけている。
し ごと どうりょう めいわく
업무가 느려서 항상 동료에게 폐를 끼치고 있다.

➕ のろのろ 느릿느릿, 꾸물꾸물

40

みっともない

イ 보기 싫다, 꼴사납다

後輩にみっともない姿を見せるわけにはいかない。
こうはい すがた み
후배에게 꼴사나운 모습을 보일 수는 없다.

41

いい加減
か げん

ナ 엉성함, 무책임함
알맞음, 적당함

彼はいい加減な態度で、同僚を怒らせた。
かれ か げん たい ど どうりょう おこ
그는 무책임한 태도로 동료를 화나게 했다.

いい加減にして！
か げん
적당히 해!

42

邪魔
じゃ ま

ナ 명 する 방해, 장애

私は彼にとって、邪魔な存在だったようだ。
わたし かれ じゃ ま そんざい
나는 그에게 있어 거추장스러운 존재였던 것 같다.

43
すなお
素直
ナ 순진함, 솔직함,
순순함, 고분고분함

彼は上司のアドバイスを素直に受け入れた。
그는 상사의 조언을 순순히 받아들였다.

44
たいくつ
退屈
ナ 名 する 지루함, 따분함

入院生活は、することがなく退屈だ。
입원 생활은 할 일이 없어 지루하다.

➕ 退屈する 지루해하다, 심심해하다

約束のキャンセルで時間が余り、退屈している。
약속 취소로 시간이 남아 심심해 하고 있다(심심한 상태이다).

45
みじ
惨め
ナ 비참함, 참혹함

事故で両親を失って、子供の頃は惨めな生活を
送った。
사고로 부모님을 잃어서 어린 시절은 참혹한 생활을 보냈다.

46
あんがい
案外
副 ナ 뜻밖에, 예상외, 의외

このかばんは、物が案外たくさん入る。
이 가방은 물건이 의외로 많이 들어간다.

47
ほっと
副 する 한숨짓는 모양,
안도의 한숨

プロジェクトが無事成功し、ほっと胸をなで
おろした。
프로젝트가 무사히 성공해서 휴- 하고 가슴을 쓸어내렸다.

マグカップを割ったことが母さんにばれていなくて
ほっとした。
머그컵을 깬 것을 엄마에게 들키지 않아 안심했다.

48
ぼんやり
副 する 어렴풋이, 아련히,
멍하니

ぼんやりしてバスを乗り過ごした。
멍하니 있다 버스에서 내릴 곳을 지나쳤다.

1 해당 어휘의 읽는 법을 찾고, 빈칸에 그 의미를 써 넣으세요.

보기	学生	☑ がくせい	② がっせい	학생

(1) 頼る　　　① たえる　　② たよる　　＿＿＿＿＿＿＿

(2) 過剰　　　① かじょう　② かいん　　＿＿＿＿＿＿＿

(3) 素直　　　① そっちょく ② すなお　　＿＿＿＿＿＿＿

(4) 悔しい　　① くやしい　② おしい　　＿＿＿＿＿＿＿

(5) 拒む　　　① いどむ　　② こばむ　　＿＿＿＿＿＿＿

2 문맥에 맞는 단어를 보기 에서 골라 알맞은 형태로 바꾸어 써 넣으세요.

(6) あの子は生活態度も良く、（　　　　）正しい。

(7) （　　　　）してバスを乗り過ごした。

(8) 部長は（　　　　）が悪いから話しかけない方がいいですよ。

(9) このかばんは、物が（　　　　）たくさん入る。

(10) 年のせいか、母は（　　　　）ばかり言うようになった。

보기	機嫌　　愚痴　　礼儀　　案外　　ぼんやり

정답
(1) ② 의지하다　(2) ① 과잉　(3) ② 순진함, 솔직함　(4) ① 분하다, 억울하다　(5) ② 거절하다, 거부하다
(6) 礼儀(れいぎ)　(7) ぼんやり　(8) 機嫌(きげん)　(9) 案外(あんがい)　(10) 愚痴(ぐち)

단어 퀴즈

✤ 단어를 보고 발음과 의미를 적어 보세요.

단어	발음	의미
改正	かいせい	개정
恐怖		
礼儀		
騒々しい		
素直		
案外		
過剰		
我慢		
緊張		
愚痴		
誤解		
慎重		
想像		
抵抗		
皮肉		
意外		
怠ける		
迎える		
退屈		
正直		
憧れる		
乱す		
拒む		

선을 따라 접으면 답을 확인할 수 있어요.

✤ 한번 더 복습해 봅시다.

읽는 법과 뜻
☐ かいせい 개정
☐ きょうふ 공포
☐ れいぎ 예의
☐ そうぞうしい 시끄럽다
☐ すなお 순진함, 솔직함
☐ あんがい 뜻밖에, 예상외
☐ かじょう 과잉
☐ がまん 참음, 견딤
☐ きんちょう 긴장
☐ ぐち 푸념
☐ ごかい 오해
☐ しんちょう 신중
☐ そうぞう 상상
☐ ていこう 저항, 거부감
☐ ひにく 빈정거림, 짓궂음
☐ いがい 의외, 뜻밖
☐ なまける 게으름 피우다
☐ むかえる 맞다, 맞이하다
☐ たいくつ 지루함, 따분함
☐ しょうじき 정직
☐ あこがれる 동경하다
☐ みだす 흐트러뜨리다
☐ こばむ 거절하다

한자	발음	의미
예 改正	かいせい	개정
恐怖		
礼儀		
騒々しい		
素直		
案外		
過剰		
我慢		
緊張		
愚痴		
誤解		
慎重		
想像		
抵抗		
皮肉		
意外		
怠ける		
迎える		
退屈		
正直		
憧れる		
乱す		
拒む		

음성듣기

DAY 05
모양·디자인·패션

얼마나
알고 있나요?

사전 체크

☐ 01 大幅	☐ 02 外見	☐ 03 改造	☐ 04 拡大
☐ 05 格好	☐ 06 生地	☐ 07 巨大	☐ 08 小柄
☐ 09 白髪	☐ 10 対照	☐ 11 特殊	☐ 12 特徴
☐ 13 背景	☐ 14 派手	☐ 15 服装	☐ 16 見かけ
☐ 17 魅力	☐ 18 容姿	☐ 19 流行	☐ 20 編む
☐ 21 映る	☐ 22 掛ける	☐ 23 欠ける	☐ 24 飾る
☐ 25 傾く	☐ 26 染める	☐ 27 縮む	☐ 28 真似る
☐ 29 乱れる	☐ 30 破れる	☐ 31 装う	☐ 32 厚い
☐ 33 硬い	☐ 34 きつい	☐ 35 濃い	☐ 36 ふさわしい
☐ 37 鮮やか	☐ 38 奇妙	☐ 39 地味	☐ 40 素敵
☐ 41 平ら	☐ 42 独特	☐ 43 華やか	☐ 44 相変わらず
☐ 45 さらさら	☐ 46 そっくり	☐ 47 ぶかぶか	☐ 48 ぼろぼろ

01
おおはば
大幅
명 ナ 대폭, 큰폭

雨のため、予定が大幅に変わってしまった。
비 때문에 예정이 크게 바뀌어 버렸다.

02
がいけん
外見
명 외견, 겉보기, 겉모습

今の若者は外見ばかり気にしているようだ。
지금 젊은이들은 겉모습만 신경쓰는 것 같다.

반 中身 내용, 내면, 알맹이
外見より中身を磨こうと努力しています。
겉모습보다 내면을 갈고 닦으려고 노력하고 있습니다.

03
かいぞう
改造
명 する 개조

彼は改造したバイクに乗っている。
그는 개조한 오토바이를 타고 있다.

04
かくだい
拡大
명 する 확대

細かい文字がよく見えるように拡大してコピーして
ください。
작은 글자가 잘 보이도록 확대해서 복사해 주세요.

05
かっこう
格好
명 모습, 모양

その格好で山に登るのは危ないと思います。
그 모습으로 산에 오르는 것은 위험하다고 생각합니다.

06
きじ
生地
명 직물, 천, 반죽

この店の服はどれも生地がしっかりしている。
이 가게 옷은 어느 것이나 천이 튼튼하다.

パンの生地を3時間冷蔵庫に寝かせます。
빵 반죽을 3시간 냉장고에 재워 둡니다(숙성시킵니다).

07
きょだい
巨大
명 ナ 거대

サグラダ・ファミリアとはスペインにある巨大（きょだい）な聖堂（せいどう）のことだ。
사그라다 파밀리아란 스페인에 있는 거대한 성당을 말한다.

08
こ がら
小柄
명 ナ 몸집이 작음

彼（かれ）は小柄（こがら）な女性（じょせい）が好（す）きなようだ。
그는 몸집이 작은 여성을 좋아하는 듯하다.

09
しらが
白髪
명 백발, 흰머리

白髪（しらが）を染（そ）めるために毎月（まいつき）ヘアサロンへ行（い）く。
흰머리를 염색하기 위해 매달 헤어 살롱(미용실)에 간다.

10
たいしょう
対照
명 する 대조

測定（そくてい）の結果（けっか）を全国平均（ぜんこくへいきん）と対照（たいしょう）してみる。
측정 결과를 전국 평균과 대조해 본다.

11
とくしゅ
特殊
명 ナ 특수

この主人公（しゅじんこう）は特殊（とくしゅ）なメイクで別人（べつじん）になった。
이 주인공은 특수한 분장으로 딴사람이 되었다.

12
とくちょう
特徴
명 특징

彼女（かのじょ）は特徴（とくちょう）のある声（こえ）をしています。
그녀는 특징 있는 목소리를 가지고 있습니다.

13
はいけい
背景
명 배경

写真はきれいに撮れたが、背景が気に入らなかった。
사진은 예쁘게 찍혔지만, 배경이 마음에 들지 않았다.

14
は で
派手
명 ナ 화려함, 요란함

パーティーで目立つように派手なドレスを着ていくつもりだ。
파티에서 눈에 띄도록 화려한 드레스를 입고 갈 생각이다.

15
ふくそう
服装
명 복장

ここの職場では、どんな服装でも構わない。
여기 직장에서는 어떤 복장이어도 상관없다.

16
み
見かけ
명 겉보기, 외관

見かけによらず、よく食べるんですね。
겉보기와는 다르게 잘 먹네요.

17
み りょく
魅力
명 매력

仕事に誇りを持っている人は魅力がある。
일에 긍지를 가지고 있는 사람은 매력이 있다.

18
よう し
容姿
명 용모, 얼굴 모양, 자태

人を容姿だけで判断してはいけない。
사람을 용모만으로 판단해서는 안 된다.

19
りゅうこう
流行
명 する 유행

この頃、70年代のファッションがまた流行している
そうだ。
요즘 70년대의 패션이 다시 유행하고 있다고 한다.

➕ 流行る 유행하다
最近、子供たちの間でポニーテールが流行っている。
최근에 아이들 사이에서 포니테일이 유행하고 있다.

20
あ
編む
동 짜다, 뜨다

セーターを編んで、恋人にプレゼントした。
스웨터를 짜서 연인에게 선물했다.

21
うつ
映る
동 비치다, 조화되다, 보이다

鏡に映った自分の姿を見た。
거울에 비친 자신의 모습을 봤다.

타 映す 비추다, 상영하다, 반영하다
この映画は当時の服装をよく映していることで有名だ。
이 영화는 당시의 복장을 잘 반영하고 있는 것으로 유명하다.

22
か
掛ける
동 걸다, 늘어뜨리다

彼女はいつも肩に大きなかばんを掛けていた。
그녀는 항상 어깨에 큰 가방을 메고 있었다.

23
か
欠ける
동 깨져 떨어지다, 부족하다, 빠지다

コップを落としたら、ふちが欠けてしまった。
컵을 떨어뜨렸더니 가장자리가 깨져 버렸다.

24
かざ
飾る
동 장식하다, 꾸미다

部屋の中に孫の写真をたくさん飾った。
방 안에 손자 사진을 많이 장식했다.

25
かたむ
傾く
图 기울다

この建物は、床が少し傾いている気がする。
이 건물은 바닥이 조금 기울어져 있는 느낌이 든다.

유 斜め 비스듬함, 경사짐

壁に貼ってあるポスターが斜めになっていたので、貼り直した。
벽에 붙어 있는 포스터가 비스듬하게 되어 있어서 다시 붙였다.

26
そ
染める
图 물들이다, 염색하다

昨日は美容院に行って髪を染めた。
어제는 미용실에 가서 머리를 염색했다.

자 染まる 물들다

27
ちぢ
縮む
图 줄다, 오그라들다, 작아지다

セーターをそのまま洗濯したら縮んでしまった。
스웨터를 그대로 빨았더니 줄어들고 말았다.

28
まね
真似る
图 흉내 내다, 모방하다, 따라 하다

芸能人のファッションを真似る人が多い。
연예인의 패션을 따라 하는 사람이 많다.

29
みだ
乱れる
图 흐트러지다, 어지러지다

強風で髪が乱れてしまった。
강풍으로 머리카락이 흐트러져 버렸다.

30
やぶ
破れる
图 찢어지다, 해지다, 깨지다

太ってしまったせいで、ついに履いていたジーンズが破れた。
살이 쪄 버린 탓에 급기야 입고 있던 청바지가 찢어졌다.

＋ 敗れる 패배하다, 지다

31
よそお
装う

동 치장하다, 차려입다, 가장하다

派手に装ってパーティーに出席した。
화려하게 차려입고 파티에 참석했다.

平静を装っていたが、内心緊張していた。
평정을 가장하고 있었지만, 내심 긴장하고 있었다.

32
あつ
厚い

イ 두껍다, 두텁다

最近寒いので、生地の厚いコートを着る人が多く
なってきた。
요즘 추워서 두꺼운 코트를 입은 사람이 많아졌다.

33
かた
硬い

イ 단단하다, 견고하다

この椅子は硬くて座りにくい。
이 의자는 딱딱해서 앉기 불편하다.

34
きつい

イ 심하다, 고되다, 꽉 끼다

このワンピースはSサイズでちょっときつい。
이 원피스는 S(스몰) 사이즈로 조금 낀다.

반 緩い 느슨하다, 헐렁하다

制服がきつかったから、少し緩くしてもらいました。
교복이 너무 끼여서 조금 느슨하게 수선받았습니다.

35
こ
濃い

イ 진하다

濃い色を使った広告はインパクトを与える。
진한 색을 사용한 광고는 임팩트를(강한 인상을) 준다.

반 薄い 연하다, 엷다

彼は今日、薄い黄色のシャツを着ています。
그는 오늘 연한 노란색 셔츠를 입고 있습니다.

36
ふさわしい

イ 어울리다, 걸맞다, 적합하다

その場その場にふさわしい服装というものがある。
그 자리 그 자리에 어울리는 복장이라는 것이 있다.

37
あざ
鮮やか
ナ 선명함, 산뜻함

<ruby>春<rt>はる</rt></ruby>になったら<ruby>鮮<rt>あざ</rt></ruby>やかな<ruby>色<rt>いろ</rt></ruby>の<ruby>服<rt>ふく</rt></ruby>が<ruby>着<rt>き</rt></ruby>たいです。
봄이 되면 선명한 색의 옷을 입고 싶습니다.

38
き みょう
奇妙
ナ 기묘, 이상함

その<ruby>岩<rt>いわ</rt></ruby>は<ruby>奇妙<rt>きみょう</rt></ruby>な<ruby>形<rt>かたち</rt></ruby>をしている。
그 바위는 기묘한 형태를 하고 있다.

39
じ み
地味
ナ 수수함, 검소함

かわいいかばんより<ruby>地味<rt>じみ</rt></ruby>でも<ruby>実用的<rt>じつようてき</rt></ruby>なかばんが<ruby>欲<rt>ほ</rt></ruby>しい。
귀여운 가방보다 수수해도 실용적인 가방을 갖고 싶다.

40
す てき
素敵
ナ 매우 근사함, 아주 멋짐

<ruby>彼女<rt>かのじょ</rt></ruby>はいつもデザインが<ruby>素敵<rt>すてき</rt></ruby>な<ruby>洋服<rt>ようふく</rt></ruby>を<ruby>着<rt>き</rt></ruby>ている。
그녀는 늘 디자인이 멋진 옷을 입고 있다.

41
たい
平ら
ナ 평평함, 납작함

<ruby>坂道<rt>さかみち</rt></ruby>より、<ruby>平<rt>たい</rt></ruby>らな<ruby>道<rt>みち</rt></ruby>が<ruby>歩<rt>ある</rt></ruby>きやすい。
비탈길보다 평평한 길이 걷기 쉽다.

42
どくとく
独特
ナ 명 독특

<ruby>彼<rt>かれ</rt></ruby>は<ruby>人<rt>ひと</rt></ruby>と<ruby>違<rt>ちが</rt></ruby>う<ruby>服装<rt>ふくそう</rt></ruby>を<ruby>好<rt>この</rt></ruby>み、とても<ruby>独特<rt>どくとく</rt></ruby>だ。
그는 사람들과 다른 복장을 좋아하고, 매우 독특하다.

43

はな
華やか

ナ 화려함, 화사함, 눈부심

はな　　　　はなよめ　　すがた　　ほんとう
華やかな花嫁の姿が本当にきれいでした。
화사한 신부의 모습이 정말 예뻤습니다.

44

あい か
相変わらず

부 변함없이

ねん　　　　　あ　　　　　かのじょ　あい か　　　　うつく
10年ぶりに会っても彼女は相変わらず美しかった。
10년 만에 만나도 그녀는 변함없이 아름다웠다.

45

さらさら

부 술술, 졸졸, 보송보송,
찰랑찰랑

び よういん　い　　　　　　かみ　け
美容院に行ってから髪の毛がさらさらだ。
미용실에 다녀오고 나서 머리카락이 찰랑찰랑하다.

46

そっくり

부 ナ 전부, 모조리,
꼭 닮은 모양

なか　　　　　　　　　　　ぬす
かばんの中のものをそっくり盗まれた。
가방 안의 것을 전부 도둑맞았다.

ろんぶん　　い ぜんよ
この論文は以前読んだものとそっくりだ。
이 논문은 이전에 읽었던 것과 똑같다.

47

ぶかぶか

부 ナ 헐렁헐렁

あに　　　　　　　　おお
兄のズボンは大きすぎてぶかぶかだ。
형(오빠)의 바지는 너무 커서 헐렁헐렁하다.

48

ぼろぼろ

부 ナ 너덜너덜

ふる　　　　　　　　　　　　ほん　　れきしてき　か ち
これは古くてぼろぼろな本だが、歴史的に価値が
ある。
이것은 낡아서 너덜너덜한 책이지만, 역사적으로 가치가 있다.

확인 문제

1. 해당 어휘의 읽는 법을 찾고, 빈칸에 그 의미를 써 넣으세요.

보기	学生	ⓥ がくせい	② がっせい	학생

(1) 破れる　　① みだれる　　② やぶれる　　_____

(2) 容姿　　① ようし　　② よし　　_____

(3) 特殊　　① とくしゅ　　② とくしゅう　　_____

(4) 傾く　　① かたむく　　② みちびく　　_____

(5) 鮮やか　　① はなやか　　② あざやか　　_____

2. 문맥에 맞는 단어를 보기에서 골라 알맞은 형태로 바꾸어 써 넣으세요.

(6) 今の若者は(　　　　　)ばかり気にしているようだ。

(7) セーターをそのまま洗濯したら(　　　　　)しまった。

(8) その(　　　　　)で山に登るのは危ないと思います。

(9) 10年ぶりに会っても彼女は(　　　　　)美しかった。

(10) 彼は(　　　　　)な女性が好きなようだ。

보기	小柄　　外見　　格好　　縮む　　相変わらず

정답 -

(1) ② 찢어지다, 해지다　　(2) ① 용모, 자태　　(3) ① 특수　　(4) ① 기울다　　(5) ② 선명함, 산뜻함

(6) 外見(がいけん)　　(7) 縮(ちぢ)んで　　(8) 格好(かっこう)　　(9) 相変(あいか)わらず　　(10) 小柄(こがら)

단어 퀴즈

✤ 단어를 보고 발음과 의미를 적어 보세요.

단어	발음	의미
改正	かいせい	개정
傾く		
縮む		
拡大		
格好		
小柄		
白髪		
特殊		
特徴		
派手		
容姿		
欠ける		
破れる		
装う		
乱れる		
きつい		
そっくり		
独特		
相変わらず		
地味		
鮮やか		
大幅		
外見		

선을 따라 접으면 답을 확인할 수 있어요.

✖ 한번 더 복습해 봅시다.

읽는 법과 뜻		한자	발음	의미
☐	かいせい 개정	예 改正	かいせい	개정
☐	かたむく 기울다	傾く		
☐	ちぢむ 줄다, 오그라들다	縮む		
☐	かくだい 확대	拡大		
☐	かっこう 모습, 모양	格好		
☐	こがら 몸집이 작음	小柄		
☐	しらが 백발, 흰머리	白髪		
☐	とくしゅ 특수	特殊		
☐	とくちょう 특징	特徴		
☐	はで 화려함, 요란함	派手		
☐	ようし 용모, 자태	容姿		
☐	かける 부족하다, 빠지다	欠ける		
☐	やぶれる 찢어지다, 해지다	破れる		
☐	よそおう 치장하다	装う		
☐	みだれる 흐트러지다	乱れる		
☐	きつい 심하다, 고되다	きつい		
☐	そっくり 전부, 꼭 닮은 모양	そっくり		
☐	どくとく 독특	独特		
☐	あいかわらず 변함없이	相変わらず		
☐	じみ 수수함, 검소함	地味		
☐	あざやか 선명함, 산뜻함	鮮やか		
☐	おおはば 대폭, 큰폭	大幅		
☐	がいけん 외견, 겉보기	外見		

음성듣기

DAY 06
가사와 식생활

얼마나
알고 있나요?

사전 체크

☐ 01 缶詰	☐ 02 献立	☐ 03 支度	☐ 04 賞味
☐ 05 清潔	☐ 06 洗剤	☐ 07 掃除	☐ 08 追加
☐ 09 斜め	☐ 10 冷凍	☐ 11 和風	☐ 12 揚げる
☐ 13 薄める	☐ 14 重ねる	☐ 15 噛む	☐ 16 刻む
☐ 17 腐る	☐ 18 焦げる	☐ 19 冷める	☐ 20 注ぐ
☐ 21 炊く	☐ 22 蓄える	☐ 23 足す	☐ 24 畳む
☐ 25 研ぐ	☐ 26 煮る	☐ 27 残る	☐ 28 冷える
☐ 29 拭く	☐ 30 含む	☐ 31 干す	☐ 32 混ぜる
☐ 33 実る	☐ 34 蒸す	☐ 35 盛る	☐ 36 焼く
☐ 37 沸かす	☐ 38 辛い	☐ 39 臭い	☐ 40 細かい
☐ 41 塩辛い	☐ 42 渋い	☐ 43 酸っぱい	☐ 44 生臭い
☐ 45 新鮮	☐ 46 粗末	☐ 47 手軽	☐ 48 しっとり

01
かんづめ
缶詰
명 통조림

かんづめ　　　　　て　あ
缶詰のふたは手で開けられないものもある。
통조림 뚜껑은 손으로 열 수 없는 것도 있다.

02
こんだて
献立
명 식단, 메뉴

まいにち　こんだて　かんが　　　　　　　　　たいへん
毎日の献立を考えることは、とても大変だ。
매일 메뉴를 생각하는 것은 매우 힘들다.

03
したく
支度
명 する 준비, 채비

しょくじ　したく　す　　　　　さんぽ　い
食事の支度を済ませてから散歩に行った。
식사 준비를 마치고 나서 산책하러 갔다.

유 よう い
用意 준비

ごご　かいぎ　だ　の　もの　ようい
午後の会議に出す飲み物を用意しておいた。
오후 회의에 내놓을 음료를 준비해 두었다.

04
しょうみ
賞味
명 する 상미,
맛을 음미하며 먹음

た　もの　か　　とき　しょうみきげん　かなら　かくにん
食べ物を買う時は賞味期限を必ず確認している。
먹을 것을 살 때는 소비 기한을 반드시 확인하고 있다.

05
せいけつ
清潔
명 ナ 청결, 깨끗

かのじょ　へや　　　　　　そうじ　せいけつ
彼女は部屋をまめに掃除して清潔にしている。
그녀는 방을 부지런히 청소해서 청결하게 하고 있다.

06
せんざい
洗剤
명 세제

せんざい　はだ　ふたん　　　　　　えら
洗剤は肌に負担がないものを選んでいる。
세제는 피부에 부담이 없는 것을 고르고 있다.

07
そうじ
掃除
名 する 청소

兄はとてもだらしがなく、部屋の掃除もしたことが
ない。
형은(오빠는) 매우 깔끔하지 못해서 방 청소도 한 적이 없다.

08
ついか
追加
名 する 추가

量が足りなかったので、追加で注文した。
양이 부족했기 때문에 추가로 주문했다.

09
なな
斜め
名 ナ 비스듬함, 경사짐

にんじんは斜めに切ってください。
당근은 비스듬히 잘라 주세요.

10
れいとう
冷凍
名 する 냉동

カレーを作りすぎたので冷凍した。
카레를 너무 많이 만들어서 냉동시켰다.

11
わふう
和風
名 일본풍

醤油を使った和風ドレッシングが人気です。
간장을 사용한 일본풍 드레싱이 인기입니다.

12
あ
揚げる
동 튀기다

ダイエット中なので、油で揚げたものは食べられ
ない。
다이어트 중이므로, 기름으로 튀긴 것은 먹을 수 없다.

13
うす
薄める
图 묽게 하다, 연하게 하다

スープの味が濃すぎるので、水を入れて薄めた。
국물 맛이 너무 진해서 물을 넣어 연하게 했다.

14
かさ
重ねる
图 겹치다, 포개다

お皿は、食器棚の一番上に重ねてしまっておいて。
접시는 식기 선반 맨 위에 겹쳐서 넣어 둬.

재 重なる 포개지다, 거듭되다, 중복되다

いろんな仕事が重なって、ずっと残業をしている。
여러 업무가 겹쳐서 계속 야근하고 있다.

15
か
噛む
图 씹다

ガムは食べるものではなく、噛むものだ。
껌은 먹는 것이 아니라 씹는 것이다.

16
きざ
刻む
图 잘게 썰다, 새기다

鍋に入れる前に野菜を刻んでください。
냄비에 넣기 전에 야채를 잘게 썰어 주세요.

17
くさ
腐る
图 썩다, 상하다, 부패하다

夏は気温が高いので、食べ物がすぐ腐る。
여름은 기온이 높기 때문에, 음식물이 금방 상한다.

18
こ
焦げる
图 눋다, 타다

火を消し忘れて、料理が焦げた。
불 끄는 것을 잊어서 요리가 탔다.

타 焦がす 태우다

パンケーキを全部焦がしてしまいました。
팬케이크를 전부 태워 버렸습니다.

19
さ
冷める

동 식다

コーヒーが冷めてしまったので、また温めた。
커피가 식어 버려서 다시 데웠다.

20
そそ
注ぐ

동 붓다, 따르다, 정신을 쏟다, 집중하다

お茶は湯飲みにゆっくり注いでください。
차는 찻잔에 천천히 따라 주세요.

➕ 注ぐ (액체를) 쏟다, 붓다, 따르다

21
た
炊く

동 밥을 짓다

週に一度ご飯を炊いている。
일주일에 한 번 밥을 짓고 있다.

22
たくわ
蓄える

동 모으다, 비축하다

万が一の時のために食料を蓄えている。
만일의 때를 위해 식료품을 비축하고 있다.

23
た
足す

동 더하다, 보태다

スープの味が薄かったので塩を足しておいた。
국물 맛이 싱거웠기 때문에 소금을 쳐 두었다.

24
たた
畳む

동 개다, 개키다

帰宅すると、部屋に洗濯物が畳んで置いてあった。
집에 오니, 방에 빨래가 개켜져 있었다.

25
と
研ぐ
통 (칼 등을) 갈다, 연마하다

りょうり にん いち にち さい ご じ しん ほうちょう と
料理人は一日の最後に自身の包丁を研ぐ。
요리사는 하루의 마지막에 자신의 식칼을 간다.

26
に
煮る
통 삶다, 끓이다, 조리다

さかな に や ほう
魚は煮るより焼いた方がおいしい。
생선은 조리는 것보다 굽는 것이 맛있다.

➕ いた
炒める 볶다

いた つく
もやしとニンニクを炒めてチャーハンを作りました。
숙주와 마늘을 볶아서 볶음밥을 만들었습니다.

27
のこ
残る
통 남다

つく りょう り のこ
作りすぎて、料理がたくさん残った。
너무 많이 만들어서 요리가 많이 남았다.

➕ のこ
残す 남기다

28
ひ
冷える
통 식다, 차가워지다, 쌀쌀해지다

あつ ひ ひ の
こんな暑い日はよく冷えたビールが飲みたくなる。
이런 더운 날에는 제대로 차가워진 맥주가 마시고 싶어진다.

➕ ひ
冷やす 식히다, 차갑게 하다

29
ふ
拭く
통 닦다, 훔치다

うえ ふ
テーブルの上をきれいに拭いた。
테이블 위를 깨끗하게 닦았다.

30
ふく
含む
통 포함하다, 함유하다

おお ふく くだもの
レモンはビタミンCを多く含んだ果物である。
레몬은 비타민C를 많이 함유한 과일이다.

➕ ふく
含める 포함시키다

31
ほ
干す
통 말리다

<ruby>私<rt>わたし</rt></ruby>が<ruby>帰<rt>かえ</rt></ruby>った<ruby>時<rt>とき</rt></ruby>、<ruby>母<rt>はは</rt></ruby>は<ruby>洗濯物<rt>せんたくもの</rt></ruby>を<ruby>干<rt>ほ</rt></ruby>していた。
내가 돌아왔을 때, 엄마는 빨래를 널고 있었다.

32
ま
混ぜる
통 섞다, 혼합하다

この<ruby>料理<rt>りょうり</rt></ruby>はよく<ruby>混<rt>ま</rt></ruby>ぜてから<ruby>食<rt>た</rt></ruby>べると、さらにおいしくなる。
이 요리는 잘 섞어서 먹으면 더욱 맛있어진다.

자 <ruby>混<rt>ま</rt></ruby>ざる 섞이다

33
みの
実る
통 열매 맺다, 결실을 맺다,
(노력, 보람 등이) 나타나다

<ruby>今年<rt>ことし</rt></ruby>もイチゴが<ruby>実<rt>みの</rt></ruby>ったので、ケーキを<ruby>作<rt>つく</rt></ruby>った。
올해도 딸기가 열려서 케이크를 만들었다.

チームの<ruby>努力<rt>どりょく</rt></ruby>が<ruby>実<rt>みの</rt></ruby>って<ruby>優勝<rt>ゆうしょう</rt></ruby>した。
팀의 노력이 결실을 맺어 우승했다.

34
む
蒸す
통 찌다, 무덥다

<ruby>餃子<rt>ぎょうざ</rt></ruby>は<ruby>焼<rt>や</rt></ruby>くより<ruby>蒸<rt>む</rt></ruby>した<ruby>方<rt>ほう</rt></ruby>がおいしい。
만두는 굽는 것보다 찌는 것이 맛있다.

＋ <ruby>蒸<rt>む</rt></ruby>し<ruby>暑<rt>あつ</rt></ruby>い 무덥다

35
も
盛る
통 쌓아 올리다,
(그릇에) 담다

<ruby>作<rt>つく</rt></ruby>った<ruby>料理<rt>りょうり</rt></ruby>を<ruby>皿<rt>さら</rt></ruby>にたくさん<ruby>盛<rt>も</rt></ruby>った。
만든 요리를 접시에 듬뿍 담았다.

＋ <ruby>盛<rt>も</rt></ruby>り<ruby>合<rt>あ</rt></ruby>わせ 모둠

<ruby>刺身<rt>さしみ</rt></ruby>の<ruby>盛<rt>も</rt></ruby>り<ruby>合<rt>あ</rt></ruby>わせ<ruby>一<rt>ひと</rt></ruby>つください。
모둠 회 하나 주세요.

36
や
焼く
통 굽다

この<ruby>店<rt>みせ</rt></ruby>の<ruby>魚<rt>さかな</rt></ruby>はコンロではなく、<ruby>炭火<rt>すみび</rt></ruby>で<ruby>焼<rt>や</rt></ruby>いている。
이 가게의 생선은 풍로(레인지)가 아닌, 숯불로 굽고 있다.

자 <ruby>焼<rt>や</rt></ruby>ける (불) 타다, 구워지다, (햇볕에) 타다, 그을리다

＋ <ruby>強火<rt>つよび</rt></ruby> 강한 불, 센불

37
わ
沸かす
동 끓이다, 데우다

ひ　 からだ あたた　　　　　　　 ふ ろ わ
冷えた体を温めるために風呂を沸かした。
차가워진 몸을 녹이기 위해 목욕물을 데웠다.

자 沸く (물이) 끓다

38
から
辛い
イ 맵다, 얼얼하다

い ちょう ちょうし わる　　　　　　　　　 から　　　　　 た　　　　ほう
胃腸の調子が悪いときは、辛いものは食べない方が
いい。
위장 상태가 안 좋을 때는 매운 것은 먹지 않는 게 좋다.

39
くさ
臭い
イ 역한 냄새가 나다, 구리다

なま　　　　　　　　　　　　　　　　　　 くさ
生ごみをそのままにしておいたら臭くなって
しまった。
음식물 쓰레기를 그대로 두었더니 역한 냄새가 나게 되었다.

40
こま
細かい
イ 작다, 잘다, 자세하다,
상세하다

や さい こま　　　 き　　　　　ほか ざいりょう ま
野菜を細かく切って、他の材料と混ぜてください。
야채를 잘게 썰어서 다른 재료와 섞어 주세요.

じ こ とうじつ　　じょうきょう　　　　　　　 けいさつ こま　 せつめい
事故当日の状況について、警察に細かく説明した。
사고 당일의 상황에 대해서 경찰에게 자세하게 설명했다.

41
しおから
塩辛い
イ 짜다

ちち　 つく　　み そ しる　　　　　　　　　 しおから
父が作る味噌汁はいつも塩辛い。
아빠가 만든 된장국은 항상 짜다.

유 しょっぱい 짜다

42
しぶ
渋い
イ 떫다,
차분하고 깊이가 있다

ちゃ しぶ　　 の
このお茶は渋くて飲めない。
이 차는 떫어서 마실 수 없다.

かれ　　　　　　　　　　　　　　こえ しぶ　　 すてき
彼はアナウンサーなので、声が渋くて素敵だ。
그는 아나운서라서 목소리가 깊이 있고 멋지다.

43
す
酸っぱい
イ 시다, 시큼하다

<ruby>長<rt>なが</rt></ruby>く<ruby>漬<rt>つ</rt></ruby>かったキムチは<ruby>酸<rt>す</rt></ruby>っぱい。
오랫동안 익은 김치는 시큼하다.

44
なまぐさ
生臭い
イ 비린내가 나다, 비릿하다

<ruby>魚<rt>さかな</rt></ruby>を<ruby>触<rt>さわ</rt></ruby>ったら<ruby>手<rt>て</rt></ruby>が<ruby>生臭<rt>なまぐさ</rt></ruby>くなった。
생선을 만졌더니 손에서 비린내가 났다.

45
しんせん
新鮮
ナ 명 신선, 싱싱함

この<ruby>店<rt>みせ</rt></ruby>はいつでも<ruby>新鮮<rt>しんせん</rt></ruby>な<ruby>魚<rt>さかな</rt></ruby>が<ruby>食<rt>た</rt></ruby>べられる。
이 가게는 언제나 신선한 생선을 먹을 수 있다.

46
そまつ
粗末
ナ 변변치 못함, 허술함, 함부로 함, 소홀히 함

<ruby>食<rt>た</rt></ruby>べ<ruby>物<rt>もの</rt></ruby>を<ruby>粗末<rt>そまつ</rt></ruby>にするべきではない。
음식을 소홀히 해서는 안 된다.

47
てがる
手軽
ナ 간단함, 간편함, 손쉬움

<ruby>昼食<rt>ちゅうしょく</rt></ruby>は<ruby>手軽<rt>てがる</rt></ruby>に<ruby>食<rt>た</rt></ruby>べられるサンドイッチにした。
점심은 간단하게 먹을 수 있는 샌드위치로 했다.

48
しっとり
부 する 촉촉하게, 조용하고 차분한 모양

このパンはしっとりしていておいしい。
이 빵은 촉촉해서 맛있다.

1 해당 어휘의 읽는 법을 찾고, 빈칸에 그 의미를 써 넣으세요.

| 보기 学生 | ⓥ がくせい | ② がっせい | 학생 |

(1) 焦げる　　①まげる　　②こげる　　＿＿＿＿＿＿

(2) 清潔　　　①せいけつ　②せいけい　＿＿＿＿＿＿

(3) 渋い　　　①にぶい　　②しぶい　　＿＿＿＿＿＿

(4) 追加　　　①ついか　　②つうか　　＿＿＿＿＿＿

(5) 畳む　　　①たたむ　　②つかむ　　＿＿＿＿＿＿

2 문맥에 맞는 단어를 보기 에서 골라 알맞은 형태로 바꾸어 써 넣으세요.

(6) レモンはビタミンCを多く(　　　　)果物である。

(7) 食べ物を(　　　　)するべきではない。

(8) 昼食は(　　　　)に食べられるサンドイッチにした。

(9) 毎日の(　　　　)を考えることは、とても大変だ。

(10) 万が一の時のために食料を(　　　　)いる。

| 보기 | 献立　　蓄える　　含む　　粗末　　手軽 |

단어 퀴즈

✽ 단어를 보고 발음과 의미를 적어 보세요.

단어	발음	의미
改正	かいせい	개정
清潔		
掃除		
蓄える		
細かい		
献立		
支度		
賞味		
薄める		
刻む		
焦げる		
注ぐ		
畳む		
含む		
干す		
混ぜる		
実る		
沸かす		
煮る		
粗末		
手軽		
足す		
追加		

선을 따라 접으면 답을 확인할 수 있어요.

✖ 한번 더 복습해 봅시다.

읽는 법과 뜻		한자	발음	의미
□	かいせい 개정	예 改正	かいせい	개정
□	せいけつ 청결 깨끗함	清潔		
□	そうじ 청소	掃除		
□	たくわえる 비축하다	蓄える		
□	こまかい 잘다, 상세하다	細かい		
□	こんだて 식단, 메뉴	献立		
□	したく 준비, 채비	支度		
□	しょうみ 음미하며 먹음	賞味		
□	うすめる 묽게 하다	薄める		
□	きざむ 잘게 썰다, 새기다	刻む		
□	こげる 눋다, 타다	焦げる		
□	そそぐ 붓다, 따르다	注ぐ		
□	たたむ 개다, 개키다	畳む		
□	ふくむ 포함하다	含む		
□	ほす 말리다	干す		
□	まぜる 섞다, 혼합하다	混ぜる		
□	みのる 결실을 맺다	実る		
□	わかす 끓이다	沸かす		
□	にる 삶다, 조리다	煮る		
□	そまつ 허술함, 소홀히 함	粗末		
□	てがる 간단함	手軽		
□	たす 더하다, 보태다	足す		
□	ついか 추가	追加		

DAY 07

일상생활 (1)

얼마나 알고 있나요?

사전 체크

- [ ] 01 一生
- [ ] 02 完了
- [ ] 03 記憶
- [ ] 04 行列
- [ ] 05 偶数
- [ ] 06 警備
- [ ] 07 故障
- [ ] 08 小包
- [ ] 09 差し支え
- [ ] 10 芝生
- [ ] 11 指名
- [ ] 12 地元
- [ ] 13 修理
- [ ] 14 消耗
- [ ] 15 倉庫
- [ ] 16 抽選
- [ ] 17 手入れ
- [ ] 18 場面
- [ ] 19 古里
- [ ] 20 自ら
- [ ] 21 屋根
- [ ] 22 勇気
- [ ] 23 予備
- [ ] 24 預かる
- [ ] 25 抱く
- [ ] 26 祝う
- [ ] 27 拝む
- [ ] 28 飼う
- [ ] 29 叶う
- [ ] 30 築く
- [ ] 31 こぼれる
- [ ] 32 栄える
- [ ] 33 叫ぶ
- [ ] 34 覚める
- [ ] 35 剃る
- [ ] 36 散らかす
- [ ] 37 積む
- [ ] 38 塗る
- [ ] 39 昇る
- [ ] 40 挟む
- [ ] 41 響く
- [ ] 42 振り向く
- [ ] 43 掘る
- [ ] 44 認める
- [ ] 45 汚す
- [ ] 46 慌ただしい
- [ ] 47 乏しい
- [ ] 48 やかましい

01
いっしょう
一生
명 일생, 한평생

むすめ いっしょうけっこん いっしょ く い
娘は一生結婚しないでパパと一緒に暮らすと言って
いる。
(우리) 딸은 평생 결혼하지 않고 아빠와 함께 살겠다고 말하고 있다.

02
かんりょう
完了
명 する 완료

あした ひ こ じゅんび ぶじ かんりょう
明日の引っ越しの準備が無事、完了した。
내일 이사 준비가 무사히 완료되었다.

03
きおく
記憶
명 する 기억

だれ おも だ きおく
誰にでも思い出したくない記憶はあるものです。
누구에게라도 떠올리고 싶지 않은 기억은 있는 법입니다.

04
ぎょうれつ
行列
명 する 행렬, 줄

となり みせ ぎょうれつ
隣の店はいつも行列ができている。
옆 가게는 언제나 줄이 늘어서 있다.

05
ぐうすう
偶数
명 짝수

ぐうすう つき
偶数の月にはいつもセールをしている。
짝수 달에는 언제나 세일을 하고 있다.
반 奇数 홀수
きすう

06
けいび
警備
명 する 경비

なに けいびしつ れんらく
何かあったらすぐに警備室に連絡してください。
무슨 일이 있으면 바로 경비실에 연락해 주세요.

07
こ しょう
故障
명 する 고장

洗濯機が故障したので、修理を頼んだ。
세탁기가 고장 나서 수리를 요청했다.

08
こ づつみ
小包
명 소포

イギリスから小包が届いたので開けてみたら、誕生日のプレゼントだった。
영국에서 소포가 도착해서 열어 봤더니, 생일 선물이었다.

09
さ つか
差し支え
명 지장, 장애

差し支えなければ、明日までにお願いできますか。
괜찮으시다면(지장이 없으시다면) 내일까지 부탁드릴 수 있을까요?

10
しば ふ
芝生
명 잔디

芝生の管理にはお金がたくさんかかる。
잔디 관리에는 돈이 많이 든다.

11
し めい
指名
명 する 지명

美容院では、担当の美容師を指名できる。
미용실에서는 담당 미용사를 지명할 수 있다.

12
じ もと
地元
명 그 고장, 지방,
자신이 사는 지역

私は地元の大学に進学した。
나는 우리 지역의 대학에 진학했다.

13
しゅうり
修理
명 する 수리

パソコンの調子が悪いので修理を頼むことにした。
컴퓨터 상태가 안 좋기 때문에 수리를 부탁하기로 했다.

ⓤ 直す 고치다

このテレビは部品がなくて直せません。
이 TV는 부품이 없어서 고칠 수 없습니다.

14
しょうもう
消耗
명 する 소모

シャンプーなどの消耗品はなくなる前に買いに行く。
샴푸 등의 소모품은 다 떨어지기 전에 사러 간다.

15
そうこ
倉庫
명 창고

売り場の商品がなくなったら、倉庫から持ってきてください。
매장 상품이 소진되면 창고에서 가져와 주세요.

➕ 冷蔵庫 냉장고

16
ちゅうせん
抽選
명 する 추첨, 제비뽑기

抽選で10名の方にプレゼントいたします。
추첨으로 열 분께 선물하겠습니다.

17
てい
手入れ
명 する 손질, 손봄

月に一度は庭の手入れをしなければならない。
한 달에 한 번은 정원 손질을 해야 한다.

18
ばめん
場面
명 장면, 상황

私はいつも大事な場面で失敗する。
나는 항상 중요한 상황에서 실패(실수)한다.

19
ふるさと
古里
명 고향

古里に住んでいる両親から小包が届いた。
고향에 사는 부모님으로부터 소포가 도착했다.

유 故郷 고향

20
みずか
自ら
명 부 자기, 자신, 스스로, 몸소

兄は自ら志願して軍隊へ行った。
오빠는(형은) 스스로 지원하여 군대에 갔다.

유 自分で 스스로, 직접

姉はいつも自分で髪を切っている。
언니(누나)는 항상 직접 머리를 자르고 있다.

21
や ね
屋根
명 지붕

強い風で家の屋根が飛んでしまった。
강한 바람으로 집 지붕이 날아가 버렸다.

22
ゆう き
勇気
명 용기

知らない人を助けるのは勇気が要ることだ。
모르는 사람을 돕는 것은 용기가 필요한 일이다.

23
よ び
予備
명 예비

万が一に備え、予備の鍵を作った。
만일에 대비해 예비 열쇠를 만들었다.

24
あず
預かる
동 맡다, 보관하다

友人のペットを三日間だけ預かった。
친구의 반려동물을 3일간만 맡았다.

+ 預ける 맡기다, 보관시키다

ホテルのフロントに荷物を預けて買い物に行った。
호텔 프런트에 짐을 맡기고 쇼핑하러 갔다.

25
いだ
抱く
동 안다, 품다

期待を抱いて東京で新生活を始めた。
기대를 안고 도쿄에서 새로운 생활을 시작했다.

➕ 抱く 안다, 포옹하다

赤ちゃんを抱いている母親の姿はこの世で一番美しいと思います。
아기를 안고 있는 어머니의 모습은 이 세상에서 가장 아름답다고 생각합니다.

26
いわ
祝う
동 축하하다

兄の結婚を家族みんなで祝った。
형(오빠)의 결혼을 가족이 모두 함께 축하했다.

➕ お祝い 축하, 축하 인사, 축하 선물

27
おが
拝む
동 (두 손 모아) 빌다, 절하다

正月の朝は近くの海岸に初日の出を拝みに行った。
설날 아침에는 가까운 해안에 설날 해돋이를 보러(설날 아침 해를 향해 배례하러) 갔다.

28
か
飼う
동 기르다, 사육하다

実家では小さい犬を飼っている。
본가에서는 작은 개를 기르고 있다.

29
かな
叶う
동 이루어지다, 뜻대로 되다

願いが叶うならどんな辛いことだってできます。
소원이 이루어진다면 어떤 괴로운 일이라도 할 수 있습니다.

30
きず
築く
동 쌓다, 구축하다

温かい家庭を築くのが私の夢である。
따뜻한 가정을 이루는 것이 나의 꿈이다.

31
こぼれる
图 넘쳐흐르다, 흘러내리다

かんぱい
乾杯したら、ビールがこぼれてしまった。
건배를 했더니, 맥주가 넘쳐흘러 버렸다.

他 こぼす 흘리다, 엎다

ビールをこぼして服が汚れてしまいました。
맥주를 흘려서 옷이 더러워지고 말았습니다.

32
栄える
さか
图 번영하다, 번창하다

マンションが増えて、少しずつ町が栄えてきた。
맨션이 늘어서, 조금씩 거리가 번창해졌다.

33
叫ぶ
さけ
图 외치다, 소리지르다

ともだち なに さけ とお き
友達が何か叫んだが、遠くてよく聞こえなかった。
친구가 뭔가 소리쳤는데 멀어서 잘 들리지 않았다.

34
覚める
さ
图 잠이 깨다, 깨닫다,
제정신이 들다

かみなり おと おお め さ
雷の音があまりにも大きくて目が覚めた。
천둥소리가 너무나 커서 잠이 깼다.

他 覚ます 깨다, 깨우다, 깨우치다

まわ あか め さ ごご じ す
周りが明るくて目を覚ましたら、午後の2時を過ぎ
ていた。
주변이 밝아서 눈을 뜨니 오후 2시가 넘어 있었다.

35
剃る
そ
图 (수염, 머리 등을) 깎다,
밀다

まいあさ そ めんどう
毎朝ひげを剃るのは面倒くさい。
매일 아침 수염을 깎는 것은 귀찮다.

36
散らかす
ち
图 흩뜨리다, 어지르다

いぬ へや なか ち
犬に部屋の中を散らかされた。
개가 방 안을 어지럽혔다.

自 散らかる 흩어지다, 어질러지다

しごと かえ へや ち
仕事から帰ったら部屋が散らかっていました。
일을 끝내고 돌아왔더니 방이 어질러져 있었습니다.

37

積む
つ

⑧ 쌓다, 싣다, 거듭하다

トラックに荷物を積んだ。
にもつ　つ

트럭에 짐을 실었다.

彼は日本で料理の経験を積んだ。
かれ　にほん　りょうり　けいけん　つ

그는 일본에서 요리 경험을 쌓았다.

짜 積もる 쌓이다, 모이다
つ

38

塗る
ぬ

⑧ 칠하다, 바르다

さっきペンキを塗ったばかりなので座らないで
ぬ　　　　　　　　　　　　すわ
ください。

조금 전에 막 페인트를 칠했으니까 앉지 마세요.

39

昇る
のぼ

⑧ 오르다, 올라가다

早く起きて、日が昇るのを見た。
はや　お　　　ひ　のぼ　　み

일찍 일어나서 해가 뜨는 것을 봤다.

40

挟む
はさ

⑧ 끼우다, 사이에 두다

ドアに指が挟まれて激痛が走った。
ゆび　はさ　　げきつう　はし

문에 손가락이 끼어서 엄청 아팠다.

41

響く
ひび

⑧ 울리다, 울려 퍼지다

彼の歌声が部屋中に響いた。
かれ　うたごえ　へや じゅう　ひび

그의 노랫소리가 온 방에 울려 퍼졌다.

42

振り向く
ふ　む

⑧ (뒤)돌아보다

誰かに呼ばれたような気がして振り向いた。
だれ　　よ　　　　　　　き　　　　ふ　む

누군가가 부른 것 같아서 뒤돌아봤다.

유 振り返る 뒤돌아보다, 되돌아보다
ふ　かえ

人の気配がして振り返ったが、誰もいなかった。
ひと　けはい　　　ふ　かえ　　　だれ

인기척이 나서 뒤돌아봤지만 아무도 없었다.

43
ほ
掘る
동 파다, 캐다

<ruby>地面<rt>じめん</rt></ruby>を<ruby>掘<rt>ほ</rt></ruby>って、その<ruby>中<rt>なか</rt></ruby>にタイムカプセルを<ruby>埋<rt>う</rt></ruby>めた。
땅을 파서 그 안에 타임캡슐을 묻었다.

44
みと
認める
동 인정하다

<ruby>彼<rt>かれ</rt></ruby>らは<ruby>付<rt>つ</rt></ruby>き<ruby>合<rt>あ</rt></ruby>っていることを<ruby>認<rt>みと</rt></ruby>めた。
그들은 사귀고 있는 것을 인정했다.

45
よご
汚す
동 더럽히다

<ruby>昨日<rt>きのう</rt></ruby><ruby>買<rt>か</rt></ruby>ったばかりのシャツを<ruby>汚<rt>よご</rt></ruby>してしまった。
어제 막 산 셔츠를 더럽히고 말았다.

자 <ruby>汚<rt>よご</rt></ruby>れる 더러워지다

<ruby>手<rt>て</rt></ruby>が<ruby>汚<rt>よご</rt></ruby>れたので、お<ruby>手洗<rt>てあら</rt></ruby>いに<ruby>行<rt>い</rt></ruby>ってきます。
손이 더러워졌으니 화장실에 다녀오겠습니다.

46
あわ
慌ただしい
イ 분주하다, 황망하다

<ruby>海外旅行<rt>かいがいりょこう</rt></ruby>の<ruby>準備<rt>じゅんび</rt></ruby>に<ruby>追<rt>お</rt></ruby>われて<ruby>慌<rt>あわ</rt></ruby>ただしく<ruby>一日<rt>いちにち</rt></ruby>が<ruby>過<rt>す</rt></ruby>ぎた。
해외여행 준비에 쫓겨 분주하게 하루가 지났다.

유 <ruby>忙<rt>いそが</rt></ruby>しい 바쁘다

47
とぼ
乏しい
イ 부족하다, 모자라다

まだ<ruby>経験<rt>けいけん</rt></ruby>が<ruby>乏<rt>とぼ</rt></ruby>しいので、その<ruby>仕事<rt>しごと</rt></ruby>ができるかどうか<ruby>不安<rt>ふあん</rt></ruby>だ。
아직 경험이 부족해서 그 일을 할 수 있을지 어떨지 불안하다.

48
やかましい
イ 시끄럽다, 떠들썩하다, 성가시다, 번거롭다

<ruby>隣人<rt>りんじん</rt></ruby>の<ruby>声<rt>こえ</rt></ruby>がやかましくて<ruby>眠<rt>ねむ</rt></ruby>れない。
이웃 사람 목소리가 시끄러워서 잘 수가 없다.

확인 문제

1 해당 어휘의 읽는 법을 찾고, 빈칸에 그 의미를 써 넣으세요.

> 보기 学生　　ⓥ がくせい　　② がっせい　　＿＿＿학생＿＿＿

(1) 修理　　① しゅうり　　② しゅり　　＿＿＿＿＿＿＿

(2) 地元　　① ちもと　　②じもと　　＿＿＿＿＿＿＿

(3) 乏しい　　① とぼしい　　② まずしい　　＿＿＿＿＿＿＿

(4) 祝う　　① いわう　　② かなう　　＿＿＿＿＿＿＿

(5) 積む　　① つむ　　② くむ　　＿＿＿＿＿＿＿

2 문맥에 맞는 단어를 보기에서 골라 알맞은 형태로 바꾸어 써 넣으세요.

(6) 誰かに呼ばれたような気がして(　　　　)。

(7) 犬に部屋の中を(　　　　)。

(8) 兄は(　　　　)志願して軍隊へ行った。

(9) 隣人の声が(　　　　)眠れない。

(10) 願いが(　　　　)ならどんな辛いことだってできます。

> 보기　自ら　　叶う　　振り向く　　散らかす　　やかましい

단어 퀴즈

✿ 단어를 보고 발음과 의미를 적어 보세요.

단어	발음	의미
改正	かいせい	개정
自ら		
乏しい		
行列		
故障		
差し支え		
地元		
完了		
預かる		
抱く		
祝う		
叶う		
築く		
散らかす		
積む		
挟む		
響く		
振り向く		
認める		
慌ただしい		
記憶		
勇気		
飼う		

선을 따라 접으면 답을 확인할 수 있어요.

❤ 한번 더 복습해 봅시다.

읽는 법과 뜻		
☐ かいせい 개정		
☐ みずから 스스로, 몸소		
☐ とぼしい 부족하다		
☐ ぎょうれつ 행렬, 줄		
☐ こしょう 고장		
☐ さしつかえ 지장, 장애		
☐ じもと 그 고장, 지방		
☐ かんりょう 완료		
☐ あずかる 맡다, 보관하다		
☐ いだく 품다		
☐ いわう 축하하다		
☐ かなう 이루어지다		
☐ きずく 쌓다, 구축하다		
☐ ちらかす 흩뜨리다, 어지르다		
☐ つむ 쌓다, 거듭하다		
☐ はさむ 끼우다		
☐ ひびく 울리다, 울려 퍼지다		
☐ ふりむく (뒤)돌아보다		
☐ みとめる 인정하다		
☐ あわただしい 분주하다		
☐ きおく 기억		
☐ ゆうき 용기		
☐ かう 기르다, 사육하다		

한자	발음	의미
예 改正	かいせい	개정
自ら		
乏しい		
行列		
故障		
差し支え		
地元		
完了		
預かる		
抱く		
祝う		
叶う		
築く		
散らかす		
積む		
挟む		
響く		
振り向く		
認める		
慌ただしい		
記憶		
勇気		
飼う		

음성듣기

DAY 08
일상생활 (2)

얼마나
알고 있나요?

사전 체크

- [ ] **01** 移転
- [ ] **02** 換気
- [ ] **03** 起床
- [ ] **04** 口調
- [ ] **05** 気配
- [ ] **06** 幸運
- [ ] **07** 口実
- [ ] **08** 作業
- [ ] **09** 錯覚
- [ ] **10** 始末
- [ ] **11** 招待
- [ ] **12** 省略
- [ ] **13** 専念
- [ ] **14** 大工
- [ ] **15** 停電
- [ ] **16** 日用品
- [ ] **17** 封筒
- [ ] **18** 平凡
- [ ] **19** 目印
- [ ] **20** 唯一
- [ ] **21** 予想
- [ ] **22** 溢れる
- [ ] **23** 至る
- [ ] **24** 埋める
- [ ] **25** 訪れる
- [ ] **26** 抱える
- [ ] **27** 乾く
- [ ] **28** くっつける
- [ ] **29** こらえる
- [ ] **30** 探る
- [ ] **31** 誘う
- [ ] **32** 責める
- [ ] **33** 逸れる
- [ ] **34** 努める
- [ ] **35** 撫でる
- [ ] **36** 握る
- [ ] **37** 伸ばす
- [ ] **38** 掃く
- [ ] **39** 跳ねる
- [ ] **40** 踏む
- [ ] **41** 吠える
- [ ] **42** 招く
- [ ] **43** 戻す
- [ ] **44** 寄る
- [ ] **45** 仕方ない
- [ ] **46** 鋭い
- [ ] **47** 等しい
- [ ] **48** 煩わしい

01

い てん
移転

명 する 이전

会社が駅前に移転することになった。
회사가 역 앞으로 이전하게 되었다.

➕ 移動 이동

02

かん き
換気

명 する 환기

湿気が気になるなら、換気をした方がいいですよ。
습기가 신경 쓰인다면 환기를 하는 편이 좋아요.

03

き しょう
起床

명 する 기상

特別なことがなければ、起床時間は午前6時だ。
특별한 일이 없으면 기상 시간은 오전 6시이다.

➕ 起きる 기상하다, 일어나다

朝起きるとまず、猫にえさをあげます。
아침에 일어나면 우선 고양이에게 밥을 줍니다.

04

く ちょう
口調

명 어조, 말투

祖母はいつもゆっくりした口調で話す。
할머니는 언제나 느긋한 어조로 말한다.

05

け はい
気配

명 기척, 기미, 기색, 낌새

空き家から人の気配がして、怖くなりました。
빈집에서 인기척이 나서 무서워졌습니다.

06

こう うん
幸運

명 ナ 행운

幸運なことに、宝くじに当たった。
운 좋게도 복권에 당첨되었다.

➕ 幸福 행복

07
こうじつ
口実
명 구실, 핑계

ざんぎょう こうじつ やくそく
残業を口実に約束をキャンセルした。
야근을 핑계로 약속을 취소했다.

08
さ ぎょう
作業
명 する 작업

たんじゅん さ ぎょう す
単純な作業が好きです。
단순한 작업을 좋아합니다.

09
さっかく
錯覚
명 する 착각

きょう にちようび さっかく おち
なんだか今日が日曜日のような錯覚に陥った。
왠지 오늘이 일요일인 듯한 착각에 빠졌다.

かんちが
유 勘違い 착각, 잘못 생각함

10
しまつ
始末
명 する (나쁜) 결과, 형편, 처리

かのじょ ひ こ てつだ じゃ ま しまつ
彼女は引っ越しを手伝うどころか、邪魔する始末
だった。
그녀는 이사를 돕기는커녕 방해하는 꼴이었다.

こうはい しっぱい あと しまつ たいへん
後輩の失敗の後始末が大変だった。
후배의 실수 뒤처리가 힘들었다.

11
しょうたい
招待
명 する 초대

ゆうじん たんじょう び しょうたい
友人の誕生日パーティーに招待された。
친구의 생일 파티에 초대받았다.

12
しょうりゃく
省略
명 する 생략

なが あいさつ しょうりゃく はや はん た
長い挨拶は省略して早くご飯を食べましょう。
긴 인사는 생략하고 빨리 밥을 먹읍시다.

13

せんねん
専念

명 する 전념

かのじょ いま けっこん か じ せんねん
彼女は今、結婚して家事に専念している。
그녀는 지금 결혼해서 가사에 전념하고 있다.

14

だい く
大工

명 목수, 목수 일

しょうらい だい く じ ぶん いえ た
将来は大工になって、自分の家を建てたい。
장래에는 목수가 돼서 내 집을 짓고 싶다.

15

ていでん
停電

명 する 정전

きゅう ていでん ひ
急に停電したので、ろうそくに火をつけた。
갑자기 정전되어서, 양초에 불을 붙였다.

16

にちようひん
日用品

명 일용품

つき いち ど にちようひん か くるま おおがた
月に一度、日用品を買うために車で大型スーパーへ
い
行く。
한 달에 한 번 일용품을 사기 위해 차로 대형 슈퍼에 간다.

ふ ようひん
반 不用品 불용품

17

ふうとう
封筒

명 봉투

あて な ふうとう ちゅうおう おお か
宛名は封筒の中央に大きく書いてください。
수신인 이름은 봉투 중앙에 크게 써 주세요.

18

へいぼん
平凡

명 ナ 평범

なん し げき へいぼん まいにち つづ
何の刺激もない平凡な毎日が続いています。
아무 자극도 없는 평범한 매일이 계속되고 있습니다.

19
めじるし
目印
명 안표, 표지, 표시

近くに目印になりそうなものはありますか。
근처에 표시가 될 만한 것은 있습니까?

20
ゆいいつ
唯一
명 유일

ここは、この村唯一の総合病院だ。
여기는 이 마을의 유일한 종합 병원이다.

21
よそう
予想
명 する 예상

彼の予想は、ほとんど外れてしまった。
그의 예상은 거의 빗나가 버렸다.

22
あふ
溢れる
동 흘러넘치다

蛇口を閉めるのを忘れてしまい、お風呂のお湯が
溢れた。
수도꼭지를 잠그는 것을 잊어버려서, 목욕물이 흘러넘쳤다.

유 こぼれる 흘러나오다

23
いた
至る
동 도달하다, 이르다, 되다

多くの人が助けてくれたおかげで今に至った。
많은 사람들이 도와준 덕분에 지금에 이르렀다.

24
う
埋める
동 묻다, 매장하다

小学生の時、校庭の木の下にタイムカプセルを
埋めた。
초등학생 때, 운동장 나무 밑에 타임캡슐을 묻었다.

25
おとず
訪れる

图 방문하다, 찾아오다

20<ruby>年<rt>ねん</rt></ruby>ぶりに<ruby>母校<rt>ぼ こう</rt></ruby>を<ruby>訪<rt>おとず</rt></ruby>れた。
20년 만에 모교를 방문했다.

㊒ <ruby>訪問<rt>ほうもん</rt></ruby>する 방문하다

26
かか
抱える

图 안다, 껴안다

<ruby>重<rt>おも</rt></ruby>い<ruby>荷物<rt>に もつ</rt></ruby>を<ruby>抱<rt>かか</rt></ruby>えた<ruby>人<rt>ひと</rt></ruby>がいたので、<ruby>運<rt>はこ</rt></ruby>ぶのを<ruby>手伝<rt>て つだ</rt></ruby>って
あげた。
무거운 짐을 안은 사람이 있어서, 옮기는 것을 도와주었다.

㊒ <ruby>抱<rt>だ</rt></ruby>く 안다, 품다

27
かわ
乾く

图 마르다, 건조하다

<ruby>洗濯物<rt>せんたくもの</rt></ruby>が<ruby>乾<rt>かわ</rt></ruby>いたら<ruby>畳<rt>たた</rt></ruby>んでおいてください。
빨래가 마르면 개어 두세요.

➕ <ruby>渇<rt>かわ</rt></ruby>く 목이 마르다, 갈증나다

のどが<ruby>渇<rt>かわ</rt></ruby>いたのでカフェに<ruby>入<rt>はい</rt></ruby>りました。
목이 말라서 카페에 들어갔습니다.

28
くっつける

图 붙이다, 달라붙게 하다

<ruby>割<rt>わ</rt></ruby>れたカップをボンドでくっつけた。
깨진 컵을 본드로 붙였다.

㉯ くっつく 들러붙다, 달라붙다

かばんにガムがくっついていた。
가방에 껌이 달라붙어 있었다.

29
こらえる

图 (고통을) 참다, 견디다
　 (감정을) 억제하다, 참다

<ruby>電車<rt>でんしゃ</rt></ruby>の<ruby>中<rt>なか</rt></ruby>で、<ruby>笑<rt>わら</rt></ruby>いをこらえるのが<ruby>大変<rt>たいへん</rt></ruby>だった。
전철 안에서 웃음을 참는 것이 힘들었다.

30
さぐ
探る

图 더듬다, 찾다, 살피다

<ruby>彼<rt>かれ</rt></ruby>はポケットを<ruby>探<rt>さぐ</rt></ruby>って<ruby>お金<rt>かね</rt></ruby>を<ruby>取<rt>と</rt></ruby>り<ruby>出<rt>だ</rt></ruby>した。
그는 주머니를 뒤져 돈을 꺼냈다.

➕ <ruby>探<rt>さが</rt></ruby>す 찾다

31

さそ
誘う

통 권하다, 권유하다,
자아내다

せんぱい　　　　　　さそ　　　ことわ
先輩をデートに誘ったが断られた。
선배에게 데이트 신청을 했지만 거절당했다.

32

せ
責める

통 꾸짖다, 책망하다,
핀잔하다

あに　　たいせつ　　　　　　こわ　　　　　　　　　せ
兄の大切なカメラを壊してしまい、責められた。
형이(오빠가) 아끼던 카메라를 고장 내 버려서 핀잔먹었다.

＋ せ
攻める　공격하다

33

そ
逸れる

통 빗나가다, 벗어나다

はなし　そ　　　　　　　けっきょく
話が逸れたが、結局やればできるということだ。
이야기가 벗어났지만 결국 하면 된다는 것이다.

타 そ
逸らす　(딴 데로) 돌리다, 빗나가게 하다

いや　　　　　　　　め　　そ
嫌なことから目を逸らすな。
싫은 일에서 눈을 돌리지 마.

34

つと
努める

통 노력하다, 힘쓰다

で き　　　　　からだ　うご　　　　　　つと
出来るだけ体を動かすように努めています。
가능한 한 몸을 움직이도록 노력하고 있습니다.

＋ つと
務める　(임무를) 맡다

こんかい　えい が　　しゅやく　つと
今回の映画で主役を務めることになりました。
이번 영화에서 주역을 맡게 되었습니다.

35

な
撫でる

통 쓰다듬다, 어루만지다

こ ども　ねむ　　　　あたま　な
子供が眠るまで頭を撫でてあげました。
아이가 잠들 때까지 머리를 쓰다듬어 주었습니다.

36

にぎ
握る

통 쥐다, 잡다

おんな　こ　ちちおや　て　　　　　　にぎ
女の子は父親の手をずっと握っていた。
여자아이는 아버지의 손을 계속 잡고 있었다.

37
の
伸ばす

图 늘이다, 길게 기르다, 뻗다

おおあしのね
大きなベッドで足を伸ばして寝る。
큰 침대에서 다리를 뻗고 잔다.

み の
伸びる 자라다, 늘다, 성장하다

きゅうしんちょうのいた
急に身長が伸びてひざが痛いです。
갑자기 키가 자라서 무릎이 아픕니다.

38
は
掃く

图 쓸다, 비질하다

そうじ きつかは
掃除機を使わずに、ほうきで掃いた。
청소기를 사용하지 않고 빗자루로 쓸었다.

39
は
跳ねる

图 뛰다, 뛰어오르다, 튀다

はすがた
うさぎがぴょんぴょん跳ねる姿がとてもかわいい。
토끼가 깡충깡충 뛰는 모습이 매우 귀엽다.

と
跳ぶ 뛰다, 도약하다

40
ふ
踏む

图 밟다, 디디다

ち か てつとなりひとあしふいた
地下鉄で隣の人に足を踏まれてとても痛かった。
지하철에서 옆 사람에게 발을 밟혀 매우 아팠다.

41
ほ
吠える

图 (개, 맹수 등이) 짖다,
으르렁거리다

いぬしひときほ
うちの犬は知らない人が来ても吠えない。
우리 개는 모르는 사람이 와도 짖지 않는다.

42
まね
招く

图 초대하다, 초래하다

いえたともだちいえまね
家を建てたので友達を家に招いた。
집을 지었기 때문에 친구를 집에 초대했다.

かれあいまいたい どご かいまね
彼の曖昧な態度が誤解を招いた。
그의 애매한 태도가 오해를 초래했다.

43
もど
戻す

동 (본래 자리·상태로) 되돌리다

もの つか もと ばしょ もど
物を使ったら元の場所に戻しなさい。
물건을 사용했으면 원래 있던 곳에 돌려 놓으렴.

44
よ
寄る

동 들르다, 다가서다, 접근하다

コンビニに寄ってから友達の家に行った。
편의점에 들르고 나서 친구 집에 갔다.

유 立ち寄る 들르다

ちか き た よ
近いところに来たついでに、立ち寄ってみたよ。
근처에 온 김에 들러 봤어.

45
しかた
仕方ない

イ 하는 수 없다, 어쩔 수 없다, 소용없다

き もんく い しかた
もう決まったことに文句を言っても仕方ない。
이미 정해진 것에 불평을 해도 소용없다.

유 しょうがない 어쩔 수 없다

46
するど
鋭い

イ 날카롭다, 예리하다

さき するど ひつよう
このペンの先は鋭いのでキャップが必要だ。
이 펜의 끝은 날카로워서 뚜껑이 필요하다.

せんぱい するど しつもん とまど
先輩の鋭い質問に戸惑った。
선배의 예리한 질문에 당황했다.

47
ひと
等しい

イ 같다, 동일하다, 마찬가지이다

つか ひと
あっても使わないのであれば、ないに等しい。
있어도 쓰지 않는다면 없는 것과 마찬가지이다.

48
わずら
煩わしい

イ 번거롭다, 귀찮다

わずら てつづ めんどう よやく とけ
煩わしい手続きが面倒で予約を取り消した。
번거로운 절차가 귀찮아서 예약을 취소했다.

확인 문제

1 해당 어휘의 읽는 법을 찾고, 빈칸에 그 의미를 써 넣으세요.

| 보기 | 学生 | ✓ がくせい | ② がっせい | 학생 |

(1) 誘う   ① きそう   ② さそう   _____

(2) 省略   ① しょうりゃく ② しょりゃく   _____

(3) 等しい   ① ひとしい   ② したしい   _____

(4) 責める   ① ほめる   ② せめる   _____

(5) 努める   ① つとめる   ② こめる   _____

2 문맥에 맞는 단어를 보기 에서 골라 알맞은 형태로 바꾸어 써 넣으세요.

(6) (　　　　　)手続きが面倒で予約を取り消した。

(7) 彼女は今、結婚して家事に(　　　　)している。

(8) このペンの先は(　　　　)のでキャップが必要だ。

(9) 話が(　　　　)が、結局やればできるということだ。

(10) もう決まったことに文句を言っても(　　　　)。

| 보기 | 専念 | 仕方ない | 逸れる | 鋭い | 煩わしい |

정답

(1) ② 권하다, 권유하다　(2) ① 생략　(3) ① 같다, 동일하다　(4) ② 꾸짖다, 책망하다　(5) ① 노력하다, 힘쓰다
(6) 煩(わずら)わしい　(7) 専念(せんねん)　(8) 鋭(するど)い　(9) 逸(そ)れた　(10) 仕方(しかた)ない

단어 퀴즈

✽ 단어를 보고 발음과 의미를 적어 보세요.

선을 따라 접으면 답을 확인할 수 있어요.

단어	발음	의미
改正	かいせい	개정
省略		
気配		
作業		
始末		
招待		
唯一		
訪れる		
抱える		
乾く		
誘う		
責める		
努める		
握る		
掃く		
踏む		
招く		
鋭い		
等しい		
煩わしい		
停電		
口調		
平凡		

✖ 한번 더 복습해 봅시다.

읽는 법과 뜻
☐ かいせい 개정
☐ しょうりゃく 생략
☐ けはい 기미, 기색, 낌새
☐ さぎょう 작업
☐ しまつ (나쁜) 결과, 처리
☐ しょうたい 초대
☐ ゆいいつ 유일
☐ おとずれる 방문하다
☐ かかえる 껴안다, 끼다
☐ かわく 마르다, 건조하다
☐ さそう 권하다, 권유하다
☐ せめる 꾸짖다, 책망하다
☐ つとめる 노력하다, 힘쓰다
☐ にぎる 쥐다, 잡다
☐ はく 쓸다, 비질하다
☐ ふむ 밟다, 디디다
☐ まねく 초대하다, 초래하다
☐ するどい 날카롭다, 예리하다
☐ ひとしい 같다, 동일하다
☐ わずらわしい 번거롭다, 귀찮다
☐ ていでん 정전
☐ くちょう 어조, 말투
☐ へいぼん 평범

한자	발음	의미
예 改正	かいせい	개정
省略		
気配		
作業		
始末		
招待		
唯一		
訪れる		
抱える		
乾く		
誘う		
責める		
努める		
握る		
掃く		
踏む		
招く		
鋭い		
等しい		
煩わしい		
停電		
口調		
平凡		

음성듣기

학교생활과 교육 (1)

얼마나
알고 있나요?

사전 체크

☐ 01 暗記	☐ 02 有無	☐ 03 観察	☐ 04 機会
☐ 05 希望	☐ 06 疑問	☐ 07 行儀	☐ 08 工夫
☐ 09 継続	☐ 10 結果	☐ 11 言語	☐ 12 講堂
☐ 13 作法	☐ 14 参照	☐ 15 自己	☐ 16 自慢
☐ 17 清掃	☐ 18 知識	☐ 19 徹夜	☐ 20 討論
☐ 21 努力	☐ 22 能力	☐ 23 比較	☐ 24 防災
☐ 25 夢中	☐ 26 ものさし	☐ 27 幼児	☐ 28 甘やかす
☐ 29 伺う	☐ 30 うつむく	☐ 31 欠かす	☐ 32 気付く
☐ 33 削る	☐ 34 込める	☐ 35 さぼる	☐ 36 確かめる
☐ 37 整える	☐ 38 悩む	☐ 39 述べる	☐ 40 貼る
☐ 41 褒める	☐ 42 導く	☐ 43 目立つ	☐ 44 危うい
☐ 45 詳しい	☐ 46 情けない	☐ 47 盛ん	☐ 48 苦手

01
あん き
暗記
名 する 암기

学生時代は、試験前日に慌てて英単語を暗記したものだ。
학창 시절에는 시험 전날에 부랴부랴 영어 단어를 암기하곤 했다.

02
う む
有無
名 유무

この講座は資格の有無に関わらず申し込める。
이 강좌는 자격 유무에 관계없이 신청할 수 있다.

03
かんさつ
観察
名 する 관찰

子供の頃、花を観察して日記を書いた。
어렸을 때 꽃을 관찰해서 일기를 썼다.

⊕ 観測 관측

04
き かい
機会
名 기회

全員に発表の機会が与えられる。
전원에게 발표의 기회가 주어진다.

⊕ チャンス 찬스, 기회

05
き ぼう
希望
名 희망

彼は海外への留学を希望している。
그는 해외로의 유학을 희망하고 있다.

＋ 望む 바라다

06
ぎ もん
疑問
名 의문

研究結果に疑問を持つ学者が多い。
연구 결과에 의문을 가진 학자가 많다.

07
ぎょう ぎ
行儀
图 예의, 예의범절

しょく じ ちゅう ある まわ　　　　　　　ぎょう ぎ わる
食事中に歩き回るなんて、行儀悪いことはやめなさい。
식사 중에 돌아다니다니, 예의 없는 짓은 그만두렴.

유 作法 예의범절, 예절, 법도

08
く ふう
工夫
图 する 궁리, 고안

おぼ かた　 く ふう　　　　　たん ご　 はや　 おぼ
覚え方を工夫すれば、単語を早く覚えられる。
외우는 방법을 궁리하면 단어를 빨리 외울 수 있다.

09
けいぞく
継続
图 する 계속

なにごと あきら　　　　けいぞく　　　　　　　じゅうよう
何事も諦めずに継続することが重要である。
어떤 일이든 포기하지 않고 계속하는 것이 중요하다.

10
けっ か
結果
图 결과

し けん けっ か　 らいしゅう で
試験の結果は来週出るそうです。
시험 결과는 다음 주에 나온다고 합니다.

11
げん ご
言語
图 언어

げん ご がく　　　　　　だいがく　 そつぎょうろんぶん　 か
言語学について、大学の卒業論文を書いている。
언어학에 대해, 대학 졸업 논문을 쓰고 있다.

12
こうどう
講堂
图 강당

きょうじゅ　　　　　　　だいこうどう　 おこな
教授のセミナーは大講堂で行われることになった。
교수님의 세미나는 대강당에서 실시되게 되었다.

13
さ ほう
作法
명 예의범절, 예절, 법도

おさな ころ　　しょく じ　　さ ほう　　まな
幼い頃から食事の作法を学ばせるべきだ。
어릴 때부터 식사 예절을 배우게 해야 한다.

ぎょう ぎ
유 行儀 예의, 예의범절

14
さんしょう
参照
명 する 참조

かんれん し りょう　さんしょう　　　　　　 ろんぶん　よ
関連資料を参照しながら、論文を読んだ。
관련 자료를 참조하면서 논문을 읽었다.

さんこう
유 参考 참고

15
じ こ
自己
명 자기

あたら　　　　　　　　　　　　　　　　　　　　じ こ しょうかい
新しいクラスになると、いつも自己紹介をさせられ
る。
새로운 반이 되면 항상 자기소개를 하게 한다.

16
じ まん
自慢
명 する 자랑

かれ　むすこ　　いちりゅうだいがく　　はい　　　　　　　　じ まん
彼は息子が一流大学に入ったことを自慢してきた。
그는 아들이 일류 대학에 들어간 것을 자랑해 왔다.

17
せいそう
清掃
명 する 청소

きょう　わたし　　きょうしつ　　せいそうとうばん
今日は私が教室の清掃当番だ。
오늘은 내가 교실 청소 당번이다.

そう じ
유 掃除 청소

18
ち しき
知識
명 지식

じっしゅう　さん か　　　ち しき　ふか
実習に参加して知識が深まった。
실습에 참가해서 지식이 깊어졌다.

ち え
+ 知恵 지혜

19
徹夜
てつや
명 する 철야, 밤새움

明日がレポートの締め切りなので、徹夜するつもり
だ。
내일이 리포트 마감이라서 밤을 샐 생각이다.

20
討論
とうろん
명 する 토론

今日の授業では環境問題について討論をしましょう。
오늘 수업에서는 환경 문제에 대해 토론을 합시다.

21
努力
どりょく
명 する 노력

天才も努力しなければ、成功できない。
천재도 노력하지 않으면 성공할 수 없다.

22
能力
のうりょく
명 능력

私は英語の能力が生かせる仕事を探しています。
저는 영어 능력을 살릴 수 있는 일을 찾고 있습니다.

＋ 才能 재능

23
比較
ひかく
명 する 비교

日本と韓国の文化を比較した本を読んだ。
일본과 한국의 문화를 비교한 책을 읽었다.

＋ 比べる 비교하다

弟は他の子に比べて背が低い。
남동생은 다른 아이에 비해 키가 작다.

24
防災
ぼうさい
명 방재, 재해 방지

私の学校は一年に二回、防災訓練を行う。
우리 학교는 1년에 두 번, 방재 훈련을 실시한다.

25
むちゅう
夢中
명 ナ 열중함, 몰두함

こうこう とき むちゅう
高校の時はコスプレに夢中でした。
고등학교 때에는 코스프레에 열중해 있었습니다.

26
ものさし
명 자, 기준, 척도

せん なが はか
線の長さをものさしで測った。
선의 길이를 자로 쟀다.

유 じょうぎ
定規 자, 척도

じょうぎ あ せん ひ
定規を当てて線を引いた。
자를 대고 선을 그었다.

27
ようじ
幼児
명 유아

こども ようじき べんきょう あそ ゆうせん
子供の幼児期は勉強より遊びを優先したいです。
아이의 유아기는 공부보다 놀이를 우선하고 싶습니다.

28
あま
甘やかす
동 응석을 받아 주다

さいきん こども あま おや おお
最近、子供を甘やかす親が多い。
요즘에는 아이의 응석을 받아 주는 부모가 많다.

29
うかが
伺う
동 '묻다, 듣다, 방문하다'의
겸양 표현

あした せんせい けんきゅうしつ うかが
明日、先生の研究室に伺ってもよろしいでしょうか。
내일, 선생님 연구실에 찾아뵈어도 괜찮으신가요?

＋ たず たず
訪ねる 방문하다　尋ねる 묻다

たず
ちょっとお尋ねしたいことがありますが、よろしい
でしょうか。
잠시 여쭤 보고 싶은 게 있는데, 괜찮으신가요?

30
うつむく
동 고개를 숙이다

じゅぎょうちゅう せんせい しつもん こた
授業中に先生に質問されたが答えられず、
うつむいていた。
수업 중에 선생님이 질문했는데 대답하지 못하고 고개를 숙이고 있었다.

유 した む
下を向く 아래를 향하다, 내려다보다, 고개를 숙이다

31

か

欠かす

동 빠뜨리다, 빼다

ピアノの発表会のために、一日も欠かさず練習した。
はっぴょうかい　　　　　　　いちにち　か　　　　れんしゅう

피아노 발표회를 위해서 하루도 빠짐없이 연습했다.

32

き　づ

気付く

동 깨닫다, 눈치채다,
알아차리다

書類のミスに気付き、急いで修正した。
しょるい　　　　　き づ　　いそ　　しゅうせい

서류에 실수가 있는 것을 깨닫고 서둘러 수정했다.

33

けず

削る

동 깎다, 삭감하다, 삭제하다

昔はカッターで鉛筆を削って使いました。
むかし　　　　　　えんぴつ　けず　　つか

옛날에는 커터 칼로 연필을 깎아서 사용했습니다.

34

こ

込める

동 속에 넣다, (마음을) 담다,
기울이다

先生に感謝の気持ちを込めてプレゼントを贈った。
せんせい　かんしゃ　き も　　こ　　　　　　　　　　おく

선생님께 감사의 마음을 담아 선물을 보냈다.

35

さぼる

동 게으름을 피우다,
땡땡이치다

今日は、学校をさぼって友達と遊びに行った。
きょう　　　がっこう　　　　　　ともだち　あそ　　い

오늘은 학교를 빼먹고 친구와 놀러 갔다.

36

たし

確かめる

동 확인하다

解答用紙に名前を書いたか確かめてから出して
かいとうようし　なまえ　か　　　　たし　　　　　　　だ
ください。

답안지에 이름을 썼는지 확인한 후에 제출해 주세요.

37

とと の
整える

통 가지런하게 하다, 정돈(정비)하다

じっけんしつ　び ひん　とと の
実験室の備品を整えておいた。
실험실의 비품을 정돈해 두었다.

とと の
➕ 整う 정돈(정비)되다, 갖추어지다

てんこう　ひつよう　しょるい　すべ　とと の
転校に必要な書類が全て整いました。
전학에 필요한 서류가 모두 갖춰졌습니다.

38

なや
悩む

통 고민하다, 병에 시달리다

だいがく　そつぎょう　　　　　　　　　なや
大学を卒業したら、どうするか悩んでいる。
대학을 졸업하면 어떻게 할지 고민하고 있다.

げんだいじん　うんどう ぶ そく　なや
現代人は運動不足に悩まされている。
현대인은 운동 부족에 시달리고 있다.

39

の
述べる

통 말하다, 진술하다

かれ　がっかい　じ ぶん　い けん　の
彼は学会で自分の意見を述べた。
그는 학회에서 자신의 의견을 말했다.

40

は
貼る

통 바르다, 붙이다

けい じ ばん　きゅうこう　　　　し　　　は
掲示板に休講のお知らせが貼られている。
게시판에 휴강 안내가 붙어 있다.

41

ほ
褒める

통 칭찬하다

わたし　　　　　　　　まんてん　と　　　せんせい　ほ
私はテストで満点を取り、先生に褒められた。
나는 시험에서 만점을 받아서 선생님에게 칭찬받았다.

42

みちび
導く

통 안내하다, 이끌다, 유도하다

せんせい　　　　　わたし　ただ　　　みち　みちび
先生はいつも私を正しい道に導いてくれました。
선생님은 항상 저를 바른 길로 이끌어 주셨습니다.

43
めだ
目立つ
동 눈에 띄다, 두드러지다

かのじょ　がくせいじだい　　めだ　　そんざい
彼女は学生時代から目立つ存在だった。
그녀는 학창 시절부터 눈에 띄는 존재였다.

반 地味 수수함, 소박함
じみ
かのじょ　こうこう　とき　じみ　めだ　　がくせい
彼女は高校の時も地味で目立たない学生でした。
그녀는 고등학생 때도 수수하고 눈에 띄지 않는 학생이었습니다.

44
あや
危うい
イ 위태롭다, 아슬아슬하다, 위험하다

だいがくごうかく　あや　　い　　しんぱい
このままでは大学合格は危ういと言われて心配に
なった。
이대로는 대학 합격은 위태롭다는 이야기를 들어서 걱정이 되었다.

45
くわ
詳しい
イ 자세하다, 상세하다

かれ　つか　かた　　くわ　　せつめい
彼は使い方について詳しく説明してくれた。
그는 사용법에 대해서 자세하게 설명해 주었다.

46
なさ
情けない
イ 한심하다, 딱하다, 몰인정하다

じぶん　なさ　　なみだ　で
自分が情けなくて涙が出ました。
스스로가 한심해서 눈물이 나왔습니다.

47
さか
盛ん
ナ 번성함, 왕성함, 성함, 빈번함

こうこう　　かつどう　さか　　ゆうめい
この高校はクラブ活動が盛んなことで有名だ。
이 고등학교는 동아리 활동이 왕성한 것으로 유명하다.

じき　あめ　さか　ふ
この時期は雨が盛んに降る。
이 시기는 비가 자주 내린다.

48
にがて
苦手
ナ 명 서투름, 잘하지 못함

にがて　かもく　こくふく　　どりょく
苦手な科目を克服するために努力している。
못하는 과목을 극복하기 위해 노력하고 있다.

반 得意 잘함
とくい

1 해당 어휘의 읽는 법을 찾고, 빈칸에 그 의미를 써 넣으세요.

| 보기 | 学生 | ✓ がくせい | ② がっせい | 학생 |

(1) 防災　　① ほうさい　② ぼうさい　_____

(2) 作法　　① さほう　　② さくほう　_____

(3) 継続　　① けいそく　② けいぞく　_____

(4) 削る　　① そる　　　② けずる　　_____

(5) 討論　　① とうろん　② とろん　　_____

2 문맥에 맞는 단어를 보기 에서 골라 알맞은 형태로 바꾸어 써 넣으세요.

(6) 高校の時はコスプレに(　　　　)でした。

(7) 食事中に歩き回るなんて、(　　　　)悪いことはやめなさい。

(8) 先生はいつも私を正しい道に(　　　　)くれました。

(9) 自分が(　　　　)涙が出ました。

(10) 最近、子供を(　　　　)親が多い。

| 보기 | 行儀　　夢中　　甘やかす　　導く　　情けない |

단어 퀴즈

✽ 단어를 보고 발음과 의미를 적어 보세요.

단어	발음	의미
改正	かいせい	개정
自慢		
有無		
観察		
機会		
疑問		
行儀		
工夫		
結果		
講堂		
作法		
討論		
努力		
能力		
比較		
防災		
夢中		
幼児		
伺う		
削る		
整える		
導く		
詳しい		

선을 따라 접으면 답을 확인할 수 있어요.

✽ 한번 더 복습해 봅시다.

읽는 법과 뜻
☐ かいせい 개정
☐ じまん 자랑
☐ うむ 유무
☐ かんさつ 관찰
☐ きかい 기회
☐ ぎもん 의문
☐ ぎょうぎ 예의, 예의범절
☐ くふう 궁리, 고안
☐ けっか 결과
☐ こうどう 강당
☐ さほう 예절, 법도
☐ とうろん 토론
☐ どりょく 노력
☐ のうりょく 능력
☐ ひかく 비교
☐ ぼうさい 방재, 재해 방지
☐ むちゅう 열중함, 몰두함
☐ ようじ 유아
☐ うかがう 묻(듣)다, 방문하다의 겸양
☐ けずる 깎다, 삭감하다
☐ ととのえる 정돈(정비)하다
☐ みちびく 안내하다, 이끌다
☐ くわしい 자세하다, 상세하다

한자	발음	의미
예 改正	かいせい	개정
自慢		
有無		
観察		
機会		
疑問		
行儀		
工夫		
結果		
講堂		
作法		
討論		
努力		
能力		
比較		
防災		
夢中		
幼児		
伺う		
削る		
整える		
導く		
詳しい		

DAY 10

학교생활과 교육 (2)

얼마나
알고 있나요?

사전 체크

☐ 01 委員	☐ 02 得手	☐ 03 解答	☐ 04 貸し出し
☐ 05 勧誘	☐ 06 期限	☐ 07 休講	☐ 08 行事
☐ 09 教授	☐ 10 経済	☐ 11 欠点	☐ 12 研究
☐ 13 講義	☐ 14 採点	☐ 15 試験	☐ 16 持参
☐ 17 指導	☐ 18 消防	☐ 19 水準	☐ 20 直角
☐ 21 特色	☐ 22 納得	☐ 23 反省	☐ 24 返却
☐ 25 補足	☐ 26 面積	☐ 27 模範	☐ 28 要領
☐ 29 生かす	☐ 30 写す	☐ 31 教わる	☐ 32 囲む
☐ 33 組む	☐ 34 超える	☐ 35 定める	☐ 36 妨げる
☐ 37 解く	☐ 38 殴る	☐ 39 狙う	☐ 40 まとめる
☐ 41 目指す	☐ 42 用いる	☐ 43 騒がしい	☐ 44 具体的
☐ 45 重大	☐ 46 まあまあ	☐ 47 はきはき	☐ 48 ひっそり

01
い いん
委員
명 위원

姉は三年連続で学級委員に選ばれた。
언니(누나)는 3년 연속으로 학급 위원으로 뽑혔다.

02
え て
得手
명 가장 능한 일, 재주, 특기

誰にでも得手不得手があるものだ。
누구에게나 잘하는 것, 못하는 것이 있는 법이다.

유 特技 특기

03
かいとう
解答
명 해답, 답

まず、解答用紙に名前を書いてください。
먼저 답안지에 이름을 쓰세요.

04
か だ
貸し出し
명 する 대출, 대여

この図書館では資料の貸し出しはしていない。
이 도서관에서는 자료의 대출은 하고 있지 않다.

반 返却 반납

05
かんゆう
勧誘
명 する 권유

入学式で新入生をサークルに勧誘した。
입학식에서 신입생을 서클(동아리)에 권유했다.

06
き げん
期限
명 기한

レポート提出の期限を守らなくて先生に呼ばれた。
리포트 제출 기한을 지키지 않아서 선생님께 불려 갔다.

07
きゅうこう
休講
명 する 휴강

ごご じゅぎょう きゅうこう はや かえ
午後の授業が**休講**になって早く帰りました。
오후 수업이 휴강이 되어 일찍 돌아왔습니다.

08
ぎょうじ
行事
명 행사

がっこうぎょうじ さんか
学校**行事**には、ぜひ参加するべきである。
학교 행사에는 꼭 참가해야만 한다.

유 もよお
催し 행사, 모임

09
きょうじゅ
教授
명 교수

きょうじゅ じょうけん
教授になるためには、いくつかの条件がある。
교수가 되기 위해서는 몇 가지 조건이 있다.

10
けいざい
経済
명 경제

わたし だいがく けいざいがく せんこう
私は大学で**経済**学を専攻いたしました。
저는 대학에서 경제학을 전공했습니다.

11
けってん
欠点
명 결점

かれ じぶん けってん こくふく ぜんこくたいかい ゆうしょう
彼は自分の**欠点**を克服して全国大会で優勝しました。
그는 자신의 결점을 극복하고 전국 대회에서 우승했습니다.

유 たんしょ
短所 단점　デメリット 디메리트, 결점, 단점

반 ちょうしょ
長所 장점　メリット 메리트, 장점

12
けんきゅう
研究
명 する 연구

ろんぶん し き ちか けんきゅうしつ
論文の締め切りが近くて**研究**室にこもっている。
논문 마감이 가까워서 연구실에 틀어박혀 있다.

13
こう ぎ
講義

[명] [する] 강의

彼の講義はとても分かりやすい。

그의 강의는 매우 알기 쉽다.

14
さいてん
採点

[명] [する] 채점

先生に今度の試験の採点基準について聞いた。

선생님께 이번 시험의 채점 기준에 대해 물어봤다.

15
し けん
試験

[명] [する] 시험

明日の試験のために一年かけて勉強してきた。

내일 시험을 위해 1년에 걸쳐 공부해 왔다.

16
じ さん
持参

[명] [する] 지참

当日の昼食は、持参するようにと言われた。

당일 점심은 지참하라고 들었다.

17
し どう
指導

[명] [する] 지도

教授の指導のおかげで論文を書き上げることができました。

교수님 지도 덕분에 논문을 다 쓸 수 있었습니다.

18
しょうぼう
消防

[명] 소방

彼の夢は消防士になって多くの人の命を助けることだ。

그의 꿈은 소방관이 되어 많은 사람의 생명을 구하는 것이다.

19
すいじゅん
水準
명 수준

私の能力は、大学が求める水準に満たなかった。
나의 능력은 대학이 요구하는 수준에 미치치 못했다.

20
ちょっかく
直角
명 직각

学校で直角三角形について習いました。
학교에서 직각 삼각형에 대해 배웠습니다.

21
とくしょく
特色
명 특색

受験生に学校の特色をアピールした方がいい。
수험생에게 학교의 특색을 어필하는 편이 좋다.

22
なっとく
納得
명 する 납득

彼女は試験の結果に納得ができなかった。
그녀는 시험 결과에 납득할 수 없었다.

23
はんせい
反省
명 する 반성

深く反省しているようなので、今回は大目に見ます。
깊게 반성하고 있는 것 같으니, 이번에는 봐주겠습니다.

24
へんきゃく
返却
명 する 반납, 반환

2週間以内に返却してください。
2주일 이내에 반납해 주세요.

반 貸し出し 대여, 대출

25

ほ そく
補足

명 する 보족, 보충하여 채움

せつめい ほ そく か なお
説明を補足してレポートを書き直した。
설명을 보충하여 리포트를 다시 썼다.

26

めんせき
面積

명 면적

すうがく ずけい めんせき かん もんだい で
数学では、図形の面積に関する問題が出た。
수학에서는 도형의 면적에 관한 문제가 나왔다.

27

も はん
模範

명 모범

かのじょ こうはい も はん
彼女は後輩たちの模範になっている。
그녀는 후배들의 모범이 되고 있다.

28

ようりょう
要領

명 요령

かれ ようりょう わる たん ご おぼ
彼は要領が悪く、単語がなかなか覚えられない。
그는 요령이 나빠서 단어를 좀처럼 외우지 못한다.

29

い
生かす

동 소생시키다, 살리다,
활용하다,
특성을 발휘하다

まち かれ さいのう い
この町にいては、彼の才能を生かすことができない。
이 마을에 있어서는 그의 재능을 살릴 수 없다.

30

うつ
写す

동 베끼다, 사진으로 찍다

しんぶん き じ うつ ろんぶん か れんしゅう
新聞の記事を写して、論文を書く練習をしている。
신문 기사를 베껴서 논문을 쓰는 연습을 하고 있다.

자 うつ
写る (사진에) 찍히다

ひ だ で しゃしん ちゅうがく とき ともだち うつ
引き出しから出た写真には中学の時の友達が写って
いた。
서랍에서 나온 사진에는 중학교 때 친구들이 찍혀 있었다.

31
おそ
教わる

图 가르침을 받다, 배우다

バイト先の先輩に日本語を教わりました。
아르바이트 하는 곳의 선배에게 일본어를 배웠습니다.

유 学ぶ 배우다

32
かこ
囲む

图 둘러싸다, 에워싸다

テーブルを囲んで文化祭のことを話し合いました。
테이블에 둘러앉아 문화제(학교 축제)에 대해 논의했습니다.

33
く
組む

图 끼다, 꼬다, 짝이 되다,
조직하다, 구성하다

新しいコンビを組むことにした。
새로운 콤비를 이루기로 했다.

➕ 組 조, 조직, 반, 학급
3年2組の本村と申します。
3학년 2반 모토무라라고 합니다.

34
こ
超える

图 넘다, 넘어서다, 초과하다

誰も彼の成績を超えることはできないだろう。
누구도 그의 성적을 넘을 수는 없을 것이다.

35
さだ
定める

图 정하다, 결정하다

制服を着ることは、校則で定められている。
교복을 입는 것은 교칙으로 정해져 있다.

36
さまた
妨げる

图 방해하다, 저해하다

厳しい受験が学生たちの成長を妨げていると思います。
혹독한 입시가 학생들의 성장을 방해하고 있다고 생각합니다.

37

と
解く

통 풀다, 뜯다

<ruby>問題<rt>もんだい</rt></ruby>は<ruby>難<rt>むずか</rt></ruby>しすぎて<ruby>私<rt>わたし</rt></ruby>には<ruby>解<rt>と</rt></ruby>けない。

この問題は難しすぎて私には解けない。
이 문제는 너무 어려워서 나는 풀 수가 없다.

38

なぐ
殴る

통 때리다, 치다

<ruby>子供<rt>こども</rt></ruby>の<ruby>時<rt>とき</rt></ruby>、<ruby>友達<rt>ともだち</rt></ruby>と<ruby>殴<rt>なぐ</rt></ruby>り<ruby>合<rt>あ</rt></ruby>いのけんかをしたことが
あります。
어릴 때 친구와 치고받는 싸움을 한 적이 있습니다.

39

ねら
狙う

통 겨누다, 노리다, 겨냥하다

<ruby>今度<rt>こんど</rt></ruby>のJLPTでN1<ruby>合格<rt>ごうかく</rt></ruby>を<ruby>狙<rt>ねら</rt></ruby>っている。
이번 JLPT에서 N1 합격을 노리고 있다.

40

まとめる

통 한데 모으다, 합치다,
정리하다

<ruby>試験<rt>しけん</rt></ruby>の<ruby>出題<rt>しゅつだい</rt></ruby>ポイントをまとめた<ruby>参考書<rt>さんこうしょ</rt></ruby>が<ruby>人気<rt>にんき</rt></ruby>だ。
시험의 출제 포인트를 정리한 참고서가 인기이다.

자 まとまる 정리되다, 결말이 나다

<ruby>学級会<rt>がっきゅうかい</rt></ruby>でみんなの<ruby>意見<rt>いけん</rt></ruby>が<ruby>一<rt>ひと</rt></ruby>つにまとまった。
학급 회의에서 모두의 의견이 하나로 정리되었다.

41

め ざ
目指す

통 목표로 하다, 노리다

<ruby>大学合格<rt>だいがくごうかく</rt></ruby>を<ruby>目指<rt>めざ</rt></ruby>して3<ruby>年間<rt>ねんかん</rt></ruby><ruby>頑張<rt>がんば</rt></ruby>ってきました。
대학 합격을 목표로 하여 3년간 노력해 왔습니다.

42

もち
用いる

통 쓰다, 사용하다

<ruby>科学<rt>かがく</rt></ruby>の<ruby>授業<rt>じゅぎょう</rt></ruby>では、<ruby>身近<rt>みぢか</rt></ruby>な<ruby>材料<rt>ざいりょう</rt></ruby>を<ruby>用<rt>もち</rt></ruby>いて<ruby>実験<rt>じっけん</rt></ruby>を<ruby>行<rt>おこな</rt></ruby>った。
과학 수업에서는 일상의 재료를 사용해서 실험을 실시했다.

43
さわ
騒がしい

イ 시끄럽다, 소란스럽다

さわ きょうしつ なか いっき しず かえ
騒がしい教室の中が一気に静まり返った。
소란스러운 교실 안이 일제히 조용해졌다.

そうぞう
類 騒々しい 시끄럽다, 떠들썩하다

そと そうぞう み
外が騒々しいから、ちょっと見てくるよ。
밖이 시끄러우니까 좀 보고 올게.

44
ぐ たいてき
具体的

ナ 구체적

ほん せつめい ぐたいてき わ
この本は説明が具体的で分かりやすい。
이 책은 설명이 구체적이어서 이해하기 쉽다.

ちゅうしょうてき
反 抽象的 추상적

45
じゅうだい
重大

ナ 名 중대

じゅうだい けってい まえ まわ そうだん ほう
重大な決定の前には周りに相談した方がいい。
중대한 결정 전에는 주위에 상담하는 편이 좋다.

しんこく
＋ 深刻 심각

46
まあまあ

ナ 그런대로, 그럭저럭

こんかい し けんけっか
今回の試験結果は、まあまあだった。
이번 시험 결과는 그저 그랬다.

47
はきはき

副 する (말, 동작 등이)
시원시원, 또렷또렷

おお こえ はな
スピーチは大きな声で、はきはき話さなければならない。
스피치는 큰 목소리로 시원시원하게 말해야 한다.

48
ひっそり

副 조용히, 고요히

ほう か ご きょうしつ しず
放課後の教室はひっそりとして静かだった。
방과 후의 교실은 쥐 죽은 듯이 조용했다.

1 해당 어휘의 읽는 법을 찾고, 빈칸에 그 의미를 써 넣으세요.

| 보기 | 学生 | ✓ がくせい | ② がっせい | 학생 |

(1) 返却　　① へんかく　　② へんきゃく　　＿＿＿＿＿＿＿＿

(2) 行事　　① こうじ　　② ぎょうじ　　＿＿＿＿＿＿＿＿

(3) 勧誘　　① かんゆう　　② かんゆ　　＿＿＿＿＿＿＿＿

(4) 囲む　　① かこむ　　② へこむ　　＿＿＿＿＿＿＿＿

(5) 模範　　① もはん　　② もうはん　　＿＿＿＿＿＿＿＿

2 문맥에 맞는 단어를 보기 에서 골라 알맞은 형태로 바꾸어 써 넣으세요.

(6) 説明を(　　　　)してレポートを書き直した。

(7) 受験生に学校の(　　　　)をアピールした方がいい。

(8) 厳しい受験が学生たちの成長を(　　　　)いると思います。

(9) 大学合格を(　　　　)3年間頑張ってきました。

(10) 深く(　　　　)しているようなので、今回は大目に見ます。

| 보기 | 特色　　反省　　補足　　妨げる　　目指す |

정답

(1) ② 반납, 반환　(2) ② 행사　(3) ① 권유　(4) ① 둘러싸다, 에워싸다　(5) ① 모범

(6) 補足(ほそく)　(7) 特色(とくしょく)　(8) 妨(さまた)げて　(9) 目指(めざ)して　(10) 反省(はんせい)

단어 퀴즈

❀ 단어를 보고 발음과 의미를 적어 보세요.

단어	발음	의미
改正	かいせい	개정
講義		
反省		
騒がしい		
勧誘		
経済		
持参		
特色		
返却		
補足		
模範		
行事		
生かす		
囲む		
定める		
狙う		
まとめる		
目指す		
委員		
休講		
教授		
試験		
指導		

선을 따라 접으면 답을 확인할 수 있어요.

�֍ 한번 더 복습해 봅시다.

읽는 법과 뜻
☐ かいせい 개정
☐ こうぎ 강의
☐ はんせい 반성
☐ さわがしい 시끄럽다
☐ かんゆう 권유
☐ けいざい 경제
☐ じさん 지참
☐ とくしょく 특색
☐ へんきゃく 반납, 반환
☐ ほそく 보충하여 채움
☐ もはん 모범
☐ ぎょうじ 행사
☐ いかす 살리다, 발휘하다
☐ かこむ 둘러싸다, 에워싸다
☐ さだめる 정하다, 결정하다
☐ ねらう 노리다, 겨냥하다
☐ まとめる 한데 모으다
☐ めざす 목표로 하다
☐ いいん 위원
☐ きゅうこう 휴강
☐ きょうじゅ 교수
☐ しけん 시험
☐ しどう 지도

한자	발음	의미
예 改正	かいせい	개정
講義		
反省		
騒がしい		
勧誘		
経済		
持参		
特色		
返却		
補足		
模範		
行事		
生かす		
囲む		
定める		
狙う		
まとめる		
目指す		
委員		
休講		
教授		
試験		
指導		

外見と挑戦

　一般的に「人を見た目で判断してはいけない」といわれますが、新入社員の最終面接において私が最も重視している点は何と言っても「外見」です。こんなことを言うと誤解されるかもしれませんが、実はそれなりの理由があります。外見というのは、その人のもう一つの履歴書なのであり、その人の性格だけでなく今までいきてきた歴史を物語っているといえるでしょう。最近は、面接のために美容整形を受ける人たちもいる、という話を聞いたことがあります。しかし、いくら顔を変えたとしてもその人の内面を映している表情までは変えられません。学生さんたちには、「美人」だとか「ハンサム」だとかいう基準でははかれない美しさと自信をもって、面接に挑んでいただきたいですね。

외모와 도전

　일반적으로 '사람을 겉모습으로 판단해서는 안 된다'고 하지만, 신입 사원의 최종 면접에서 내가 가장 중시하고 있는 점은 뭐니 뭐니 해도 '외모'입니다. 이런 것을 말하면 오해받을지 모르겠지만, 실은 그 나름대로의 이유가 있습니다. 외모라고 하는 것은, 그 사람의 또 하나의 이력서이자, 그 사람의 성격뿐만 아니라 지금까지 살아온 역사를 이야기하고 있다고 말할 수 있을 것입니다. 최근에는 면접을 위해 성형 수술을 받는 사람들도 있다는 이야기를 들은 적이 있습니다. 그러나 아무리 얼굴을 바꾼다고 해도 그 사람의 내면을 비추는 표정까지는 바꿀 수 없습니다. 학생들은 '미인' 또는 '미남'이라는 기준으로는 가늠할 수 없는 아름다움과 자신감을 가지고, 면접에 도전해 주었으면 합니다.

음성듣기

사회생활 (1)

얼마나
알고 있나요?

사전 체크

☐ **01** 過ち	☐ **02** 言い訳	☐ **03** 歓迎	☐ **04** 拒否
☐ **05** 規律	☐ **06** 計画	☐ **07** 欠陥	☐ **08** 採用
☐ **09** 指示	☐ **10** 指摘	☐ **11** 就職	☐ **12** 承認
☐ **13** 素人	☐ **14** 人事	☐ **15** 推測	☐ **16** 妥当
☐ **17** 中途	☐ **18** 提案	☐ **19** 手数	☐ **20** 手配
☐ **21** 伝言	☐ **22** 添削	☐ **23** 転職	☐ **24** 年齢
☐ **25** 負担	☐ **26** 方針	☐ **27** 募集	☐ **28** 名刺
☐ **29** 利害	☐ **30** 改める	☐ **31** うなずく	☐ **32** 志す
☐ **33** 従う	☐ **34** ずれる	☐ **35** 備える	☐ **36** 継ぐ
☐ **37** 務める	☐ **38** 伴う	☐ **39** 取り組む	☐ **40** 逃す
☐ **41** 励ます	☐ **42** 果たす	☐ **43** 雇う	☐ **44** 敗れる
☐ **45** 辞める	☐ **46** 望ましい	☐ **47** 強引	☐ **48** 的確

01
あやま
過ち
名 실수

いちど あやま おおめ み おも
一度の過ちは大目に見てあげてもいいと思う。
한 번의 실수는 너그럽게 봐 주어도 된다고 생각한다.

02
い わけ
言い訳
名 する 변명, 해명

い わけ せいちょう
言い訳ばかりしていては成長できませんよ。
변명만 해서는 성장할 수 없어요.

03
かんげい
歓迎
名 する 환영

しんじん かんげいかい さけ の
新人の歓迎会で、たくさんお酒を飲んだ。
신입 환영회에서 술을 많이 마셨다.

04
きょ ひ
拒否
名 する 거부

しゃ しゃ ていあん きょひ
A社はB社からの提案を拒否した。
A사는 B사로부터의 제안을 거부했다.

05
き りつ
規律
名 규율

しゃかい で いじょう きりつ まも
社会に出た以上、規律は守らなければならない。
사회에 나온 이상 규율은 지켜야 한다.

06
けいかく
計画
名 する 계획

けいかくどお よ
計画通りにうまくいって良かったです。
계획대로 잘 되어서 다행입니다.
＋ 企画 기획

07
けっかん
欠陥
명 결함

_{とうしゃ せいひん ぶひん けっかん はっけん}
当社の製品の部品に欠陥が発見されました。
당사 제품의 부품에서 결함이 발견되었습니다.

➕ 欠如 결여

08
さいよう
採用
명 する 채용

_{かれ しゃめ さいよう}
彼は50社目でついに採用された。
그는 50번째 회사에서 드디어 채용되었다.

09
しじ
指示
명 する 지시

_{じょうし しじ とお けいやく しっぱい}
上司が指示した通りにしたが契約には失敗した。
상사가 지시한 대로 했지만 계약에는 실패했다.

10
してき
指摘
명 する 지적

_{きかく もんだいてん せんぱい してき}
この企画の問題点を先輩から指摘された。
이 기획의 문제점을 선배에게 지적받았다.

11
しゅうしょく
就職
명 する 취직

_{だいがくじだい しゅうしょく きぎょうせつめいかい なんど い}
大学時代、就職のため企業説明会に何度も行った。
대학 시절에 취직하기 위해 기업 설명회에 몇 번이나 갔다.

➕ 就く 취임하다, 취업하다
_{どりょく すえ のぞ しょく つ}
努力の末、望んでいた職に就くことができました。
노력 끝에 원하던 직종에 취직할 수 있었습니다.

12
しょうにん
承認
명 する 승인

_{じつげん しゃちょう しょうにん}
このプロジェクトを実現するには社長の承認が
_{ひつよう}
必要だ。
이 프로젝트를 실현하기 위해서는 사장님의 승인이 필요하다.

13
しろうと
素人

명 아마추어, 비전문가

それは素人が思いつくようなアイデアではない。
그것은 아마추어가 생각해낼 것 같은 아이디어가 아니다.

반 玄人 프로, 전문가

14
じんじ
人事

명 인사

来月末には人事異動があるようです。
다음 달 말에는 인사이동이 있는 것 같습니다.

15
すいそく
推測

명 する 추측

推測だけで物事を判断するのは危険だ。
추측만으로 매사를 판단하는 것은 위험하다.

16
だとう
妥当

명 ナ 타당

社長は彼の判断を妥当だとみなした。
사장님은 그의 판단을 타당하다고 보았다.

유 適切 적절

17
ちゅうと
中途

명 중도

その会社は中途採用の募集をしている。
그 회사는 중도(경력 사원) 채용 모집을 하고 있다.

18
ていあん
提案

명 する 제안

南くんの提案が意外性があっていいと思います。
미나미 군의 제안이 의외성이 있어 좋다고 생각합니다.

19
て すう
手数
명 수고, 애씀, 귀찮음, 폐

お手数をおかけして申し訳ありません。
수고를 끼쳐 죄송합니다.

20
て はい
手配
명 する 수배, 준비, 채비

社長が5時に到着するとの連絡を受けて、車を手配した。
사장님이 5시에 도착한다는 연락을 받고, 자동차를 준비했다.

21
でんごん
伝言
명 する 전언

部長が会議を欠席するという伝言を預かった。
부장님이 회의를 결석한다는 전언을 받았다.

22
てんさく
添削
명 する 첨삭

先輩に履歴書の添削をお願いした。
선배에게 이력서 첨삭을 부탁했다.

23
てんしょく
転職
명 する 전직, 이직

最近の若者は一つの会社で長く働くより、転職を繰り返す傾向がある。
요즘 젊은이들은 한 회사에서 오래 일하는 것보다 이직을 반복하는 경향이 있다.

24
ねんれい
年齢
명 연령, 나이

我が社は年齢ではなく、人間性を重視しています。
우리 회사는 연령이 아닌, 인간성을 중시하고 있습니다.

25
ふ たん
負担
명 する 부담

大きな仕事を任されて負担に感じる。
큰 일을 맡게 되어 부담스럽게 느낀다.

26
ほうしん
方針
명 방침

会社の方針に従って行動してください。
회사의 방침에 따라 행동해 주십시오.

27
ぼ しゅう
募集
명 する 모집

あの店では短期のアルバイトを募集している。
저 가게에서는 단기 아르바이트를 모집하고 있다.

28
めい し
名刺
명 명함

取引先の方から名刺をもらったら、すぐに名前を覚えるようにしている。
거래처 분에게 명함을 받으면 바로 이름을 외우도록 하고 있다.

29
り がい
利害
명 이해, 이익과 손해

彼はいつも個人的な利害は考えずに行動する。
그는 언제나 개인적인 이해는 생각하지 않고 행동한다.
유 損得 손득 (손해와 이득), 득실

30
あらた
改める
동 고치다, 개선하다

会社のマニュアルを改める必要がある。
회사 매뉴얼을 개선할 필요가 있다.

31
うなずく
통 수긍하다,
고개를 끄덕이다

上司はうなずきながら、部下の報告を聞いた。
상사는 고개를 끄덕이면서 부하의 보고를 들었다.

32
こころざ
志す
통 뜻을 세우다, 뜻을 두다

20年前、作家を志して実家を離れた。
20년 전, 작가를 지망하여 본가를 떠났다.

33
したが
従う
통 따르다, 뒤따르다

社員は会社のルールに従わなければならない。
사원은 회사 규칙에 따라야 한다.

34
ずれる
통 미끄러져 움직이다, (기준,
표준에서) 조금 벗어나다

彼の発言はいつもポイントが少しずれている。
그의 발언은 항상 포인트가 조금 어긋나 있다.

35
そな
備える
통 갖추다, 구비하다,
대비하다

明日の面接に備えて練習をする。
내일 면접에 대비해서 연습을 한다.

자 備わる 갖추어지다, 구비되다

この会議室にはプロジェクターとスクリーンが
備わっている。
이 회의실에는 프로젝터와 스크린이 구비되어 있다.

36
つ
継ぐ
통 잇다, 계승하다

将来は父の跡を継いで医者になるつもりだ。
장래에는 아버지의 뒤를 이어 의사가 될 생각이다.

＋ 乗り継ぐ 갈아타고 가다, 경유하다

37
つと
務める

통 소임을 맡다, 역할을 하다

こんかい わたし つと
今回は私がリーダーを務めさせていただきます。
이번에는 제가 리더를 맡겠습니다.

38
ともな
伴う

통 동반하다, 수반하다

か ちょう ぶ か ともな しゅっちょう
課長はいつも部下を伴って出張する。
과장님은 항상 부하 직원을 동반하여 출장 간다.

39
と く
取り組む

통 맞붙다, 몰두하다

しんじん やま だ くん し ごと と く し せい じょうし ほ
新人の山田君は、仕事に取り組む姿勢を上司に褒め
られた。
신입 야마다 군은 일에 몰두하는 자세를 상사에게 칭찬받았다.

40
のが
逃す

통 놓아주다, 놓치다

のが
せっかくのチャンスを逃してしまった。
모처럼의 기회를 놓치고 말았다.

자 のが
逃れる 도주하다, 달아나다, 회피하다

かれ じ ぶん せきにん のが
彼は自分の責任を逃れようとしている。
그는 자신의 책임을 회피하려 하고 있다.

41
はげ
励ます

통 격려하다

し ごと お こ こうはい はげ
仕事のミスで落ち込んでいる後輩を励ました。
업무 실수로 풀이 죽어 있는 후배를 격려했다.

자 はげ
励む 힘쓰다, 노력하다

ぜんいん しんせいひん けんきゅう はげ
チームの全員が新製品の研究に励んでいる。
팀 전원이 신제품 연구에 힘쓰고 있다.

42
は
果たす

통 (의무, 역할 등을) 다하다,
완수하다, 달성하다

かれ もくてき は
彼は目的を果たすためなら、どんなことでもする
おとこ
男だ。
그는 목적을 이루기 위해서라면, 어떤 일이라도 할 남자이다.

43
やと
雇う

[동] 고용하다

その会社は外国人労働者を多く雇っている。

그 회사는 외국인 노동자를 많이 고용하고 있다.

44
やぶ
敗れる

[동] 지다, 패배하다

結局、激しい価格競争でライバル会社に敗れて
しまった。

결국 치열한 가격 경쟁에서 라이벌 회사에게 지고 말았다.

＋ やぶ
破れる 찢어지다, 해지다

45
や
辞める

[동] 사직하다, 그만두다

結婚を機に会社を辞めて起業した。

결혼을 계기로 회사를 그만두고 창업했다.

46
のぞ
望ましい

[イ] 바람직하다

会議には全員出席するのが望ましい。

회의에는 전원 출석하는 것이 바람직하다.

47
ごういん
強引

[ナ] 억지로 함, 무리하게 함

上司から半ば強引に飲み会に誘われて困った。

상사로부터 반강제로 회식에 권유받아 난처했다.

48
てきかく
的確

[ナ] [명] 적확, 정확

状況を的確に見て判断したため、失敗せずに済んだ。

상황을 정확하게 보고 판단했기 때문에 실패하지 않고 끝났다.

확인 문제

1 해당 어휘의 읽는 법을 찾고, 빈칸에 그 의미를 써 넣으세요.

<table>
<tr><td>보기</td><td>学生</td><td>✔ がくせい</td><td>② がっせい</td><td>학생</td></tr>
</table>

(1) 中途　　　① とちゅう　　② ちゅうと　　_____

(2) 拒否　　　① きょひ　　　② きょうひ　　_____

(3) 備える　　① そなえる　　② そびえる　　_____

(4) 伴う　　　① したがう　　② ともなう　　_____

(5) 改める　　① あらためる　② まとめる　　_____

2 문맥에 맞는 단어를 보기에서 골라 알맞은 형태로 바꾸어 써 넣으세요.

(6) (　　　　　)ばかりしていては成長できませんよ。

(7) 会社の(　　　　　)に従って行動してください。

(8) 上司から半ば(　　　　　)飲み会に誘われて困った。

(9) 一度の(　　　　　)は大目に見てあげてもいいと思う。

(10) 社長は彼の判断を(　　　　　)だとみなした。

<table>
<tr><td>보기</td><td>過ち　　言い訳　　妥当　　方針　　強引</td></tr>
</table>

정답

(1) ② 중도　(2) ① 거부　(3) ① 갖추다, 대비하다　(4) ② 동반하다, 수반하다　(5) ① 고치다, 개선하다
(6) 言(い)い訳(わけ)　(7) 方針(ほうしん)　(8) 強引(ごういん)に　(9) 過(あやま)ち　(10) 妥当(だとう)

단어 퀴즈

✤ 단어를 보고 발음과 의미를 적어 보세요.

단어	발음	의미
改正	かいせい	개정
備える		
強引		
歓迎		
拒否		
欠陥		
指摘		
素人		
推測		
妥当		
手数		
添削		
貿易		
方針		
募集		
改める		
志す		
従う		
務める		
伴う		
励ます		
果たす		
辞める		

선을 따라 접으면 답을 확인할 수 있어요.

✖ 한번 더 복습해 봅시다.

읽는 법과 뜻	한자	발음	의미
☐ かいせい 개정	예 改正	かいせい	개정
☐ そなえる 갖추다, 대비하다	備える		
☐ ごういん 억지로 함	強引		
☐ かんげい 환영	歓迎		
☐ きょひ 거부	拒否		
☐ けっかん 결함	欠陥		
☐ してき 지적	指摘		
☐ しろうと 아마추어	素人		
☐ すいそく 추측	推測		
☐ だとう 타당	妥当		
☐ てすう 수고, 귀찮음, 폐	手数		
☐ てんさく 첨삭	添削		
☐ ぼうえき 무역	貿易		
☐ ほうしん 방침	方針		
☐ ぼしゅう 모집	募集		
☐ あらためる 고치다, 개선하다	改める		
☐ こころざす 뜻을 세우다	志す		
☐ したがう 따르다	従う		
☐ つとめる 소임을 맡다	務める		
☐ ともなう 동반하다	伴う		
☐ はげます 격려하다	励ます		
☐ はたす 다하다, 완수하다	果たす		
☐ やめる 사직하다, 그만두다	辞める		

DAY 12

사회생활 (2)

음성듣기

얼마나
알고 있나요?

사전 체크

☐ 01 印刷	☐ 02 打ち合わせ	☐ 03 応対	☐ 04 管理
☐ 05 企画	☐ 06 共同	☐ 07 協力	☐ 08 経営
☐ 09 契約	☐ 10 見解	☐ 11 原稿	☐ 12 研修
☐ 13 検討	☐ 14 実施	☐ 15 修正	☐ 16 主催
☐ 17 出世	☐ 18 承知	☐ 19 職人	☐ 20 職場
☐ 21 整備	☐ 22 添付	☐ 23 日程	☐ 24 一息
☐ 25 報告	☐ 26 翻訳	☐ 27 見積書	☐ 28 見本
☐ 29 輸送	☐ 30 承る	☐ 31 劣る	☐ 32 済ませる
☐ 33 携わる	☐ 34 就く	☐ 35 届ける	☐ 36 除く
☐ 37 省く	☐ 38 含める	☐ 39 参る	☐ 40 任せる
☐ 41 賄う	☐ 42 磨く	☐ 43 設ける	☐ 44 画期的
☐ 45 過密	☐ 46 詳細	☐ 47 必死	☐ 48 面倒

01
いんさつ
印刷
명 する 인쇄

書類を３部ずつ印刷した。
서류를 3부 씩 인쇄했다.

02
う あ
打ち合わせ
명 협의, 미리 상의함

新番組の打ち合わせが行われる予定です。
새 프로그램의 협의가 진행될 예정입니다.

03
おうたい
応対
명 する 응대

店員の客への応対が売り上げにも影響する。
점원의 손님에 대한 응대가 매출에도 영향을 미친다.

04
かん り
管理
명 する 관리

うちの会社のホームページは私が管理している。
우리 회사 홈페이지는 내가 관리하고 있다.

05
き かく
企画
명 する 기획

企画書は紙１枚で簡単にまとめてください。
기획서는 종이 한 장으로 간단하게 정리해 주세요.

06
きょうどう
共同
명 공동

この会議室は二つの会社が共同で使っている。
이 회의실은 두 개의 회사가 공동으로 사용하고 있다.

07 きょうりょく **協力** [명] [する] 협력	みなさま りかい きょうりょく ねが 皆様のご理解とご協力をお願いいたします。 여러분의 이해와 협력을 부탁드립니다.
08 けいえい **経営** [명] [する] 경영	かいしゃ けいえい この会社は経営がうまくいっていないようだ。 이 회사는 경영이 잘 되고 있지 않는 것 같다.
09 けいやく **契約** [명] [する] 계약	けいやく せいりつ いわ の かい 契約が成立したお祝いに飲み会をした。 계약이 성립한 축하로 회식을 했다.
10 けんかい **見解** [명] 견해	わ しゃ けんかい もう あ 我が社の見解を申し上げます。 저희 회사의 견해를 말씀드리겠습니다.
11 げんこう **原稿** [명] 원고	こんしゅうまつ げんこう し き じかん 今週末が原稿の締め切りで、もう時間がない。 이번 주말이 원고 마감이어서 이제 시간이 없다.
12 けんしゅう **研修** [명] [する] 연수	にゅうしゃ げつかん けんしゅうきかん 入社してから３か月間は研修期間である。 입사하고 나서 3개월 간은 연수 기간이다.

13
けんとう
検討
명 する 검토

さいど　けんとう　　　　　　　　　　ねが
再度ご検討をよろしくお願いいたします。
재차 검토를 잘 부탁드립니다.

14
じっし
実施
명 する 실시

イベントを実施するための会場を予約した。
이벤트를 실시하기 위한 행사장을 예약했다.
유 実行 실행

15
しゅうせい
修正
명 する 수정

かいぎ　しりょう　しゅうせい　たの
会議の資料の修正を頼まれました。
회의 자료의 수정을 부탁받았습니다.
유 直す 고치다

16
しゅさい
主催
명 する 주최

さくや　　かいしゃしゅさい　　　　　　　さんか
昨夜は会社主催のパーティーに参加した。
어젯밤은 회사 주최의 파티에 참가했다.

17
しゅっせ
出世
명 する 출세

しゅっせ　　　　　　　　　　　がんば
出世するためにはともかく頑張るしかない。
출세하기 위해서는 여하튼 노력할 수밖에 없다.

18
しょうち
承知
명 する 알고 있음, 승낙

けいひ　た　　　　　　　　　　じゅうぶんしょうち
経費が足りないことは十分承知しているつもりです。
경비가 부족한 것은 충분히 숙지하고 있습니다.

19
しょくにん
職人
🏷 장인

かれ し ごと しょくにんなみ
彼の仕事ぶりは職人並だ。
그의 일솜씨는 장인급이다.

➕ 働き手 (유능한) 일꾼
はたら て

20
しょく ば
職場
🏷 직장

かれ しょく ば ぜったい こ じんてき はなし
彼は、職場では絶対に個人的な話をしない。
그는 직장에서는 절대 개인적인 이야기를 하지 않는다.

🔗 勤め先 근무처, 직장
つと さき

21
せい び
整備
🏷 する 정비

ちち せい び し はたら
父は整備士として働いている。
아버지는 정비사로 일하고 있다.

22
てん ぷ
添付
🏷 する 첨부

し りょう てん ぶ とりひきさき おく
メールに資料を添付して、取引先に送った。
메일에 자료를 첨부하여 거래처에 보냈다.

🔗 添える 첨부하다, 곁들이다
そ

23
にってい
日程
🏷 일정

しゅっちょう にってい かくにん ひ こう き よ やく
出張の日程を確認して、飛行機を予約した。
출장의 일정을 확인하고, 비행기를 예약했다.

24
ひといき
一息
🏷 잠깐 쉼, 한숨 돌림

あさ かい ぎ つづ ひといき
朝から会議が続いていたので、一息つきたい。
아침부터 회의가 계속되고 있었기 때문에, 한숨 돌리고 싶다.

25
ほうこく
報告
명 する 보고

この研修は、終了後に報告書を提出することに
なっている。
이 연수는 종료 후에 보고서를 제출하게 되어 있다.

26
ほんやく
翻訳
명 する 번역

英語の本を翻訳する仕事がしたい。
영어 책을 번역하는 일을 하고 싶다.

27
み つもりしょ
見積書
명 견적서

修理にかかる金額が気になって、見積書を依頼した。
수리에 드는 금액이 신경 쓰여서 견적서를 의뢰했다.

28
み ほん
見本
명 견본

見本を見ながら作成してください。
견본을 보면서 작성해 주세요.

유 サンプル 샘플, 견본

29
ゆ そう
輸送
명 する 수송

輸送にかかるコストを考えると、値上げが必要だ。
수송에 드는 비용을 생각하면 가격 인상이 필요하다.

30
うけたまわ
承 る
동 '듣다, 받다, 전해 듣다'의
겸양 표현

確かに伝言を 承 りました。
틀림없이 전언을 전달받았습니다.

유 受ける 받다　聞く 듣다

31
おと
劣る
동 뒤떨어지다, 뒤지다

うちの製品が他の会社の製品より劣っているとは思わない。
우리 제품이 다른 회사 제품보다 뒤떨어진다고는 생각하지 않는다.

반 優れる 우수하다, 출중하다
この製品は耐久性に優れています。
이 제품은 내구성이 뛰어납니다.

32
す
済ませる
동 끝내다, 마치다

面倒な仕事は早く済ませてしまった方がいい。
귀찮은 일은 빨리 끝내 버리는 편이 좋다.

자 済む 완료되다, 끝나다

33
たずさ
携わる
동 (어떤 일에) 관여하다, 종사하다

この会社は出版に携わる人なら、必ず知っているはずだ。
이 회사는 출판업에 종사하는 사람이라면 필시 알고 있을 것이다.

34
つ
就く
동 취임하다, 취업하다

この仕事に就くことができて、本当に嬉しい。
이 일에 취업할 수 있어서, 정말로 기쁘다.

유 就職する 취직하다

35
とど
届ける
동 보내다, 전하다, 신고하다, 도착하다

上司に頼まれた書類を取引先に届ける予定だ。
상사에게 부탁받은 서류를 거래처에 보낼 예정이다.

泥棒にかばんを盗まれ、警察に届けた。
도둑에게 가방을 도난당해 경찰에 신고했다.

자 届く 도착하다, 닿다

36
のぞ
除く
동 없애다, 치우다, 제거하다, 빼다

出荷前に不良品を除く作業をしています。
출하 전에 불량품을 제거하는 작업을 하고 있습니다.

37
はぶ
省く
동 줄이다, 덜다, 생략하다

彼女には詳しい説明を省いても問題ないだろう。
그녀에게는 자세한 설명을 생략해도 문제없을 것이다.

38
ふく
含める
동 포함시키다, 포함하다

今日の会議は私を含めて10人が参加する予定だ。
오늘 회의는 나를 포함하여 10명이 참가할 예정이다.

➕ 含む 포함하다

39
まい
参る
동 '가다, 오다'의 겸양 표현

明日午後2時にそちらへ参ります。
내일 오후 2시에 그쪽으로 가겠습니다.

外回りに行って参ります。
외근 다녀오겠습니다.

40
まか
任せる
동 맡기다

安田さんなら安心して仕事を任せられる。
야스다 씨라면 안심하고 일을 맡길 수 있다.

41
まかな
賄う
동 조달하다, 제공하다, 꾸려 가다

出張にかかる費用は会社が賄ってくれる。
출장에 드는 비용은 회사가 조달해 준다.

➕ 賄い 음식점 등에서 직원에게 제공되는 식사

バイト先の賄いがおいしくて、太ってしまった。
아르바이트 하는 곳의 밥이 맛있어서 살이 쪄 버렸다.

42
みが
磨く
동 닦다, 갈다, (학문·기술을) 연마하다

開店前の掃除で窓ガラスを磨く。
개점 전의 청소로 창문 유리를 닦는다.

43
もう
設ける
동 마련하다, 설치하다

かいしゃ しゃいん うんどう しせつ もう
会社で社員が運動できる施設を設けた。
회사에서 사원이 운동할 수 있는 시설을 설치했다.

44
かっ き てき
画期的
ナ 획기적

かれ ていあん かっ き てき
彼の提案はいつも画期的だ。
그의 제안은 언제나 획기적이다.

45
か みつ
過密
ナ 명 과밀, 빽빽함

かれ か みつ たお
彼は過密なスケジュールのために倒れてしまった。
그는 빽빽한 스케줄 때문에 쓰러지고 말았다.

46
しょうさい
詳細
ナ 명 상세, 자세한 내용

しょうさい し
詳細はメールでお知らせいたします。
자세한 내용은 메일로 알려 드리겠습니다.

47
ひっ し
必死
ナ 명 필사, 필사적

かれ し き お ひっ し し ごと
彼は締め切りに追われて必死に仕事をしている。
그는 마감에 쫓겨 필사적으로 일을 하고 있다.

48
めんどう
面倒
ナ 명 번거로움, 귀찮음,
돌봄, 보살핌

めんどう ねが
面倒なことをお願いしてすみません。
성가신 일을 부탁드려서 죄송합니다.

わたし ときどき めい めんどう み
私は時々、姪の面倒を見ている。
나는 때때로 조카를 돌보고 있다.

＋ めんどう
面倒くさい 몹시 귀찮다, 성가시다

확인 문제

1 해당 어휘의 읽는 법을 찾고, 빈칸에 그 의미를 써 넣으세요.

보기	学生	ⓥ がくせい	② がっせい	___학생___

(1) 輸送　　① ゆそう　　② ゆうそう　　_____

(2) 整備　　① せいび　　② せうび　　_____

(3) 除く　　① たたく　　② のぞく　　_____

(4) 含める　① ひそめる　② ふくめる　_____

(5) 劣る　　① おとる　　② けずる　　_____

2 문맥에 맞는 단어를 보기 에서 골라 알맞은 형태로 바꾸어 써 넣으세요.

(6) 彼は締め切りに追われて(　　　　)に仕事をしている。

(7) この会社は出版に(　　　)人なら、必ず知っているはずだ。

(8) 我が社の(　　　)を申し上げます。

(9) 会社で社員が運動できる施設を(　　　)た。

(10) 出張にかかる費用は会社が(　　　　)くれる。

보기	見解　　必死　　携わる　　賄う　　設ける

정답 --
(1) ① 수송　(2) ① 정비　(3) ② 없애다, 제거하다　(4) ② 포함시키다, 포함하다　(5) ① 뒤떨어지다, 뒤지다
(6) 必死(ひっし)　(7) 携(たずさ)わる　(8) 見解(けんかい)　(9) 設(もう)け　(10) 賄(まかな)って

152 **N2** DAY 12

단어 퀴즈

✽ 단어를 보고 발음과 의미를 적어 보세요.

단어	발음	의미
改正	かいせい	개정
承る		
劣る		
済ませる		
省く		
画期的		
管理		
研修		
職場		
修正		
共同		
添付		
必死		
見本		
面倒		
企画		
携わる		
届ける		
除く		
含める		
磨く		
印刷		
打ち合わせ		

선을 따라 접으면 답을 확인할 수 있어요.

※ 한번 더 복습해 봅시다.

읽는 법과 뜻
□ かいせい 개정
□ うけたまわる 받(듣)다의 겸양어
□ おとる 뒤떨어지다, 뒤지다
□ すませる 끝내다, 마치다
□ はぶく 줄이다, 생략하다
□ かっきてき 획기적
□ かんり 관리
□ けんしゅう 연수
□ しょくば 직장
□ しゅうせい 수정
□ きょうどう 공동
□ てんぷ 첨부
□ ひっし 필사, 필사적
□ みほん 견본
□ めんどう 번거로움, 보살핌
□ きかく 기획
□ たずさわる 종사하다
□ とどける 보내다, 신고하다
□ のぞく 없애다, 제거하다
□ ふくめる 포함시키다
□ みがく 닦다, 연마하다
□ いんさつ 인쇄
□ うちあわせ 미리 상의함, 협의

한자	발음	의미
예 改正	かいせい	개정
承る		
劣る		
済ませる		
省く		
画期的		
管理		
研修		
職場		
修正		
共同		
添付		
必死		
見本		
面倒		
企画		
携わる		
届ける		
除く		
含める		
磨く		
印刷		
打ち合わせ		

DAY 13
정보 통신과 언론

얼마나
알고 있나요?

사전 체크

☐ 01 意図	☐ 02 映像	☐ 03 各々	☐ 04 解釈
☐ 05 書留	☐ 06 警告	☐ 07 掲載	☐ 08 掲示
☐ 09 傑作	☐ 10 検索	☐ 11 講演	☐ 12 好奇心
☐ 13 広告	☐ 14 好評	☐ 15 削除	☐ 16 司会
☐ 17 事故	☐ 18 取材	☐ 19 出版	☐ 20 情報
☐ 21 宣伝	☐ 22 相違	☐ 23 中継	☐ 24 著者
☐ 25 訂正	☐ 26 伝達	☐ 27 投書	☐ 28 反応
☐ 29 日付	☐ 30 評判	☐ 31 評論	☐ 32 分布
☐ 33 報道	☐ 34 見出し	☐ 35 要素	☐ 36 脅かす
☐ 37 及ぼす	☐ 38 隠す	☐ 39 覆す	☐ 40 生じる
☐ 41 刷る	☐ 42 繋がる	☐ 43 出来上がる	☐ 44 載せる
☐ 45 延ばす	☐ 46 報じる	☐ 47 基づく	☐ 48 略する

01
いと
意図
명 する 의도

この本が何を意図するのかよく分からない。
이 책이 무엇을 의도하는지를 잘 모르겠다.

02
えいぞう
映像
명 영상

宇宙から撮影した地球の映像に感動した。
우주에서 촬영한 지구 영상에 감동했다.

유 動画 동영상

さるがおつかいに行く動画が話題になっている。
원숭이가 심부름하러 가는 동영상이 화제가 되고 있다.

03
おのおの
各々
명 각각, 각자

参加者が各々の感想を話した。
참가자가 각자의 감상을 이야기했다.

04
かいしゃく
解釈
명 する 해석

同じ映画を見ても人によって解釈が異なる。
같은 영화를 봐도 사람에 따라서 해석이 다르다.

05
かきとめ
書留
명 등기

重要な書類なので、書留で送ることにした。
중요한 서류이기 때문에 등기로 보내기로 했다.

06
けいこく
警告
명 する 경고

警察が、夜の外出は危険だと警告した。
경찰이 야간 외출은 위험하다고 경고했다.

07 けいさい 掲載 명 する 게재	今日の新聞に彼の書いた記事が掲載されている。 오늘 신문에 그가 쓴 기사가 게재되어 있다.
08 けいじ 掲示 명 する 게시	その情報についてはすでに掲示されている。 그 정보에 대해서는 이미 게시되어 있다.
09 けっさく 傑作 명 ナ 걸작	この本は、彼の作品の中で最高傑作だといわれている。 이 책은 그의 작품 중에서 최고 걸작이라고 일컬어진다.
10 けんさく 検索 명 する 검색	インターネットで気になるニュースを検索する。 인터넷으로 신경 쓰이는 뉴스를 검색한다.
11 こうえん 講演 명 する 강연	有名な投資家の講演を聞いて、株に興味がわいた。 유명한 투자가의 강연을 듣고 주식에 흥미가 생겼다.
12 こうきしん 好奇心 명 호기심	この番組の内容は子供の好奇心を満たしてくれる。 이 방송 프로그램 내용은 어린이의 호기심을 충족시켜 준다. 유 興味 흥미, 관심

13
こうこく
広告
명 する 광고

新商品の広告を雑誌に掲載した。
신상품 광고를 잡지에 게재했다.

유 宣伝 선전   コマーシャル CM, 상업 광고

クライマックスのところで画面がコマーシャルに
変わってイライラした。
클라이맥스 부분에서 화면이 광고 영상으로 바뀌어 짜증이 났다.

14
こうひょう
好評
명 ナ 호평

今回のイベントは意外に好評だった。
이번 이벤트는 의외로 호평이었다.

15
さくじょ
削除
명 する 삭제

社会的に問題となった記事が削除された。
사회적으로 문제가 된 기사가 삭제되었다.

16
しかい
司会
명 する 사회

彼が司会の番組は、いつ見ても面白い。
그가 사회를 보는 프로그램은 언제 봐도 재미있다.

17
じこ
事故
명 사고

このあとは、事故現場からお伝えします。
이 뒤는(다음은) 사고 현장에서 전해드리겠습니다.

18
しゅざい
取材
명 する 취재

有名な野球選手に取材のアポを取った。
유명한 야구 선수에게 취재 약속을 잡았다.

19
しゅっぱん
出版
명 する 출판

ぶんがく　きょうみ　　　　　しょうらい　しゅっぱんしゃ　しゅうしょく
文学に興味があるので、将来は出版社に就職したい。
문학에 흥미가 있어 장래에는 출판사에 취직하고 싶다.

20
じょうほう
情報
명 정보

あたら　　じょうほう　にゅうしゅ　　　　　しゅざい　い
新しい情報を入手するために、取材に行った。
새로운 정보를 손에 넣기 위해서 취재하러 갔다.

21
せんでん
宣伝
명 する 선전

えいが　まえ　なが　　　せんでん　　　　　なが　かん
映画の前に流れる宣伝はとても長く感じる。
영화 전에 흘러나오는 선전은 매우 길게 느껴진다.

こうこく
유 広告 광고　コマーシャル CM, 상업 광고

22
そうい
相違
명 する 상이, 서로 다름

きじ　ないよう　じじつ　そうい
その記事の内容は事実と相違があるようだ。
그 기사의 내용은 사실과 차이가 있는 것 같다.

23
ちゅうけい
中継
명 する 중계

ばんぐみ　ぜんこく　ちゅうけい
この番組は全国に中継されている。
이 방송 프로그램은 전국에 중계되고 있다.

そうしんもと
＋ 送信元 송신원

24
ちょしゃ
著者
명 저자

ほん　ちょしゃ　じっさい　あ
この本の著者に実際に会ってみたい。
이 책의 저자를 실제로 만나 보고 싶다.

25
ていせい
訂正
명　する　정정

間違っていた内容について訂正記事が出された。
잘못된 내용에 대해 정정 기사가 나왔다.

26
でんたつ
伝達
명　する　전달

言葉は意思を伝達するための道具である。
말은 의사를 전달하기 위한 도구이다.

27
とうしょ
投書
명　する　투서, 투고

役所では市民の意見を伝える投書を受け付けています。
관공서에서는 시민의 의견을 전하는 투서를 접수하고 있습니다.

28
はんのう
反応
명　する　반응

そのニュースを聞いた彼の反応が少し変だった。
그 뉴스를 들은 그의 반응이 조금 이상했다.

29
ひづけ
日付
명　날짜

メールや手紙には必ず日付を書いてください。
메일이나 편지에는 반드시 날짜를 적어 주십시오.

30
ひょうばん
評判
명　ナ　평판, 소문남,
평이 좋음

あのレストランは評判も良く、いつも賑わっている。
그 레스토랑은 평판도 좋고 항상 붐빈다.

31
ひょうろん
評論
명 する 평론

政治評論家の話は難しすぎて分かりません。
정치 평론가의 이야기는 너무 어려워서 이해할 수 없습니다.

32
ぶんぷ
分布
명 する 분포

この店に来るお客さんの年齢の分布を調査した。
이 가게에 오는 손님의 연령 분포를 조사했다.

33
ほうどう
報道
명 する 보도

昨日起きた事件については、まだ報道されていない。
어제 일어난 사건에 대해서는 아직 보도되지 않고 있다.

34
みだ
見出し
명 표제, 표제어, 헤드라인

忙しくても新聞の見出しだけはチェックするように
している。
바빠도 신문의 헤드라인만은 체크하려고 하고 있다.

35
ようそ
要素
명 요소

この本にはネットワークの構成要素について詳しく
書いてある。
이 책에는 네트워크의 구성 요소에 대해서 자세히 쓰여 있다.

유 成分 성분

36
おびや
脅かす
동 위협하다, 협박하다

報道の自由を脅かすのは許されないことである。
보도의 자유를 위협하는 것은 용서받지 못할 일이다.

37
およ
及ぼす
图 미치게하다, 끼치다

この番組は青少年に悪影響を及ぼす可能性がある。
이 방송 프로그램은 청소년에게 나쁜 영향을 끼칠 가능성이 있다.

재 及ぶ 달하다, 이르다, 미치다

38
かく
隠す
图 숨기다

野球場のカメラが客席を映したので、顔を隠した。
야구장의 카메라가 객석을 비췄기 때문에 얼굴을 숨겼다.

재 隠れる 숨다

この番組では各地域の隠れた名所を紹介しています。
이 방송에서는 각 지역의 숨은 명소를 소개하고 있습니다.

39
くつがえ
覆す
图 뒤엎다

今までの常識を覆す事実が発見された。
지금까지의 상식을 뒤엎는 사실이 발견되었다.

40
しょう
生じる
图 생기다, 발생하다

携帯電話に問題が生じた場合には、まず電源を
切ってみてください。
휴대 전화에 문제가 생겼을 경우에는 먼저 전원을 꺼 봐 주세요.

41
す
刷る
图 인쇄하다, 박다

印刷会社に依頼して資料を500部刷った。
인쇄 회사(인쇄소)에 의뢰해서 자료를 500부 인쇄했다.

42
つな
繋がる
图 이어지다, 연결되다

インターネットが繋がらなくて、仕事ができなかった。
인터넷이 연결되지 않아서 일을 할 수가 없었다.

43
でき あ
出来上がる
동 완성되다

らいげつ　　　　　　　　　　　　　でき あ
来月のイベントのポスターが出来上がった。
다음 달 이벤트의 포스터가 완성되었다.

44
の
載せる
동 (글 등을) 싣다, 게재하다,
위에 놓다, 얹다

ふたり　こうさいきじ　の　　ざっし　う　き
二人の交際記事を載せた雑誌が売り切れになった。
두 사람의 교제 기사를 실은 잡지가 매진되었다.

자 載る (위에) 놓이다, 얹히다, (신문 등에) 실리다

45
の
延ばす
동 연장하다, 연기하다

じしん　　　　　　　　　　　　ほうそう　らいしゅう　の
地震のニュースでドラマの放送は来週に延ばすこと
になった。
지진 뉴스로 드라마 방송은 다음 주로 연기하게 되었다.

자 延びる 연장되다, 연기되다

46
ほう
報じる
동 알리다, 보도하다

じけん　　　　　　　　　おお　　ほう
その事件はニュースで大きく報じられた。
그 사건은 뉴스로 크게 보도되었다.

47
もと
基づく
동 의거하다, 근거하다

きしゃ　じじつ　もと　　　きじ　か
記者は事実に基づいて記事を書くべきだ。
기자는 사실에 근거하여 기사를 써야만 한다.

48
りゃく
略する
동 생략하다, 줄이다

りゃく
「コンビニエンスストア」を略して「コンビニ」と
いう。
'convenience store'를 줄여서 '콤비니(편의점)'라고 말한다.

확인 문제

1 해당 어휘의 읽는 법을 찾고, 빈칸에 그 의미를 써 넣으세요.

> **보기** 学生 　　☑ がくせい 　② がっせい 　　　　학생

(1) 削除 　　① さくじょう ② さくじょ 　_____

(2) 脅かす 　① おびやかす ② あまやかす 　_____

(3) 警告 　　① けいこく 　② けいこう 　_____

(4) 評判 　　① へいはん 　② ひょうばん 　_____

(5) 隠す 　　① かくす 　　② くずす 　_____

2 문맥에 맞는 단어를 **보기**에서 골라 알맞은 형태로 바꾸어 써 넣으세요.

(6) その情報についてはすでに(　　　　)されている。

(7) その記事の内容は事実と(　　　　)があるようだ。

(8) 携帯電話に問題が(　　　　)場合には、まず電源を切ってみて
ください。

(9) 有名な野球選手に(　　　　)のアポを取った。

(10) 重要な書類なので、(　　　　)で送ることにした。

> **보기** 　　書留 　　掲示 　　取材 　　相違 　　生じる

정답 -
(1) ② 삭제　(2) ① 위협하다, 협박하다　(3) ① 경고　(4) ② 평판, 평이 좋음　(5) ① 숨기다
(6) 掲示(けいじ)　(7) 相違(そうい)　(8) 生(しょう)じた　(9) 取材(しゅざい)　(10) 書留(かきとめ)

단어 퀴즈

✿ 단어를 보고 발음과 의미를 적어 보세요.

단어	발음	의미
改正	かいせい	개정
出来上がる		
隠す		
意図		
映像		
各々		
解釈		
書留		
宣伝		
掲示		
検索		
好奇心		
好評		
削除		
司会		
取材		
出版		
相違		
訂正		
評判		
分布		
見出し		
略する		

선을 따라 접으면 답을 확인할 수 있어요.

※ 한번 더 복습해 봅시다.

읽는 법과 뜻
□ かいせい 개정
□ できあがる 완성되다
□ かくす 숨기다
□ いと 의도
□ えいぞう 영상
□ おのおの 각각, 각자
□ かいしゃく 해석
□ かきとめ 등기
□ せんでん 선전
□ けいじ 게시
□ けんさく 검색
□ こうきしん 호기심
□ こうひょう 호평
□ さくじょ 삭제
□ しかい 사회
□ しゅざい 취재
□ しゅっぱん 출판
□ そうい 상이, 서로 다름
□ ていせい 정정
□ ひょうばん 평판
□ ぶんぷ 분포
□ みだし 표제, 표제어
□ りゃくする 생략하다, 줄이다

한자	발음	의미
예 改正	かいせい	개정
出来上がる		
隠す		
意図		
映像		
各々		
解釈		
書留		
宣伝		
掲示		
検索		
好奇心		
好評		
削除		
司会		
取材		
出版		
相違		
訂正		
評判		
分布		
見出し		
略する		

음성듣기

DAY 14

과학과 기술

얼마나
알고 있나요?

사전 체크

- [ ] **01** 圧縮
- [ ] **02** 宇宙
- [ ] **03** 開拓
- [ ] **04** 科学
- [ ] **05** 拡張
- [ ] **06** 加工
- [ ] **07** 下降
- [ ] **08** 仮設
- [ ] **09** 技術
- [ ] **10** 機能
- [ ] **11** 携帯
- [ ] **12** 現象
- [ ] **13** 仕掛け
- [ ] **14** 実験
- [ ] **15** 充電
- [ ] **16** 蒸気
- [ ] **17** 焦点
- [ ] **18** 処理
- [ ] **19** 浸透
- [ ] **20** 信念
- [ ] **21** 進歩
- [ ] **22** 世紀
- [ ] **23** 制御
- [ ] **24** 性能
- [ ] **25** 設備
- [ ] **26** 操作
- [ ] **27** 創作
- [ ] **28** 調査
- [ ] **29** 調節
- [ ] **30** 手順
- [ ] **31** 電子
- [ ] **32** 電波
- [ ] **33** 導入
- [ ] **34** 発射
- [ ] **35** 破裂
- [ ] **36** 普及
- [ ] **37** 物質
- [ ] **38** 変換
- [ ] **39** 摩擦
- [ ] **40** 組み込む
- [ ] **41** 優れる
- [ ] **42** 試す
- [ ] **43** 通じる
- [ ] **44** 作り上げる
- [ ] **45** 溶かす
- [ ] **46** 革新的
- [ ] **47** 明白
- [ ] **48** 優秀

01
あっしゅく
圧縮
명 する 압축

データを集めて圧縮してメールで送りました。
데이터를 모아 압축해서 메일로 보냈습니다.

02
うちゅう
宇宙
명 우주

100年前は、人が宇宙に行くなんて夢にも思わなかっただろう。
100년 전에는 사람이 우주에 간다니 꿈에도 생각하지 못했을 것이다.

03
かいたく
開拓
명 する 개척

新しい市場を開拓して営業分野を拡大したい。
새로운 시장을 개척하여 영업 분야를 확대하고 싶다.

04
かがく
科学
명 과학

私は小さい頃から科学に興味があった。
나는 어린 시절부터 과학에 흥미가 있었다.

05
かくちょう
拡張
명 する 확장

この町の発展には道路の拡張が必要だ。
이 마을의 발전에는 도로 확장이 필요하다.

06
かこう
加工
명 する 가공

牛乳は様々な製品に加工される。
우유는 다양한 제품으로 가공된다.

07
かこう
下降
명 する 하강

ひこうき、きあつ えいきょう きゅう かこう ばあい
飛行機は、気圧の影響で急に下降する場合がある。
비행기는 기압의 영향으로 갑자기 하강하는 경우가 있다.

08
かせつ
仮設
명 する 가설, 전제, 임시로 세움

じしん ひがい ひとびと いま かせつじゅうたく す
地震で被害にあった人々は今、仮設住宅に住んでいるそうだ。
지진으로 피해를 입은 사람들은 지금 임시 주택에 살고 있다고 한다.

09
ぎじゅつ
技術
명 기술

しゃしん さつえい こうど ぎじゅつ ひつよう
写真の撮影には高度な技術が必要だ。
사진 촬영에는 고도의 기술이 필요하다.

유 テクニック 테크닉, 기술

10
きのう
機能
명 する 기능

あたら で れいぞうこ いろ か きのう
新しく出た冷蔵庫にはドアの色を変える機能があるらしい。
새로 나온 냉장고에는 문의 색을 바꾸는 기능이 있다고 한다.

11
けいたい
携帯
명 휴대, 휴대 전화

にほん けいたいはいざら つか ひと み
日本で携帯灰皿を使う人を見たことがある。
일본에서 휴대용 재떨이를 사용하는 사람을 본 적이 있다.

12
げんしょう
現象
명 현상

ひ お ふしぎ げんしょう げんいん あき
その日起こった不思議な現象の原因は、まだ明らかになっていない。
그날 일어난 신기한 현상의 원인은 아직 밝혀지지 않았다.

13
しか
仕掛け
名 장치, 조작, 구조

これは猫がボタンを押すと、えさが出てくる**仕掛け**になっている。
이것은 고양이가 버튼을 누르면 사료가 나오는 구조로 되어 있다.

14
じっけん
実験
名 する 실험

その化学実験は失敗に終わった。
그 화학 실험은 실패로 끝났다.

15
じゅうでん
充電
名 する 충전

充電が完了するまで2時間程かかる。
충전이 완료될 때까지 2시간 정도 걸린다.

16
じょう き
蒸気
名 증기

この列車は**蒸気**の力だけで動くらしい。
이 열차는 증기의 힘만으로 움직인다고 한다.

17
しょうてん
焦点
名 초점

このカメラは**焦点**を合わせにくい。
이 카메라는 초점을 맞추기 어렵다.

18
しょ り
処理
名 する 처리

全ての商品は出荷する前に熱処理を行います。
모든 상품은 출하하기 전에 열처리를 실시합니다.

유 片付ける 정리하다, 끝내다
言われた仕事は先ほど全部片付けました。
말씀하신 업무는 아까 전부 끝냈습니다.

19
しんとう
浸透
名 する 침투

このパックは、水分が肌によく浸透すると評判だ。
이 팩은 수분이 피부에 잘 침투되는 것으로 평판이 자자하다.

20
しんねん
信念
名 신념

この研究には教授の強い信念が感じられる。
이 연구에는 교수의 강한 신념이 느껴진다.

21
しんぽ
進歩
名 する 진보

医療の技術は日々進歩している。
의료 기술은 날로 진보하고 있다.

22
せいき
世紀
名 세기

科学技術の発展で、19世紀の写真をカラーで復元
できた。
과학 기술의 발전으로 19세기의 사진을 컬러로 복원할 수 있었다.

23
せいぎょ
制御
名 する 제어

この機械には自動制御システムという機能がある。
이 기계에는 자동 제어 시스템이라는 기능이 있다.

24
せいのう
性能
名 성능

スマホの性能は素晴らしいが、私には複雑すぎて
使えない。
스마트폰의 성능은 대단하지만 나에게는 너무 복잡해서 쓸 수 없다.

25
せつび
設備
명 する 설비

この建物は設備が古くて不便だ。
이 건물은 설비가 오래되어서 불편하다.

26
そうさ
操作
명 する 조작

この機械の操作は複雑なので、一人では扱えない。
이 기계의 조작은 복잡해서 혼자서는 다룰 수 없다.
유 動かす 움직이게 하다

27
そうさく
創作
명 する 창작

創作には、色んな知識と経験が必要だ。
창작에는 다양한 지식과 경험이 필요하다.

28
ちょうさ
調査
명 する 조사

リコール製品の欠陥についての調査が行われる予定
です。
리콜 제품의 결함에 대한 조사가 실시될 예정입니다.

29
ちょうせつ
調節
명 する 조절

このエアコンは温度を自動的に調節してくれる。
이 에어컨은 온도를 자동적으로 조절해 준다.
유 調整 조정

30
てじゅん
手順
명 순서, 절차

手順通りに作れば絶対に失敗しませんよ。
순서대로 만들면 절대로 실패하지 않아요.

31
でん し
電子
名 전자

以前、電子部品を作る工場で働いていました。
이전에 전자 부품을 만드는 공장에서 일했었습니다.

32
でん ぱ
電波
名 전파

このビルの地下は電波が入らないので不便だ。
이 빌딩의 지하는 전파가 들어오지 않아서 불편하다.

33
どうにゅう
導入
名 する 도입

明日から新しい機械を導入する。
내일부터 새로운 기계를 도입한다.

34
はっしゃ
発射
名 する 발사

鹿児島県にはロケットの発射場がある。
가고시마현에는 로켓 발사장이 있다.

35
は れつ
破裂
名 する 파열,
터져서 찢어짐

風船を膨らませすぎて破裂してしまった。
풍선을 너무 부풀려서 터져 버렸다.

36
ふ きゅう
普及
名 する 보급

勝手に掃除をしてくれるロボット掃除機が普及している。
알아서 청소를 해 주는 로봇 청소기가 보급되고 있다.

37
ぶっしつ
物質
명 물질

今日の化学の授業では、熱と物質の関係について
学んだ。
<ruby>今日<rt>きょう</rt></ruby>の<ruby>化学<rt>かがく</rt></ruby>の<ruby>授業<rt>じゅぎょう</rt></ruby>では、<ruby>熱<rt>ねつ</rt></ruby>と<ruby>物質<rt>ぶっしつ</rt></ruby>の<ruby>関係<rt>かんけい</rt></ruby>について<ruby>学<rt>まな</rt></ruby>んだ。
오늘 화학 수업에서는 열과 물질의 관계에 대해서 배웠다.

38
へんかん
変換
명 する 변환

ひらがなを漢字に変換し間違えると、全然違う単語
になったりする。
ひらがなを<ruby>漢字<rt>かんじ</rt></ruby>に<ruby>変換<rt>へんかん</rt></ruby>し<ruby>間違<rt>まちが</rt></ruby>えると、<ruby>全然<rt>ぜんぜん</rt></ruby><ruby>違<rt>ちが</rt></ruby>う<ruby>単語<rt>たんご</rt></ruby>になったりする。
히라가나를 한자로 잘못 변환하면, 전혀 다른 단어가 되기도 한다.

39
まさつ
摩擦
명 する 마찰

車のタイヤは摩擦に強い構造になっている。
<ruby>車<rt>くるま</rt></ruby>のタイヤは<ruby>摩擦<rt>まさつ</rt></ruby>に<ruby>強<rt>つよ</rt></ruby>い<ruby>構造<rt>こうぞう</rt></ruby>になっている。
차의 타이어는 마찰에 강한 구조로 되어 있다.

40
く　こ
組み込む
동 짜 넣다, 집어 넣다,
편입하다

新しい商品には新機能が組み込まれている。
<ruby>新<rt>あたら</rt></ruby>しい<ruby>商品<rt>しょうひん</rt></ruby>には<ruby>新機能<rt>しんきのう</rt></ruby>が<ruby>組<rt>く</rt></ruby>み<ruby>込<rt>こ</rt></ruby>まれている。
새 상품에는 새로운 기능이 넣어져 있다.

41
すぐ
優れる
동 뛰어나다, 우수하다

機能性に優れたものより見た目がかわいい方が売れる。
<ruby>機能性<rt>きのうせい</rt></ruby>に<ruby>優<rt>すぐ</rt></ruby>れたものより<ruby>見<rt>み</rt></ruby>た<ruby>目<rt>め</rt></ruby>がかわいい<ruby>方<rt>ほう</rt></ruby>が<ruby>売<rt>う</rt></ruby>れる。
기능성이 뛰어난 것보다 겉모습이 귀여운 쪽이 잘 팔린다.

42
ため
試す
동 시도하다, 시험하다

新しい機能を試してみたが、とても良かった。
<ruby>新<rt>あたら</rt></ruby>しい<ruby>機能<rt>きのう</rt></ruby>を<ruby>試<rt>ため</rt></ruby>してみたが、とても<ruby>良<rt>よ</rt></ruby>かった。
새로운 기능을 시험해 봤는데 매우 좋았다.

43
つう
通じる
동 통하다, 연결되다

でん ぱ しょうがい　　　　　　　　でん わ　　 じ かん　　 つう
電波障害のために電話が 3 時間ほど通じなかった。
전파 장애 때문에 전화가 3시간 정도 연결되지 않았다.

44
つく　　 あ
作り上げる
동 만들어 내다

かれ　 いえ　 たん き かん　 つく　 あ　　　　　 かか
彼の家は短期間で作り上げたにも関わらず、立派な
いっけん や
一軒家だった。
그의 집은 단기간에 만들어 냈음에도 불구하고 훌륭한 단독 주택이
었다.

유 つく　 だ
作り出す 만들어 내다, 만들기 시작하다

こんなに次々と商品を作り出すなんて、彼女は天才
ちが
に違いない。
이렇게 연달아 상품을 만들어 내다니, 그녀는 천재임에 틀림없다.

45
と
溶かす
동 녹이다

さくひん　　 てつ　 と　　　　 つく
この作品は鉄を溶かして作ったものだ。
이 작품은 철을 녹여서 만든 것이다.

자 と
溶ける 녹다

46
かくしんてき
革新的
ナ 혁신적

かれ　 はつめい　　 ぎ じゅつ　　　　　 かくしんてき
彼が発明した技術はとても革新的なものだった。
그가 발명한 기술은 매우 혁신적인 것이었다.

47
めいはく
明白
ナ 명 명백

こんかい　 けんきゅう　　　　　 ぶっしつ　 ひつようせい　めいはく
今回の研究で、この物質の必要性が明白になった。
이번 연구로 이 물질의 필요성이 명백해졌다.

48
ゆうしゅう
優秀
ナ 명 우수

かれ　 ゆうしゅう　 ぎじゅつしゃ　　　　　　　けいえいしゃ
彼は優秀な技術者であって、いい経営者でもある。
그는 우수한 기술자이자, 좋은 경영자이기도 하다.

확인 문제

1 해당 어휘의 읽는 법을 찾고, 빈칸에 그 의미를 써 넣으세요.

보기	学生	✓ がくせい	② がっせい	학생

(1) 焦点　　　① しょてん　　② しょうてん　_____

(2) 処理　　　① しょり　　　② しょうり　_____

(3) 加工　　　① かくう　　　② かこう　_____

(4) 調節　　　① ちょうせい　② ちょうせつ　_____

(5) 優れる　　① すぐれる　　② あこがれる　_____

2 문맥에 맞는 단어를 보기 에서 골라 알맞은 형태로 바꾸어 써 넣으세요.

(6) 新しく出た冷蔵庫にはドアの色を変える(　　　　　)があるらしい。

(7) 彼は(　　　　　)な技術者であって、いい経営者でもある。

(8) データを集めて(　　　　　)してメールで送りました。

(9) 勝手に掃除をしてくれるロボット掃除機が(　　　　　)している。

(10) (　　　　　)通りに作れば絶対に失敗しませんよ。

보기	圧縮　　機能　　優秀　　手順　　普及

단어 퀴즈

✽ 단어를 보고 발음과 의미를 적어 보세요.

단어	발음	의미
改正	かいせい	개정
普及		
拡張		
技術		
現象		
進歩		
世紀		
操作		
調節		
優れる		
試す		
優秀		
圧縮		
宇宙		
加工		
機能		
携帯		
処理		
浸透		
調査		
手順		
導入		
変換		

선을 따라 접으면 답을 확인할 수 있어요.

✤ 한번 더 복습해 봅시다.

읽는 법과 뜻
☐ かいせい 개정
☐ ふきゅう 보급
☐ かくちょう 확장
☐ ぎじゅつ 기술
☐ げんしょう 현상
☐ しんぽ 진보
☐ せいき 세기
☐ そうさ 조작
☐ ちょうせつ 조절
☐ すぐれる 우수하다
☐ ためす 시도하다
☐ ゆうしゅう 우수
☐ あっしゅく 압축
☐ うちゅう 우주
☐ かこう 가공
☐ きのう 기능
☐ けいたい 휴대, 휴대 전화
☐ しょり 처리
☐ しんとう 침투
☐ ちょうさ 조사
☐ てじゅん 순서, 절차
☐ どうにゅう 도입
☐ へんかん 변환

한자	발음	의미
예 改正	かいせい	개정
普及		
拡張		
技術		
現象		
進歩		
世紀		
操作		
調節		
優れる		
試す		
優秀		
圧縮		
宇宙		
加工		
機能		
携帯		
処理		
浸透		
調査		
手順		
導入		
変換		

DAY 15

음성 듣기

사건 · 사고와 대처

얼마나
알고 있나요?

사전 체크

☐ **01** 一瞬	☐ **02** 違反	☐ **03** 依頼	☐ **04** 解決
☐ **05** 改善	☐ **06** 火事	☐ **07** 犠牲	☐ **08** 供給
☐ **09** 禁物	☐ **10** 強盗	☐ **11** 幸い	☐ **12** 刺激
☐ **13** 衝突	☐ **14** 侵入	☐ **15** 責任	☐ **16** 捜査
☐ **17** 装置	☐ **18** 続出	☐ **19** 措置	☐ **20** 盗難
☐ **21** 逃亡	☐ **22** 発生	☐ **23** 破片	☐ **24** 犯罪
☐ **25** 人質	☐ **26** 分析	☐ **27** 防犯	☐ **28** 誘導
☐ **29** 行方	☐ **30** 要求	☐ **31** 用心	☐ **32** 余計
☐ **33** 相次ぐ	☐ **34** 暴れる	☐ **35** 現す	☐ **36** 慌てる
☐ **37** 疑う	☐ **38** 訴える	☐ **39** 奪う	☐ **40** 崩れる
☐ **41** 図る	☐ **42** 塞ぐ	☐ **43** 漏れる	☐ **44** 揺れる
☐ **45** 紛らわしい	☐ **46** 物騒	☐ **47** 容易	☐ **48** 乱暴

01
いっしゅん
一瞬

명 부 일순, 한순간

その事故は一瞬の出来事だった。
그 사고는 한순간에 일어난 일이었다.

02
い はん
違反

명 する 위반

スピード違反で罰金の処分を受けた。
속도 위반으로 벌금 처분을 받았다.

03
い らい
依頼

명 する 의뢰

依頼を受けて、3年前の事故の再調査をしている。
의뢰를 받고 3년 전 사고의 재조사를 하고 있다.

04
かいけつ
解決

명 する 해결

問題を解決するためには、時間が必要だ。
문제를 해결하기 위해서는 시간이 필요하다.

05
かいぜん
改善

명 する 개선

問題になった商品を改善した。
문제가 된 상품을 개선했다.

06
か じ
火事

명 화재, 불

地方で大きな火事が起こったそうです。
지방에서 큰 화재가 일어났다고 합니다.

＋ 燃える (불)타다
㈜ 火災 화재, 불

07

犠牲 ぎせい

명 희생

昨夜の列車事故で多くの犠牲者が出た。
さくや れっしゃ じ こ おお ぎ せいしゃ で
어제 저녁의 열차 사고로 많은 희생자가 나왔다.

08

供給 きょうきゅう

명 する 공급

各自治体では、災害時に供給する物資を管理して
かく じ ち たい さいがい じ きょうきゅう ぶっ し かん り
いる。
각 자치 단체에서는 재해 시에 공급할 물자를 관리하고 있다.

반 需要 수요
じゅよう

この映画はヒットこそしなかったが、マニアには
えい が
需要があった。
じゅよう
이 영화는 흥행하지는 않았지만 매니아에게는 수요가 있었다.

09

禁物 きんもつ

명 금물

何事も油断は禁物です。
なにごと ゆ だん きんもつ
어떤 일이라도 방심은 금물입니다.

10

強盗 ごうとう

명 강도

彼女は旅行先で強盗の被害にあった。
かのじょ りょこうさき ごうとう ひ がい
그녀는 여행지에서 강도 피해를 당했다.

11

幸い さいわ

명 ナ 부 행복, 다행임,
운 좋음, 다행히

あんな大きい事故で怪我がなかったのは不幸中の
おお じ こ け が ふ こうちゅう
幸いだ。
さいわ
그런 큰 사고에서 다치지 않은 것은 불행 중 다행이다.

12

刺激 し げき

명 する 자극

このホラー映画は、子供には刺激が強すぎる。
えい が こ ども し げき つよ
이 공포 영화는 아이에게는 자극이 너무 강하다.

13
しょうとつ
衝突
〔名〕〔する〕 충돌

意見の衝突を避けていては、いい話し合いはできない。
의견 충돌을 피해서는 좋은 의논은 할 수 없다.

14
しんにゅう
侵入
〔名〕〔する〕 침입

ニュースによると、昨日の夜、誰かがあのビルに
侵入したそうだ。
뉴스에 의하면 어젯밤 누군가가 저 빌딩에 침입했다고 한다.

15
せきにん
責任
〔名〕 책임

今回の事故の責任をとって社長は会社を辞めた。
이번 사고의 책임을 지고 사장은 회사를 그만뒀다.

16
そうさ
捜査
〔名〕〔する〕 수사

刑事の捜査で犯人が特定できた。
형사의 수사로 범인을 특정할 수 있었다.

17
そうち
装置
〔名〕 장치

火事のために安全装置が作動した。
화재 때문에 안전 장치가 작동했다.

18
ぞくしゅつ
続出
〔名〕〔する〕 속출

ここ最近、盗難の被害が続出しているので気をつけてください。
요 근래 도난 피해가 속출하고 있으니까 조심하세요.

19
そ ち
措置
명 する 조치

緊急事態のマニュアル通りの適切な措置だった。
긴급 사태의 매뉴얼대로인 적절한 조치였다.

20
とうなん
盗難
명 도난

犯人が乗った車は盗難車だったことが判明しました。
범인이 탄 자동차는 도난 차량이었던 것이 판명되었습니다.

유 盗む 훔치다

21
とうぼう
逃亡
명 する 도망

その事件の犯人は長い逃亡生活の末、ついに捕まった。
그 사건의 범인은 오랜 도망 생활 끝에, 결국 붙잡혔다.

유 逃げる 도망치다, 달아나다

22
はっせい
発生
명 する 발생

事件の発生後、すぐに犯人が見つかった。
사건 발생 후, 바로 범인이 발견되었다.

23
は へん
破片
명 파편

割れたガラスの破片はとても小さいので注意しなければならない。
깨진 유리 파편은 매우 작기 때문에 주의해야 한다.

24
はんざい
犯罪
명 범죄

青少年の犯罪が増え続けている。
청소년 범죄가 계속 늘고 있다.

＋ 犯人 범인　犯す 범하다, 죄를 짓다

犯人は自分が犯した罪を心から反省していた。
범인은 자신이 저지른 죄를 마음속 깊이 반성하고 있었다.

25
ひとじち
人質
명 인질

<ruby>今回<rt>こんかい</rt></ruby>の<ruby>事件<rt>じけん</rt></ruby>で10<ruby>人<rt>にん</rt></ruby>が<ruby>人質<rt>ひとじち</rt></ruby>に<ruby>取<rt>と</rt></ruby>られている。
이번 사건으로 10명이 인질로 잡혀 있다.

26
ぶんせき
分析
명 する 분석

<ruby>事故<rt>じこ</rt></ruby>が<ruby>起<rt>お</rt></ruby>こった<ruby>原因<rt>げんいん</rt></ruby>を<ruby>分析<rt>ぶんせき</rt></ruby>し、<ruby>今後<rt>こんご</rt></ruby>に<ruby>備<rt>そな</rt></ruby>える<ruby>必要<rt>ひつよう</rt></ruby>がある。
사고가 일어난 원인을 분석해서 앞날에 대비할 필요가 있다.

27
ぼうはん
防犯
명 방범

<ruby>犯人<rt>はんにん</rt></ruby>の<ruby>顔<rt>かお</rt></ruby>が<ruby>防犯<rt>ぼうはん</rt></ruby>カメラに<ruby>映<rt>うつ</rt></ruby>っていた。
범인의 얼굴이 방범 카메라에 찍혀 있었다.
+ <ruby>防止<rt>ぼうし</rt></ruby> 방지

28
ゆうどう
誘導
명 する 유도

<ruby>火事<rt>かじ</rt></ruby>の<ruby>際<rt>さい</rt></ruby>は<ruby>生徒<rt>せいと</rt></ruby>を<ruby>安全<rt>あんぜん</rt></ruby>な<ruby>場所<rt>ばしょ</rt></ruby>に<ruby>誘導<rt>ゆうどう</rt></ruby>することになっている。
화재 시에는 학생을 안전한 장소로 유도하게 되어 있다.
+ <ruby>誘拐<rt>ゆうかい</rt></ruby> 유괴

29
ゆくえ
行方
명 행방

<ruby>警察<rt>けいさつ</rt></ruby>が<ruby>犯人<rt>はんにん</rt></ruby>の<ruby>行方<rt>ゆくえ</rt></ruby>を<ruby>追<rt>お</rt></ruby>っている。
경찰이 범인의 행방을 쫓고 있다.
+ <ruby>行方不明<rt>ゆくえふめい</rt></ruby> 행방불명　<ruby>行<rt>ゆ</rt></ruby>き<ruby>先<rt>さき</rt></ruby> 행선지

30
ようきゅう
要求
명 する 요구

<ruby>犯人<rt>はんにん</rt></ruby>は<ruby>私<rt>わたし</rt></ruby>たちに３<ruby>億円<rt>おくえん</rt></ruby>の<ruby>お金<rt>かね</rt></ruby>を<ruby>要求<rt>ようきゅう</rt></ruby>した。
범인은 우리에게 3억 엔의 돈을 요구했다.

31
ようじん
用心
[名][する] 조심, 주의, 경계

火事にならないよう用心している。
화재가 일어나지 않도록 주의하고 있다.

② 気をつける 조심하다, 주의하다

32
よけい
余計
[名][ナ] 쓸데없음, 부질없음

それは余計なお世話です。
그건 쓸데없는 참견입니다.

33
あいつ
相次ぐ
[동] 잇달다, 잇따르다, 연달다

製品に欠陥が発見され、クレームが相次いでいます。
제품에 결함이 발견되어 클레임이 잇따르고 있습니다.

34
あば
暴れる
[동] 날뛰다, 난폭하게 굴다

酔っ払った客が店で暴れたので警察を呼んだ。
술 취한 손님이 가게에서 난폭하게 굴어 경찰을 불렀다.

35
あらわ
現す
[동] 드러내다, 나타내다

犯人はもう一度犯行現場に姿を現すはずだ。
범인은 다시 한번 범행 현장에 모습을 드러낼 것이다.

② 表す 나타내다

このグラフは人口の増減を表している。
이 그래프는 인구 증감을 나타내고 있다.

36
あわ
慌てる
[동] 당황하다, 허둥대다,
(몹시) 서두르다

地震の時は慌てず落ち着いて行動することが重要だ。
지진 때는 당황하지 않고 침착하게 행동하는 것이 중요하다.

② じたばたする 허둥지둥하다

37
うたが
疑う
图 의심하다

かのじょ　けいさつ　はんにん　うたが
彼女は警察から犯人だと疑われている。
그녀는 경찰로부터 범인이라고 의심받고 있다.

38
うった
訴える
图 소송하다, 호소하다

し　ひと　ぼうこうざい　うった
知らない人に暴行罪で訴えられた。
모르는 사람에게 폭행죄로 고소당했다.

39
うば
奪う
图 빼앗다

ち か てつ　だい じ　うば
地下鉄で大事なかばんを奪われた。
지하철에서 중요한 가방을 빼앗겼다.

40
くず
崩れる
图 붕괴하다, 무너지다,
허물어지다

じ しん　おお　くず
地震で多くのビルが崩れた。
지진으로 많은 빌딩이 무너졌다.

他 崩す 무너뜨리다, 허물어뜨리다
くず

ま ちが　こ ども　つく　すな　とう　くず
間違って子供が作った砂の塔を崩してしまった。
실수로 아이가 만든 모래성(탑)을 무너뜨려 버렸다.

41
はか
図る
图 꾀하다, 도모하다

けいさつ　じ けん　そう き かいけつ　はか　ど りょく
警察が事件の早期解決を図るように努力している。
경찰이 사건의 조기 해결을 도모하도록 노력하고 있다.

➕ 計る (무게를) 달다, (길이를) 재다
はか

42
ふさ
塞ぐ
图 막다, 틀어막다, 닫다

こう じ　みち　ふさ
工事で道が塞がれている。
공사로 인해 길이 막혀 있다.

43
も
漏れる
동 새다, 누설되다, 누락되다

ひみつ　も　　　　　　　　　　　　　きょうか
秘密が漏れないようにセキュリティーが強化された。
비밀이 누설되지 않도록 보안이 강화되었다.

타 漏らす 새게하다, 누설하다, 표정을 드러내다

44
ゆ
揺れる
동 흔들리다, 요동하다

じしん　じめん　はげ　　ゆ
地震で地面が激しく揺れた。
지진으로 지면이 심하게 흔들렸다.

45
まぎ
紛らわしい
イ 헷갈리기 쉽다

けいびいん　ふくそう　けいかん　まぎ
警備員の服装は警官と紛らわしいです。
경비원의 복장은 경관(경찰)과 헷갈리기 쉽습니다.

＋ 紛れる 헷갈리다, 혼동되다

46
ぶっそう
物騒
ナ 뒤숭숭함, 위험함, 불온함

はんざい　　　　　　　　　た　　　ぶっそう　よ　なか
犯罪のニュースが絶えない物騒な世の中になって
しまった。
범죄 뉴스가 끊이지 않는 뒤숭숭한 세상이 되어 버렸다.

ぶっそう　　　　い
そんな物騒なことは言わないでください。
그런 불길한 말은 하지 마세요.

유 危ない 위험하다

47
ようい
容易
ナ 용이, 손쉬움

こうつうじこ　ぼうし　　　　ようい
交通事故を防止するのは容易ではない。
교통사고를 방지하는 것은 쉽지 않다.

48
らんぼう
乱暴
ナ 명 する 난폭, 거침, 터무니없음

きかい　らんぼう　あつか　こわ
機械を乱暴に扱って壊してしまった。
기계를 난폭하게 다뤄서 고장 내고 말았다.

반 丁寧 친절, 정중

1　해당 어휘의 읽는 법을 찾고, 빈칸에 그 의미를 써 넣으세요.

| 보기 | 学生 | ✔ がくせい | ② がっせい | 학생 |

(1)　用心　　① ようしん　　② ようじん　　＿＿＿＿＿＿＿＿

(2)　改善　　① かいぜん　　② かいせん　　＿＿＿＿＿＿＿＿

(3)　疑う　　① うたがう　　② あつかう　　＿＿＿＿＿＿＿＿

(4)　人質　　① ひとじつ　　② ひとじち　　＿＿＿＿＿＿＿＿

(5)　漏れる　① ぬれる　　　② もれる　　　＿＿＿＿＿＿＿＿

2　문맥에 맞는 단어를 보기에서 골라 알맞은 형태로 바꾸어 써 넣으세요.

(6)　事故が起こった原因を(　　　　　)し、今後に備える必要がある。

(7)　警察が事件の早期解決を(　　　　　)ように努力している。

(8)　その事件の犯人は長い(　　　　　)生活の末、ついに捕まった。

(9)　警備員の服装は警官と(　　　　　)です。

(10)　意見の(　　　　　)を避けていては、いい話し合いはできない。

| 보기 | 衝突　　逃亡　　分析　　図る　　紛らわしい |

정답 ----------

(1) ② 조심, 경계　(2) ① 개선　(3) ① 의심하다　(4) ② 인질　(5) ② 새다, 누설되다

(6) 分析(ぶんせき)　(7) 図(はか)る　(8) 逃亡(とうぼう)　(9) 紛(まぎ)らわしい　(10) 衝突(しょうとつ)

단어 퀴즈

✖ 단어를 보고 발음과 의미를 적어 보세요.

단어	발음	의미
改正	かいせい	개정
用心		
違反		
依頼		
改善		
禁物		
強盗		
幸い		
衝突		
責任		
措置		
発生		
破片		
分析		
行方		
要求		
余計		
乱暴		
暴れる		
慌てる		
疑う		
崩れる		
塞ぐ		

📖 정답을 따라 적으면 단어를 확인할 수 있어요.

※ 한번 더 복습해 봅시다.

읽는 법과 뜻
□ かいせい 개정
□ ようじん 조심, 경계
□ いはん 위반
□ いらい 의뢰
□ かいぜん 개선
□ きんもつ 금물
□ ごうとう 강도
□ さいわい 다행, 운 좋음
□ しょうとつ 충돌
□ せきにん 책임
□ そち 조치
□ はっせい 발생
□ はへん 파편
□ ぶんせき 분석
□ ゆくえ 행방
□ ようきゅう 요구
□ よけい 쓸데없음
□ らんぼう 난폭
□ あばれる 난폭하게 굴다
□ あわてる 당황하다
□ うたがう 의심하다
□ くずれる 붕괴하다, 무너지다
□ ふさぐ 막다, 틀어막다

한자	발음	의미
예 改正	かいせい	개정
用心		
違反		
依頼		
改善		
禁物		
強盗		
幸い		
衝突		
責任		
措置		
発生		
破片		
分析		
行方		
要求		
余計		
乱暴		
暴れる		
慌てる		
疑う		
崩れる		
塞ぐ		

음성듣기

DAY 16

경제생활과 산업 (1)

얼마나
알고 있나요?

사전 체크

☐ 01 赤字	☐ 02 営業	☐ 03 価格	☐ 04 貨物
☐ 05 規格	☐ 06 漁業	☐ 07 金庫	☐ 08 黒字
☐ 09 経費	☐ 10 限定	☐ 11 交換	☐ 12 購入
☐ 13 財産	☐ 14 削減	☐ 15 支給	☐ 16 品物
☐ 17 収穫	☐ 18 手段	☐ 19 寿命	☐ 20 順調
☐ 21 証明	☐ 22 請求	☐ 23 製作	☐ 24 節約
☐ 25 送料	☐ 26 対応	☐ 27 超過	☐ 28 提供
☐ 29 売買	☐ 30 表示	☐ 31 不況	☐ 32 返品
☐ 33 補助	☐ 34 目安	☐ 35 催し	☐ 36 輸出
☐ 37 利益	☐ 38 領収	☐ 39 割引	☐ 40 営む
☐ 41 稼ぐ	☐ 42 配る	☐ 43 支払う	☐ 44 潰れる
☐ 45 凹む	☐ 46 養う	☐ 47 贅沢	☐ 48 いくぶん

01
あかじ
赤字
명 적자(결손)

この数年は経営赤字が続いている。
최근 몇 년은 경영 적자가 계속되고 있다.

반 黒字 흑자
くろじ

02
えいぎょう
営業
명 する 영업

コンビニは24時間年中無休で営業している。
편의점은 24시간 연중무휴로 영업하고 있다.

03
かかく
価格
명 가격

住宅の価格が上がっている。
주택 가격이 오르고 있다.

유 値段 가격, 값
ねだん

店員に指輪の値段を聞いた。
점원에게 반지의 가격을 물었다.

04
かもつ
貨物
명 화물

初めて貨物の専用列車を見た。
처음으로 화물 전용 열차를 봤다.

05
きかく
規格
명 규격

大量生産するには一定の規格を決める必要がある。
대량 생산하기 위해서는 일정한 규격을 정할 필요가 있다.

06
ぎょぎょう
漁業
명 어업

彼は漁業で生計を立てている。
그는 어업으로 생계를 꾸리고 있다.

07
きん こ
金庫
🈔 금고

きん こ　なか　　　　　　　　　　きんがく　げんきん　ほうせき　はい
金庫の中にはすごい金額の現金や宝石が入っている。
금고 속에는 엄청난 금액의 현금과 보석이 들어 있다.

08
くろ じ
黒字
🈔 흑자(이익)

この店は、開店当初から黒字が続いている。
みせ　　　かいてんとうしょ　　　くろ じ　つづ
이 가게는 개점 당초부터 흑자가 계속되고 있다.

　　　 あか じ
🈺 赤字 적자

09
けい ひ
経費
🈔 경비

かれ　かいしゃ　けい ひ　こ じんてき　つか　　　　くび
彼は会社の経費を個人的に使い、首になった。
그는 회사의 경비를 개인적으로 사용해서 해고되었다.

10
げんてい
限定
🈔 🈪する 한정

あした　　　　 みっ か かん　　かいいんげんてい
明日から３日間、会員限定でセールのイベントが
あります。
내일부터 3일간, 회원 한정으로 세일 이벤트가 있습니다.

11
こうかん
交換
🈔 🈪する 교환

まちが　　 か　　しょうひん　　　みせ　こうかん
間違えて買った商品を、店で交換してもらった。
잘못 산 상품을 가게에서 교환받았다.

12
こうにゅう
購入
🈔 🈪する 구입

いえ　　　 ねん　　　こうにゅう
この家は30年ローンで購入した。
이 집은 30년 대출로 구입했다.

13
ざいさん
財産
명 재산

家族の間で祖父の財産をめぐる争いが起こった。
가족들 사이에서 할아버지의 재산을 둘러싼 싸움이 일어났다.

14
さくげん
削減
명 する 삭감

今年から、チームの予算が削減された。
올해부터 팀 예산이 삭감되었다.

15
しきゅう
支給
명 する 지급

交通費が支給されるアルバイトを探すのは難しい。
교통비가 지급되는 아르바이트를 찾는 것은 어렵다.

16
しなもの
品物
명 물건, 물품, 상품

注文していた品物を取りに行った。
주문했던 상품을 찾으러 갔다.

17
しゅうかく
収穫
명 する 수확

農家は一年の中で収穫の時期が一番忙しいです。
농가는 일년 중에서 수확 시기가 가장 바쁩니다.

18
しゅだん
手段
명 수단

彼は自分の利益のためなら手段を選ばない。
그는 자신의 이익을 위해서라면 수단을 가리지 않는다.

유 方法 방법, 수단

どんな方法を使っても成功させなきゃならない。
어떤 방법을 써서라도 성공시켜야 한다.

19
じゅみょう
寿命
名 수명

けいざいせいちょう こくみん へいきんじゅみょう なが
経済成長によって国民の平均寿命が長くなった。
경제 성장에 따라 국민의 평균 수명이 길어졌다.

20
じゅんちょう
順調
名 ナ 순조로움

ちかごろ けいき よ かいしゃ じゅんちょう
近頃、景気が良くて、うちの会社も順調だ。
최근 경기가 좋아서 우리 회사도 순조롭다.

21
しょうめい
証明
名 する 증명

かのじょ じぶん のうりょく しょうめい
このプロジェクトで彼女は自分の能力を証明して
み
見せた。
이 프로젝트로 그녀는 자신의 능력을 증명해 보였다.

22
せいきゅう
請求
名 する 청구

せんげつ せいきゅう き きんがく
先月のクレジットカードの請求が来て、その金額に
おどろ
驚いた。
지난달의 신용 카드 청구가 왔는데, 그 금액에 놀랐다.

23
せいさく
製作
名 する (상품 등을) 제작

かいしゃ ぶたいいしょう せいさく
この会社では舞台衣装を製作している。
이 회사에서는 무대 의상을 제작하고 있다.
せいさく
➕ 制作 (예술 작품·방송 프로그램 등을) 제작

24
せつやく
節約
名 する 절약

いえ のこ せつやく
家のローンがまだ残っているため、節約しなければ
ならない。
집 대출금이 아직 남아 있기 때문에, 절약해야 한다.

25
そうりょう
送料
[명] 송료, 우송·운송의 요금

こうくうびん　そうりょう　たか　　ふなびん　にもつ　おく
航空便は送料が高いので船便で荷物を送った。
항공편은 송료가 비싸기 때문에 배편으로 짐을 보냈다.

26
たいおう
対応
[명] [する] 대응

せいひん　かいがい　でんあつ　　たいおう
この製品は海外の電圧にも対応している。
이 제품은 해외의 전압에도 대응하고 있다.

27
ちょうか
超過
[명] [する] 초과

ひこうき　の　とき　にもつ　おお　　ちょうか りょうきん
飛行機に乗る時、荷物が多すぎて超過料金を
しはら
支払った。
비행기를 탈 때 짐이 너무 많아서 초과 요금을 지불했다.

28
ていきょう
提供
[명] [する] 제공

いちりゅう　　　　　　　　ていきょう
あのホテルでは一流のサービスが提供される。
그 호텔에서는 일류 서비스가 제공된다.

29
ばいばい
売買
[명] [する] 매매

とち　ばいばい　ひつよう　しょるい　ぜんぶ そろ
土地の売買で必要な書類が全部揃った。
토지 매매에서 필요한 서류가 전부 구비되었다.

30
ひょうじ
表示
[명] [する] 표시

ひょうじ　かかく　　　　　　　　　　ねだん　う
表示の価格より50%オフの値段で売っていた。
표시 가격보다 50% 할인된 가격으로 팔고 있었다.

31
ふ きょう
不況
🅜 불황

不況のせいで彼は会社を首になった。
불황 탓에 그는 회사에서 해고되었다.

🈟 不景気 불경기

32
へんぴん
返品
🅜 する 반품

返品は商品購入から３週間以内にお願いします。
반품은 상품 구입으로부터 3주 이내에 부탁드립니다.

33
ほじょ
補助
🅜 する 보조

この家の家賃の３割は会社が補助してくれている。
이 집 집세의 30%는 회사가 보조해 주고 있다.

34
め やす
目安
🅜 표준, 기준, 목표

結婚式の費用の目安を教えてください。
결혼식 비용의 기준을 알려 주세요.

🈟 見当 어림, 짐작, 예상

今回の事故の損害額がどれくらいになるか、全く
見当がつかない。
이번 사고의 손해액이 어느 정도가 될지, 전혀 짐작되지 않는다.

35
もよお
催し
🅜 행사, 모임, 회합, 주최

デパートでは梅雨に向けた商品の催しをしていた。
백화점에서는 장마 대비 상품의 행사를 하고 있었다.

🈟 行事 행사

36
ゆ しゅつ
輸出
🅜 する 수출

円高の影響で輸出が減っている。
엔고(엔화 강세)의 영향으로 수출이 줄고 있다.

🈺 輸入 수입

37
りえき
利益
명 이익

りえき あ せいさくひよう へ
利益を上げるために、製作費用を減らした。
이익을 올리기 위해서 제작 비용을 줄였다.

38
りょうしゅう
領収
명 する 영수

りょうしゅうしょ うえさま か
領収書に「上様」と書いてあります。
영수증에 '귀하'라고 쓰여 있습니다.
＋ せいさん 精算 정산

39
わりびき
割引
명 する 할인

しゃいんわりびき やす か
このテレビは社員割引で安く買いました。
이 TV는 직원 할인으로 저렴하게 샀습니다.
＋ わりびきけん 割引券 할인권

40
いとな
営む
통 영위하다, 일하다,
경영하다

あに すしや いとな
兄は、ドイツで寿司屋を営んでいます。
형은(오빠는) 독일에서 초밥집을 경영하고 있습니다.

41
かせ
稼ぐ
통 돈을 벌다,
(점수·시간 등을) 벌다,
따다

かね かせ しょうらい じぶん みせ ひら
お金を稼いで、将来は自分のお店を開きたい。
돈을 벌어서 장래에는 내 가게를 열고 싶다.

42
くば
配る
통 나누어 주다, 배부하다

えきまえ くば ひと
駅前にはティッシュを配っている人がたくさんいる。
역 앞에는 티슈를 나누어 주고 있는 사람이 많이 있다.

43
しはら
支払う
통 지불하다

まいつきぜいきん　し はら
毎月税金を支払わなければならない。
매달 세금을 지불해야 한다.

44
つぶ
潰れる
통 찌부러지다, 부서지다,
파산하다, 망하다

うえ　お　にもつ　おも　　　した　はこ　つぶ
上に置いた荷物が重くて、下の箱が潰れてしまった。
위에 둔 짐이 무거워서 아래의 상자가 찌그러져 버렸다.

おおて きぎょう　は たん　えいきょう　おお　　まちこうば　つぶ
大手企業の破綻の影響で多くの町工場が潰れた。
대기업 파산의 영향으로 많은 동네 공장이 망했다.

45
へこ
凹む
통 움푹 들어가다, 꺼지다

くるま　じ こ　　　しゃたい　へこ
車で事故にあって、車体が凹んだ。
차로 사고를 당해 차체가 우그러들었다.

でこぼこ
+ 凸凹 울퉁불퉁함, 들쭉날쭉함

ひょうめん　でこぼこ　み　め　よ
ケーキの表面が凸凹で見た目が良くない。
케이크 표면이 울퉁불퉁해서 겉모양이 좋지 않다.

46
やしな
養う
통 양육하다, 기르다,
부양하다

はは　あさ　よ なか　やす　　はたら　か ぞく やしな
母は朝から夜中まで休まずに働いて家族を養って
いる。
어머니는 아침부터 밤까지 쉬지 않고 일하여 가족을 부양하고 있다.

47
ぜいたく
贅沢
명 ナ する 사치,
사치스러움

かれ　こうきゅうしゃ　の　　　　　ぜいたく　く
彼は高級車に乗ってとても贅沢な暮らしをしている。
그는 고급차를 타고 매우 사치스러운 생활을 하고 있다.

48
いくぶん
부 명 일부분, 약간,
어느 정도

ざいさん　　　　　　　　　　　　き ふ
財産のいくぶんかをユニセフに寄付した。
재산의 일부를 유니세프에 기부했다.

확인 문제

1 해당 어휘의 읽는 법을 찾고, 빈칸에 그 의미를 써 넣으세요.

| 보기 | 学生 | ✓① がくせい | ② がっせい | 학생 |

(1) 削減　　① さっげん　　② さくげん　　_____

(2) 稼ぐ　　① かせぐ　　② ふさぐ　　_____

(3) 貨物　　① かもつ　　② かぶつ　　_____

(4) 規格　　① きっかく　　② きかく　　_____

(5) 表示　　① ひょうじ　　② ひょうし　　_____

2 문맥에 맞는 단어를 보기에서 골라 알맞은 형태로 바꾸어 써 넣으세요.

(6) 彼は高級車に乗ってとても(　　　　)暮らしをしている。

(7) 近頃、景気が良くて、うちの会社も(　　　　)だ。

(8) 結婚式の費用の(　　　　)を教えてください。

(9) (　　　　)を上げるために、製作費用を減らした。

(10) あのホテルでは一流のサービスが(　　　　)される。

| 보기 | 順調　　贅沢　　提供　　目安　　利益 |

정답
(1) ② 삭감　(2) ① 돈을 벌다, (점수·시간을) 벌다　(3) ① 화물　(4) ② 규격　(5) ① 표시
(6) 贅沢(ぜいたく)な　(7) 順調(じゅんちょう)　(8) 目安(めやす)　(9) 利益(りえき)　(10) 提供(ていきょう)

단어 퀴즈

� 단어를 보고 발음과 의미를 적어 보세요.

단어	발음	의미
改正	かいせい	개정
収穫		
順調		
贅沢		
節約		
催し		
領収		
赤字		
価格		
漁業		
金庫		
経費		
交換		
削減		
支給		
寿命		
製作		
提供		
割引		
売買		
不況		
目安		
輸出		

정답은 따라 정답을 모두 확인할 수 있어요.

�֍ 한번 더 복습해 봅시다.

읽는 법과 뜻
☐ かいせい 개정
☐ しゅうかく 수확
☐ じゅんちょう 순조로움
☐ ぜいたく 사치, 사치스러움
☐ せつやく 절약
☐ もよおし 행사, 회합
☐ りょうしゅう 영수
☐ あかじ 적자
☐ かかく 가격
☐ ぎょぎょう 어업
☐ きんこ 금고
☐ けいひ 경비
☐ こうかん 교환
☐ さくげん 삭감
☐ しきゅう 지급
☐ じゅみょう 수명
☐ せいさく (상품 등을) 제작
☐ ていきょう 제공
☐ わりびき 할인
☐ ばいばい 매매
☐ ふきょう 불황
☐ めやす 표준, 기준, 목표
☐ ゆしゅつ 수출

한자	발음	의미
예 改正	かいせい	개정
収穫		
順調		
贅沢		
節約		
催し		
領収		
赤字		
価格		
漁業		
金庫		
経費		
交換		
削減		
支給		
寿命		
製作		
提供		
割引		
売買		
不況		
目安		
輸出		

경제생활과 산업 (2)

음성듣기

얼마나
알고 있나요?

사전 체크

☐ 01 安価	☐ 02 売り上げ	☐ 03 応募	☐ 04 加入
☐ 05 還元	☐ 06 危機	☐ 07 金額	☐ 08 均衡
☐ 09 景気	☐ 10 けち	☐ 11 限度	☐ 12 口座
☐ 13 小銭	☐ 14 催促	☐ 15 残高	☐ 16 実績
☐ 17 借金	☐ 18 充実	☐ 19 出費	☐ 20 主力
☐ 21 所有	☐ 22 税込み	☐ 23 製造	☐ 24 製品
☐ 25 送金	☐ 26 損失	☐ 27 代金	☐ 28 貯金
☐ 29 手数料	☐ 30 値上がり	☐ 31 値引き	☐ 32 発展
☐ 33 貧困	☐ 34 物価	☐ 35 返済	☐ 36 豊富
☐ 37 保証	☐ 38 目標	☐ 39 余裕	☐ 40 利子
☐ 41 上回る	☐ 42 異なる	☐ 43 耕す	☐ 44 取り寄せる
☐ 45 もたらす	☐ 46 貧しい	☐ 47 手ごろ	☐ 48 大まか

| | 01
あんか
安価
명 ナ 염가, 싼값 | 消費者からは安価で信頼できるサービスが求められている。
소비자들은 싸고 신뢰할 수 있는 서비스를 원하고 있다. |

01
あんか
安価
명 ナ 염가, 싼값

消費者からは安価で信頼できるサービスが求められている。
소비자들은 싸고 신뢰할 수 있는 서비스를 원하고 있다.

02
うあ
売り上げ
명 매상, 매출

店の売り上げが先月と比べて倍に伸びた。
가게 매출이 지난달과 비교해 배로 늘었다.

03
おうぼ
応募
명 する 응모

主役は2,000人の応募者の中から選ばれた。
주역은 2,000명의 응모자 중에서 선발되었다.

04
かにゅう
加入
명 する 가입

インターネットに加入したらデパートの商品券がもらえた。
인터넷에 가입했더니 백화점 상품권을 받을 수 있었다.

05
かんげん
還元
명 する 환원

会社の利益を社員に還元できるよう努力しています。
회사의 이익을 사원에게 환원할 수 있도록 노력하고 있습니다.

06
きき
危機
명 위기

我々は倒産の危機を乗り越えて、今や世界的な企業になりました。
우리는 도산의 위기를 극복하고 이제는 세계적인 기업이 되었습니다.

07
きんがく
金額
名 금액

せいきゅうきんがく　　　　　　　かくにん
請求金額はネットでも確認できます。
청구 금액은 인터넷으로도 확인할 수 있습니다.

08
きんこう
均衡
名 する 균형

しょうてんがい　おおて　　　　　　　ちい　みせ　きんこう
この商店街は大手スーパーと小さい店が均衡を
たも
保っている。
이 상점가는 대형 마트와 작은 가게가 균형을 유지하고 있다.

유 バランス 밸런스, 균형

09
けいき
景気
名 경기

さいきんけいき　わる　　しゅうまつ　きゃく　こ
最近景気が悪くて週末にも客が来ない。
최근 경기가 나빠서 주말에도 손님이 오지 않는다.

10
けち
名 ナ 인색함, 인색한 사람,
구두쇠

わたし　せつやくか　　　　けっ
私は節約家なだけで、決してけちではない。
나는 절약가일 뿐, 결코 구두쇠는 아니다.

11
げんど
限度
名 한도

か　もの　　　　　　　　　　　　　　げんどがく　こ
買い物をしすぎてクレジットカードの限度額を超え
てしまった。
쇼핑을 너무 많이 해서 신용 카드의 한도액을 초과해 버렸다.

12
こうざ
口座
名 계좌

はじ　とき　　ぎんこう　こうざ　つく
アルバイトを始めた時に、銀行で口座を作った。
아르바이트를 시작했을 때에 은행에서 계좌를 만들었다.

13
こぜに
小銭
명 잔돈

小銭が多くて財布が重い。
잔돈이 많아서 지갑이 무겁다.

14
さいそく
催促
명 する 재촉, 독촉

借りたお金を返していなかったため、催促状が
届いた。
빌린 돈을 갚지 않아, 독촉장이 왔다.

15
ざんだか
残高
명 잔고, 잔액

このアプリでは交通カードの残高が確認できます。
이 앱에서는 교통 카드의 잔액을 확인할 수 있습니다.

16
じっせき
実績
명 실적

この商品は去年の販売実績一位である。
이 상품은 작년 판매 실적 1위이다.

17
しゃっきん
借金
명 する 빚, 차금

彼は事業に失敗して、借金に苦しんでいる。
그는 사업에 실패해서 빚으로 고생하고 있다.

＋ 借金する 빚을 내다, 빚지다
借金してまで外車を買うなんて、ばかばかしい。
빚을 내면서까지 외제차를 사다니, 어리석다.

18
じゅうじつ
充実
명 する 충실, 필요한 것이
충분히 갖추어짐

このスーパーは売り場が広く商品が充実している。
이 슈퍼는 매장이 넓고 상품이 고루 갖추어져 있다.

19
しゅっぴ
出費
명 する 지출

こんげつ けっこんしき かさ しゅっぴ おお
今月は結婚式が重なって出費が多い。
이번 달은 결혼식이 많아서 지출이 많다.

20
しゅりょく
主力
명 주력

ウォーキングシューズがこの会社の主力商品と
かいしゃ しゅりょくしょうひん
なっている。
워킹화가 이 회사의 주력 상품으로 되어 있다.

21
しょゆう
所有
명 する 소유

かいしゃ しょゆう しゅくはくしせつ けんしゅう
会社が所有している宿泊施設で研修することに
なった。
회사가 소유하고 있는 숙박 시설에서 연수하게 되었다.

22
ぜい こ
税込み
명 세금 포함

てんない かかくひょうじ すべ ぜいこ きんがく
店内の価格表示は全て税込みの金額です。
점내의 가격 표시는 전부 세금 포함 금액입니다.

반 税抜き 세금 미포함(별도)
ぜいぬ

23
せいぞう
製造
명 する 제조

かれ じっか こうぎょうよう せいぞう こうじょう けいえい
彼の実家は工業用のネジを製造する工場を経営して
いる。
그의 본가는 공업용 나사를 제조하는 공장을 경영하고 있다.

24
せいひん
製品
명 제품

きょう てんじ せいひん すべ ことし しょう
今日展示した製品は、全て今年のデザイン賞をとった
ものです。
오늘 전시한 제품은 모두 올해의 디자인상을 받은 것입니다.

유 商品 상품
しょうひん

25
そうきん
送金
명 する 송금

田舎で暮らしている母に生活費を送金している。
시골에서 살고 있는 엄마에게 생활비를 송금하고 있다.

➕ 仕送り 생활비나 학비 일부를 보내 줌

26
そんしつ
損失
명 손실

友達に勧められて株を買ったが、大きな損失となってしまった。
친구에게 추천받아서 주식을 샀는데, 커다란 손실이 되고 말았다.

➕ 損する 손해를 보다

27
だいきん
代金
명 대금

商品の代金は銀行に振り込むことになっている。
상품 대금은 은행에 이체하기로 되어 있다.

28
ちょきん
貯金
명 する 저금

万一の時に備え、貯金をしている。
만일의 경우에 대비해 저금을 하고 있다.

➕ 貯める (돈을) 모으다, 저축하다

いつか自分の店を開くためにお金を貯めている。
언젠가 내 가게를 열기 위해 돈을 모으고 있다.

29
てすうりょう
手数料
명 수수료

営業時間以外にATMを使うと手数料がかかる。
영업 시간 이외에 ATM을 사용하면 수수료가 든다.

30
ねあ
値上がり
명 する 값이 오름

食品の値上がりが3か月以上続いている。
식품의 가격 상승이 3개월 이상 계속되고 있다.

➕ 値上げ 가격 인상

31
ね び
値引き
명 する 값을 깎음, 싸게 함

賞味期限が近い商品は20%値引きすることにした。
소비 기한이 가까운 상품은 20% 할인하기로 했다.

＋ 値下げ 가격 인하

32
はってん
発展
명 する 발전

経済が発展すれば、国は豊かになるはずだ。
경제가 발전하면 나라는 풍족해질 것이다.

33
ひんこん
貧困
명 빈곤

豊かに見える現代にも貧困問題は解消できていない。
풍족해 보이는 현대에도 빈곤 문제는 해결하지 못하고 있다.

34
ぶっか
物価
명 물가

10年前と比べると、かなり物価が上がった。
10년 전과 비교하면 상당히 물가가 올랐다.

35
へんさい
返済
명 する 변제, (빌린 돈이나 물건을) 갚음

借金を全て返済するのに10年もかかってしまった。
빚을 전부 갚는 데에 10년이나 걸리고 말았다.

유 返金 돈을 돌려줌, 환불

36
ほう ふ
豊富
명 ナ 풍부

デパートは商品が豊富で品質も素晴らしい。
백화점은 상품이 풍부하고 품질도 훌륭하다.

37
ほしょう
保証
명 する 보증

しゅう り　　　　　　　せいひん　ひんしつ ほ しょうしょ　かくにん　　ば あい
修理にあたって、製品の品質保証書を確認する場合
があります。
수리할 때에 제품의 품질 보증서를 확인하는 경우가 있습니다.

38
もくひょう
目標
명 목표

ことし　　りえきもくひょう　たっせい
今年も利益目標を達成し、ほっとしている。
올해도 이익 목표를 달성해서 한시름 놓았다.

39
よ ゆう
余裕
명 ナ 여유

いま　くるま か　よ ゆう
今は車を買う余裕なんてない。
지금은 자동차를 살 여유따윈 없다.

40
り し
利子
명 이자

ともだち か　　　かね　り し　　　かえ
友達に借りたお金を、利子をつけて返した。
친구에게 빌린 돈을 이자를 붙여 갚았다.

41
うわまわ
上回る
동 상회하다, 웃돌다

さくねん　うわまわ　えいぎょうせいせき　しゃいん
昨年を上回る営業成績で、社員みんなにボーナスが
で
出た。
작년을 웃도는 영업 성적으로 사원 모두에게 보너스가 나왔다.

반 したまわ
下回る 하회하다, 밑돌다
へいねん　したまわ　えいぎょうせいせき　　かい ぎ　ふん い き　さいあく
平年を下回る営業成績で、会議の雰囲気が最悪
だった。
평년을 밑도는 영업 성적으로 회의 분위기가 최악이었다.

42
こと
異なる
동 다르다, 상이하다

けいたい　き のう　　　か かく　こと
携帯は機能によって価格も異なる。
휴대 전화는 기능에 따라 가격도 다르다.

43

たがや
耕す

동 갈다, 경작하다, 일구다

はたけ たがや たね みず
畑を耕して種をまいてから、水をあげます。

밭을 갈고 씨를 뿌린 다음, 물을 줍니다.

44

と よ
取り寄せる

동 주문해서 들여오다
(가져오게 하다)

ちょくせつか い と よ
直接買いに行けないものは、ネットで取り寄せて
いる。

직접 사러 갈 수 없는 것은 인터넷으로 주문하고 있다.

45

もたらす

동 초래하다, 가져오다

かいさい り えき すうちょうえん き ぼ
オリンピック開催がもたらす利益は数兆円規模だ
という。

올림픽 개최가 가져오는 이익은 수조 엔 규모라고 한다.

46

まず
貧しい

イ 가난하다

はは こ ども ころ まず か てい そだ
母は子供の頃、貧しい家庭で育ったそうだ。

어머니는 어렸을 때, 가난한 가정에서 자랐다고 한다.

47

て
手ごろ

ナ 알맞음, 적당함, 적합함

つうしんはんばい て ね だん しょうひん か
通信販売は手ごろな値段で、いろんな商品が買える。

통신 판매는 적당한 가격으로, 다양한 상품을 살 수 있다.

48

おお
大まか

ナ 대략적임, 대충, 대범함

りょこう ひ よう おお けいさん
旅行にかかる費用を大まかに計算してみた。

여행에 드는 비용을 대충 계산해 봤다.

1 해당 어휘의 읽는 법을 찾고, 빈칸에 그 의미를 써 넣으세요.

| 보기 | 学生 | ✓ がくせい | ② がっせい | 학생 |

(1) 催促   ① さっそく   ② さいそく   _____

(2) 豊富   ① ほうふ   ② ほふう   _____

(3) 均衡   ① きんとう   ② きんこう   _____

(4) 貯金   ① ちょきん   ② ちょうきん   _____

(5) 保証   ① ほしょう   ② ほしょ   _____

2 문맥에 맞는 단어를 보기 에서 골라 알맞은 형태로 바꾸어 써 넣으세요.

(6) 賞味期限が近い商品は20％(   )することにした。

(7) オリンピック開催が(   )利益は数兆円規模だという。

(8) 母は子供の頃、(   )家庭で育ったそうだ。

(9) 私は節約家なだけで、決して(   )ではない。

(10) 直接買いに行けないものは、ネットで(   )いる。

| 보기 | けち   値引き   取り寄せる   もたらす   貧しい |

정답 --

(1) ② 재촉, 독촉   (2) ① 풍부   (3) ② 균형   (4) ① 저금   (5) ① 보증
(6) 値引(ねび)き   (7) もたらす   (8) 貧(まず)しい   (9) けち   (10) 取(と)り寄(よ)せて

단어 퀴즈

✤ 단어를 보고 발음과 의미를 적어 보세요.

단어	발음	의미
改正	かいせい	개정
豊富		
催促		
残高		
返済		
目標		
値上がり		
異なる		
取り寄せる		
貧しい		
安価		
還元		
危機		
均衡		
景気		
小銭		
実績		
借金		
充実		
所有		
製造		
貧困		
保証		

선을 따라 접으면 답을 확인할 수 있어요.

✖ 한번 더 복습해 봅시다.

읽는 법과 뜻		한자	발음	의미
かいせい 개정	예	改正	かいせい	개정
ほうふ 풍부		豊富		
さいそく 재촉, 독촉		催促		
ざんだか 잔고, 잔액		残高		
へんさい 변제		返済		
もくひょう 목표		目標		
ねあがり 값이 오름		値上がり		
ことなる 다르다, 상이하다		異なる		
とりよせる 주문해 들여오다		取り寄せる		
まずしい 가난하다		貧しい		
あんか 염가, 싼값		安価		
かんげん 환원		還元		
きき 위기		危機		
きんこう 균형		均衡		
けいき 경기		景気		
こぜに 잔돈		小銭		
じっせき 실적		実績		
しゃっきん 빚, 차금		借金		
じゅうじつ 충실		充実		
しょゆう 소유		所有		
せいぞう 제조		製造		
ひんこん 빈곤		貧困		
ほしょう 보증		保証		

음성듣기

DAY 18

정치·법률·사회 (1)

얼마나
알고 있나요?

사전 체크

☐ **01** 意識	☐ **02** 開催	☐ **03** 環境	☐ **04** 規模
☐ **05** 許可	☐ **06** 議論	☐ **07** 規範	☐ **08** 減少
☐ **09** 権利	☐ **10** 公共	☐ **11** 更新	☐ **12** 混乱
☐ **13** 差別	☐ **14** 資源	☐ **15** 思想	☐ **16** 収入
☐ **17** 衝撃	☐ **18** 署名	☐ **19** 税金	☐ **20** 制度
☐ **21** 政府	☐ **22** 世間	☐ **23** 阻止	☐ **24** 待遇
☐ **25** 大臣	☐ **26** 立場	☐ **27** 徴収	☐ **28** 統一
☐ **29** 登録	☐ **30** 廃止	☐ **31** 反映	☐ **32** 福祉
☐ **33** 分別	☐ **34** 法律	☐ **35** 発足	☐ **36** 名字
☐ **37** 無駄	☐ **38** 予測	☐ **39** 理想	☐ **40** 治める
☐ **41** 襲う	☐ **42** 偏る	☐ **43** 切り捨てる	☐ **44** 試みる
☐ **45** 救う	☐ **46** 揃う	☐ **47** 償う	☐ **48** 厳重

01
いしき
意識
명 する 의식

意識を変えれば、行動も変わってくるはずだ。
의식을 바꾸면 행동도 달라질 것이다.

02
かいさい
開催
명 する 개최

このシンポジウムは2年に一度開催される。
이 심포지엄은 2년에 한 번 개최된다.

03
かんきょう
環境
명 환경

その国では経済発展に伴い、環境問題が浮上している。
그 나라에서는 경제 발전에 따른 환경 문제가 대두되고 있다.

04
きぼ
規模
명 규모

社会福祉の事業が大規模で行われている。
사회 복지 사업이 대규모로 행해지고 있다.

05
きょか
許可
명 する 허가

施設を利用するには、事前に許可が必要です。
시설을 이용하려면 사전에 허가가 필요합니다.

06
ぎろん
議論
명 する 의론, 논의, 논쟁

これ以上意味のない議論を続けても、時間の無駄だ。
이 이상 의미 없는 논쟁을 계속해도 시간 낭비이다.

유 論争 논쟁

07
き はん
規範
명 규범

社会の行動規範には従わなければならない。
사회의 행동 규범에는 따라야만 한다.

08
げんしょう
減少
명 する 감소

労働人口の減少が深刻になっている。
노동 인구 감소가 심각해지고 있다.

09
けん り
権利
명 권리

日本では18歳になると選挙で投票する権利が与えられる。
일본에서는 18살이 되면 선거에서 투표할 권리가 주어진다.

10
こうきょう
公共
명 공공

７月から公共施設の利用料金が一部変更になります。
7월부터 공공시설의 이용 요금이 일부 변경이 됩니다.

11
こうしん
更新
명 する 갱신

運転免許は５年に一度更新しなければならない。
운전면허는 5년에 한 번 갱신해야 한다.

12
こんらん
混乱
명 する 혼란

彼の発言がみんなの混乱を招いた。
그의 발언이 모두의 혼란을 초래했다.

13

差別
さ べつ

명 する 차별

年齢・性別など、あらゆる差別行為はしてはいけ
ねんれい せいべつ さ べつこう い
ない。

연령·성별 등 모든 차별 행위는 해서는 안 된다.

➕ 区別 구별
く べつ

14

資源
し げん

명 자원

資源を使いすぎると後で後悔するだろう。
し げん つか あと こうかい

자원을 너무 많이 사용하면 나중에 후회할 것이다.

15

思想
し そう

명 사상

思想の自由は憲法により守られている。
し そう じ ゆう けんぽう まも

사상의 자유는 헌법에 의해 지켜지고 있다.

16

収入
しゅうにゅう

명 수입

転職をして収入が安定しました。
てんしょく しゅうにゅう あんてい

이직을 하고 수입이 안정되었습니다.

🔄 支出 지출
し しゅつ

支出が増えて今月は赤字です。
し しゅつ ふ こんげつ あか じ

지출이 늘어서 이번 달은 적자입니다.

17

衝撃
しょうげき

명 충격

あの事件は全世界に大きな衝撃を与えた。
じ けん ぜん せ かい おお しょうげき あた

그 사건은 전 세계에 커다란 충격을 주었다.

18

署名
しょめい

명 する 서명

内容をしっかりと確認せずに署名をしてはいけない。
ないよう かくにん しょめい

내용을 확실히 확인하지 않고 서명을 해서는 안 된다.

19
ぜいきん
税金
명 세금

ぜいきん　おさ　　　　　こくみん　ぎむ
税金を納めるのが国民の義務である。
세금을 납부하는 것이 국민의 의무이다.

20
せいど
制度
명 제도

だいがく　りゅうがくせいど　　りよう　　　　　　　　　りゅうがく
大学の留学制度を利用してアメリカに留学した。
대학교의 유학 제도를 이용해서 미국으로 유학을 갔다.

21
せいふ
政府
명 정부

こんかい　じこ　　　せいふ　たいおう　　　しつぼう
今回の事故への政府の対応には失望した。
이번 사고에 대한 정부의 대응에는 실망했다.

22
せけん
世間
명 세간, 세상

ちかごろ　げいのうじん　たい　せけん　め　きび
近頃、芸能人に対する世間の目が厳しくなっている。
요즘 연예인에 대한 세간의 눈이 냉엄해지고 있다.

　＋　せけんばなし
　　　世間話 세상 이야기, 잡담

23
そし
阻止
명 する 저지

ぜいかん　　　にせ　　　　　　　ひん　ゆにゅう　そし　　　　　　けんさ
税関では偽ブランド品の輸入を阻止するため、検査
きょうか
を強化した。
세관에서는 가짜 브랜드 제품의 수입을 저지하기 위해 검사를 강화했다.

24
たいぐう
待遇
명 대우

ろうどうしゃ　　　たいぐう　かいぜん　もと　　　　　　　　　　　お
労働者たちは待遇の改善を求めてストライキを起こ
した。
노동자들은 대우 개선을 요구해 파업을 일으켰다.

25
だいじん
大臣
_명 대신, 장관

そう り だいじん　こっかい ぎ いん　なか　えら
総理大臣は国会議員の中から選ばれる。
총리대신은 국회 의원 중에서 선출된다.

26
たち ば
立場
_명 입장

じ ぶん　たち ば　　　　あい て　たち ば　かんが
自分の立場より、まず相手の立場を考えるように
しましょう。
자신의 입장보다 우선 상대방의 입장을 생각하도록 합시다.

27
ちょうしゅう
徴収
_명 _{する} 징수

ちゅうしゃ い はん　　　　　　　えん　ばっきん　ちょうしゅう
駐車違反で12,000円の罰金が徴収された。
주차 위반으로 12,000엔의 벌금이 징수되었다.

28
とういつ
統一
_명 _{する} 통일

い けん　とういつ　　　　　　　かい ぎ　おこな
みんなの意見を統一させるための会議が行われた。
모두의 의견을 통일시키기 위한 회의가 진행되었다.
けいとう
＋ 系統 계통

29
とうろく
登録
_명 _{する} 등록

とうろく　かた　　　　らん
IDを登録した方だけご覧になることができます。
ID를 등록한 분만 보실 수 있습니다.

30
はい し
廃止
_명 _{する} 폐지

しょう ひ ぜい　はい し　　　　おお　こくみん　のぞ
消費税の廃止は、多くの国民が望んでいることだ。
소비세 폐지는 많은 국민들이 바라고 있는 것이다.

31
はんえい
反映
명 する 반영

しょうすう　いけん　はんえい
少数の意見も反映しなければならない。
소수의 의견도 반영해야 한다.

32
ふくし
福祉
명 복지

せいふ　こうれいかしゃかい　たいおう　ふくしせいど　ちから　い
政府は高齢化社会に対応して、福祉制度に力を入れ
ている。
정부는 고령화 사회에 대응하여 복지 제도에 힘을 기울이고 있다.

33
ぶんべつ
分別
명 する 분별, 분리

ぶんべつ　す
ごみは分別して捨てなければならない。
쓰레기는 분리수거해서 버려야 한다.

34
ほうりつ
法律
명 법률

こくみん　ほうりつ　まも
国民は法律を守らなければならない。
국민은 법률을 지켜야 한다.

35
ほっそく
発足
명 する 발족, 출발

いいんかい　ほっそく　ねん
この委員会が発足したのは、2002年だった。
이 위원회가 발족된 것은 2002년이었다.

36
みょうじ
名字
명 성, 성씨

しょうがっこう　とき　めずら　みょうじ　こ
小学校の時、クラスに珍しい名字の子がいた。
초등학교 때 반에 희귀한 성의 아이가 있었다.

37
むだ
無駄

명 ナ 쓸데없음, 헛됨

今更何を言っても無駄だ。
이제 와서 무슨 말을 해도 소용없다.

➕ 無駄遣い 낭비

無駄遣いが多くて全然貯金できない。
낭비가 심해서 전혀 저금을 할 수 없다.

38
よそく
予測

명 する 예측

今後、政治がどうなるかは予測がつかない。
앞으로 정치가 어떻게 될지는 예측할 수 없다.

39
りそう
理想

명 이상

政治には、理想と現実のバランスが重要だ。
정치에는 이상과 현실의 균형이 중요하다.

40
おさ
治める

동 (감정, 소란을) 진정시키다,
다스리다

昔、国を治める人のことを王と呼んだ。
옛날에 나라를 다스리는 사람을 왕이라 불렀다.

➕ 納める 납부하다, 납입하다　収める 거두다, 얻다

今年納めるべき税金の金額がまだ決まっていない。
올해 납입해야 할 세금 금액이 아직 결정되지 않았다.

41
おそ
襲う

동 습격하다, 덮치다

昨日、駅前の銀行が強盗に襲われたそうだ。
어제 역 앞의 은행이 강도에게 습격당했다고 한다.

42
かたよ
偏る

동 (한쪽으로) 기울다,
치우치다

彼の意見は偏っていて賛成できない。
그의 의견은 한쪽으로 치우쳐져 있어서 찬성할 수 없다.

➕ 偏見 편견

彼女に対して偏見があったが、話してみたらいい人
だった。
그녀에 대해 편견이 있었지만 이야기해 보았더니 좋은 사람이었다.

43
き　す
切り捨てる

동 잘라 버리다

かれ　しょうすう　いけん　き　す　ごういん　けいかく　すす
彼は少数の意見を切り捨てて強引に計画を進めた。
그는 소수의 의견을 잘라 버리고 무리하게 계획을 진행했다.

44
こころ
試みる

동 시도해 보다, 시험해 보다

せいふ　ぜいせい　かいかく　こころ
政府は税制の改革を試みた。
정부는 세금 제도의 개혁을 시도했다.

유 試す 시험해 보다
ため

45
すく
救う

동 구하다, 구조하다,
　구제하다

き ふ きん　おお　まず　こども　すく
その寄付金で多くの貧しい子供が救われた。
그 기부금으로 많은 가난한 어린이가 구제받았다.

46
そろ
揃う

동 갖추어지다,
　빠짐없이 모이다

しょるい　そろ　　　　　　　　　　しんせい　い
書類が揃ったので、パスポートの申請に行った。
서류가 갖추어져서 여권을 신청하러 갔다.

타 揃える 고루 갖추다, 맞추다, 일치시키다
そろ

47
つぐな
償う

동 배상하다, 보상하다,
　속죄하다

けい む しょ　はい　　　　　　　つみ　つぐな
刑務所に入るだけでは罪を償うことはできない。
형무소에 들어가는 것만으로는 죄를 갚을 수는 없다.

48
げんじゅう
厳重

ナ 엄중

あんぜん　　　　　　くうこう　げんじゅう　けんさ　おこな
安全のために空港では厳重な検査を行っている。
안전을 위해 공항에서는 엄중한 검사를 실시하고 있다.

유 厳しい 엄격하다
きび

1 해당 어휘의 읽는 법을 찾고, 빈칸에 그 의미를 써 넣으세요.

보기	学生	① がくせい	② がっせい	학생

(1) 福祉   ① ふくじ   ② ふくし   _____

(2) 開催   ① かいさい   ② かいさつ   _____

(3) 救う   ① そろう   ② すくう   _____

(4) 規模   ① きぼ   ② きぼう   _____

(5) 廃止   ① はいじ   ② はいし   _____

2 문맥에 맞는 단어를 보기 에서 골라 알맞은 형태로 바꾸어 써 넣으세요.

(6) 昔、国を(　　　　　)人のことを王と呼んだ。

(7) 来年、大学受験を(　　　　　)と思っています。

(8) 彼の意見は(　　　　　)いて賛成できない。

(9) 刑務所に入るだけでは罪を(　　　　　)ことはできない。

(10) 書類が(　　　　　)ので、パスポートの申請に行った。

보기	偏る　　治める　　試みる　　揃う　　償う

정답

(1) ② 복지　(2) ① 개최　(3) ② 구하다, 구조하다　(4) ① 규모　(5) ② 폐지

(6) 治(おさ)める　(7) 試(こころ)みよう　(8) 偏(かたよ)って　(9) 償(つぐな)う　(10) 揃(そろ)った

단어 퀴즈

✖ 단어를 보고 발음과 의미를 적어 보세요.

단어	발음	의미
改正	かいせい	개정
環境		
規模		
更新		
混乱		
偏る		
揃う		
厳重		
開催		
廃止		
福祉		
世間		
発足		
無駄		
救う		
償う		
意識		
差別		
反映		
許可		
議論		
規範		
阻止		

선을 따라 접으면 답을 확인할 수 있어요.

✖ 한번 더 복습해 봅시다.

읽는 법과 뜻		한자	발음	의미
☐	かいせい 개정	예 改正	かいせい	개정
☐	かんきょう 환경	環境		
☐	きぼ 규모	規模		
☐	こうしん 갱신	更新		
☐	こんらん 혼란	混乱		
☐	かたよる 기울다, 치우치다	偏る		
☐	そろう 갖추어지다	揃う		
☐	げんじゅう 엄중	厳重		
☐	かいさい 개최	開催		
☐	はいし 폐지	廃止		
☐	ふくし 복지	福祉		
☐	せけん 세간, 세상	世間		
☐	ほっそく 발족, 출발	発足		
☐	むだ 쓸데없음, 헛됨	無駄		
☐	すくう 구하다, 구조하다	救う		
☐	つぐなう 배상하다, 속죄하다	償う		
☐	いしき 의식	意識		
☐	さべつ 차별	差別		
☐	はんえい 반영	反映		
☐	きょか 허가	許可		
☐	ぎろん 의론, 논의	議論		
☐	きはん 규범	規範		
☐	そし 저지	阻止		

음성듣기

DAY 19
정치·법률·사회 (2)

얼마나
알고있나요?

사전 체크

- ☐ 01 育児
- ☐ 02 援助
- ☐ 03 演説
- ☐ 04 該当
- ☐ 05 拡充
- ☐ 06 過疎
- ☐ 07 規準
- ☐ 08 義務
- ☐ 09 競技
- ☐ 10 拒絶
- ☐ 11 禁止
- ☐ 12 傾向
- ☐ 13 見当
- ☐ 14 抗議
- ☐ 15 国籍
- ☐ 16 裁判
- ☐ 17 支持
- ☐ 18 主義
- ☐ 19 主張
- ☐ 20 政治
- ☐ 21 政党
- ☐ 22 組織
- ☐ 23 対象
- ☐ 24 妥協
- ☐ 25 秩序
- ☐ 26 手続き
- ☐ 27 投票
- ☐ 28 取り消し
- ☐ 29 破産
- ☐ 30 発行
- ☐ 31 貧富
- ☐ 32 福利
- ☐ 33 便宜
- ☐ 34 保護
- ☐ 35 身分
- ☐ 36 矛盾
- ☐ 37 誘拐
- ☐ 38 世の中
- ☐ 39 割合
- ☐ 40 行う
- ☐ 41 押し付ける
- ☐ 42 限る
- ☐ 43 狩る
- ☐ 44 縛る
- ☐ 45 属する
- ☐ 46 揃える
- ☐ 47 担う
- ☐ 48 ばらばら

01 いく じ **育児** 명 육아	かのじょ らいげつ いく じ きゅう か と **彼女は来月から育児休暇を取るつもりだ。** 그녀는 다음 달부터 육아 휴직을 낼 생각이다.
02 えんじょ **援助** 명 する 원조	かのじょ くに えんじょ う がっこう かよ **彼女は、国からの援助を受けて学校に通っている。** 그녀는 나라에서 원조를 받아 학교에 다니고 있다.
03 えんぜつ **演説** 명 する 연설	じ し ちょう えんぜつ はじ **10時から市長の演説が始まります。** 10시부터 시장님의 연설이 시작됩니다.
04 がいとう **該当** 명 する 해당	ゆ にゅうきん し ひんもく がいとう こくない も こ **輸入禁止品目に該当するものは国内に持ち込めない。** 수입 금지 품목에 해당하는 것은 국내로 반입할 수 없다.
05 かくじゅう **拡充** 명 する 확충	かんこうきゃく むりょう し せつ かくじゅう **観光客のための無料のWi-Fi施設を拡充している。** 관광객을 위한 무료 와이파이 시설을 확충하고 있다.
06 か そ **過疎** 명 과소, 지나치게 성김	ち ほう か そ か すす **地方の過疎化が進んでいる。** 지방의 과소화가 진행되고 있다.

07
きじゅん
規準
명 규준, 규범이 되는 표준

ひょうか きじゅん したが がくせい きび ひょうか
評価規準に従って学生を厳しく評価した。
평가 규준에 따라서 학생을 엄격하게 평가했다.

08
ぎむ
義務
명 의무

こくみん だいぎむ きょういく きんろう のうぜい
国民の3大義務は「教育・勤労・納税」です。
국민의 3대 의무는 '교육·근로·납세'입니다.

반 けんり
権利 권리

09
きょうぎ
競技
명 する 경기

つぎ たいかい む あたら きょうぎじょう けんせつ
次の大会に向けて新しい競技場が建設されるそうだ。
다음 대회를 위해 새로운 경기장이 건설된다고 한다.

＋ きょうそう
競争 경쟁

10
きょぜつ
拒絶
명 する 거절

かれ きょぜつ かいしゃ のこ
彼はヘッドハンティングを拒絶して会社に残った。
그는 헤드 헌팅을 거절하고 회사에 남았다.

11
きんし
禁止
명 する 금지

しつないきつえん ほうりつ きんし
室内喫煙は法律で禁止されている。
실내 흡연은 법률로 금지되어 있다.

12
けいこう
傾向
명 경향

さいきん わかもの ことば りゃく けいこう
最近の若者は言葉を略す傾向がある。
요즘 젊은이들은 말을 줄이는 경향이 있다.

13

けんとう
見当

명 어림, 짐작

こん ご　　　　　　　　まった　 けんとう
今後どうなるか全く見当がつかない。
앞으로 어떻게 될지 전혀 짐작이 가지 않는다.

14

こう ぎ
抗議

명 する 항의

しょ り じょう　 けんせつけいかく　 し みんだんたい　 こう ぎ　 はじ
ごみ処理場の建設計画に市民団体が抗議を始めた。
쓰레기 처리장 건설 계획에 시민 단체가 항의를 시작했다.

15

こくせき
国籍

명 국적

こくせき　 か　　　　　　 よう い
国籍を変えるのは容易ではない。
국적을 바꾸는 것은 쉬운 일이 아니다.

ざいせき
✛ 在籍 재적, 명부에 이름이 올라 있음

16

さいばん
裁判

명 する 재판

さいばん　 かれ　 しゅちょう　 みと
裁判で彼の主張が認められた。
재판에서 그의 주장이 인정되었다.

17

し じ
支持

명 する 지지

いま　 ぼうえきせいさく　 し じ
今の貿易政策を支持しています。
지금의 무역 정책을 지지하고 있습니다.

18

しゅ ぎ
主義

명 주의, 방침, 이론

わたし　 しゅ ぎ　 はん　　　　　　　　　　　　　　 みと
私の主義に反するので、これを認めるわけにはいか
ない。
나의 뜻에 반하기 때문에 이것을 인정할 수는 없다.

みんしゅしゅ ぎ
✛ 民主主義 민주주의

19
しゅちょう
主張
名 する 주장

かれ　むざい　しゅちょう
いまだ彼は無罪を主張している。
아직도 그는 무죄를 주장하고 있다.

20
せい じ
政治
名 정치

だいがく　せんこう　せい じ がく
大学での専攻は政治学でした。
대학에서의 전공은 정치학이었습니다.

21
せいとう
政党
名 정당

ぎ いん　どくりつ　あたら　せいとう　た あ
その議員は独立して新しい政党を立ち上げた。
그 의원은 독립해서 새로운 정당을 세웠다.

22
そ しき
組織
名 する 조직

き かん　いろいろ　くに　ひと　そしき
この機関は色々な国の人によって組織されている。
이 기관은 여러 나라의 사람들로 조직되어 있다.

23
たいしょう
対象
名 대상

さい　ようじ　たいしょう　つく
そのおもちゃは2〜3歳の幼児を対象にして作られている。
그 장난감은 2〜3세 유아를 대상으로 해서 만들어져 있다.

유 向け 〜대상, 〜용

じょせい む　こうすい
これは女性向けの香水です。
이것은 여성용 향수입니다.

24
だ きょう
妥協
名 する 타협

なが　はな あ　すえ　りょうしゃ　だ きょう
長い話し合いの末、両者は妥協した。
긴 논의 끝에 양자는 타협했다.

25
ちつじょ
秩序
명 질서

国民は社会の秩序を守らなければならない。
국민은 사회의 질서를 지켜야 한다.

26
て つづ
手続き
명 절차, 수속

区役所での手続きは本人にしかできない。
구청에서의 수속은 본인밖에 할 수 없다.

27
とうひょう
投票
명 する 투표

大統領は国民の投票によって決まる。
대통령은 국민의 투표에 의해 결정된다.

28
と　け
取り消し
명 취소

予約の取り消しは、出発の3日前まで可能です。
예약 취소는 출발 3일 전까지 가능합니다.

유 キャンセル 캔슬, 취소

29
は さん
破産
명 する 파산

A社は経営状況が悪く、ついに破産してしまった。
A사는 경영 상황이 나빠, 결국 파산해 버렸다.

30
はっこう
発行
명 する 발행

現在の日本の紙幣は日本銀行で発行されている。
현재의 일본 지폐는 일본은행에서 발행되고 있다.

31
ひん ぷ
貧富
명 빈부

この国は貧富の差が激しい。
이 나라는 빈부 격차가 심하다.

32
ふく り
福利
명 복리

会社は社員の福利のための様々な制度を設けている。
회사는 사원의 복리를 위한 다양한 제도를 마련하고 있다.

33
べん ぎ
便宜
명 편의

あの政治家は自分の利益のために一部の会社へ便宜を図った。
그 정치가는 자신의 이익을 위해서 일부 회사에 편의를 도모했다.

34
ほ ご
保護
명 する 보호

ショッピングモールで5才の迷子を保護しているとアナウンスが流れた。
쇼핑몰에서 5세 미아를 보호하고 있다고 안내 방송이 흘러나왔다.

35
み ぶん
身分
명 신분

運転免許証を身分証明書として使っている。
운전면허증을 신분증으로 사용하고 있다.

36
む じゅん
矛盾
명 する 모순

彼の話は矛盾している。
그의 이야기는 모순되어 있다.

37
ゆうかい
誘拐
명 する 유괴

ゆうかい じ けん はんにん つか
誘拐事件の犯人はまだ捕まっていない。
유괴 사건의 범인은 아직 잡히지 않았다.

38
よ なか
世の中
명 세상, 시대

ぎんこう い　　　　　　 ふ こ　　　　　 べん り
銀行に行かなくても振り込めるなんて、便利な
よ なか
世の中になった。
은행에 가지 않아도 송금할 수 있다니, 편리한 세상이 되었다.

39
わりあい
割合
명 비율

に ほん　　 そうじんこう し　　　 ろうじん わりあい ふ
日本では総人口に占める老人の割合が増えている。
일본에서는 총인구에서 차지하는 노인의 비율이 늘고 있다.

40
おこな
行う
동 행하다, 실시하다

よ さんかいぎ らいしゅう こっかい おこな よ てい
予算会議は来週から国会で行われる予定だ。
예산 회의는 다음 주부터 국회에서 실시될 예정이다.

41
お つ
押し付ける
동 억누르다, 강요하다

た にん じ ぶん い けん お つ よ
他人に自分の意見を押し付けるのは良くない。
타인에게 자신의 의견을 강요하는 것은 좋지 않다.

42
かぎ
限る
동 한정하다, 제한하다

かいいん　　　　　 かた りょうじ かん じ かん かぎ
会員ではない方の利用時間は2時間に限られて
います。
회원이 아닌 분의 이용 시간은 두 시간으로 제한되어 있습니다.

43
か
狩る
图 사냥하다

野生動物を狩ることは禁止されている。
야생 동물을 사냥하는 것은 금지되어 있다.

44
しば
縛る
图 묶다, 매다, 결박하다

色々なルールに縛られると、反発したくなる。
여러 가지 규칙에 얽매이면 반발하고 싶어진다.

➕ 結ぶ 묶다, 매다, 맺다

その少女は髪を一つに結んでいました。
그 소녀는 머리를 하나로 묶고 있었습니다.

45
ぞく
属する
图 속하다, 포함되다

あの国会議員はどの政党にも属していない。
저 국회 의원은 어느 정당에도 속해 있지 않다.

46
そろ
揃える
图 갖추다, 맞추다, 일치시키다

好きな作家の本を全て揃えた。
좋아하는 작가의 책을 전부 갖추었다.

紙の大きさを揃えてからコピー機に入れてください。
종이의 크기를 맞춰서 복사기에 넣어 주세요.

自 揃う 모이다, 갖추어지다

47
にな
担う
图 짊어지다, 메다

未来を担う若者の育成に力を注いでいます。
미래를 짊어질 젊은이 육성에 힘을 쏟고 있습니다.

48
ばらばら
副 ナ 따로 따로 흩어지는 모양, 뿔뿔이, 제각각

意見がばらばらでまとまらない。
의견이 제각각이어서 정리되지 않는다.

1 해당 어휘의 읽는 법을 찾고, 빈칸에 그 의미를 써 넣으세요.

| 보기 | 学生 | ⓥ がくせい | ② がっせい | 학생 |

(1) 拡充　　① かくちゅう　② かくじゅう　_____

(2) 組織　　① そうしき　② そしき　_____

(3) 矛盾　　① むじゅん　② もじゅん　_____

(4) 秩序　　① ちつじょ　② ちっじょ　_____

(5) 援助　　① えんじょう　② えんじょ　_____

2 문맥에 맞는 단어를 보기에서 골라 알맞은 형태로 바꾸어 써 넣으세요.

(6) 今後どうなるか全く(　　　　)がつかない。

(7) 彼はヘッドハンティングを(　　　　)して会社に残った。

(8) 好きな作家の本を全て(　　　　)た。

(9) あの国会議員はどの政党にも(　　　　)いない。

(10) 他人に自分の意見を(　　　　)のは良くない。

| 보기 | 拒絶　　見当　　押し付ける　　属する　　揃える |

정답
(1) ② 확충　(2) ② 조직　(3) ① 모순　(4) ① 질서　(5) ② 원조
(6) 見当(けんとう)　(7) 拒絶(きょぜつ)　(8) 揃(そろ)え　(9) 属(ぞく)して　(10) 押(お)し付(つ)ける

단어 퀴즈

�֍ 단어를 보고 발음과 의미를 적어 보세요.

단어	발음	의미
改正	かいせい	개정
傾向		
組織		
揃える		
拡充		
過疎		
義務		
見当		
抗議		
対象		
妥協		
取り消し		
貧富		
身分		
矛盾		
世の中		
育児		
援助		
競技		
支持		
政治		
政党		
秩序		

선을 따라 접으면 답을 확인할 수 있어요.

✤ 한번 더 복습해 봅시다.

읽는 법과 뜻
☐ かいせい 개정
☐ けいこう 경향
☐ そしき 조직
☐ そろえる 갖추다
☐ かくじゅう 확충
☐ かそ 과소
☐ ぎむ 의무
☐ けんとう 어림, 짐작
☐ こうぎ 항의
☐ たいしょう 대상
☐ だきょう 타협
☐ とりけし 취소
☐ ひんぷ 빈부
☐ みぶん 신분
☐ むじゅん 모순
☐ よのなか 세상, 세간
☐ いくじ 육아
☐ えんじょ 원조
☐ きょうぎ 경기
☐ しじ 지지
☐ せいじ 정치
☐ せいとう 정당
☐ ちつじょ 질서

한자	발음	의미
예 改正	かいせい	개정
傾向		
組織		
揃える		
拡充		
過疎		
義務		
見当		
抗議		
対象		
妥協		
取り消し		
貧富		
身分		
矛盾		
世の中		
育児		
援助		
競技		
支持		
政治		
政党		
秩序		

음성듣기

DAY 20

국제 관계와 국제 사회

얼마나
알고 있나요?

사전 체크

- [ ] **01** 異文化
- [ ] **02** 永久
- [ ] **03** 欧米
- [ ] **04** 寄付・寄附
- [ ] **05** 共存
- [ ] **06** 効力
- [ ] **07** 国際
- [ ] **08** 呼称
- [ ] **09** 国境
- [ ] **10** 持続
- [ ] **11** 支配
- [ ] **12** 宗教
- [ ] **13** 首相
- [ ] **14** 首脳
- [ ] **15** 受容
- [ ] **16** 進出
- [ ] **17** 申請
- [ ] **18** 親善
- [ ] **19** 途上国
- [ ] **20** 武器
- [ ] **21** 平和
- [ ] **22** 密接
- [ ] **23** 友好
- [ ] **24** 領土
- [ ] **25** 飢える
- [ ] **26** 結ぶ
- [ ] **27** 著しい
- [ ] **28** 珍しい

01
いぶんか
異文化
명 이문화, 외국 문화

いぶんか たいけん　　　　かいがい　　　　　　　　　　　もう　こ
異文化体験ができる海外ボランティアに申し込んだ。
이문화 체험을 할 수 있는 해외 봉사 활동을 신청했다.

02
えいきゅう
永久
명 ナ 영구

せかいへいわ　　えいきゅう　つづ　　　　　　いの
世界平和が永久に続くように祈っている。
세계 평화가 영구히 계속되도록 기원하고 있다.

03
おうべい
欧米
명 구미, 유럽과 미국

せんご　にほんじん　しょくせいかつ　きゅうそく　おうべいか
戦後、日本人の食生活は急速に欧米化した。
전쟁 후 일본인의 식생활은 급속하게 서구화되었다.

04
きふ　　きふ
寄付・寄附
명 する 기부

こども　　　　　　　　　ぶんぼうぐ　きふ
アフリカの子供たちのために文房具を寄付した。
아프리카 어린이들을 위해 문구를 기부했다.

05
きょうそん　　きょうぞん
共存・共存
명 する 공존

ひと　しぜん　きょうぞん　　　　　　いろいろ　けんきゅう　おこな
人と自然が共存できるよう、色々な研究が行われて
います。
사람과 자연이 공존할 수 있도록 다양한 연구가 실시되고 있습니다.

06
こうりょく
効力
명 효력

あたら　むす　　じょうやく　こうりょく　はっき
新しく結ばれた条約が効力を発揮している。
새롭게 맺어진 조약이 효력을 발휘하고 있다.

07
こくさい
国際
명 국제

なりたこくさいくうこう　　せかいじゅう　ひとびと　りよう
成田国際空港は、世界中の人々に利用されている。
나리타 국제공항은 전 세계의 사람들에게 이용되고 있다.

08
こ しょう
呼称
명 する 호칭

キャビンアテンダントは前<small>まえ</small>はスチュワーデスという
呼称で呼ばれていた。
객실 승무원(CA)은 전에는 스튜어디스라는 호칭으로 불렸다.

09
こっきょう
国境
명 국경

パスポートがないと国境<small>こっきょう</small>は越<small>こ</small>えられない。
여권이 없으면 국경은 넘을 수 없다.

10
じ ぞく
持続
명 する 지속

今<small>いま</small>の関係<small>かんけい</small>を持続<small>じぞく</small>・発展<small>はってん</small>させていくことが重要<small>じゅうよう</small>だ。
지금의 관계를 지속·발전시켜 가는 것이 중요하다.

11
し はい
支配
명 する 지배

人類<small>じんるい</small>が機械<small>きかい</small>に支配<small>しはい</small>されるという内容<small>ないよう</small>の小説<small>しょうせつ</small>を読<small>よ</small>みました。
인류가 기계에 지배당한다는 내용의 소설을 읽었습니다.

12
しゅうきょう
宗教
명 종교

世界<small>せかい</small>には様々<small>さまざま</small>な宗教<small>しゅうきょう</small>が存在<small>そんざい</small>している。
세계에는 다양한 종교가 존재하고 있다.

13
しゅしょう
首相
명 수상

来日<small>らいにち</small>した首相<small>しゅしょう</small>のファッションに注目<small>ちゅうもく</small>が集<small>あつ</small>まっている。
방일한(일본에 방문한) 수상의 패션에 주목이 쏠리고 있다.

14
しゅのう
首脳
명 수뇌, 정상

各国<small>かっこく</small>の首脳<small>しゅのう</small>が集<small>あつ</small>まり、会議<small>かいぎ</small>が行<small>おこな</small>われる予定<small>よてい</small>です。
각국의 수뇌가 모여서 회의가 열릴 예정입니다.

15
じゅよう
受容
명 する 수용

日本は昔から様々な外国文化を受容してきた。
일본은 옛날부터 다양한 외국 문화를 수용해 왔다.

16
しんしゅつ
進出
명 する 진출

国内で成功して海外への進出を計画している。
국내에서 성공해서 해외로 진출을 계획하고 있다.

17
しんせい
申請
명 する (공적 기관에 대해)
신청

日本へ留学するためにビザを申請した。
일본에 유학 가기 위해 비자를 신청했다.

➕ 申し込み (이벤트·프로그램 등의) 신청

18
しんぜん
親善
명 친선

国際交流のためのサッカーの親善試合が行われる。
국제 교류를 위한 축구 친선 경기가 열린다.

19
と じょうこく
途上国
명 도상국

先進国から途上国への支援だけでは、貧困問題は
解決できない。
선진국에서 도상국으로의 지원만으로는 빈곤 문제는 해결되지 않는다.

20
ぶ き
武器
명 무기

彼女は武器ではなくペンで戦争と戦っています。
그녀는 무기가 아닌 펜으로 전쟁과 싸우고 있습니다.

21
へい わ
平和
명 ナ 평화

長引いた戦争が終わり、王国には平和が訪れました。
길었던 전쟁이 끝나고, 왕국에는 평화가 찾아왔습니다.

22
みっせつ
密接
名 する ナ 밀접

言語と、その国の歴史や文化は密接に関係している。
언어와 그 나라의 역사나 문화는 밀접하게 관계되어 있다.

23
ゆうこう
友好
名 우호

今回の国際会議で、両国は友好関係をさらに深めた。
이번 국제 회의에서 양국은 우호 관계를 더욱 돈독히 했다.

24
りょう ど
領土
名 영토

領土に関する問題は世界中で起きている。
영토에 관한 문제는 전 세계에서 일어나고 있다.

➕ りょうかい
領海 영해

25
う
飢える
動 굶주리다

アフリカでは、未だ多くの人が飢えて命を失っている。
아프리카에서는 아직도 많은 사람이 굶주려 목숨을 잃고 있다.

26
むす
結ぶ
動 묶다, 잇다, 맺다

大統領は悩んだ末、その国と条約を結んだ。
대통령은 고민 끝에, 그 나라와 조약을 맺었다.

유 つな
繋ぐ 맺다, 잇다, 연결하다

27
いちじる
著しい
イ 현저하다, 두드러지다

東南アジアの経済成長が著しい。
동남아시아의 경제 성장이 두드러진다.

28
めずら
珍しい
イ 드물다, 희귀하다

今や国際結婚は珍しくない。
이제는 국제결혼은 드물지 않다.

유 まれ
稀 드묾, 희소함

확인 문제

1 해당 어휘의 읽는 법을 찾고, 빈칸에 그 의미를 써 넣으세요.

> | 보기 | 学生 | ⓥ がくせい | ② がっせい | 학생 |

(1) 国境   ① こっこう   ② こっきょう   _____

(2) 領土   ① りょうど   ② りょうと   _____

(3) 著しい   ① こいしい   ② いちじるしい _____

(4) 呼称   ① こうしょう ② こしょう   _____

(5) 首相   ① しゅしょう ② しゅうしょ   _____

2 문맥에 맞는 단어를 보기 에서 골라 알맞은 형태로 바꾸어 써 넣으세요.

(6) 国際交流のためのサッカーの(　　　　)試合が行われる。

(7) アフリカの子供たちのために文房具を(　　　　)した。

(8) 今や国際結婚は(　　　　)ない。

(9) アフリカでは、未だ多くの人が(　　　　)亡くなっている。

(10) (　　　　)体験ができる海外ボランティアに申し込んだ。

> | 보기 | 異文化   寄付   親善   飢える   珍しい |

정답

(1) ② 국경　(2) ① 영토　(3) ② 현저하다　(4) ② 호칭　(5) ① 수상
(6) 親善(しんぜん)　(7) 寄付(きふ)　(8) 珍(めずら)しく　(9) 飢(う)えて　(10) 異文化(いぶんか)

단어 퀴즈

✖ 단어를 보고 발음과 의미를 적어 보세요.

단어	발음	의미
改正	かいせい	개정
永久		
欧米		
国際		
首相		
申請		
密接		
友好		
飢える		
珍しい		
寄付・寄附		
国境		
結ぶ		
著しい		
効力		
呼称		
持続		
支配		
宗教		
受容		
進出		
平和		
領土		

선을 따라 접으면 답을 확인할 수 있어요.

❀ 한번 더 복습해 봅시다.

읽는 법과 뜻

- かいせい / 개정
- えいきゅう / 영구
- おうべい / 구미, 유럽과 미국
- こくさい / 국제
- しゅしょう / 수상
- しんせい / 신청
- みっせつ / 밀접
- ゆうこう / 우호
- うえる / 굶주리다
- めずらしい / 드물다, 희귀하다
- きふ / 기부
- こっきょう / 국경
- むすぶ / 묶다, 잇다, 맺다
- いちじるしい / 현저하다
- こうりょく / 효력
- こしょう / 호칭
- じぞく / 지속
- しはい / 지배
- しゅうきょう / 종교
- じゅよう / 수용
- しんしゅつ / 진출
- へいわ / 평화
- りょうど / 영토

한자	발음	의미
예 改正	かいせい	개정
永久		
欧米		
国際		
首相		
申請		
密接		
友好		
飢える		
珍しい		
寄付・寄附		
国境		
結ぶ		
著しい		
効力		
呼称		
持続		
支配		
宗教		
受容		
進出		
平和		
領土		

レンタルの畑

　最近、中年男性の趣味の幅が広がっていますが、中でも特に増えているのが農業です。農業を「趣味」と言ったらしかられるかもしれませんが、希望する男たちに会って聞いてみると、本気で農業を仕事にしたい人は少数で、ほとんどは「農業体験」をしてみたい人たちです。

　退職して、もう会社に行かなくてもよくなったからといって、家にずっといたのでは、妻に大きなゴミのように思われるし、といって、図書館で時間をつぶすのにも限界がある。家の外でできることで単なる個人的な趣味ではなく、できれば社会問題とつながっている職業となると、農業はぴったりなのです。今農業を始めたいと言えば、環境問題と食糧問題に関心がある人に見えますし、体を動かすので健康にもいいし、取れた野菜は家で食べられるわけですから、ご主人の気持ちはよく分かります。

　確かに畑付きの住宅も増えていますが、引っ越しを考える前に、自宅近くでレンタルの畑を探してみたらどうでしょうか。レンタルの畑なら、同じような人もいるでしょうし、情報交換もできます。家の庭で作るのは、花を植えるのと同じようなもので、妻がやることだと思っているでしょうから、やはり、他人から借りた土地で、ご本人以外は作業のじゃまをする人がいない空間が必要なのだと思います。

男は家の中のことはすぐにあきらめますが、社会の中で競争意識が生まれると、がんばるものです。途中でやめることになるかもしれませんが、試してみる価値はじゅうぶんあるでしょう。

임대 텃밭

최근 중년 남성의 취미의 폭이 넓어지고 있는데, 그 중에서도 증가하고 있는 것이 농사(농업)입니다. 농사를 '취미'라고 하면 질책받을지 모르겠지만, 희망하는 남자들을 만나서 물어보면, 진심으로 농사를 직업으로 삼고 싶은 사람은 소수이고, 대부분은 '농사 체험'을 해 보고 싶은 사람들입니다.

퇴직하고 이제 회사에 안 가도 되게 됐다고 해서, 집에 계속 있다가는 아내에게 대형 쓰레기처럼 여겨지고, 그렇다고 도서관에서 시간을 보내는 데도 한계가 있다. 집 밖에서 가능한 것으로 단순한 개인적인 취미가 아니라, 가능하면 사회 문제와 연결된 직업이라면 농사는 안성맞춤입니다. 지금 농사를 시작하고 싶다고 하면 환경 문제와 식량 문제에 관심이 있는 사람으로 보이고, 몸을 움직이니까 건강에도 좋고, 수확한 야채는 집에서 먹을 수 있으니까 남편의 마음은 충분히 이해합니다.

분명 텃밭이 딸린 주택도 늘고 있지만, 이사를 생각하기 전에 집 근처에서 임대 텃밭을 찾아보면 어떨까요. 임대 텃밭이라면 비슷한 사람도 있을 테고, 정보 교환도 가능합니다. 집 마당에서 만드는 것은 꽃을 심는 것과 마찬가지로 아내가 할 일이라고 생각하기 때문에 역시 타인에게 빌린 땅에서 본인 이외는 작업을 방해하는 사람이 없는 공간이 필요하다고 생각합니다.

남자는 집안일은 금방 포기하지만 사회에서 경쟁 의식이 생기면 열심히 합니다. 도중에 그만두게 될지도 모르겠지만, 시도해 볼 가치는 충분히 있을 것입니다.

DAY 21
공연 예술과 문화

얼마나
알고 있나요?

사전 체크

☐ 01 合図	☐ 02 演技	☐ 03 演劇	☐ 04 演奏
☐ 05 絵画	☐ 06 解散	☐ 07 係り	☐ 08 感覚
☐ 09 観客	☐ 10 感想	☐ 11 儀式	☐ 12 芸能
☐ 13 幻想	☐ 14 才能	☐ 15 撮影	☐ 16 作家
☐ 17 指揮	☐ 18 色彩	☐ 19 視線	☐ 20 実際
☐ 21 執筆	☐ 22 芝居	☐ 23 集中	☐ 24 主役
☐ 25 象徴	☐ 26 審査	☐ 27 台詞	☐ 28 忠実
☐ 29 彫刻	☐ 30 伝授	☐ 31 動作	☐ 32 俳優
☐ 33 拍手	☐ 34 爆発	☐ 35 発想	☐ 36 舞台
☐ 37 模倣	☐ 38 扱う	☐ 39 受け取る	☐ 40 触る
☐ 41 供える	☐ 42 触れる	☐ 43 誇る	☐ 44 巻く
☐ 45 恵まれる	☐ 46 求める	☐ 47 独自	☐ 48 見事

01
あい ず
合図
명 する 신호

指揮者の合図で演奏が始まった。
지휘자의 신호로 연주가 시작되었다.

02
えん ぎ
演技
명 する 연기

彼はその舞台で最高の演技をしてみせた。
그는 그 무대에서 최고의 연기를 선보였다.

유 演じる 연기하다

映画祭でクレオパトラを演じた女優が賞を取った。
영화제에서 클레오파트라를 연기한 여배우가 상을 받았다.

03
えんげき
演劇
명 연극

週末は友人と演劇を見に行くつもりだ。
주말에는 친구와 연극을 보러 갈 생각이다.

04
えんそう
演奏
명 する 연주

有名なピアニストがうちの大学に来て演奏した。
유명한 피아니스트가 우리 대학에 와서 연주했다.

05
かい が
絵画
명 회화, 그림

巨匠の絵画を直接見て感動しました。
거장의 회화를(그림을) 직접 보고 감동했습니다.

＋ 画家 화가

06
かいさん
解散
명 する 해산

有名なロックバンドが方向性の相違により解散することになった。
유명한 록 밴드가 방향성 차이에 의해 해산하게 되었다.

07
かか
係り
명 −계, 담당, 담당자

かか ひと あんない げきじょう なか はい
係りの人に案内されて、劇場の中に入った。
담당자에게 안내받아 극장 안으로 들어갔다.

08
かんかく
感覚
명 감각

げいじゅつか とくべつ かんかく も おも
芸術家は特別な感覚を持っていると思う。
예술가는 특별한 감각을 가지고 있다고 생각한다.

09
かんきゃく
観客
명 관객

ぶたい で はいゆう かんきゃく かんせい むか
舞台あいさつに出た俳優を観客は歓声で迎えた。
무대 인사하러 나온 배우를 관객들은 환호성으로 맞이했다.

10
かんそう
感想
명 감상

さくひん ひと よ かんそうぶん だ
ヘミングウェイの作品を一つ読んで感想文を出して
ください。
헤밍웨이의 작품을 하나 읽고 감상문을 내 주세요.

11
ぎしき
儀式
명 의식

にほん まつ かなら かみ まえ ぎしき
日本の祭りでは必ず神の前で儀式をする。
일본의 축제에서는 반드시 신 앞에서 의식을 치른다.

12
げいのう
芸能
명 예능, 연예, 기예

がっこう うた げいのう
この学校は、歌やダンスなどの芸能コースがある。
이 학교에는 노래나 댄스 등의 예능 코스가 있다.

➕ げいのうじん
芸能人 연예인
わたし ともだち げいのうじん とくい
私の友達は芸能人のモノマネが得意だ。
내 친구는 연예인 흉내를 잘 낸다.

13
げんそう
幻想
명 환상

かのじょ　す　　はいゆう　げんそう　いだ
彼女は好きな俳優に幻想を抱いている。
그녀는 좋아하는 배우에게 환상을 품고 있다.

14
さいのう
才能
명 재능

かのじょ　　ひと　たの　　　　さいのう
彼女には人を楽しませる才能がある。
그녀에게는 사람을 즐겁게 하는 재능이 있다.

15
さつえい
撮影
명 する 촬영

てんじかい　　しゃしん　さつえい　きん
展示会では写真の撮影が禁じられています。
전시회에서는 사진 촬영이 금지되어 있습니다.

16
さっか
作家
명 작가

はいゆう　おな　さっか　さくひん　　　しゅつえん
この俳優は同じ作家の作品によく出演している。
이 배우는 같은 작가의 작품에 자주 출연하고 있다.

17
しき
指揮
명 する 지휘

こんど　えんそうかい　　しき　たんとう
今度の演奏会で指揮を担当することになった。
이번 연주회에서 지휘를 담당하게 되었다.

18
しきさい
色彩
명 색채

が か　え　しきさいゆた　　　　　　　ゆうめい
この画家の絵は色彩豊かなことで有名です。
이 화가의 그림은 색채가 풍부한 것으로 유명합니다.

19
しせん
視線
명 시선

主人公が相手役に冷たい視線を送るシーンが忘れられない。
주인공이 상대역에게 차가운 시선을 보내는 장면이 잊혀지지 않는다.

20
じっさい
実際
명 실제
부 정말로, 참으로

あの映画は実際にあったことをもとに作られた。
저 영화는 실제로 있었던 일을 모티브로 만들어졌다.

21
しっぴつ
執筆
명 する 집필

彼女は今新作の執筆に没頭している。
그녀는 지금 신작의 집필에 몰두하고 있다.

22
しばい
芝居
명 する 연극, 연기

芝居を続けるかどうか、ずっと悩んでいる。
연극을 계속할지 어떨지 계속 고민하고 있다.

23
しゅうちゅう
集中
명 する 집중

今は小説の執筆に集中しています。
지금은 소설 집필에 집중하고 있습니다.

24
しゅやく
主役
명 주역

このミュージカルの主役は、本当に歌がうまい。
이 뮤지컬의 주역은 정말로 노래를 잘한다.
유 主人公 주인공

25
しょうちょう
象徴
명 する 상징

ふじさん　にほん　しょうちょう
富士山は日本の象徴である。
후지산은 일본의 상징이다.

26
しん さ
審査
명 する 심사

しんさ いいん　　えら
ピアノコンクールの審査委員に選ばれました。
피아노 콩쿠르의 심사 위원으로 발탁되었습니다.

27
せりふ
台詞
명 대사, 상투적인 말

はいゆう　せりふ　　　　　　いんしょうてき
あの俳優の台詞がとても印象的だった。
저 배우의 대사가 몹시 인상적이었다.

28
ちゅうじつ
忠実
명 ナ 충실(충직하고 성실함)

えい が　　げんさく　ちゅうじつ　さいげん
あの映画は原作を忠実に再現している。
저 영화는 원작을 충실히 재현하고 있다.

＋ じゅうじつ
充実 충실(필요한 것이 충분히 갖추어짐, 알참)

29
ちょうこく
彫刻
명 する 조각

はくぶつかん　　　　　　　　　　ちょうこく　てん じ
この博物館にはたくさんの彫刻が展示されている。
이 박물관에는 많은 조각이 전시되어 있다.

30
でんじゅ
伝授
명 する 전수

はは　　　　　　　　　つく　かた　でんじゅ
母にキムチの作り方を伝授してもらった。
엄마에게 김치 만드는 법을 전수받았다.

＋ でんしょう
伝承 전승
らく ご　いま　でんしょう　　　　　　　に ほん　でんとうげいじゅつ
落語は今も伝承されている日本の伝統芸術です。
라쿠고는 지금도 전승되고 있는 일본 전통 예술입니다.

31 どう　さ **動作** 🖹 동작	きほん　どうさ　おぼ　　　　　　　　　みっか 基本の動作を覚えるだけで三日もかかった。 기본 동작을 익히는 것만으로 3일이나 걸렸다.
32 はいゆう **俳優** 🖹 배우	わたし　ともだち　はいゆう　め ざ 私の友達は俳優を目指している。 내 친구는 배우를 목표로 하고 있다.
33 はくしゅ **拍手** 🖹 する 박수	お　　　　　　　　　　　　た　あ　　　　　はくしゅ コンサートが終わると、みんなが立ち上がって拍手 をした。 콘서트가 끝나자 모두가 일어나서 박수를 쳤다.
34 ばくはつ **爆発** 🖹 する 폭발	えい が　　　　　　　ばくはつ　ば めん　　　　で アクション映画には爆発の場面がよく出ますね。 액션 영화에는 폭발 장면이 자주 나오네요.
35 はっそう **発想** 🖹 する 발상	けんちく か　　　　　　　はっそう　す ば　　　　　　　かん 建築家ならではの発想が素晴らしいと感じました。 건축가 특유의 발상이 훌륭하다고 느꼈습니다.
36 ぶ たい **舞台** 🖹 무대, 무대극, 공연	ぶ たい　あ　　　　　かれ　　　　　　　　　　かお 舞台に上がると彼はプロの顔になる。 무대에 오르면 그는 프로의 얼굴이 된다. こんしゅうあね　ぶ たい　み　い 今週姉と舞台を見に行くことにした。 이번 주에 언니(누나)와 공연을 보러 가기로 했다.

37
もほう
模倣
명 する 모방

この絵はゴッホの技法を模倣したものだそうだ。
이 그림은 고흐의 기법을 모방한 것이라고 한다.

유 真似る 흉내 내다, 모방하다

38
あつか
扱う
동 다루다, 취급하다

この作品は、環境問題を扱っている。
이 작품은 환경 문제를 다루고 있다.

39
う と
受け取る
동 받다, 수취하다, 수령하다

予約したチケットを窓口で受け取った。
예약한 티켓을 창구에서 수령했다.

40
さわ
触る
동 닿다, 대다, 만지다,
(마음에) 거슬리다

指紋がつくから素手では触らないでください。
지문이 묻으니 맨손으로는 만지지 마십시오.

41
そな
供える
동 바치다, (신불에) 올리다

お正月には神様におもちを供えます。
정월에는 신에게 떡을 올립니다.

42
ふ
触れる
동 닿다, 접촉하다, 건드리다,
(어떤 시기나 사물을) 만나
다

美術館では作品に手を触れないようにしてください。
미술관에서 작품에 손대지 않도록 해 주세요.

留学はヨーロッパの文化に触れるいい機会になる
だろう。
유학은 유럽 문화를 접하는 좋은 기회가 될 것이다.

43 ほこ **誇る** 동 자랑하다, 뽐내다	彼女は韓国が世界に誇るスーパースターだ。 그녀는 한국이 세계에 자랑하는 슈퍼스타이다. ➕ 誇り 명예, 긍지, 자랑 彼女は名門大学を卒業したことを誇りに思っている。 그녀는 명문 대학을 졸업한 것을 자랑스럽게 생각하고 있다.
44 ま **巻く** 동 말다, 감다	ご飯をのりで巻く「のり巻き」は18世紀ごろ始まったそうです。 밥을 김으로 싸는 '김초밥(노리마키)'은 18세기경에 시작되었다고 합니다.
45 めぐ **恵まれる** 동 타고나다, 얻게 되다, 혜택받다	彼女はピアノの才能に恵まれている。 그녀는 피아노 재능을 타고났다.
46 もと **求める** 동 구하다, 바라다, 요구하다	窓口の前にはチケットを求める列ができていた。 창구 앞에는 티켓을 구하려는 줄이 늘어서 있었다.
47 どくじ **独自** ナ 명 독자(적)	あの監督の映画は、独自の世界観があって人気だ。 저 감독의 영화는 독자적인 세계관이 있어서 인기가 있다.
48 みごと **見事** ナ 훌륭함, 멋짐	初舞台にも関わらず、彼の演技は見事だった。 첫 무대임에도 불구하고, 그의 연기는 훌륭했다.

확인 문제

1 해당 어휘의 읽는 법을 찾고, 빈칸에 그 의미를 써 넣으세요.

> | 보기 | 学生 | ✓ がくせい | ② がっせい | 학생 |
> |---|---|---|---|---|

(1) 執筆   ① しっひつ   ② しっぴつ   _____

(2) 動作   ① どうさ   ② どうさく   _____

(3) 撮影   ① さつげい   ② さつえい   _____

(4) 扱う   ① あつかう   ② おぎなう   _____

(5) 象徴   ① しょっちょう   ② しょうちょう   _____

2 문맥에 맞는 단어를 보기 에서 골라 알맞은 형태로 바꾸어 써 넣으세요.

(6) 初舞台にも関わらず、彼の演技は(   )だった。

(7) 指揮者の(   )で演奏が始まった。

(8) 有名なロックバンドが方向性の相違により(   )することになった。

(9) あの俳優の(   )がとても印象的だった。

(10) 彼女はピアノの才能に(   )いる。

> | 보기 | 合図 | 解散 | 台詞 | 恵まれる | 見事 |
> |---|---|---|---|---|---|

정답

(1) ② 집필   (2) ① 동작   (3) ② 촬영   (4) ① 다루다, 취급하다   (5) ② 상징

(6) 見事(みごと)   (7) 合図(あいず)   (8) 解散(かいさん)   (9) 台詞(せりふ)   (10) 恵(めぐ)まれて

단어 퀴즈

✤ 단어를 보고 발음과 의미를 적어 보세요.

단어	발음	의미
改正	かいせい	개정
撮影		
象徴		
触れる		
係り		
感覚		
幻想		
指揮		
執筆		
動作		
俳優		
触る		
恵まれる		
合図		
演技		
演奏		
絵画		
解散		
作家		
芝居		
伝授		
拍手		
爆発		

선을 따라 접으면 답을 확인할 수 있어요.

✽ 한번 더 복습해 봅시다.

읽는 법과 뜻
□ かいせい 개정
□ さつえい 촬영
□ しょうちょう 상징
□ ふれる 닿다, 접촉하다
□ かかり −계, 담당, 담당자
□ かんかく 감각
□ げんそう 환상
□ しき 지휘
□ しっぴつ 집필
□ どうさ 동작
□ はいゆう 배우
□ さわる 대다, 만지다
□ めぐまれる 타고나다
□ あいず 신호
□ えんぎ 연기
□ えんそう 연주
□ かいが 회화, 그림
□ かいさん 해산
□ さっか 작가
□ しばい 연극
□ でんじゅ 전수
□ はくしゅ 박수
□ ばくはつ 폭발

한자	발음	의미
예 改正	かいせい	개정
撮影		
象徴		
触れる		
係り		
感覚		
幻想		
指揮		
執筆		
動作		
俳優		
触る		
恵まれる		
合図		
演技		
演奏		
絵画		
解散		
作家		
芝居		
伝授		
拍手		
爆発		

음성듣기

DAY 22

스포츠

얼마나
알고 있나요?

☐ 01 意義	☐ 02 一致	☐ 03 引退	☐ 04 応援
☐ 05 改正	☐ 06 活躍	☐ 07 監督	☐ 08 基礎
☐ 09 逆転	☐ 10 記録	☐ 11 競馬	☐ 12 貢献
☐ 13 克服	☐ 14 辞退	☐ 15 実力	☐ 16 弱点
☐ 17 柔道	☐ 18 勝利	☐ 19 振興	☐ 20 垂直
☐ 21 成績	☐ 22 成果	☐ 23 全般	☐ 24 対戦
☐ 25 体操	☐ 26 代表	☐ 27 巧み	☐ 28 中断
☐ 29 注目	☐ 30 発揮	☐ 31 引き分け	☐ 32 放棄
☐ 33 優勝	☐ 34 優勢	☐ 35 挑む	☐ 36 打つ
☐ 37 収める	☐ 38 替える	☐ 39 蹴る	☐ 40 攻める
☐ 41 突く	☐ 42 尽くす	☐ 43 投げる	☐ 44 外す
☐ 45 阻む	☐ 46 率いる	☐ 47 破る	☐ 48 確実

01
いぎ
意義
명 의의

オリンピックは参加することに意義がある。
올림픽은 참가하는 것에 의의가 있다.

02
いっち
一致
명 する 일치

全員の意見が一致して、鈴木選手がキャプテンを
務めることになった。
전원의 의견이 일치하여 스즈키 선수가 주장을 맡게 되었다.

03
いんたい
引退
명 する 은퇴

彼は試合に負け続けた末、とうとうプロ選手を引退
した。
그는 시합에 계속 진 끝에 마침내 프로 선수를 은퇴했다.

유 辞める (일자리 등을) 그만두다

04
おうえん
応援
명 する 응원

いつも応援しているチームが負けてしまってとても
悔しい。
항상 응원하고 있는 팀이 지고 말아서 너무 분하다.

05
かいせい
改正
명 する 개정

ルールが改正されて選手たちは戸惑っている。
규칙이 개정되어 선수들은 당황해 하고 있다.

06
かつやく
活躍
명 する 활약

試合での活躍が認められて彼は代表選手に選ばれた。
시합에서의 활약을 인정받아서 그는 대표 선수로 뽑혔다.

07
かんとく
監督
[명] [する] 감독

<ruby>新<rt>あたら</rt></ruby>しく<ruby>就任<rt>しゅうにん</rt></ruby>した<ruby>監督<rt>かんとく</rt></ruby>は、なかなか<ruby>結果<rt>けっか</rt></ruby>が<ruby>出<rt>で</rt></ruby>なくて<ruby>悩<rt>なや</rt></ruby>んでいた。
새로 취임한 감독은 좀처럼 결과가 나오지 않아 고민하고 있었다.

08
き そ
基礎
[명] 기초

<ruby>基礎<rt>き そ</rt></ruby>をしっかり<ruby>身<rt>み</rt></ruby>につけてから、<ruby>応用<rt>おうよう</rt></ruby>へと<ruby>発展<rt>はってん</rt></ruby>させよう。
기초를 확실히 몸에 익히고 나서 응용으로 발전시키자.

09
ぎゃくてん
逆転
[명] [する] 역전

9<ruby>回裏<rt>かいうら</rt></ruby>の<ruby>逆転<rt>ぎゃくてん</rt></ruby>ホームランで<ruby>試合<rt>しあい</rt></ruby>に<ruby>勝<rt>か</rt></ruby>った。
9회말 역전 홈런으로 시합에 이겼다.

10
き ろく
記録
[명] [する] 기록

<ruby>陸上男子<rt>りくじょうだんし</rt></ruby>200メートルの<ruby>決勝戦<rt>けっしょうせん</rt></ruby>で<ruby>世界新記録<rt>せ かいしん き ろく</rt></ruby>が<ruby>生<rt>う</rt></ruby>まれた。
육상 남자 200m 결승전에서 세계 신기록이 탄생했다.

11
けい ば
競馬
[명] 경마

<ruby>家<rt>いえ</rt></ruby>の<ruby>近<rt>ちか</rt></ruby>くに<ruby>有名<rt>ゆうめい</rt></ruby>な<ruby>競馬場<rt>けい ば じょう</rt></ruby>があります。
집 근처에 유명한 경마장이 있습니다.

12
こうけん
貢献
[명] [する] 공헌

チームのために<ruby>貢献<rt>こうけん</rt></ruby>できる<ruby>選手<rt>せんしゅ</rt></ruby>をスカウトした。
팀을 위해 공헌할 수 있는 선수를 스카우트했다.

13
こくふく
克服
명 する 극복

かれ うで こくふく たいかい ゆうしょう
彼は腕のけがを克服して大会で優勝した。
그는 팔 부상을 극복하고 대회에서 우승했다.

14
じ たい
辞退
명 する 사퇴, 사양, 거절

た なかせんしゅ こん ど しゅつじょう じ たい
田中選手は今度のオリンピックへの出場を辞退した。
다나카 선수는 이번 올림픽 출장(출전)을 사퇴했다.

15
じつりょく
実力
명 실력

かれ ぜんこくたいかい じつりょく はっ き
彼は全国大会で実力を発揮することができた。
그는 전국 대회에서 실력을 발휘할 수 있었다.

16
じゃくてん
弱点
명 약점

し あい か あい て じゃくてん けんきゅう
試合で勝つために相手チームの弱点を研究した。
시합에서 이기기 위해서 상대팀의 약점을 연구했다.

17
じゅうどう
柔道
명 유도

じゅうどう に ほん でんとうてき いっしゅ
柔道は日本の伝統的なスポーツの一種だ。
유도는 일본의 전통적인 스포츠의 한 종목이다.

18
しょう り
勝利
명 する 승리

しょう り ひ び れんしゅう じゅうよう
勝利をつかむためには、日々の練習が重要だ。
승리를 잡기 위해서는 매일의 연습이 중요하다.

＋ しょうぶ
勝負 승부, 승부를 겨루는 것

かのじょ せいせいどうどう しょう ぶ
彼女はライバルと正々堂々と勝負をした。
그녀는 라이벌과 정정당당하게 승부를 겨뤘다.

19
しんこう
振興
名 する 진흥

だんたい　　　　　　　しんこう　はか　　　　　せつりつ
この団体はスポーツの振興を図るために設立されました。
이 단체는 스포츠 진흥을 도모하기 위해 설립되었습니다.

20
すいちょく
垂直
名 ナ 수직

うで　すいちょく　ひ　　　せなか　きんにく　はったつ
このまま腕を垂直に引くと背中の筋肉が発達します。
이대로 팔을 수직으로 당기면 등 근육이 발달합니다.

21
せいせき
成績
名 성적

かれ　たいかい　すば　　　　　せいせき　のこ
彼は大会で素晴らしい成績を残した。
그는 대회에서 훌륭한 성적을 남겼다.

22
せいか
成果
名 성과

こんかい　しあい　いま　　　れんしゅう　せいか　ため　　　きかい
今回の試合は今までの練習の成果を試すいい機会だと思う。
이번 경기는 지금까지의 연습 성과를 시험해 볼 좋은 기회라고 생각한다.

23
ぜんぱん
全般
名 전반

うんどうぜんぱん　にがて　　　　　　　　　　　　むかし　とくい
運動全般が苦手だが、マラソンだけは昔から得意だった。
운동 전반이 서툴지만 마라톤만큼은 옛날부터 잘했다.

24
たいせん
対戦
名 する 대전, 서로 맞서 싸움

けんたいかい　けっしょうせん　　　　　　　　　たいせん
県大会の決勝戦ではこの2チームが対戦することが決まりました。
현 대회의 결승전에서는 이 두 팀이 대전하기로 결정되었습니다.

25
たいそう
体操
명 する 체조

<ruby>体操男子団体<rt>たいそうだんしだんたい</rt></ruby>でルーマニアが<ruby>金<rt>きん</rt></ruby>メダルを<ruby>獲得<rt>かくとく</rt></ruby>しました。
체조 남자 단체에서 루마니아가 금메달을 획득했습니다.

26
だいひょう
代表
명 する 대표

クラスを<ruby>代表<rt>だいひょう</rt></ruby>して<ruby>陸上競技<rt>りくじょうきょうぎ</rt></ruby>に<ruby>出<rt>で</rt></ruby>ました。
반을 대표하여 육상 경기에 나갔습니다.

27
たく
巧み
명 ナ 기교, 능란함, 솜씨가 좋음

<ruby>彼<rt>かれ</rt></ruby>は<ruby>巧<rt>たく</rt></ruby>みな<ruby>技<rt>わざ</rt></ruby>で3<ruby>人<rt>にん</rt></ruby>を<ruby>抜<rt>ぬ</rt></ruby>いてゴールを<ruby>決<rt>き</rt></ruby>めた。
그는 능수능란한 기술로 세 명을 제치고 골을 넣었다.

28
ちゅうだん
中断
명 する 중단

<ruby>途中<rt>とちゅう</rt></ruby>で<ruby>雨<rt>あめ</rt></ruby>が<ruby>激<rt>はげ</rt></ruby>しくなり、<ruby>野球<rt>やきゅう</rt></ruby>の<ruby>試合<rt>しあい</rt></ruby>は<ruby>中断<rt>ちゅうだん</rt></ruby>された。
도중에 비가 거세져서 야구 시합은 중단되었다.

29
ちゅうもく
注目
명 する 주목

<ruby>彼女<rt>かのじょ</rt></ruby>は<ruby>今回<rt>こんかい</rt></ruby>のオリンピックで<ruby>注目<rt>ちゅうもく</rt></ruby>されている<ruby>選手<rt>せんしゅ</rt></ruby>だ。
그녀는 이번 올림픽에서 주목받고 있는 선수이다.

30
はっき
発揮
명 する 발휘

あなたの<ruby>実力<rt>じつりょく</rt></ruby>を<ruby>思<rt>おも</rt></ruby>いきり<ruby>発揮<rt>はっき</rt></ruby>してきてください。
당신의 실력을 마음껏 발휘하고 오세요.

31
ひ わ
引き分け
名 무승부, 비김

延長戦に入ったが、結果は引き分けだった。
연장전에 들어갔지만, 결과는 무승부였다.

유 ドロー 무승부, 비김
じゅんけっしょう たい お
準決勝は１対１のドローで終わった。
준결승은 1대 1의 무승부로 끝났다.

32
ほう き
放棄
名 する 포기

わたし しあい ほう き もど
私たちは試合を放棄して、ベンチに戻った。
우리는 시합을 포기하고 벤치로 돌아갔다.

33
ゆうしょう
優勝
名 する 우승

ことし もくひょう いちど ま ゆうしょう
今年の目標は一度も負けないで優勝することだ。
올해의 목표는 한 번도 지지 않고 우승하는 것이다.

34
ゆうせい
優勢
名 ナ 우세

ぜんはん ゆうせい はこ けっきょく ま
前半は優勢にゲームを運んだが結局負けてしまった。
전반전은 우세하게 게임을 진행시켰지만 결국 지고 말았다.

35
いど
挑む
動 도전하다

かれ しょうぶ いど
彼はチャンピオンに勝負を挑んだ。
그는 챔피언과의 승부에 도전했다.

유 チャレンジ 챌린지, 도전

36
う
打つ
動 치다, 때리다

しあい にん う
この試合で４人のバッターがホームランを打った。
이 시합에서 네 명의 타자가 홈런을 쳤다.

유 たた
叩く 때리다, 두드리다

☐
37
^{おさ}
収める
동 얻다, 거두다, 넣다

^{かんこく}韓国チームはオリンピックで^{しょう り}勝利を^{おさ}収めた。
한국 팀은 올림픽에서 승리를 거두었다.

☐
38
^か
替える
동 바꾸다, 교환하다

^{こうはん}後半では^{せんしゅ}選手を^か替えて、^{あたら}新しいメンバーを^{しゅつじょう}出場させた。
후반전에서는 선수를 바꿔서 새로운 멤버를 출장(출전)시켰다.

☐
39
^け
蹴る
동 발로 차다

ボールを^け蹴ってきれいにシュートを^き決めた。
볼을 차서 깨끗하게 슛을 넣었다.

☐
40
^せ
攻める
동 공격하다

あっという^ま間に^{あい て}相手チームの^{せんしゅ}選手が^せ攻めてきた。
눈 깜짝할 사이에 상대 팀 선수가 공격해 왔다.

☐
41
^つ
突く
동 찌르다, 내지르다

ビリヤードは^{ぼう}棒で^{たま}玉を^つ突いて^{あな}穴に^お落とすゲームだ。
당구는 봉으로 공을 쳐서 구멍에 넣는 게임이다.

☐
42
^つ
尽くす
동 다하다

^{せんしゅ}選手たちはチームの^{ゆうしょう}優勝のために^{ぜんりょく}全力を^つ尽くした。
선수들은 팀의 우승을 위해서 전력을 다했다.

➕ ^つ尽きる 다하다, 바닥나다
ランナーは^{さい ご}最後まで^{はし}走ろうと^{ひっ し}必死だったが、ゴールを^{まえ}前に^{ちから}力が^つ尽きてしまった。
주자는 끝까지 달리려고 필사적이었지만, 결승점 앞에서 힘이 다해 버렸다.

43
な
投げる
동 던지다, 내던지다

せんしゅ　　　　　　　　　　　はや　　　　　　な
その選手はピッチャーより早いボールを投げる。
그 선수는 투수보다 빠른 공을 던진다.

44
はず
外す
동 떼다, 끄르다, 제외하다,
(자리를) 뜨다, 비우다

ふる　かんばん　はず　　　あたら　かんばん
古い看板を外して、新しい看板をつけました。
낡은 간판을 떼고, 새로운 간판을 달았습니다.

자 外れる 빠지다, (규칙) 어긋나다
はず

しょうはい　よそう　はず　　　　　　おうえん　　　　　　　か
勝敗の予想は外れたが、応援しているチームが勝っ
てうれしかったです。
승패의 예상은 빗나갔지만 응원하는 팀이 이겨서 기뻤습니다.

45
はば
阻む
동 막다, 방해하다, 저지하다

ゆうしょう　はば
ブラジルが、フランスチームの優勝を阻んだ。
브라질이 프랑스 팀의 우승을 저지했다.

46
ひき
率いる
동 거느리다, 이끌다

ひき　　　　　　　　　　じん　かんとく
このチームを率いているのは、イタリア人の監督だ。
이 팀을 이끌고 있는 것은 이탈리아인 감독이다.

47
やぶ
破る
동 찢다, 깨다, 부수다

せんしゅ　　　　　　　　　せかいきろく　やぶ
その選手はオリンピックで世界記録を破った。
그 선수는 올림픽에서 세계 기록을 깼다.

＋ 敗れる 지다, 패배하다
やぶ

にほん　せんしゅ　けっしょう　やぶ　　お　きん　　　　　　のが
日本の選手は決勝で敗れ、惜しくも金メダルを逃し
た。
일본 선수는 결승에서 패해 아깝게 금메달을 놓쳤다.

48
かくじつ
確実
ナ 명 확실

い　　　　　　　　　　　ゆうしょう　かくじつ
このまま行けば、Aチームの優勝は確実だ。
이대로 가면 A팀 우승은 확실하다.

1 해당 어휘의 읽는 법을 찾고, 빈칸에 그 의미를 써 넣으세요.

보기	学生	✓ がくせい	② がっせい	학생

(1) 攻める　　　① さめる　　　② せめる　　＿＿＿＿＿＿＿＿

(2) 注目　　　　① ちゅうもく　② ちゅもく　＿＿＿＿＿＿＿＿

(3) 率いる　　　① ひきいる　　② しいる　　＿＿＿＿＿＿＿＿

(4) 破る　　　　① やける　　　② やぶる　　＿＿＿＿＿＿＿＿

(5) 勝利　　　　① しょうり　　② しょり　　＿＿＿＿＿＿＿＿

2 문맥에 맞는 단어를 보기 에서 골라 알맞은 형태로 바꾸어 써 넣으세요.

(6) ルールが(　　　　)されて選手たちは戸惑っている。

(7) あなたの実力を思いきり(　　　　)してきてください。

(8) 延長戦に入ったが、結果は(　　　　)だった。

(9) 彼は(　　　　)な技で３人を抜いてゴールを決めた。

(10) 彼は試合に負け続けた末、とうとうプロ選手を(　　　　)した。

보기	引退　　改正　　巧み　　発揮　　引き分け

✖ 단어를 보고 발음과 의미를 적어 보세요.

단어	발음	의미
改正	かいせい	개정
活躍		
記録		
競馬		
貢献		
克服		
柔道		
垂直		
成績		
注目		
発揮		
収める		
尽くす		
外す		
率いる		
破る		
引退		
応援		
監督		
辞退		
弱点		
成果		
優勝		

📖 설명 따라 접으면 답을 확인할 수 있어요.

❈ 한번 더 복습해 봅시다.

읽는 법과 뜻		한자	발음	의미
☐ かいせい 개정	예	改正	かいせい	개정
☐ かつやく 활약		活躍		
☐ きろく 기록		記録		
☐ けいば 경마		競馬		
☐ こうけん 공헌		貢献		
☐ こくふく 극복		克服		
☐ じゅうどう 유도		柔道		
☐ すいちょく 수직		垂直		
☐ せいせき 성적		成績		
☐ ちゅうもく 주목		注目		
☐ はっき 발휘		発揮		
☐ おさめる 얻다, 거두다		収める		
☐ つくす 다하다		尽くす		
☐ はずす 떼다, (자리를) 비우다		外す		
☐ ひきいる 거느리다, 이끌다		率いる		
☐ やぶる 찢다, 깨다		破る		
☐ いんたい 은퇴		引退		
☐ おうえん 응원		応援		
☐ かんとく 감독		監督		
☐ じたい 사퇴		辞退		
☐ じゃくてん 약점		弱点		
☐ せいか 성과		成果		
☐ ゆうしょう 우승		優勝		

DAY 23

여행과 취미

음성듣기

얼마나
알고 있나요?

사전 체크

☐ 01 解消	☐ 02 楽器	☐ 03 観光	☐ 04 鑑賞
☐ 05 貴重	☐ 06 きっかけ	☐ 07 休暇	☐ 08 休憩
☐ 09 興味	☐ 10 下山	☐ 11 合流	☐ 12 混雑
☐ 13 参加費	☐ 14 視野	☐ 15 周囲	☐ 16 収集
☐ 17 趣味	☐ 18 滞在	☐ 19 釣り	☐ 20 登山
☐ 21 徒歩	☐ 22 日時	☐ 23 費用	☐ 24 頻繁
☐ 25 分野	☐ 26 変更	☐ 27 冒険	☐ 28 保険
☐ 29 漫画	☐ 30 免税	☐ 31 両替	☐ 32 描く
☐ 33 兼ねる	☐ 34 好む	☐ 35 指す	☐ 36 騒ぐ
☐ 37 占める	☐ 38 尋ねる	☐ 39 戦う	☐ 40 留まる
☐ 41 泊まる	☐ 42 逃がす	☐ 43 膨らむ	☐ 44 曲げる
☐ 45 見逃す	☐ 46 巡る	☐ 47 潜る	☐ 48 湧く

01
かいしょう
解消
명 する 해소

カラオケで思いきり歌うことでストレスを解消している。
노래방에서 마음껏 노래 부르는 것으로 스트레스를 해소하고 있다.

02
がっき
楽器
명 악기

子供の頃、ピアノやバイオリンなどの楽器を習っていた。
어린 시절 피아노나 바이올린 등의 악기를 배웠다.

03
かんこう
観光
명 する 관광

このビザは観光が目的の人のためのものだ。
이 비자는 관광이 목적인 사람들을 위한 것이다.

04
かんしょう
鑑賞
명 する 감상

趣味は映画鑑賞です。
취미는 영화 감상입니다.

05
きちょう
貴重
명 ナ 귀중

今日は貴重な体験をさせていただきました。
오늘은 귀중한 체험을 했습니다.

06
きっかけ
명 계기, 실마리

日本旅行をきっかけに日本語を習いたくなった。
일본 여행을 계기로 일본어를 배우고 싶어졌다.

유 契機 계기

07
きゅう か
休暇
명 휴가

ことし　なつ　きゅうか　と　　かいがいりょこう
今年の夏は休暇を取って海外旅行をするつもりだ。
올여름은 휴가를 받아서 해외여행을 할 생각이다.

08
きゅうけい
休憩
명 する 휴게, 휴식

しごと　かたづ　　　　　　　　きゅうけい
この仕事が片付いたらちょっと休憩しよう。
이 일이 정리되면 잠깐 쉬자.

유 きゅうそく
休息 휴식

あいだ　きゅうそく　と
お客さんがいない間に休息を取っておきました。
손님이 없는 동안 휴식을 취해 두었습니다.

09
きょう み
興味
명 흥미, 관심

きょう み　　　　　　　　むかし　　いっしょうけんめい　　ほう
興味があることは、昔から一生懸命する方だ。
흥미가 있는 것은 옛날부터 열심히 하는 편이다.

유 かんしん
関心 관심

10
げ ざん　　げ さん
下山・下山
명 する 하산

と ざんぶ ぜんいん　　ふ じ さん　　　ぶ じ げ ざん
登山部全員が富士山から無事下山した。
등산부 전원이 후지산에서 무사히 하산했다.

반 と ざん
登山 등산

11
ごうりゅう
合流
명 する 합류

しゅっちょうさき　りょこうちゅう　どうりょう　ごうりゅう　しょく じ
出張先で旅行中の同僚と合流して食事をした。
출장지에서 여행 중인 동료와 합류해서 식사를 했다.

12
こんざつ
混雑
명 する 혼잡

れんきゅう　ゆうめい　かんこう ち　　　　　　あ　　　　　　こんざつ
連休で有名な観光地はどこも歩けないくらい混雑し
ている。
연휴로 유명한 관광지는 어딘 걷지 못할 정도로 혼잡한 상태이다.

13
さ か ひ
参加費
명 참가비

こんかい
今回のキャンプの参加費は３万円です。
이번 캠프 참가비는 3만 원입니다.

14
し や
視野
명 시야

かのじょ   し や   ひろ   がいこく   りゅうがく
彼女は視野を広げるために外国へ留学することに
した。
그녀는 시야를 넓히기 위해서 외국에 유학 가기로 했다.

15
しゅう い
周囲
명 주위

みち わ   しゅう い   ある   まわ
道が分からないので、ホテルの周囲を歩き回った。
길을 몰라서 호텔 주변을 여기저기 돌아다녔다.

16
しゅうしゅう
収集
명 する 수집

こ ども   ころ   くに きって しゅうしゅう   す
子供の頃は、いろんな国の切手を収集するのが好き
だった。
어렸을 때에는 여러 나라의 우표를 수집하는 것을 좋아했다.

17
しゅ み
趣味
명 취미

しゅ み   か ていさいえん   はじ
趣味で家庭菜園を始めてみたいです。
취미로 텃밭을 시작해 보고 싶습니다.

18
たいざい
滞在
명 する 체재, 체류

みっ か かんたいざい   い
パリで３日間滞在して、そのあとロンドンに行き
ます。
파리에서 3일간 체류하고, 그다음 런던으로 갑니다.

19
っ
釣り
명 낚시

釣りを始めてからたくさんの友達ができました。
낚시를 시작한 후 많은 친구가 생겼습니다.

20
と ざん
登山
명 する 등산

この辺りは毎年秋になると登山客でいっぱいになる。
이 주변은 매년 가을이 되면 등산객으로 가득 찬다.
반 下山・下山 하산

21
と ほ
徒歩
명 도보

駅からお寺までは徒歩で10分かかります。
역에서 절까지는 도보로(걸어서) 10분 걸립니다.

22
にち じ
日時
명 일시

公演の日時について確認するため、友達に連絡した。
공연 일시에 대해서 확인하기 위해서 친구에게 연락했다.

23
ひ よう
費用
명 비용

旅行に必要な費用は全て会社が負担してくれた。
여행에 필요한 비용은 전부 회사가 부담해 주었다.

24
ひんぱん
頻繁
명 ナ 빈번

彼は仕事上頻繁にシカゴを訪れている。
그는 업무상 빈번히 시카고를 방문하고 있다.

25 ぶん や **分野** 명 분야	とく い ぶん や はなし で かのじょ きゅう 得意な分野の話が出たら彼女は急におしゃべりに なった。 특기 분야의 이야기가 나오자 그녀는 갑자기 수다쟁이가 되었다.
26 へんこう **変更** 명 する 변경	りょこうがいしゃ にってい へんこう と あ 旅行会社に日程の変更ができるか問い合わせた。 여행사에 일정 변경이 가능한지 문의했다.
27 ぼうけん **冒険** 명 する 모험	なか ま いっしょ ぼうけん にん き 仲間と一緒に冒険をするRPGゲームが人気だそうだ。 동료와 함께 모험을 하는 RPG 게임이 인기라고 한다.
28 ほ けん **保険** 명 보험	りょこう まえ りょこうしゃ ほ けん はい 旅行する前は、いつも旅行者保険に入っている。 여행하기 전에는 항상 여행자 보험을 들고 있다.
29 まん が **漫画** 명 만화	ほん よ す まん が よ 本を読むのは好きだが、漫画は読まない。 책을 읽는 것은 좋아하지만, 만화는 읽지 않는다.
30 めんぜい **免税** 명 면세	めんぜいてん け しょうひん やす か 免税店で化粧品を安く買った。 면세점에서 화장품을 저렴하게 샀다.

31
りょうがえ
両替
[명] [する] 환전

かいがいりょこう　まえ　りょうがえ
海外旅行の前に両替をしておこう。
해외여행 전에 환전을 해 둬야지.

32
えが　か
描く・描く
[동] 그리다, 표현하다,
묘사하다

しぜん　ふうけい　えが　　　　　　　こころ　お　つ
自然や風景を描いていると心が落ち着いてくる。
자연이나 풍경을 그리고 있으면 마음이 침착해진다.

33
か
兼ねる
[동] 겸하다

い ぜん　しゅっちょう　か　　　　　　　　　　　　　い
以前、出張を兼ねてヨーロッパに行ったことがある。
이전에 출장을 겸해서 유럽에 간 적이 있다.

34
この
好む
[동] 좋아하다, 즐기다

さいきん　すい り しょうせつ　この　　　よ
最近は推理小説を好んで読んでいる。
최근에는 추리 소설을 즐겨 읽고 있다.

35
さ
指す
[동] 가리키다, 지적하다

みせ　ひと　ゆび　さ　　みち　おし
店の人は指で指して道を教えてくれた。
가게 사람은 손가락으로 가리키며 길을 알려 주었다.

36
さわ
騒ぐ
[동] 떠들다

となり　せき　わかもの　　　　　さけ　の　さわ
隣の席の若者が、お酒を飲んで騒いでいた。
옆자리의 젊은이가 술을 마시며 떠들고 있었다.

37
し
占める

图 점유하다, 차지하다

ち いき かんこうきゃく たいはん に ほんじん し
この地域の観光客の大半は日本人が占めている。
이 지역 관광객의 대부분은 일본인이 차지하고 있다.

38
たず
尋ねる

图 묻다

ある がいこくじん みち たず
歩いていたら外国人に道を尋ねられた。
걷고 있었는데 외국인이 길을 물었다.

➕ たず
訪ねる 방문하다

れんらく ともだち いえ たず
連絡もしないで友達が家に訪ねてきた。
연락도 하지 않고 친구가 집에 찾아왔다.

39
たたか
戦う

图 싸우다

あいて たい たたか
これは相手と1対1で戦うゲームです。
이것은 상대와 1대 1로 싸우는 게임입니다.

40
とど
留まる

图 머무르다, 그치다, 멈추다

むら き い すこ とど
この村が気に入ってもう少しここに留まることに
した。
이 마을이 마음에 들어서 조금 더 여기에 머물기로 했다.

41
と
泊まる

图 숙박하다, 묵다

ひとり たび で と き
一人旅に出たが、泊まるところはまだ決まって
いない。
혼자 여행을 나섰지만 묵을 곳은 아직 정하지 않았다.

42
に
逃がす

图 놓아주다, 놓치다

つ さかな かわ に
釣った魚をすべて川に逃がした。
낚은 물고기를 전부 강에 놓아주었다.

反 に
逃げる 도망치다, 달아나다

43
ふく
膨らむ
동 부풀다, 불룩해지다

りょこう ちか　きたい ふく
旅行が近づくほど、期待が膨らんでくる。
여행이 가까워질수록, 기대가 부풀어 왔다.

44
ま
曲げる
동 구부리다

たけ ま つく　みやげ か
竹を曲げて作ったうちわをお土産に買ってきた。
대나무를 구부려서 만든 부채를 기념품으로 사 왔다.

45
み のが
見逃す
동 못 보다, 간과하다,
　 눈감아 주다

たの　　　　　　　　　み のが
楽しみにしていたドラマを見逃してしまった。
기대하던 드라마를 못 보고 말았다.

むすめ れいてん　　　かく　　み のが
娘が０点のテストを隠すのを見逃してやった。
딸이 0점짜리 시험지를 숨기는 것을 눈감아 주었다.

46
めぐ
巡る
동 돌다, 회전하다,
　 차례로 돌아다니다

ゆうめい かんこうち めぐ　　　　さんか
有名な観光地を巡るツアーに参加した。
유명한 관광지를 도는 패키지 여행에 참가했다.

47
もぐ
潜る
동 잠수하다, 기어들다

すいえい　　　　　　　うみ もぐ　さかな み
水泳がうまくなったら海に潜って魚を見てみたい。
수영이 능숙해지면 바다에 잠수해서 물고기를 보고 싶다.

48
わ
湧く
동 솟다, 솟아나다

ろてんぶろ　　おんせん わ ようす み
この露天風呂では温泉が湧く様子を見ることが
できる。
이 노천탕에서는 온천이 솟아나는 모습을 볼 수 있다.

확인 문제

1 해당 어휘의 읽는 법을 찾고, 빈칸에 그 의미를 써 넣으세요.

> | 보기 | 学生 | ✓ がくせい | ② がっせい | 학생 |
> | --- | --- | --- | --- | --- |

(1) 冒険　　　① ぼうけん　② ぼけん　　　＿＿＿＿＿＿＿

(2) 湧く　　　① うく　　　② わく　　　　＿＿＿＿＿＿＿

(3) 休憩　　　① きゅうけい ② きゅうそく　＿＿＿＿＿＿＿

(4) 登山　　　① とうさん　② とざん　　　＿＿＿＿＿＿＿

(5) 貴重　　　① きちょう　② きじゅう　　＿＿＿＿＿＿＿

2 문맥에 맞는 단어를 보기 에서 골라 알맞은 형태로 바꾸어 써 넣으세요.

(6) 日本旅行を(　　　　)に日本語を習いたくなった。

(7) 釣った魚をすべて川に(　　　　)た。

(8) 水泳がうまくなったら海に(　　　　)魚を見てみたい。

(9) 旅行が近づくほど、期待が(　　　　)くる。

(10) カラオケで思いきり歌うことでストレスを(　　　　)している。

> | 보기 | 解消　　きっかけ　　逃がす　　膨らむ　　潜る |
> | --- | --- |

단어 퀴즈

✖ 단어를 보고 발음과 의미를 적어 보세요.

단어	발음	의미
改正	かいせい	개정
休憩		
騒ぐ		
貴重		
興味		
趣味		
変更		
占める		
尋ねる		
戦う		
解消		
鑑賞		
合流		
混雑		
視野		
周囲		
収集		
滞在		
登山		
分野		
冒険		
漫画		
湧く		

선을 따라 접으면 답을 확인할 수 있어요.

✖ 한번 더 복습해 봅시다.

읽는 법과 뜻	한자	발음	의미
☐ かいせい 개정	예 改正	かいせい	개정
☐ きゅうけい 휴게, 휴식	休憩		
☐ さわぐ 떠들다	騒ぐ		
☐ きちょう 귀중	貴重		
☐ きょうみ 흥미, 관심	興味		
☐ しゅみ 취미	趣味		
☐ へんこう 변경	変更		
☐ しめる 점유하다, 차지하다	占める		
☐ たずねる 묻다	尋ねる		
☐ たたかう 싸우다	戦う		
☐ かいしょう 해소	解消		
☐ かんしょう 감상	鑑賞		
☐ ごうりゅう 합류	合流		
☐ こんざつ 혼잡	混雑		
☐ しや 시야	視野		
☐ しゅうい 주위	周囲		
☐ しゅうしゅう 수집	収集		
☐ たいざい 체재	滞在		
☐ とざん 등산	登山		
☐ ぶんや 분야	分野		
☐ ぼうけん 모험	冒険		
☐ まんが 만화	漫画		
☐ わく 솟다, 솟아나다	湧く		

교통과 안전

얼마나
알고 있나요?

사전 체크

- [ ] **01** 足元
- [ ] **02** 行き先
- [ ] **03** 運賃
- [ ] **04** 横断
- [ ] **05** 大型
- [ ] **06** 加速
- [ ] **07** 片道
- [ ] **08** 帰省
- [ ] **09** 規則
- [ ] **10** 警戒
- [ ] **11** 経由
- [ ] **12** 下車
- [ ] **13** 交差
- [ ] **14** 左右
- [ ] **15** 児童
- [ ] **16** 車輪
- [ ] **17** 渋滞
- [ ] **18** 周辺
- [ ] **19** 乗車
- [ ] **20** 進入
- [ ] **21** 制限
- [ ] **22** 設置
- [ ] **23** 操縦
- [ ] **24** 速度
- [ ] **25** 駐車
- [ ] **26** 突き当たり
- [ ] **27** 停止
- [ ] **28** 凸凹
- [ ] **29** 転換
- [ ] **30** 点検
- [ ] **31** 到着
- [ ] **32** 取り合い
- [ ] **33** 燃料
- [ ] **34** 非常
- [ ] **35** 複雑
- [ ] **36** 船便
- [ ] **37** 保管
- [ ] **38** 舗装
- [ ] **39** 免許
- [ ] **40** 当てる
- [ ] **41** 追い付く
- [ ] **42** ひく
- [ ] **43** 沿う
- [ ] **44** つかむ
- [ ] **45** つまずく
- [ ] **46** 寄せる
- [ ] **47** 渡る
- [ ] **48** 緩い

☐☐	**01** あしもと **足元** 🄼 발밑, 신변	すべ　　　　　　　　　　あしもと　ちゅうい 滑りやすいので、足元に注意してください。 미끄러지기 쉬우니까 발밑을 주의하세요.
☐☐	**02** い　さき　ゆ　さき **行き先・行き先** 🄼 행선지, 목적지	の　　　　　うんてんしゅ　ゆ　さき　つ タクシーに乗って運転手に行き先を告げた。 택시를 타고 운전기사에게 행선지를 알렸다.
☐☐	**03** うんちん **運賃** 🄼 운임	げんゆ　かかく　じょうしょう　　　　ひこうき　うんちん　あ 原油価格が上昇したので、飛行機の運賃も上がった。 원유 가격이 상승했기 때문에 비행기 운임도 올랐다.
☐☐	**04** おうだん **横断** 🄼 🅂る 횡단	たいへいよう　　おうだん　　　　　　　　　　　　もう　こ 太平洋を横断するクルーズツアーに申し込んだ。 태평양을 횡단하는 크루즈 여행에 신청했다.
☐☐	**05** おおがた **大型** 🄼 대형	おおがたしゃりょうせんよう　　どうろ　　りよう トラックは大型車両専用の道路を利用してください。 트럭은 대형 차량 전용 도로를 이용해 주십시오. 🈩 こがた 小型 소형
☐☐	**06** か　そく **加速** 🄼 🅂る 가속	か　そく　　　　まえ　くるま　お　こ 加速して前の車を追い越した。 가속해서(속도를 높여) 앞차를 추월했다.

07
かたみち
片道
명 편도

<ruby>片道<rt>かたみち</rt></ruby>ではなく<ruby>往復<rt>おうふく</rt></ruby>の<ruby>切符<rt>きっぷ</rt></ruby>を<ruby>買<rt>か</rt></ruby>った。
편도가 아닌 왕복표를 샀다.

반 <ruby>往復<rt>おうふく</rt></ruby> 왕복

08
き せい
帰省
명 する 귀성

<ruby>夏休<rt>なつやす</rt></ruby>みは<ruby>帰省<rt>きせい</rt></ruby>の<ruby>車<rt>くるま</rt></ruby>で<ruby>道<rt>みち</rt></ruby>が<ruby>混<rt>こ</rt></ruby>む。
여름휴가는 귀성 차량으로 길이 막힌다.

09
き そく
規則
명 규칙

<ruby>普段<rt>ふだん</rt></ruby>から<ruby>交通規則<rt>こうつうきそく</rt></ruby>を<ruby>守<rt>まも</rt></ruby>るようにしている。
평소부터 교통 규칙을 지키도록 하고 있다.

10
けいかい
警戒
명 する 경계

ニュースによると<ruby>台風<rt>たいふう</rt></ruby>による<ruby>大雨<rt>おおあめ</rt></ruby>に<ruby>警戒<rt>けいかい</rt></ruby>が<ruby>必要<rt>ひつよう</rt></ruby>だ
そうだ。
뉴스에 의하면 태풍으로 인한 폭우에 경계가 필요하다고 한다.

11
けい ゆ
経由
명 する 경유

その<ruby>飛行機<rt>ひこうき</rt></ruby>は<ruby>韓国<rt>かんこく</rt></ruby>を<ruby>経由<rt>けいゆ</rt></ruby>してアメリカへ<ruby>向<rt>む</rt></ruby>かう。
그 비행기는 한국을 경유해서 미국으로 향한다.

12
げ しゃ
下車
명 する 하차

これは<ruby>特急列車<rt>とっきゅうれっしゃ</rt></ruby>なので<ruby>次<rt>つぎ</rt></ruby>の<ruby>駅<rt>えき</rt></ruby>では<ruby>下車<rt>げしゃ</rt></ruby>できない。
이것은 특급 열차라서 다음 역에서는 하차할 수 없다.

반 <ruby>乗車<rt>じょうしゃ</rt></ruby> 승차

13
こうさ
交差
［명］［する］ 교차

こうさてん　おお　　　じこ
交差点で大きい事故があったそうです。
교차로에서 큰 사고가 있었다고 합니다.

14
さゆう
左右
［명］ 좌우

どうろ　さゆう　かくにん　　　　　　わた
道路は左右を確認してから渡るようにしてください。
도로는 좌우를 확인하고 나서 건너도록 하세요.

15
じどう
児童
［명］ 아동

じどう　あんぜん　かえ
児童が安全に帰れるように、ボランティアがいる。
아동이 안전하게 귀가할 수 있도록 자원봉사자가 있다.

16
しゃりん
車輪
［명］ (차)바퀴, 수레바퀴

しゃりん　おお　　じてんしゃ　の　　　　　すこ　こわ
車輪が大きい自転車に乗るのは少し怖かった。
바퀴가 큰 자전거를 타는 것은 조금 무서웠다.

17
じゅうたい
渋滞
［명］［する］ 정체

じゅうたい　　とうちゃく　いちじかん　おく
ひどい渋滞で、到着が一時間も遅れてしまった。
심한 정체로 도착이 한 시간이나 늦어지고 말았다.

18
しゅうへん
周辺
［명］ 주변

もくてきち　しゅうへん　みち　まよ
目的地の周辺で道に迷ってしまった。
목적지 주변에서 길을 잃어버렸다.

あた
［유］辺り 근처, 부근, 주변

19
じょうしゃ
乗車
名 する 승차

でんしゃ か こ じょうしゃ きけん えんりょ
電車への駆け込み乗車は危険なので、ご遠慮ください。
전철에 (무리하게) 뛰어드는 승차 방식은 위험하므로 삼가 주세요.

＋ じょうきゃく
乗客 승객

反 げしゃ
下車 하차

20
しんにゅう
進入
名 する 진입

でんしゃ えき しんにゅう とき おな おんがく
電車が駅のホームに進入する時、いつも同じ音楽が
なが
流れる。
전철이 역 홈에 진입할 때 항상 같은 음악이 흐른다.

21
せいげん
制限
名 する 제한

ゆうえんち の もの なか しんちょう せいげん
遊園地の乗り物の中には身長の制限があるものもあ
ります。
유원지의 놀이기구 중에는 키 제한이 있는 것도 있습니다.

22
せっち
設置
名 する 설치

がっこう ぼうはん せっち
学校に防犯カメラが設置されることになった。
학교에 방범 카메라가 설치되게 되었다.

23
そうじゅう
操縦
名 する 조종

ひこうき そうじゅうし くんれん う
飛行機の操縦士になるために訓練を受けています。
비행기 조종사가 되기 위해 훈련을 받고 있습니다.

24
そくど
速度
名 속도

どうろ き そくど まも はし
道路では決められた速度を守って走らなければなら
ない。
도로에서는 정해진 속도를 지켜서 달려야 한다.

類 スピード 스피드, 속도　速さ 속도
はや

25
ちゅうしゃ
駐車
명 する 주차

この道は駐車が禁止されている。
이 길은 주차가 금지되어 있다.
＋ 駐輪 자전거 주차

26
つ あ
突き当たり
명 막다른 곳, 맞닥뜨림

この先は突き当たりだから、他の道を探そう。
이 앞은 막다른 곳이니까 다른 길을 찾아야겠다.

27
ていし
停止
명 する 정지

大雪のため電車の運転を停止している。
폭설 때문에 전철 운전을 정지하고 있다.
＋ 停車 정차

28
でこぼこ
凸凹
명 する 울퉁불퉁, 들쭉날쭉

田舎の道は凸凹していて運転しにくい。
시골 길은 울퉁불퉁해서 운전하기 어렵다.

29
てんかん
転換
명 する 전환

方向転換と駐車ができなくて免許が取れなかった。
방향 전환과 주차를 못해서 면허를 못 땄다.

30
てんけん
点検
명 する 점검

エレベーターが点検中だったので、14階まで階段で上がった。
엘리베이터가 점검 중이었기 때문에 14층까지 계단으로 올라갔다.

31
とうちゃく
到着
名 する 도착

この飛行機はまもなく日本に到着いたします。
이 비행기는 곧 일본에 도착합니다.

32
と あ
取り合い
名 する 서로 다투어 빼앗음

今朝、電車の中で二人が席の取り合いをしていた。
오늘 아침, 전철 안에서 두 사람이 자리 다툼을 하고 있었다.

33
ねんりょう
燃料
名 연료

とうとう燃料が切れてトラクターが動かなくなって
しまった。
마침내 연료가 떨어져서 트랙터가 움직이지 않게 되고 말았다.

34
ひじょう
非常
名 ナ 비상

地下鉄やトンネルには乗客の安全のために非常口が
ある。
지하철이나 터널에는 승객의 안전을 위해 비상구가 있다.

35
ふくざつ
複雑
名 ナ 복잡

ライブ会場までの道が複雑すぎてタクシーで移動
した。
라이브 공연장까지의 길이 너무 복잡해서 택시로 이동했다.

36
ふなびん
船便
名 배편

船便は送料は安いが、到着まで20日以上かかる。
배편은 송료는 저렴하지만 도착까지 20일 이상 걸린다.

37
ほ かん
保管
명 する 보관

ほ あん　　　　　　 ねんまえ　 し りょう　 べつ　 ほ かん
保安のため、5年前の資料は別に保管しています。
보안을 위해 5년 전 자료는 별도로 보관하고 있습니다.

38
ほ そう
舗装
명 する 포장

ねんまつ　　 ふる　　　　　 どう ろ　 ほ そう　　　　　 こう じ
年末は、古くなった道路を舗装するための工事が
おお
多い。
연말은 낡아진 도로를 포장하기 위한 공사가 많다.

39
めんきょ
免許
명 면허

めんきょ　 こうしん　　　 ねん　 いち ど
免許の更新は5年に一度だ。
면허 갱신은 5년에 한 번이다.

40
あ
当てる
명 부딪다, 맞히다

くるま　 ちゅうしゃじょう　 かべ　 あ
車を駐車場の壁に当ててしまった。
차를 주차장 벽에 부딪히고 말았다.

ほんもの　　 あ
どちらが本物か、当ててみてください。
어느 쪽이 진짜인지 맞혀 보세요.

41
お　 つ
追い付く
동 따라잡다

ちかみち　 はし　　　 さき　 しゅっぱつ　 くるま　 お　 つ
近道を走れば先に出発した車に追い付けるはずだ。
지름길을 달리면 먼저 출발한 자동차를 따라잡을 수 있을 것이다.

42
ひく
동 (차 등으로) 치다

こう さ てん　 ひと　 くるま　　　　　　　　　 じ こ　 お
交差点で人が車にひかれる事故が起きた。
교차로에서 사람이 차에 치이는 사고가 일어났다.

➕ ひき逃げ 뺑소니
に

けいさつ　　　　　 だい　 だんせい　　　　　　　　　 に　　　 ようぎ　 たい ほ
警察は30代の男性をひき逃げの容疑で逮捕しました。
경찰은 30대 남성을 뺑소니 혐의로 체포했습니다.

43
そ
沿う
통 따르다, 좇다

<ruby>道<rt>みち</rt></ruby>に<ruby>迷<rt>まよ</rt></ruby>ったので、<ruby>線路<rt>せんろ</rt></ruby>に<ruby>沿<rt>そ</rt></ruby>って<ruby>歩<rt>ある</rt></ruby>いた。
길을 잃어서 선로를 따라 걸었다.

44
つかむ
통 움켜쥐다, 붙잡다

<ruby>電車<rt>でんしゃ</rt></ruby>が<ruby>揺<rt>ゆ</rt></ruby>れてつり<ruby>革<rt>かわ</rt></ruby>をしっかりつかみました。
전철이 흔들려서 손잡이를 꽉 잡았습니다.

45
つまずく
통 발이 걸려 넘어지다

<ruby>家<rt>いえ</rt></ruby>の<ruby>前<rt>まえ</rt></ruby>の<ruby>階段<rt>かいだん</rt></ruby>でつまずいて、<ruby>膝<rt>ひざ</rt></ruby>を<ruby>打<rt>う</rt></ruby>った。
집 앞의 계단에서 걸려 넘어져 무릎을 부딪쳤다.

46
よ
寄せる
통 바싹 옆으로 대다,
밀려오다

<ruby>車<rt>くるま</rt></ruby>を<ruby>右側<rt>みぎがわ</rt></ruby>に<ruby>寄<rt>よ</rt></ruby>せて<ruby>止<rt>と</rt></ruby>めた。
차를 우측에 바짝 붙여 세웠다.

47
わた
渡る
통 건너다, 건너가다(오다)

<ruby>橋<rt>はし</rt></ruby>を<ruby>渡<rt>わた</rt></ruby>ると、<ruby>右側<rt>みぎがわ</rt></ruby>に<ruby>大<rt>おお</rt></ruby>きな<ruby>教会<rt>きょうかい</rt></ruby>が<ruby>見<rt>み</rt></ruby>えた。
다리를 건너니, 우측에 큰 교회가 보였다.
➕ <ruby>渡<rt>わた</rt></ruby>す 건네다, 넘기다

48
ゆる
緩い
イ 느슨하다, 헐겁다,
원만하다

この<ruby>道<rt>みち</rt></ruby>は<ruby>緩<rt>ゆる</rt></ruby>いカーブが<ruby>続<rt>つづ</rt></ruby>いている。
이 길은 완만한 커브가 계속되고 있다.
유 なだらか 완만함, 원활함　<ruby>緩<rt>ゆる</rt></ruby>やか 완만함, 느슨함

1 해당 어휘의 읽는 법을 찾고, 빈칸에 그 의미를 써 넣으세요.

보기	学生	ⓥ がくせい	② がっせい	학생

(1) 緩い   ① するどい   ② ゆるい   _____

(2) 帰省   ① きせい   ② きしょう   _____

(3) 設置   ① せっち   ② せつび   _____

(4) 経由   ① けいゆう   ② けいゆ   _____

(5) 左右   ① さゆう   ② さいゆ   _____

2 문맥에 맞는 단어를 보기 에서 골라 알맞은 형태로 바꾸어 써 넣으세요.

(6) 電車が揺れてつり革をしっかり(   )ました。

(7) 家の前の階段で(   )、膝を打った。

(8) ニュースによると台風による大雨に(   )が必要だそうだ。

(9) とうとう(   )が切れてトラクターが動かなくなってしまった。

(10) 方向(   )と駐車ができなくて免許が取れなかった。

보기	警戒 転換 燃料 つかむ つまずく

정답

(1) ② 느슨하다, 완만하다   (2) ① 귀성   (3) ① 설치   (4) ② 경유   (5) ① 좌우
(6) つかみ   (7) つまずいて   (8) 警戒(けいかい)   (9) 燃料(ねんりょう)   (10) 転換(てんかん)

단어 퀴즈

✤ 단어를 보고 발음과 의미를 적어 보세요.

단어	발음	의미
改正	かいせい	개정
規則		
経由		
渋滞		
操縦		
凸凹		
足元		
運賃		
大型		
帰省		
左右		
児童		
車輪		
周辺		
制限		
突き当たり		
停止		
転換		
免許		
追い付く		
沿う		
渡る		
緩い		

선을 따라 접으면 답을 확인할 수 있어요.

✖ 한번 더 복습해 봅시다.

읽는 법과 뜻	한자	발음	의미
☐ かいせい 개정	예 改正	かいせい	개정
☐ きそく 규칙	規則		
☐ けいゆ 경유	経由		
☐ じゅうたい 정체	渋滞		
☐ そうじゅう 조종	操縦		
☐ でこぼこ 울퉁불퉁, 들쭉날쭉	凸凹		
☐ あしもと 발밑, 신변	足元		
☐ うんちん 운임	運賃		
☐ おおがた 대형	大型		
☐ きせい 귀성	帰省		
☐ さゆう 좌우	左右		
☐ じどう 아동	児童		
☐ しゃりん (차)바퀴, 수레바퀴	車輪		
☐ しゅうへん 주변	周辺		
☐ せいげん 제한	制限		
☐ つきあたり 막다른 곳	突き当たり		
☐ ていし 정지	停止		
☐ てんかん 전환	転換		
☐ めんきょ 면허	免許		
☐ おいつく 따라잡다	追い付く		
☐ そう 따르다, 좇다	沿う		
☐ わたる 건너다	渡る		
☐ ゆるい 느슨하다, 완만하다	緩い		

DAY 25

날씨와 자연환경

얼마나
알고 있나요?

사전 체크

☐ 01 勢い	☐ 02 植木	☐ 03 影響	☐ 04 汚染
☐ 05 火山	☐ 06 乾燥	☐ 07 気候	☐ 08 砂漠
☐ 09 仕上げ	☐ 10 湿気	☐ 11 湿度	☐ 12 接近
☐ 13 天候	☐ 14 天災	☐ 15 天然	☐ 16 並木
☐ 17 熱帯	☐ 18 破壊	☐ 19 発達	☐ 20 吹雪
☐ 21 模様	☐ 22 夕立	☐ 23 当たる	☐ 24 浴びる
☐ 25 荒れる	☐ 26 覆う	☐ 27 輝く	☐ 28 枯れる
☐ 29 曇る	☐ 30 越える	☐ 31 凍る	☐ 32 沈む
☐ 33 澄む	☐ 34 散る	☐ 35 照る	☐ 36 眺める
☐ 37 濁る	☐ 38 濡れる	☐ 39 増す	☐ 40 浅い
☐ 41 暖かい	☐ 42 清い	☐ 43 快い	☐ 44 激しい
☐ 45 穏やか	☐ 46 爽やか	☐ 47 なだらか	☐ 48 豊か

01
いきお
勢い
명 기세, 힘

きのう　よる　　かぜ　いきお　　つよ
昨日の夜から風の勢いが強くなっている。
어제 저녁부터 바람의 세기가 강해지고 있다.

02
うえ き
植木
명 정원수

わたし　いえ　にわ　　　　　　　　うえき
私の家の庭にはたくさんの植木がある。
우리 집 정원에는 많은 정원수가 있다.

　う
＋ 植える 심다

03
えいきょう
影響
명 する 영향

ひ こう き　うんこう　てんこう　おお　　えいきょう
飛行機の運航には天候が大きく影響する。
비행기 운항에는 날씨가 크게 영향을 미친다.

04
お せん
汚染
명 する 오염

こうじょう　で　けむり　　　　　　くうき　おせん
工場から出る煙によって、空気が汚染された。
공장에서 나오는 연기로 인해 공기가 오염되었다.

05
か ざん
火山
명 화산

か ざん　ふんか　じゅうみん　ひ なんめいれい　だ
火山の噴火で、住民には避難命令が出された。
화산의 분화로 주민에게 피난 명령이 떨어졌다.

06
かんそう
乾燥
명 する 건조

くうき　かんそう　　　　のど　いた
空気が乾燥していて、喉が痛い。
공기가 건조해서 목이 아프다.

07
きこう
気候
명 기후

くに　いちねん　とお　　おんだん　きこう
その国は一年を通して温暖な気候である。
그 나라는 1년 내내 온난한 기후이다.

08
さばく
砂漠
명 사막

おんだんか　えいきょう　しんりん　へ　さばく　ふ
温暖化の影響で、森林が減り、砂漠が増えている。
온난화의 영향으로 삼림이 줄고 사막이 늘고 있다.

09
しあ
仕上げ
명 する 마무리, 완성시킴

げつまえ　あ　　　　　　　　　　　　　しあ
3か月前から編んでいるセーターも、とうとう仕上げ
だんかい
の段階だ。
3개월 전부터 뜨고 있던 스웨터도 드디어 마무리 단계이다.

＋ しあ
仕上がり 완성된 결과, 완성 상태(됨됨이)

かいしゃ　せいひん　しあ
あの会社の製品は仕上がりがきれいです。
저 회사의 제품은 마감 상태가 깨끗합니다.

10
しっけ
湿気
명 습기

つゆ　しっけ　せんたくもの　かわ
梅雨は湿気で洗濯物が乾かない。
장마 때는 습기로 세탁물이(빨래가) 마르지 않는다.

＋ しめ
湿る 축축해지다, 눅눅해지다

11
しつど
湿度
명 습도

つゆ　しつど　たか　　　　　　　　　きも　わる
梅雨は湿度が高く、じめじめして気持ちが悪い。
장마 때는 습기가 많고 눅눅해서 기분이 나쁘다.

12
せっきん
接近
명 する 접근

にほんれっとう　たいふう　せっきん
日本列島に台風が接近しているようだ。
일본 열도에 태풍이 접근하고 있는 것 같다.

13
てんこう
天候
[명] 일기, 날씨

今年の夏は天候が悪くて、野菜の値段が上がった。
올해 여름은 날씨가 좋지 않아서 채소 가격이 올랐다.

14
てんさい
天災
[명] 천재, 자연재해

昨年は台風、地震、洪水など天災が多い年だった。
작년은 태풍, 지진, 홍수 등 자연재해가 많은 해였다.

15
てんねん
天然
[명] 천연

ロシアは天然資源が豊富な国である。
러시아는 천연자원이 풍부한 나라이다.

16
なみ き
並木
[명] 가로수

この並木は秋になると紅葉して美しい。
이 가로수는 가을이 되면 단풍이 들어서 아름답다.

17
ねったい
熱帯
[명] 열대

この果物は熱帯地域でしか作れない。
이 과일은 열대 지역에서밖에 재배할 수 없다.

18
は かい
破壊
[명] [する] 파괴

フロンガスによってオゾン層が破壊されている。
프레온 가스에 의해서 오존층이 파괴되고 있다.

19
はったつ
発達
명 する 발달

低気圧が発達しており、天気が荒れるでしょう。
저기압이 발달하여 날씨가 나빠지겠습니다. (일기 예보에서)

20
ふぶき
吹雪
명 눈보라

すごい吹雪で飛行機の到着が5時間も遅れた。
굉장한 눈보라로 비행기 도착이 다섯 시간이나 지연되었다.

21
もよう
模様
명 모양, 상황, 기미

午後から大雨が降る模様です。
오후부터 많은 비가 내릴 것 같습니다.

22
ゆうだち
夕立
명 소나기

急な夕立で、仕方なく傘を買った。
갑작스러운 소나기로 어쩔 수 없이 우산을 샀다.

23
あ
当たる
통 맞다, 적중하다

旅行中は天気予報が当たり、いい天気が続いた。
여행 중에는 일기 예보가 맞아, 좋은 날씨가 이어졌다.

➕ 当てる 부딪다, 맞히다

24
あ
浴びる
통 뒤집어 쓰다,
(먼지·햇볕 등을) 쐬다,
쬐다

植物は太陽の光を浴びて光合成をします。
식물은 태양 빛을 쐬며 광합성을 합니다.

25 あ **荒れる** 동 거칠어지다, 사나워지다	たいふう えいきょう うみ　あ 台風の影響で海がひどく荒れている。 태풍의 영향으로 바다가 매우 거칠어져 있다.
26 おお **覆う** 동 (표면 등을) 덮다	てん き　　　　　きゅう そらぜんたい くも さっきまでいい天気だったが、急に空全体を雲が おお 覆った。 조금 전까지 좋은 날씨였는데, 갑자기 하늘 전체를 구름이 뒤덮었다.
27 かがや **輝く** 동 빛나다, 반짝이다	そら み あ　　　　ほし　　　　　かがや 空を見上げると星がキラキラ輝いていた。 하늘을 올려다보니 별이 반짝반짝 빛나고 있었다.
28 か **枯れる** 동 마르다, 시들다	せんしゅう　　　はな　　　　　か 先週もらった花が、もう枯れてしまった。 지난주 받은 꽃이 벌써 시들어 버렸다.
29 くも **曇る** 동 흐리다, 흐려지다	きょう　　　　　　くも　　　あした　　あめ ふ 今日はこれから曇って、明日には雨が降るそうだ。 오늘은 이제부터 흐리고, 내일은 비가 온다고 한다.
30 こ **越える** 동 넘다, 넘어가다	やま こ　　　うみ み この山を越えると海が見えてきます。 이 산을 넘으면 바다가 보이기 시작할 겁니다.

31
こお
凍る
图 얼다

道が凍っているので、運転には十分お気をつけください。
길이 얼어 있으니 운전에는 충분히 주의해 주세요.

➕ 凍える 얼다, (추위 등으로) 몸의 감각이 둔해지다

冬は手が凍えてスマホが操作しにくくなる。
겨울에는 손이 얼어서 스마트폰을 조작하기 어려워진다.

32
しず
沈む
图 가라앉다, 지다

きれいな夕日が水平線の向こうに沈んだ。
아름다운 석양이 수평선 너머로 졌다.

33
す
澄む
图 맑다, 맑아지다

台風が通り過ぎて空が澄んで見える。
태풍이 지나가서 하늘이 맑게 보인다.

34
ち
散る
图 (꽃, 잎이) 지다, 떨어지다

桜が咲いたが、すぐに散ってしまった。
벚꽃이 피었지만, 금방 지고 말았다.

➕ 飛び散る 사방에 흩날리다, 튀다

35
て
照る
图 (해·달 등이) 비치다,
밝게 빛나다

日が照っているうちに洗濯物を干した。
해가 비치는 동안에 빨래를 말렸다.

36
なが
眺める
图 바라보다, 응시하다,
조망하다

会社の屋上から夜景を眺めていた。
회사 옥상에서 야경을 바라보고 있었다.

➕ 眺め 경치, 전망

37
にご
濁る

图 흐려지다, 탁해지다

あめ あと かわ みず にご
雨の後は川の水が濁っている。
비가 온 뒤에는 강물이 탁해져 있다.

38
ぬ
濡れる

图 젖다

きゅう あめ ぬ
急な雨でびしょびしょに濡れてしまった。
갑작스러운 비로 흠뻑 젖고 말았다.

39
ま
増す

图 많아지다, 늘다

たいふう えいきょう かわ みず ま
台風の影響で川の水が増した。
태풍의 영향으로 강물이 불어났다.

40
あさ
浅い

イ 얕다, (정도, 양이) 덜하다,
오래지 않다

かわ あさ み じつ ふか
あの川は浅く見えるけど実は深い。
저 강은 얕아 보이지만 사실은 깊다.

41
あたた
暖かい

イ (기온이) 따뜻하다,
따스하다

あたた さくら はな さ はじ
暖かくなって、桜の花が咲き始めた。
따뜻해져서 벗꽃이 피기 시작했다.

あたた
유 温かい (온도가) 따뜻하다

42
きよ
清い

イ 깨끗하다, 맑다

たに なが きよ みず こころ あら
谷を流れる清い水で心まで洗われた。
계곡을 흐르는 맑은 물로 마음까지 씻겨 내려갔다.

43
こころよ
快い

イ 기분이 좋다, 상쾌하다

<ruby>窓<rt>まど</rt></ruby>から<ruby>入<rt>はい</rt></ruby>ってくる<ruby>風<rt>かぜ</rt></ruby>がとても<ruby>快<rt>こころよ</rt></ruby>いです。
창문으로 들어오는 바람이 매우 상쾌합니다.

44
はげ
激しい

イ 심하다, 격심하다

<ruby>激<rt>はげ</rt></ruby>しい<ruby>雨<rt>あめ</rt></ruby>のため、<ruby>遠足<rt>えんそく</rt></ruby>は<ruby>中止<rt>ちゅうし</rt></ruby>になった。
거센 비로 소풍은 중지되었다.

45
おだ
穏やか

ナ 평온함, 온후함, 차분함

<ruby>今日<rt>きょう</rt></ruby>は<ruby>天気<rt>てんき</rt></ruby>もよく、<ruby>波<rt>なみ</rt></ruby>がとても<ruby>穏<rt>おだ</rt></ruby>やかですね。
오늘은 날씨도 좋고 파도가 매우 잔잔하네요.

46
さわ
爽やか

ナ 기분이 개운함, 산뜻함, 상쾌함

<ruby>朝起<rt>あさお</rt></ruby>きると、<ruby>窓<rt>まど</rt></ruby>を<ruby>開<rt>あ</rt></ruby>けて<ruby>爽<rt>さわ</rt></ruby>やかな<ruby>空気<rt>くうき</rt></ruby>を<ruby>吸<rt>す</rt></ruby>います。
아침에 일어나면 창문을 열고 상쾌한 공기를 마십니다.

47
なだらか

ナ 완만함, 가파르지 않음

その<ruby>丘<rt>おか</rt></ruby>まではなだらかな<ruby>坂<rt>さか</rt></ruby>が<ruby>続<rt>つづ</rt></ruby>いている。
그 언덕까지는 완만한 비탈길이 이어지고 있다.

유 <ruby>緩<rt>ゆる</rt></ruby>い 완만하다, 헐렁하다

48
ゆた
豊か

ナ 풍족함, 풍부함

スイスの<ruby>豊<rt>ゆた</rt></ruby>かな<ruby>自然<rt>しぜん</rt></ruby>を<ruby>直接見<rt>ちょくせつみ</rt></ruby>て、<ruby>感動<rt>かんどう</rt></ruby>した。
스위스의 풍부한 자연을 직접 보고 감동했다.

확인 문제

1 해당 어휘의 읽는 법을 찾고, 빈칸에 그 의미를 써 넣으세요.

보기	学生	✓ がくせい	② がっせい	학생

(1) 天然　　　① てんれん　　② てんねん　　_____

(2) 乾燥　　　① かんそ　　　② かんそう　　_____

(3) 砂漠　　　① さばく　　　② さまく　　　_____

(4) 穏やか　　① おだやか　　② すこやか　　_____

(5) 湿気　　　① しつげ　　　② しっけ　　　_____

2 문맥에 맞는 단어를 보기에서 골라 알맞은 형태로 바꾸어 써 넣으세요.

(6) 空を見上げると星がキラキラ(　　　　)いた。

(7) すごい(　　　　)で飛行機の到着が5時間も遅れた。

(8) 雨の後は川の水が(　　　　)いる。

(9) その丘までは(　　　　)坂が続いている。

(10) 急な(　　　　)で、仕方なく傘を買った。

보기	吹雪　　夕立　　輝く　　濁る　　なだらか

정답 --

(1) ② 천연　(2) ② 건조　(3) ① 사막　(4) ① 평온함, 온후함　(5) ② 습기
(6) 輝(かがや)いて　(7) 吹雪(ふぶき)　(8) 濁(にご)って　(9) なだらかな　(10) 夕立(ゆうだち)

단어 퀴즈

✾ 단어를 보고 발음과 의미를 적어 보세요.

단어	발음	의미
改正	かいせい	개정
仕上げ		
快い		
豊か		
勢い		
影響		
汚染		
乾燥		
湿気		
湿度		
接近		
破壊		
覆う		
輝く		
澄む		
濁る		
増す		
激しい		
穏やか		
植木		
気候		
砂漠		
天然		

순서를 따라 접으면 단어를 복습할 수 있어요.

✽ 한번 더 복습해 봅시다.

읽는 법과 뜻
☐ かいせい 개정
☐ しあげ 마무리
☐ こころよい 기분이 좋다
☐ ゆたか 풍족함, 풍부함
☐ いきおい 기세, 힘
☐ えいきょう 영향
☐ おせん 오염
☐ かんそう 건조
☐ しっけ 습기
☐ しつど 습도
☐ せっきん 접근
☐ はかい 파괴
☐ おおう (표면 등을) 덮다
☐ かがやく 빛나다, 반짝이다
☐ すむ 맑다, 맑아지다
☐ にごる 흐려지다
☐ ます 늘다, 많아지다
☐ はげしい 심하다, 격심하다
☐ おだやか 평온함, 온후함
☐ うえき 정원수
☐ きこう 기후
☐ さばく 사막
☐ てんねん 천연

한자	발음	의미
예 改正	かいせい	개정
仕上げ		
快い		
豊か		
勢い		
影響		
汚染		
乾燥		
湿気		
湿度		
接近		
破壊		
覆う		
輝く		
澄む		
濁る		
増す		
激しい		
穏やか		
植木		
気候		
砂漠		
天然		

음성듣기

DAY 26

건강과 의료 (1)

얼마나
알고 있나요?

사전 체크

☐ 01 あくび	☐ 02 維持	☐ 03 痛み	☐ 04 医療
☐ 05 加減	☐ 06 患者	☐ 07 看病	☐ 08 傷
☐ 09 気味	☐ 10 禁煙	☐ 11 筋肉	☐ 12 苦痛
☐ 13 契機	☐ 14 血液	☐ 15 原因	☐ 16 検査
☐ 17 呼吸	☐ 18 心構え	☐ 19 姿勢	☐ 20 循環
☐ 21 症状	☐ 22 心臓	☐ 23 睡眠	☐ 24 蓄積
☐ 25 手当て	☐ 26 調子	☐ 27 寝坊	☐ 28 疲労
☐ 29 負傷	☐ 30 骨	☐ 31 見舞い	☐ 32 薬品
☐ 33 予防	☐ 34 補う	☐ 35 折る	☐ 36 鍛える
☐ 37 しびれる	☐ 38 溜める	☐ 39 縮まる	☐ 40 抜ける
☐ 41 腫れる	☐ 42 ひねる	☐ 43 防ぐ	☐ 44 煙い
☐ 45 質素	☐ 46 健やか	☐ 47 適切	☐ 48 思い切り

01
あくび
명 する 하품

寝不足で、授業中あくびばかりしていた。
ねぶそく　　じゅぎょうちゅう
수면 부족으로, 수업 중에 하품만 하고 있었다.

02
いじ
維持
명 する 유지

健康を維持するために、運動をしている。
けんこう　いじ　　　　　　　うんどう
건강을 유지하기 위해 운동을 하고 있다.

03
いた
痛み
명 아픔, 통증

この薬は歯の痛みによく効く。
くすり　は　いた　　　き
이 약은 치아 통증에 잘 듣는다.
➕ 痛み止め 진통제
いた　ど

04
いりょう
医療
명 의료

医療の発達により、平均寿命が延びた。
いりょう　はったつ　　へいきんじゅみょう　の
의료 발달에 따라 평균 수명이 연장되었다.
➕ 医療費 의료비
いりょうひ

05
かげん
加減
명 する 가감,
(적절히) 조절함

小さい動物に触る時は、力の加減が必要だ。
ちい　どうぶつ　さわ　とき　ちから　かげん　ひつよう
작은 동물을 만질 때는 힘 조절이 필요하다.

06
かんじゃ
患者
명 환자

緊急の患者が病院に運ばれてきました。
きんきゅう　かんじゃ　びょういん　はこ
긴급 환자가 병원에 실려 왔습니다.

07
かんびょう
看病
명 する 간병

風邪を引いた時、彼女が看病してくれた。
감기에 걸렸을 때, 그녀가 간병해 주었다.

⑪ 世話する 돌보다

⑪ 介護 간호, 간병, 병구완

08
きず
傷
명 상처

この傷は子供の時に転んでできたものだ。
이 상처는 어릴 때 넘어져서 생긴 것이다.

09
ぎ み
気味
명 느낌, 기미, 기운

今日は風邪気味で、早く帰って休みたいです。
오늘은 감기 기운이 있어서 빨리 돌아가 쉬고 싶습니다.

10
きんえん
禁煙
명 する 금연

店の中は全席禁煙席となっております。
가게 안은 전 좌석 금연석으로 되어 있습니다.

11
きんにく
筋肉
명 근육

彼は毎日運動をして筋肉をつける努力をしている。
그는 매일 운동을 해서 근육을 키우는 노력을 하고 있다.

12
く つう
苦痛
명 고통

体より精神的苦痛の方が耐えがたい。
몸보다 정신적 고통 쪽이 견디기 어렵다.

13
けいき
契機
명 계기

入院を契機に、人生について深く考えるようになった。
입원을 계기로 인생에 대해서 깊게 생각하게 되었다.

유 きっかけ 계기

14
けつえき
血液
명 혈액

健康診断で血液検査を受けました。
건강 검진에서 혈액 검사를 받았습니다.

15
げんいん
原因
명 원인

この病気の原因については、まだ分かっていない。
이 병의 원인에 대해서는 아직 판명되지 않았다.

16
けんさ
検査
명 する 검사

検査の結果は二週間後に出るそうだ。
검사 결과는 2주일 후에 나온다고 한다.

17
こきゅう
呼吸
명 する 호흡

空を見て大きく深呼吸をしたら気持ちが落ち着いてきた。
하늘을 보고 크게 심호흡을 했더니 기분이 진정되기 시작했다.

18
こころがま
心構え
명 마음의 준비, 각오

私はどんな結果でも受け入れる心構えができています。
나는 어떤 결과라도 받아들일 마음의 준비가 되어 있습니다.

19
し せい
姿勢
명 자세

楽な姿勢が必ずしも体にいいとは限らない。
편한 자세가 반드시 몸에 좋다고는 할 수 없다.

20
じゅんかん
循環
명 する 순환

心臓は血液を体中に循環させる役割をする。
심장은 혈액을 몸 전체에 순환시키는 역할을 한다.

21
しょうじょう
症状
명 증상

病院で症状を説明して、薬をもらってきた。
병원에서 증상을 설명하고 약을 받아 왔다.

22
しんぞう
心臓
명 심장

りんごは心臓の病気に効果があるそうだ。
사과는 심장병에 효과가 있다고 한다.

23
すいみん
睡眠
명 する 수면

最近は忙しすぎて、睡眠を取る時間もない。
요즘은 너무 바빠서 수면을 취할 시간도 없다.

24
ちくせき
蓄積
명 する 축적

疲労が蓄積して、ついに職場で倒れてしまった。
피로가 축적되어서 마침내 직장에서 쓰러져 버렸다.

25
て あ
手当て
[명] [する] (상처, 병의) 처치,
치료, 급여, 수당

子供が怪我をしたので、簡単な手当てをしてから
病院に行った。
아이가 다쳤기 때문에 간단한 처치를 한 후에 병원에 갔다.

26
ちょう し
調子
[명] (신체·기계 등의) 상태,
컨디션

今日は体の調子が悪いので休ませていただきたい
です。
오늘은 몸 상태가 좋지 않아 쉬고 싶습니다.

27
ね ぼう
寝坊
[명] [する] 늦잠을 잠, 잠꾸러기

昨日飲みすぎて、今朝は寝坊してしまった。
어제 과음해서 오늘 아침은 늦잠을 자 버렸다.

28
ひ ろう
疲労
[명] [する] 피로

疲労の回復によく効く栄養ドリンクが売れている。
피로 회복에 잘 듣는 영양 드링크가 잘 팔리고 있다.

29
ふ しょう
負傷
[명] [する] 부상

試合中に負傷し、チームに迷惑をかけてしまった。
시합 중에 부상 당해서 팀에 폐를 끼치고 말았다.

30
ほね
骨
[명] 뼈

スキー場で転んで、骨を折る大怪我をした。
스키장에서 넘어져서 뼈가 부러지는 큰 부상을 입었다.

31
みま
見舞い
명 문병, 병문안

果物を持って入院中の友達のお見舞いに行った。
과일을 가지고 입원 중인 친구의 병문안을 갔다.

32
やくひん
薬品
명 약품

理科の実験に使う薬品は危険なので、生徒には触らせない。
이과 실험에 사용하는 약품은 위험하기 때문에 학생에게는 만지지 못하게 한다.

33
よぼう
予防
명 **する** 예방

インフルエンザの予防のために手をしっかり洗いましょう。
독감 예방을 위해 손을 철저히 씻읍시다.

34
おぎな
補う
동 보충하다, 메우다

熱中症にならないよう、試合中も水分を補うことが大切だ。
열사병에 걸리지 않도록 시합 중에도 수분을 보충하는 것이 중요하다.

35
お
折る
동 접다, 꺾다, 부러뜨리다, 굽히다

交通事故に遭って、足の骨を折ってしまった。
교통사고를 당해서 다리뼈가 부러져 버렸다.

36
きた
鍛える
동 단련하다

体を鍛えることが精神の安定にもつながる。
몸을 단련하는 것이 정신 안정으로도 이어진다.

☐☐	**37** **しびれる** 통 마비되다, 저리다	<ruby>正座<rt>せい ざ</rt></ruby>して<ruby>祖父<rt>そ ふ</rt></ruby>の<ruby>長話<rt>なが ばなし</rt></ruby>を<ruby>聞<rt>き</rt></ruby>いていたら<ruby>足<rt>あし</rt></ruby>がしびれてしまった。 정좌하고(무릎을 꿇고 앉아) 할아버지의 긴 이야기를 들었더니 다리가 저렸다.
☐☐	**38** <ruby>溜<rt>た</rt></ruby>**める** 통 한 곳에 모아두다, 쌓아 두다	<ruby>彼<rt>かれ</rt></ruby>は<ruby>仕事<rt>し ごと</rt></ruby>のストレスを<ruby>溜<rt>た</rt></ruby>めているようだ。 그는 업무 스트레스를 쌓아 두고 있는 것 같다(받고 있는 것 같다). ➕ <ruby>溜<rt>た</rt></ruby>まる 쌓이다, 밀리다 ストレスが<ruby>溜<rt>た</rt></ruby>まって<ruby>小<rt>ちい</rt></ruby>さいことでもイライラする。 스트레스가 쌓여서 작은 일에도 짜증이 난다.
☐☐	**39** <ruby>縮<rt>ちぢ</rt></ruby>**まる** 통 오그라들다, 줄어들다	そのニュースを<ruby>聞<rt>き</rt></ruby>いた<ruby>時<rt>とき</rt></ruby>は<ruby>驚<rt>おどろ</rt></ruby>いて<ruby>寿命<rt>じゅ みょう</rt></ruby>が<ruby>縮<rt>ちぢ</rt></ruby>まりました。 그 뉴스를 들었을 때는 놀라서 수명이 줄어들었습니다(줄어든 기분이었습니다).
☐☐	**40** <ruby>抜<rt>ぬ</rt></ruby>**ける** 통 빠지다	シャンプーをしたら、<ruby>髪<rt>かみ</rt></ruby>の<ruby>毛<rt>け</rt></ruby>がたくさん<ruby>抜<rt>ぬ</rt></ruby>けた。 샴푸를 했더니(머리를 감았더니) 머리카락이 많이 빠졌다. 타 <ruby>抜<rt>ぬ</rt></ruby>く 뽑다, 빼다
☐☐	**41** <ruby>腫<rt>は</rt></ruby>**れる** 통 붓다	<ruby>昨日<rt>きのう</rt></ruby>の<ruby>夜<rt>よる</rt></ruby><ruby>泣<rt>な</rt></ruby>いたので<ruby>目<rt>め</rt></ruby>が<ruby>腫<rt>は</rt></ruby>れてしまった。 어젯밤에 울어서 눈이 붓고 말았다.
☐☐	**42** **ひねる** 통 비틀다, 꼬다	<ruby>運動<rt>うん どう</rt></ruby>の<ruby>前<rt>まえ</rt></ruby>に、<ruby>腰<rt>こし</rt></ruby>をひねってストレッチをした。 운동 전에 허리를 틀어 스트레칭을 했다.

43
ふせ
防ぐ

동 막다, 방지하다

いつもうがいをして風邪を防ぐようにしている。
항상 가글을(양치를) 해서 감기를 예방하려 하고 있다.

44
けむ
煙い

イ 냅다 (연기로 인해 맵고 싸하다), 메케하다

喫煙室だけでなく、まわりの部屋まで煙い。
흡연실뿐만 아니라 주변의 방까지 연기로 (눈이) 맵다.

45
しっそ
質素

ナ 명 검소, 소박

健康のためには質素な食事がいい。
건강을 위해서는 단촐한 식사가 좋다.

46
すこ
健やか

ナ 몸이 튼튼함, 건강함

息子に健やかに育ってほしい。
아들이 건강하게 자랐으면 좋겠다.

47
てきせつ
適切

ナ 명 적절

薬を飲む時は適切な量と回数を守ってください。
약을 먹을 때는 적절한 양과 횟수를 지켜 주십시오.

48
おも　き
思い切り

부 마음껏, 실컷

屋上で思い切り叫んだらすっきりした。
옥상에서 실컷 소리 질렀더니 개운해졌다.

1 해당 어휘의 읽는 법을 찾고, 빈칸에 그 의미를 써 넣으세요.

| 보기 | 学生 | ✔ がくせい | ② がっせい | 학생 |

(1) 蓄積   ① ちっせき   ② ちくせき   _____

(2) 苦痛   ① くつう   ② くうつう   _____

(3) 鍛える   ① きたえる   ② かかえる   _____

(4) 健やか   ① すみやか   ② すこやか   _____

(5) 循環   ① しゅんかん   ② じゅんかん   _____

2 문맥에 맞는 단어를 보기 에서 골라 알맞은 형태로 바꾸어 써 넣으세요.

(6) 喫煙室だけでなく、まわりの部屋まで(　　　　)。

(7) 健康のためには(　　　　)食事がいい。

(8) 小さい動物に触る時は、力の(　　　　)が必要だ。

(9) 運動の前に、腰を(　　　　)ストレッチをした。

(10) 子供が怪我をしたので、簡単な(　　　　)をしてから病院に行った。

| 보기 | 加減   手当て   ひねる   煙い   質素 |

정답

(1) ② 축적　(2) ① 고통　(3) ① 단련하다　(4) ② 몸이 튼튼함, 건강함　(5) ② 순환

(6) 煙(けむ)い　(7) 質素(しっそ)な　(8) 加減(かげん)　(9) ひねって　(10) 手当(てあ)て

단어 퀴즈

✤ 단어를 보고 발음과 의미를 적어 보세요.

단어	발음	의미
改正	かいせい	개정
姿勢		
補う		
縮まる		
質素		
維持		
加減		
契機		
症状		
溜める		
防ぐ		
健やか		
煙い		
禁煙		
苦痛		
原因		
検査		
呼吸		
循環		
心臓		
手当て		
適切		
予防		

선을 따라 접으면 답을 확인할 수 있어요.

✂ 한번 더 복습해 봅시다.

읽는 법과 뜻	한자	발음	의미
☐ かいせい 개정	예 改正	かいせい	개정
☐ しせい 자세	姿勢		
☐ おぎなう 보충하다, 메우다	補う		
☐ ちぢまる 오그라들다	縮まる		
☐ しっそ 검소, 소박	質素		
☐ いじ 유지	維持		
☐ かげん (적절히) 조절함	加減		
☐ けいき 계기	契機		
☐ しょうじょう 증상	症状		
☐ ためる 쌓아두다	溜める		
☐ ふせぐ 막다, 방지하다	防ぐ		
☐ すこやか 건강함	健やか		
☐ けむい 냅다, 메케하다	煙い		
☐ きんえん 금연	禁煙		
☐ くつう 고통	苦痛		
☐ げんいん 원인	原因		
☐ けんさ 검사	検査		
☐ こきゅう 호흡	呼吸		
☐ じゅんかん 순환	循環		
☐ しんぞう 심장	心臓		
☐ てあて 처치, 수당	手当て		
☐ てきせつ 적절	適切		
☐ よぼう 예방	予防		

DAY 27

건강과 의료 (2)

음성듣기

얼마나
알고 있나요?

사전 체크

☐ 01 焦り	☐ 02 異常	☐ 03 遺伝	☐ 04 回復
☐ 05 花粉症	☐ 06 感染	☐ 07 緩和	☐ 08 救急
☐ 09 緊急	☐ 10 具合	☐ 11 訓練	☐ 12 血圧
☐ 13 血管	☐ 14 健康	☐ 15 効果	☐ 16 作用
☐ 17 脂肪	☐ 18 消化	☐ 19 状態	☐ 20 頭痛
☐ 21 治療	☐ 22 伝染	☐ 23 皮膚	☐ 24 標準
☐ 25 無事	☐ 26 保健	☐ 27 虫歯	☐ 28 油断
☐ 29 衰える	☐ 30 効く	☐ 31 心がける	☐ 32 避ける
☐ 33 倒れる	☐ 34 保つ	☐ 35 取り除く	☐ 36 吐く
☐ 37 控える	☐ 38 冷やす	☐ 39 減らす	☐ 40 病む
☐ 41 かゆい	☐ 42 細い	☐ 43 疎か	☐ 44 顕著
☐ 45 適度	☐ 46 げっそり	☐ 47 ふらふら	☐ 48 一向に

01
あせり
焦り
명 초조, 안달, 조바심

「早く就職しなければ」という焦りが、大きなストレスになっている。
'빨리 취직하지 않으면 안 된다'는 조바심이 큰 스트레스가 되고 있다.

02
いじょう
異常
명 ナ 이상

検査の結果、異常がなかった。
검사 결과, 이상이 없었다(문제가 없었다).

03
いでん
遺伝
명 する 유전

この病気は遺伝すると言われている。
이 병은 유전된다고 한다.

04
かいふく
回復
명 する 회복

母の健康の回復を願って止まない。
엄마의 건강 회복을 바라마지 않는다.

05
かふんしょう
花粉症
명 꽃가루 알레르기

何年も花粉症に悩まされている。
몇 년이나 꽃가루 알레르기에 시달리고 있다.

06
かんせん
感染
명 する 감염

このウイルスは、空気で感染する。
이 바이러스는 공기로 감염된다.

07
かん わ
緩和
[명] [する] 완화

薬を飲めば、頭の痛みが少し緩和されるだろう。
약을 먹으면, 두통이 조금 완화될 것이다.

08
きゅうきゅう
救急
[명] 구급

その事故で何人かの人が救急病院に搬送された。
그 사고로 몇 명인가의 사람이 구급병원으로 실려 갔다.

09
きんきゅう
緊急
[명] [ナ] 긴급

3か月続いた感染症の緊急事態宣言終了が発表された。
3개월간 이어진 감염증의 긴급 사태 선언 종료가 발표되었다.

10
ぐ あい
具合
[명] 형편, 상태, 몸 상태

具合が悪いので、先に帰ってもよろしいですか。
몸 상태가 안 좋아서, 먼저 돌아가도 되겠습니까?

11
くんれん
訓練
[명] [する] 훈련

手術の後、歩けるように歩行訓練を行っています。
수술 후, 걸을 수 있도록 보행 훈련을 실시하고 있습니다.

12
けつあつ
血圧
[명] 혈압

血圧を測ったら正常より高く出た。
혈압을 쟀더니 정상보다 높게 나왔다.

13
けっかん
血管
명 혈관

血管を詰まらせないためには、バランスのとれた
食生活が重要だ。
혈관을 막히지 않게 하기 위해서는 균형 잡힌 식생활이 중요하다.

14
けんこう
健康
명 ナ 건강

最近、健康についての本が人気だそうだ。
요즘에 건강에 대한 책이 인기라고 한다.

15
こうか
効果
명 효과

色んなダイエットをしてみたが、何も効果がなかった。
다양한 다이어트를 해 봤지만, 아무것도 효과가 없었다.

16
さよう
作用
명 する 작용

この薬は眠くなるなど多少の副作用があります。
이 약은 졸리는 등 다소 부작용이 있습니다.

17
しぼう
脂肪
명 지방

脂肪を減らすためには運動が必要だ。
지방을 줄이기 위해서는 운동이 필요하다.

18
しょうか
消化
명 する 소화

退院したばかりだから、消化に良いものを食べた
方がいい。
퇴원한 지 얼마 안 됐으니까 소화에 좋은 것을 먹는 편이 좋다.

19
じょうたい
状態
몡 상태

<ruby>爪<rt>つめ</rt></ruby>を<ruby>見<rt>み</rt></ruby>ると<ruby>今<rt>いま</rt></ruby>の<ruby>健康状態<rt>けんこうじょうたい</rt></ruby>が<ruby>分<rt>わ</rt></ruby>かるらしい。
손톱을 보면 현재의 건강 상태를 알 수 있다는 것 같다.

윤 <ruby>状況<rt>じょうきょう</rt></ruby> 상황

20
ず つう
頭痛
몡 두통

<ruby>頭痛<rt>ずつう</rt></ruby>がひどくて、<ruby>出勤前<rt>しゅっきんまえ</rt></ruby>に<ruby>病院<rt>びょういん</rt></ruby>に<ruby>寄<rt>よ</rt></ruby>った。
두통이 심해서 출근 전에 병원에 들렀다.

21
ち りょう
治療
몡 する 치료

<ruby>虫歯<rt>むしば</rt></ruby>の<ruby>治療<rt>ちりょう</rt></ruby>をしに<ruby>歯医者<rt>はいしゃ</rt></ruby>さんに<ruby>行<rt>い</rt></ruby>った。
충치를 치료하러 치과에 갔다.

22
でんせん
伝染
몡 する 전염

こちらでは<ruby>様々<rt>さまざま</rt></ruby>な<ruby>感染症<rt>かんせんしょう</rt></ruby>や<ruby>伝染病<rt>でんせんびょう</rt></ruby>について<ruby>研究<rt>けんきゅう</rt></ruby>しています。
이쪽에서는 다양한 감염증이나 전염병에 대해 연구하고 있습니다.

23
ひ ふ
皮膚
몡 피부

アレルギーのせいで<ruby>皮膚<rt>ひふ</rt></ruby>が<ruby>荒<rt>あ</rt></ruby>れてしまった。
알레르기 탓에 피부가 거칠어져 버렸다.

윤 <ruby>肌<rt>はだ</rt></ruby> 피부, 살갗

24
ひょうじゅん
標準
몡 표준

<ruby>私<rt>わたし</rt></ruby>の<ruby>身長<rt>しんちょう</rt></ruby>は<ruby>日本人<rt>にほんじん</rt></ruby>の<ruby>標準身長<rt>ひょうじゅんしんちょう</rt></ruby>より<ruby>高<rt>たか</rt></ruby>い<ruby>方<rt>ほう</rt></ruby>です。
나의 신장은(키는) 일본인 표준 신장(키)보다 큰 편입니다.

25
ぶ じ
無事
명 ナ 무사, 아무일 없음

しゅじゅつ　ぶ じ　　お
手術は無事に終わりました。
수술은 무사히 끝났습니다.

26
ほ けん
保健
명 보건

きゅう　ぐ あい　わる　　　　　　　　　　　　ほ けんしつ　やす
急に具合が悪くなったので、保健室で休みました。
갑자기 몸이 안 좋아져서 보건실(양호실)에서 쉬었습니다.

27
むし ば
虫歯
명 충치

あま　　　　　　 た　す　　 むし ば
甘いものを食べ過ぎて虫歯になった。
단것을 너무 먹어서 충치가 생겼다.

28
ゆ だん
油断
명 する 방심, 부주의

ゆ だん　きんもつ
ダイエットに油断は禁物だよ。
다이어트에 방심은 금물이야.

29
おとろ
衰える
동 쇠약해지다, 쇠퇴하다

わか　とき　くら　　　　　　　き おくりょく　おとろ
若い時に比べると、記憶力が衰えている。
젊었을 때에 비하면 기억력이 쇠퇴해 있다.

30
き
効く
동 효과가 있다, (잘) 듣다

くすり　かぜ　　　　　　　　 しょうじょう　き
この薬は風邪のあらゆる症状に効く。
이 약은 감기의 모든 증상에 효과가 있다.

31
こころ
心がける
통 유의하다, 명심하다

健康のために、栄養バランスの取れた食事を心がけましょう。
건강을 위해 영양 균형이 잡힌 식사를 유념합시다.

32
さ
避ける
통 피하다, 삼가다

最近、体重が増えてきたので、カロリーが高いメニューを避けている。
요즘 체중이 늘어서 칼로리가 높은 메뉴를 피하고 있다.

33
たお
倒れる
통 쓰러지다, 넘어지다

路上に倒れている人がいて救急車を呼んだ。
길에 쓰러져 있는 사람이 있어서 구급차를 불렀다.

타 倒す 넘어뜨리다

34
たも
保つ
통 유지하다, 보전하다

祖父は毎日運動をして健康を保っている。
할아버지는 매일 운동을 해서 건강을 유지하고 있다.

＋ 保存 보존

35
と　　のぞ
取り除く
통 없애다, 제거하다

胃にできたポリープを取り除く手術を受けた。
위에 생긴 용종을 제거하는 수술을 받았다.

36
は
吐く
통 토하다, 뱉다

お酒を飲みすぎて吐いたことがある。
술을 너무 많이 마셔서 토한 적이 있다.

반 吸う 들이마시다

＋ 吐き気がする 구역질이 나다

37
ひか
控える
图 삼가다, 줄이다, 대기하다, 기다리다,

けんこう　　　　　あぶら　　　　　た　もの　　ひか
健康のために油っこい食べ物は控えてください。
건강을 위해 기름진 음식은 삼가 주세요.

けっこんしき　はじ　　　　　　となり　へや　　ひか
結婚式が始まるまで、隣の部屋で控えている。
결혼식이 시작되기까지 옆방에서 대기하고 있다.

38
ひ
冷やす
图 식히다, 차게하다

あし　　　　　　　　　　こおり　ひ
足をひねったので、氷で冷やした。
다리를 삐어서 얼음으로 차게 했다.

39
へ
減らす
图 줄이다, 덜다, 감하다

しょく じ りょう　　　へ　　　　　うんどう　はじ
ダイエットのために食事量を減らして運動を始めた。
다이어트를 위해 식사량을 줄이고 운동을 시작했다.

재 へ
減る 줄다, 적어지다

40
や
病む
图 앓다, 병들다

かのじょ　しごと　いそが　　　　　せいしんてき　や
彼女は仕事が忙しすぎて、精神的に病んでしまった。
그녀는 일이 너무 바빠서 정신적으로 병들어 버렸다.

41
かゆい
イ 가렵다

か　さ
蚊に刺されたところがとてもかゆい。
모기에 물린 곳이 매우 가렵다.

42
ほそ
細い
イ 가늘다, 좁다

ほそ　て あし　　けんこうてき　　　　い
モデルの細い手足は、健康的とは言えない。
모델의 가느다란 팔다리는 건강하다고는 할 수 없다.

43
おろそ
疎か
ナ 소홀함, 등한시 함

いそが とき しょくじ おろそ
忙しい時ほど食事を疎かにしてはいけない。
바쁠 때일수록 식사를 소홀히 해서는 안 된다.

44
けんちょ
顕著
ナ 현저, 뚜렷이 나타남

くすり か こうか けんちょ あらわ
薬を変えたら効果が顕著に表れた。
약을 바꿨더니 효과가 현저히 나타났다.

45
てきど
適度
ナ 적당함

けんこう かいしょう まいにちてきど うんどう
健康とストレス解消のために毎日適度な運動をして
います。
건강과 스트레스 해소를 위해 매일 적당한 운동을 하고 있습니다.

46
げっそり
副 살이 빠져 여윈 모양,
기력이 없는 모양

さいきん しごと
最近、仕事のストレスでげっそりしてしまった。
요즘 업무 스트레스로 홀쭉해져 버렸다.

47
ふらふら
副 する 휘청휘청, 비틀비틀

うんどうぶそく すこ はし あし
運動不足で少し走っただけでも足がふらふらする。
운동 부족으로 잠깐 달린 것만으로도 다리가 후들거린다.

48
いっこう
一向に
副 조금도, 전혀

くすり の しょうじょう いっこう よ
薬を飲んだが、症状は一向に良くならない。
약을 먹었지만 증상은 조금도 나아지지 않는다.

확인 문제

1 해당 어휘의 읽는 법을 찾고, 빈칸에 그 의미를 써 넣으세요.

| 보기 | 学生 | ✓ がくせい | ② がっせい | 학생 |

(1) 作用　　① さくよう　　② さよう　　_____

(2) 感染　　① かんせん　　② かせん　　_____

(3) 控える　① そなえる　　② ひかえる　_____

(4) 緩和　　① わんわ　　　② かんわ　　_____

(5) 遺伝　　① いでん　　　② いてん　　_____

2 문맥에 맞는 단어를 보기 에서 골라 알맞은 형태로 바꾸어 써 넣으세요.

(6) 若い時に比べると、記憶力が(　　　)いる。

(7) 忙しい時ほど食事を(　　　)にしてはいけない。

(8) 最近、仕事のストレスで(　　　)してしまった。

(9) 健康のために、栄養バランスの取れた食事を(　　　)ましょう。

(10) ダイエットに(　　　)は禁物だよ。

| 보기 | 心がける　　油断　　衰える　　疎か　　げっそり |

정답 --

(1) ② 작용　(2) ① 감염　(3) ② 삼가다, 대기하다　(4) ② 완화　(5) ① 유전
(6) 衰(おとろ)えて　(7) 疎(おろそ)か　(8) げっそり　(9) 心(こころ)がけ　(10) 油断(ゆだん)

✖ 단어를 보고 발음과 의미를 적어 보세요.

단어	발음	의미
改正	かいせい	개정
油断		
倒れる		
控える		
回復		
効果		
治療		
衰える		
効く		
避ける		
保つ		
疎か		
遺伝		
感染		
緩和		
救急		
具合		
健康		
心がける		
作用		
状態		
頭痛		
伝染		

📖 셀로판지를 따라 정답을 말을 확인할 수 있어요.

✖ 한번 더 복습해 봅시다.

읽는 법과 뜻		한자	발음	의미
□ かいせい 개정	예	改正	かいせい	개정
□ ゆだん 방심, 부주의		油断		
□ たおれる 쓰러지다		倒れる		
□ ひかえる 삼가다, 대기하다		控える		
□ かいふく 회복		回復		
□ こうか 효과		効果		
□ ちりょう 치료		治療		
□ おとろえる 쇠약해지다		衰える		
□ きく 효과가 있다		効く		
□ さける 피하다, 삼가다		避ける		
□ たもつ 유지하다		保つ		
□ おろそか 소홀함, 등한시 함		疎か		
□ いでん 유전		遺伝		
□ かんせん 감염		感染		
□ かんわ 완화		緩和		
□ きゅうきゅう 구급		救急		
□ ぐあい 형편, 몸 상태		具合		
□ けんこう 건강		健康		
□ こころがける 유의하다, 명심하다		心がける		
□ さよう 작용		作用		
□ じょうたい 상태		状態		
□ ずつう 두통		頭痛		
□ でんせん 전염		伝染		

DAY 28

시간·공간·거리

얼마나 알고 있나요?

사전 체크

☐ 01 延長	☐ 02 往復	☐ 03 海岸	☐ 04 改札
☐ 05 間隔	☐ 06 距離	☐ 07 近郊	☐ 08 先ほど
☐ 09 始終	☐ 10 締め切り	☐ 11 従来	☐ 12 瞬間
☐ 13 上旬	☐ 14 正面	☐ 15 寸法	☐ 16 直線
☐ 17 直前	☐ 18 定期	☐ 19 手間	☐ 20 日中
☐ 21 年中	☐ 22 能率	☐ 23 範囲	☐ 24 日帰り
☐ 25 比率	☐ 26 平日	☐ 27 最寄り	☐ 28 有効
☐ 29 優先	☐ 30 夜明け	☐ 31 夜中	☐ 32 促す
☐ 33 惜しむ	☐ 34 ずらす	☐ 35 迫る	☐ 36 経つ
☐ 37 近寄る	☐ 38 費やす	☐ 39 詰める	☐ 40 延びる
☐ 41 隔てる	☐ 42 経る	☐ 43 久しい	☐ 44 もったいない
☐ 45 迅速	☐ 46 がらがら	☐ 47 早速	☐ 48 突然

01
えんちょう
延長
명 する 연장

カラオケで1時間延長することにした。
노래방에서 한 시간 연장하기로 했다.

➕ 延期 연기

02
おうふく
往復
명 する 왕복

家と会社は往復で3時間かかります。
집과 회사는 왕복 세 시간 걸립니다.

03
かいがん
海岸
명 해안, 바닷가

海岸で拾った貝殻でネックレスを作りました。
바닷가에서 주운 조개껍질로 목걸이를 만들었습니다.

04
かいさつ
改札
명 개찰

彼氏との待ち合わせ場所は、たいてい駅の改札口
です。
남자 친구와의 약속 장소는 대개 역 개찰구입니다.

05
かんかく
間隔
명 간격

この道には同じ間隔で木が並んでいる。
이 길에는 같은 간격으로 나무가 죽 늘어서 있다.

06
きょり
距離
명 거리

マラソンの距離は、42.195キロメートルだ。
마라톤 거리는 42.195km이다.

➕ 離れる 떨어지다, 멀어지다

07

きんこう
近郊

명 근교

知り合いが都内近郊に住んでいる。
아는 사람(지인)이 도내 근교에 살고 있다.

08

さき
先ほど

명 부 아까, 조금 전

先ほども申し上げましたが、会場内は禁煙です。
조금 전에도 말씀드렸습니다만, 회장 안은 금연입니다.

반 のちほど 나중에, 추후

09

し じゅう
始終

명 부 시종(처음과 끝),
자초지종, 언제나, 늘,
끊임없이

彼女は今回の出来事の一部始終を説明してくれた。
그녀는 이번 일의 자초지종을 설명해 주었다.

10

し   き
締め切り

명 마감

レポートの締め切りを延ばすことはできない。
리포트 마감을 연장할 수는 없다.

11

じゅうらい
従来

명 종래, 종전

新製品と従来の製品を比較してみた。
신제품과 종래(지금까지)의 제품을 비교해 보았다.

12

しゅんかん
瞬間

명 순간

私はきっと今この瞬間を忘れられないだろう。
나는 분명 지금 이 순간을 잊지 못할 것이다.

13
じょうじゅん
上旬
명 상순, 초순

アメリカの大統領が４月上旬に来日するらしいです。
미국 대통령이 4월 상순(초순)에 일본에 방문한다고 합니다.

➕ 中旬 중순　　下旬 하순

14
しょうめん
正面
명 정면

駅を出ると正面に大きい郵便局があります。
역을 나오면 정면에 커다란 우체국이 있습니다.

유 表 겉, 표면

15
すんぽう
寸法
명 치수, 척도, 길이

家具をオーダーするために、リビングの寸法を測った。
가구를 주문하기 위해 거실의 치수를 쟀다.

16
ちょくせん
直線
명 직선

家から学校までは直線距離で2キロある。
집에서 학교까지는 직선거리로 2km (정도) 된다.

반 曲線 곡선

17
ちょくぜん
直前
명 직전

家を出る直前に鍵がないことに気づいた。
집을 나오기 직전에 열쇠가 없는 것을 알아차렸다.

반 直後 직후

18
ていき
定期
명 정기

暗証番号は定期的に変えた方がいいです。
비밀번호는 정기적으로 바꾸는 편이 좋습니다.

19
て ま
手間
图 수고, 품, 노력

つま まいにちわたし　　　　　　　て ま　　　　　　　りょう り　　つく
妻は毎日私のために手間のかかる料理を作って
くれる。
아내는 매일 나를 위해 손이 많이 가는 요리를 만들어 준다.

20
にっちゅう
日中
图 대낮, 한낮

あき　にっちゅう あたた　　　　　よる　はだざむ
秋は日中は暖かいが、夜は肌寒い。
가을은 낮은 따뜻하지만, 밤은 쌀쌀하다.

　 ひる ま
유 昼間 낮

21
ねんじゅう
年中
图 연중, 언제나, 일 년 내내

さいきん　きせつ　と　　　　　　ねんじゅういろ　　や さい　た
最近は季節を問わず、年中色んな野菜が食べられる。
요즘은 계절을 불문하고, 언제나 다양한 채소를 먹을 수 있다.

22
のうりつ
能率
图 능률

ふる　　　　　　　　　か　　　　ぎょう む　のうりつ　あ
古いパソコンを替えたら業務の能率が上がった。
오래된 컴퓨터를 교체했더니 업무 능률이 올랐다.

23
はん い
範囲
图 범위

　　　はいゆう　　　　　　　　　　ぶ たい　　かつどうはん い　　ひろ
その俳優はテレビから舞台へと活動範囲を広げた。
그 배우는 TV에서 무대로 활동 범위를 넓혔다.

　 く いき
유 区域 구역

24
ひ がえ
日帰り
图 당일치기

あした　しゅっちょう ひ がえ
明日の出張は日帰りだ。
내일 출장은 당일치기이다.

25
ひりつ
比率

명 비율

ワイド画面の比率は16：9です。

와이드 화면의 비율은 16:9입니다.

26
へいじつ
平日

명 평일

大学の頃は平日でも、夜遅くまでお酒を飲んでいた。

대학생 시절에는 평일에도 밤늦게까지 술을 마셨다.

27
もよ
最寄り

명 가장 가까움, 근처

新しい会社は、最寄りの駅から徒歩３分の距離だ。

새 회사는 가장 가까운 역에서 도보 3분 거리이다.

28
ゆうこう
有効

명 ナ 유효

この試験結果の有効期間は３年だ。

이 시험 결과의 유효 기간은 3년이다.

반 無効 무효

29
ゆうせん
優先

명 する 우선

時間がないので、この仕事を優先してください。

시간이 없으니 이 업무를 우선해 주세요.

30
よあ
夜明け

명 새벽, 새벽녘

彼は誰にも見つからないように夜明け前に家を出た。

그는 누구에게도 발견되지 않도록 동트기 전에 집을 나갔다.

유 明け方 새벽녘

31
よなか
夜中

명 한밤중

残業で帰りが夜中になってしまった。
야근으로 귀가가 한밤중이 되어 버렸다.

32
うなが
促す

동 재촉하다, 촉구하다,
앞당기다

医師は父に生活習慣の改善を促した。
의사는 아버지에게 생활 습관의 개선을 촉구했다.

33
お
惜しむ

동 아끼다, 아까워하다,
아쉬워하다

彼は生徒のためなら自分の時間を惜しまない。
그는 학생을 위해서라면 자기 시간을 아끼지 않는다.

34
ずらす

동 (겹치지 않게) 조금 옮기다

母が風邪を引いてしまい、家族旅行の予定をずらした。
엄마가 감기에 걸려 버려서 가족 여행 예정을 조금 옮겼다.

자 ずれる 어긋나다, 빗나가다

タイミングがずれて彼女に会えませんでした。
타이밍이 어긋나서 그녀와 만나지 못했습니다.

35
せま
迫る

동 다가오다, 닥치다

論文の締め切りが来週に迫っている。
논문 마감일이 다음 주로 닥쳐왔다.

유 近づく 접근하다, 다가오다

36
た
経つ

동 경과하다, 지나다

注文してから一週間が経つのに、まだ商品が届いていない。
주문하고 일주일이 지났는데 아직 상품이 도착하지 않았다.

37
ちか よ
近寄る
통 접근하다, 가까이 가다

知らない人が近寄ってきたと思ったら、小学校の
同級生だった。
모르는 사람이 가까이 온다 싶었더니 초등학교 동창생이었다.

38
つい
費やす
통 쓰다, 소비하다, 낭비하다

打ち合わせには、かなりの時間を費やした。
협의에는 상당한 시간을 소비했다.

39
つ
詰める
통 채우다, 담다,
(사이를) 좁히다

会場には人が多くて、席を詰めても座れないくらい
だった。
행사장에는 사람이 많아서, 자리를 좁혀도 앉지 못할 정도였다.

자 **詰まる** 가득 차다, 막히다
つ
この弁当には妻の愛情が詰まっている。
이 도시락에는 아내의 애정이 가득 담겨 있다.

40
の
延びる
통 (시간 등이) 연장되다,
미루어지다, 연기되다

今日の会合は予定より１時間も延びた。
오늘 회합(모임)은 예정보다 한 시간이나 연장되었다.

41
へだ
隔てる
통 사이에 두다, 거리를 두다

この町には私立の幼稚園と小学校が道を隔てて向かい
合っている。
이 마을에는 사립 유치원과 초등학교가 길을 사이에 두고 마주하고
있다.

42
へ
経る
통 지나다, 경과하다,
거치다

あの歌手は長い下積み時代を経て成功した。
저 가수는 긴 무명 시절을 거쳐서 성공했다.

43
ひさ
久しい
イ 오래다, 오래되다

ひさ かれ あ
久しく彼に会っていません。
오랫동안 그와 만나지 못했습니다.

44
もったいない
イ 아깝다

じかん む だ
時間を無駄にすることほどもったいないことはない。
시간을 허비하는 것만큼 아까운 것은 없다.

45
じんそく
迅速
ナ 신속함, 매우 빠름

じんそく たいおう いちばんじゅうよう
クレームには迅速に対応することが一番重要です。
클레임에는 신속하게 대응하는 것이 가장 중요합니다.

46
がらがら
부 속이 비어 있는 모양, 텅텅

へいじつ ゆうえんち ひと こ
平日の遊園地は人が来ないのでがらがらだ。
평일의 유원지는 사람이 오지 않아 텅텅 비어 있다.

유 からっぽ 속이 빔, 텅 빔

47
さっそく
早速
부 곧, 즉시, 당장

さっそくへんじ かえ
メールをしたら、早速返事が返ってきた。
메일을 했더니 즉시 답장이 돌아왔다.

48
とつぜん
突然
부 돌연, 갑자기

とつぜんおお おと な
突然大きな音が鳴ってびっくりした。
갑자기 큰 소리가 나서 깜짝 놀랐다.

확인 문제

1 해당 어휘의 읽는 법을 찾고, 빈칸에 그 의미를 써 넣으세요.

보기	学生	ⓥ がくせい	② がっせい	학생

(1) 優先　　　① ゆせん　　② ゆうせん　　_____

(2) 海岸　　　① かいがん　② がいがん　　_____

(3) 費やす　　① もやす　　② ついやす　　_____

(4) 距離　　　① きょり　　② きょうり　　_____

(5) 久しい　　① ひさしい　② とぼしい　　_____

2 문맥에 맞는 단어를 보기 에서 골라 알맞은 형태로 바꾸어 써 넣으세요.

(6) レポートの(　　　　　)を延ばすことはできない。

(7) 彼は誰にも見つからないように(　　　　　)前に家を出た。

(8) 彼女は今回の出来事の一部(　　　　　)を説明してくれた。

(9) この町には私立の幼稚園と小学校が道を(　　　　　)向かい合っている。

(10) 平日の遊園地は人が来ないので(　　　　　)だ。

보기	始終　　締め切り　　夜明け　　隔てる　　がらがら

단어 퀴즈

✖ 단어를 보고 발음과 의미를 적어 보세요.

단어	발음	의미
改正	かいせい	개정
費やす		
詰める		
突然		
距離		
手間		
日中		
範囲		
迫る		
隔てる		
早速		
延長		
改札		
間隔		
始終		
瞬間		
正面		
直前		
年中		
有効		
促す		
惜しむ		
延びる		

정답은 따라 연습을 통해 확인할 수 있어요.

✖ 한번 더 복습해 봅시다.

읽는 법과 뜻
☐ かいせい 개정
☐ ついやす 쓰다, 낭비하다
☐ つめる 채우다, 좁히다
☐ とつぜん 돌연, 갑자기
☐ きょり 거리
☐ てま 시간, 수고, 노력
☐ にっちゅう 대낮, 한낮
☐ はんい 범위
☐ せまる 다가오다
☐ へだてる 거리를 두다
☐ さっそく 곧, 즉시, 당장
☐ えんちょう 연장
☐ かいさつ 개찰
☐ かんかく 간격
☐ しじゅう 시종, 언제나
☐ しゅんかん 순간
☐ しょうめん 정면
☐ ちょくぜん 직전
☐ ねんじゅう 언제나, 일 년 내내
☐ ゆうこう 유효
☐ うながす 재촉하다, 촉구하다
☐ おしむ 아끼다, 아까워하다
☐ のびる 연장되다

한자	발음	의미
예 改正	かいせい	개정
費やす		
詰める		
突然		
距離		
手間		
日中		
範囲		
迫る		
隔てる		
早速		
延長		
改札		
間隔		
始終		
瞬間		
正面		
直前		
年中		
有効		
促す		
惜しむ		
延びる		

음성듣기

DAY 29

부사 (1)

얼마나
알고 있나요?

사전 체크

- [ ] 01 あいにく
- [ ] 02 あえて
- [ ] 03 いきなり
- [ ] 04 いずれ
- [ ] 05 依然として
- [ ] 06 一応
- [ ] 07 一気に
- [ ] 08 いったん
- [ ] 09 今に
- [ ] 10 いらいら
- [ ] 11 うとうと
- [ ] 12 おそらく
- [ ] 13 思い切って
- [ ] 14 かさかさ
- [ ] 15 かつて
- [ ] 16 極めて
- [ ] 17 くたくた
- [ ] 18 こつこつ
- [ ] 19 ごろごろ
- [ ] 20 さっさと
- [ ] 21 さっぱり
- [ ] 22 直に
- [ ] 23 しきりに
- [ ] 24 じっと
- [ ] 25 徐々に
- [ ] 26 すっきり
- [ ] 27 せいぜい
- [ ] 28 せめて
- [ ] 29 即座に
- [ ] 30 大して
- [ ] 31 直ちに
- [ ] 32 たちまち
- [ ] 33 度々
- [ ] 34 たまたま
- [ ] 35 常に
- [ ] 36 どうにか
- [ ] 37 どうも
- [ ] 38 とっくに
- [ ] 39 とりあえず
- [ ] 40 何も
- [ ] 41 果たして
- [ ] 42 ぴったり
- [ ] 43 ほぼ
- [ ] 44 まして
- [ ] 45 やや
- [ ] 46 ようやく
- [ ] 47 わずか
- [ ] 48 割と

01
あいにく
男 공교롭게

部長はあいにく席を外しております。
부장님은 공교롭게도 자리를 비웠습니다.

02
あえて
男 굳이, 억지로, 감히, 무리하게

彼女はいつもあえて難しいことに挑戦をする。
그녀는 언제나 굳이 어려운 일에 도전을 한다.

03
いきなり
男 돌연, 갑자기, 느닷없이

いきなり社長から電話がかかってきた。
갑자기 사장님으로부터 전화가 걸려 왔다.

04
いずれ
男 결국, 어차피, 머지않아

嘘はいずればれると思う。
거짓말은 결국 탄로날거라 생각한다.

05
依然として
男 여전히

この事件は依然として解決していない。
이 사건은 여전히 해결되지 않았다.

06
一応
男 일단, 우선은, 한번

雨は降りそうにないが、一応傘を持って行くことにしよう。
비는 올 것 같지 않지만, 일단 우산을 가지고 가기로 하자.

07
いっき
一気に
부 단숨에, 단번에

小説が面白すぎて一気に全部読んでしまった。
소설이 너무 재미있어서 단숨에 다 읽어 버렸다.

08
いったん
부 일단

何か問題が起きた時には、いったん冷静になって
考える必要がある。
뭔가 문제가 생겼을 때에는 일단 냉정하게 생각할 필요가 있다.

09
いま
今に
부 이제 곧, 머지않아,
언젠가, 아직도,
지금도(부정 수반)

そんなに毎日寝てばかりいると、今に後悔しますよ。
그렇게 매일 잠만 자면 언젠가는 후회할 거예요.

10
いらいら
부 する 안달복달하는 모양,
초조해 하는 모양

嫌なことがあって、朝からずっといらいらしている。
안 좋은 일이 있어서 아침부터 계속 초초해 하고(짜증 내고) 있다.

11
うとうと
부 する 조는 모양,
꾸벅꾸벅

電車でうとうとして降りる駅を乗り越してしまった。
전철에서 졸아서 내릴 역을 지나쳐 버렸다.

12
おそらく
부 아마, 필시

金曜の夜だから、おそらく道が混んでいるだろう。
금요일 저녁이니까 아마 길이 막히고 있을 것이다.

유 たぶん 아마

13
おも　　き
思い切って
[부] 과감히, 눈 딱감고

イメージを変えるために、思い切って長い髪を切ることにした。
이미지를 바꾸기 위해서 과감하게 긴 머리를 자르기로 했다.

14
かさかさ
[부] [する] 까슬까슬, 까칠까칠, 버석버석

乾燥して肌がかさかさになった。
건조해서 피부가 까칠까칠해졌다.

15
かつて
[부] 일찍이

ここはかつて有名な文学者が住んでいた町だ。
이곳은 일찍이 유명한 문학자가 살고 있었던 마을이다.

16
きわ
極めて
[부] 극히, 더없이

彼女が金メダルを取る確率は極めて高いです。
그녀가 금메달을 딸 확률은 지극히 높습니다.

17
くたくた
[부] [ナ] 지침, 녹초가 됨

毎日仕事から帰ると、くたくたで何もできない。
매일 일하고 돌아오면 녹초가 되어 아무것도 할 수 없다.

18
こつこつ
[부] 꾸준히, 치밀하게

1年間こつこつと貯めたお金で海外旅行をすることにした。
1년 동안 꾸준히 모은 돈으로 해외여행을 가기로 했다.

19
ごろごろ
부 する 데굴데굴, 빈둥빈둥

家でごろごろするのが大好きです。
집에서 빈둥거리는 것을 매우 좋아합니다.

20
さっさと
부 빨랑빨랑, 후딱, 얼른

さっさと宿題をして、遊びに行こう。
얼른 숙제를 하고 놀러 가자(가야지).

21
さっぱり
부 する 산뜻이, 시원히, 전혀, 도무지 (부정 수반)

運動の後にシャワーを浴びてさっぱりした。
운동 후에 샤워를 해서 상쾌했다.

数学の問題が難しくてさっぱり分からない。
수학 문제가 어려워서 도무지 모르겠다.

22
直に
じか
부 직접(적으로), 바로

これは図書館で借りた問題集なので、直に記入してはいけません。
이건 도서관에서 빌린 문제집이기 때문에 직접 기입해서는 안 됩니다.

23
しきりに
부 끊임없이, 계속해서, 자꾸만

先ほどからしきりに電話が鳴っている。
조금 전부터 끊임없이 전화가 울리고 있다.

24
じっと
부 する 가만히, 꼼짝하지 않고

猫は冷蔵庫の上でじっと私たちの顔を見ていた。
고양이는 냉장고 위에서 가만히 우리 얼굴을 보고 있었다.

25
徐々に
じょじょ

부 서서히, 천천히, 조금씩

症状は徐々に改善していっています。
しょうじょう じょじょ かいぜん

증상은 서서히 개선되어 가고 있습니다.

26
すっきり

부 する 말쑥이, 산뜻이, 개운하게

上司に今まで溜まっていたことを吐き出してすっきり
じょうし いま た は だ
した。

상사에게 지금까지 쌓였던 것을 뱉어 내니 개운해졌다.

27
せいぜい

부 기껏해야, 겨우, 고작, 힘껏, 열심히

ボーナスといってもせいぜい5万円くらいだ。
まんえん

보너스라고 해 봤자 기껏해야 5만 엔 정도이다.

28
せめて

부 최소한, 하다못해, 적어도

せめて1か月でも待っていただけませんか。
げつ ま

최소한 한 달만이라도 기다려 주시지 않겠습니까?

29
即座に
そくざ

부 그 자리에서, 즉석에서, 단박에

人気の物件だと聞いて、彼は即座に契約した。
にんき ぶっけん き かれ そくざ けいやく

인기 있는 물건(부동산)이라는 말을 듣고 그는 그 자리에서 계약했다.

30
大して
たい

부 그다지, 그리 (부정 수반)

期待していた映画だったけど、大して面白く
きたい えいが たい おもしろ
なかった。

기대하고 있던 영화였지만, 그다지 재미있지 않았다.

31
ただ
直ちに
[부] 곧, 즉시, 당장

準備が出来たら直ちに出発しよう。
준비가 되면 즉시 출발하자.

32
たちまち
[부] 금세, 순식간에

その噂はたちまち学校中に広まった。
그 소문은 순식간에 학교 전체에 퍼졌다.

33
たびたび
度々
[부] 번번이, 여러 번, 자주

妹は子供の頃から体が弱く、今でも度々入院する。
여동생은 어릴 때부터 몸이 약해서, 지금도 자주 입원한다.

34
たまたま
[부] 가끔, 간혹, 마침, 우연히

前の会社の同僚とたまたま会って、お酒を飲みに行った。
이전 회사의 동료와 우연히 만나 술을 마시러 갔다.

35
つね
常に
[부] 항상, 언제나

部長は常に冷静な人ですね。
부장님은 항상 냉정한 사람이군요.

36
どうにか
[부] 겨우, 그런대로, 어떻게든, 가까스로

どうにかその場を切り抜けられた。
가까스로 그곳을 벗어날 수 있었다.

37

どうも

부 아무리해도,
어쩐지, 정말, 대단히

<ruby>最近<rt>さいきん</rt></ruby>どうも<ruby>友達<rt>ともだち</rt></ruby>から<ruby>避<rt>さ</rt></ruby>けられているようだ。

요즘 어쩐지 친구가 (나를) 피하고 있는 것 같다.

38

とっくに

부 훨씬 전에, 진작에

<ruby>宿題<rt>しゅくだい</rt></ruby>なら、もうとっくに<ruby>終<rt>お</rt></ruby>わったよ。

숙제라면 이미 진작에 끝났어.

39

とりあえず

부 우선, 먼저

とりあえず<ruby>今<rt>いま</rt></ruby>までの<ruby>資料<rt>しりょう</rt></ruby>をまとめて<ruby>報告書<rt>ほうこくしょ</rt></ruby>を<ruby>書<rt>か</rt></ruby>いてください。

우선 지금까지의 자료를 정리해서 보고서를 써 주세요.

40

<ruby>何<rt>なに</rt></ruby>も

부 아무것도, 특별히, 딱히,
유달리(부정 수반)

<ruby>彼<rt>かれ</rt></ruby>が<ruby>失敗<rt>しっぱい</rt></ruby>したからって、<ruby>何<rt>なに</rt></ruby>もそこまで<ruby>言<rt>い</rt></ruby>うことはないだろう。

그가 실수했다고 해서 딱히 그렇게까지 말할 필요는 없잖아.

41

<ruby>果<rt>は</rt></ruby>たして

부 과연

<ruby>果<rt>は</rt></ruby>たして、どの<ruby>国<rt>くに</rt></ruby>が<ruby>優勝<rt>ゆうしょう</rt></ruby>するでしょうか。

과연 어느 나라가 우승할까요?

42

ぴったり

부 ナ する (빈틈없이) 꼭·딱
(정확히) 꼭·딱

このソファなら<ruby>今<rt>いま</rt></ruby>のリビングにぴったりだろう。

이 소파라면 지금 거실에 딱일 것이다.

43

ほぼ

부 거의, 대강, 대략

ヒラメとカレイはほぼ一緒に見えるが目の方向が違う。

광어와 가자미는 거의 같게 보이지만, 눈 방향이 다르다.

44

まして

부 하물며, 더구나

貯金もできないのに、まして自分の家を持つなど無理な話だ。

저금도 못하는데 하물며 자신의 집을 갖는다는 것은 무리한 이야기이다.

45

やや

부 약간, 조금

今年の試験は、例年よりやや難しかった。

올해의 시험은 예년보다 약간 어려웠다.

46

ようやく

부 차츰, 점차로, 겨우, 가까스로

ようやく夜が明けてきた。

점차 날이 밝아 왔다.

出発から8時間、ようやくハワイに着いた。

출발부터 여덟 시간, 겨우 하와이에 도착했다.

47

わずか

부 **ナ** 근소함, 조금, 약간

わずかな差で優勝を逃しました。

근소한 차로 우승을 놓쳤습니다.

48

わり
割と

부 비교적, 상당히

コンビニ弁当はおいしくて、割と安いです。

편의점 도시락은 맛있고 비교적 저렴합니다.

● 문맥에 맞는 표현을 보기에서 골라 써 넣으세요.

> 보기
>
> 徐々に　　依然として　　一気に
>
> 思い切って　　せめて　　うとうと　　かさかさ
>
> さっぱり　　せいぜい　　とっくに

(1)　(　　　　　)１か月でも待っていただけませんか。

(2)　症状は(　　　　)改善していっています。

(3)　イメージを変えるために、(　　　　)長い髪を切ることにした。

(4)　小説が面白すぎて(　　　　)全部読んでしまった。

(5)　この事件は(　　　　)解決していない。

(6)　電車で(　　　　)して降りる駅を乗り越してしまった。

(7)　ボーナスといっても、(　　　　)5万円くらいだ。

(8)　数学の問題が難しくて(　　　　)分からない。

(9)　宿題なら、もう(　　　　)終わったよ。

(10)　乾燥して肌が(　　　　)になった。

- -
(1) せめて　(2) 徐々(じょじょ)に　(3) 思(おも)い切(き)って　(4) 一気(いっき)に　(5) 依然(いぜん)として
(6) うとうと　(7) せいぜい　(8) さっぱり　(9) とっくに　(10) かさかさ

단어 퀴즈

✤ 단어를 보고 발음과 의미를 적어 보세요.

단어	발음과 의미	
改正	かいせい	개정
いきなり		
さっぱり		
とっくに		
あいにく		
いずれ		
依然として		
一応		
おそらく		
しきりに		
じっと		
徐々に		
せめて		
即座に		
直ちに		
たちまち		
度々		
たまたま		
常に		
とりあえず		
ほぼ		
やや		
わずか		

선을 따라 접으면 답을 확인할 수 있어요.

✽ 한번 더 복습해 봅시다.

읽는 법과 뜻
☐ かいせい 개정
☐ 돌연, 갑자기, 느닷없이
☐ 산뜻이, 시원히, 전혀, 도무지
☐ 훨씬 전에, 진작에
☐ 공교롭게
☐ 결국, 어차피, 머지않아
☐ いぜんとして 여전히
☐ いちおう 일단, 우선은, 한번
☐ 아마, 필시
☐ 끊임없이, 계속해서, 자꾸만
☐ 가만히, 꼼짝하지 않고
☐ じょじょに 서서히, 천천히, 조금씩
☐ 최소한, 하다못해, 적어도
☐ そくざに 그 자리에서, 단박에
☐ ただちに 곧, 즉시, 당장
☐ 금세, 순식간에
☐ たびたび 번번이, 여러 번
☐ 가끔, 마침, 우연히
☐ つねに 항상, 언제나
☐ 우선, 먼저
☐ 거의, 대강, 대략
☐ 약간, 조금
☐ 근소함, 조금, 약간

한자	발음과 의미	
예 改正	かいせい	개정
いきなり		
さっぱり		
とっくに		
あいにく		
いずれ		
依然として		
一応		
おそらく		
しきりに		
じっと		
徐々に		
せめて		
即座に		
直ちに		
たちまち		
度々		
たまたま		
常に		
とりあえず		
ほぼ		
やや		
わずか		

DAY 30

부사 (2)

얼마나
알고 있나요?

사전 체크

☐ 01 あらかじめ	☐ 02 改めて	☐ 03 いかに	☐ 04 いかにも
☐ 05 いずれも	☐ 06 うっすら	☐ 07 思わず	☐ 08 かえって
☐ 09 かすかに	☐ 10 きちんと	☐ 11 現に	☐ 12 ごく
☐ 13 さっと	☐ 14 ざっと	☐ 15 さほど	☐ 16 しいんと
☐ 17 しばらく	☐ 18 しょっちゅう	☐ 19 ずらり	☐ 20 せっかく
☐ 21 せっせと	☐ 22 そっと	☐ 23 そのうち	☐ 24 だいぶ
☐ 25 ちっとも	☐ 26 ちゃんと	☐ 27 つい	☐ 28 ついに
☐ 29 てきぱき	☐ 30 どうか	☐ 31 どうしても	☐ 32 どうせ
☐ 33 とっさに	☐ 34 とにかく	☐ 35 なお	☐ 36 なんとなく
☐ 37 なんらか	☐ 38 ひたすら	☐ 39 ひょっとすると	☐ 40 再び
☐ 41 まさか	☐ 42 まさに	☐ 43 まるで	☐ 44 むしろ
☐ 45 めったに	☐ 46 やっと	☐ 47 わざと	☐ 48 わざわざ

음성듣기

01
あらかじめ
🔤 미리

工場見学にはあらかじめ予約が必要です。
공장 견학에는 미리 예약이 필요합니다.

02
改めて
あらた
🔤 다른 기회에, 다시, 새삼

後日改めてご連絡いたします。
나중에 다시 연락드리겠습니다.

03
いかに
🔤 어떻게, 얼마나, 아무리

自分たちの生活がいかに幸せだったか、今になって分かった。
자신들의 생활이 얼마나 행복했는지 이제서야 알았다.

04
いかにも
🔤 자못, 정말이지

このスーツはいかにも彼が好きそうなデザインだ。
이 양복은 정말이지 그가 좋아할 듯한 디자인이다.

05
いずれも
🔤 어느 것이나 다, 모두, 죄다

この店の商品はいずれも店主の手作りだそうです。
이 가게의 상품은 모두 주인이 직접 만드는 것이라고 합니다.

06
うっすら
🔤 아주 적게, 희미하게

この街のことは、記憶にうっすら残っている。
이 거리에 대해서는 기억에 희미하게 남아 있다.

07
おも
思わず
🔲 나도 모르게, 무심코

風が強すぎて思わず目をつぶってしまった。
바람이 너무 세서 나도 모르게 눈을 감고 말았다.

08
かえって
🔲 오히려, 도리어

渋滞のため、高速道路を利用するとかえって時間がかかる。
교통 정체로 인해서 고속 도로를 이용하면 오히려 시간이 걸린다.

09
かすかに
🔲 희미하게, 어렴풋이

遠くからかすかにサイレンの音が聞こえる。
멀리서 희미하게 사이렌 소리가 들린다.

10
きちんと
🔲 する 정확히, 제대로

書類がきちんと揃ってから連絡してください。
서류가 제대로 갖춰진 후에 연락해 주세요.

11
げん
現に
🔲 실제로, 눈앞에

信じたくないが、現にこの目で見たので信じるしかない。
믿고 싶지 않지만, 실제로 이 눈으로 봤기 때문에 믿을 수밖에 없다.

12
ごく
🔲 지극히, 극히

そんな意見はごくわずかな人が主張しているだけだ。
그런 의견은 극히 소수의 사람이 주장하고 있을 뿐이다.

13
さっと
부 날렵하게, 잽싸게, 휙

友達が来る前に部屋をさっと掃除した。
친구가 오기 전에 방을 잽싸게 청소했다.

14
ざっと
부 대강, 대충

会場に集まった観客は、ざっと1,000人はいただろう。
회장에 모인 관객은 대강 1,000명은 있었을 것이다.

15
さほど
부 그토록, 그렇게까지,
　　그다지, 별로

誰が作ってもインスタントラーメンの味は、さほど
変わらないと思う。
누가 만들어도 인스턴스 라면의 맛은 그렇게 다르지 않을거라 생각한다.

16
しいんと
부 아주 조용한 모양, 잠잠히

夜の街は人影もなく、しいんとしている。
밤거리는 인적도 없고 매우 조용하다.

17
しばらく
부 **する** 잠깐, 잠시,
　　　　얼마동안

すみませんが、こちらでしばらくお待ちいただけ
ますか。
죄송하지만 이쪽에서 잠시 기다려 주시겠습니까?

18
しょっちゅう
부 항상, 언제나

隣の夫婦は仲が悪く、しょっちゅう喧嘩している。
옆집 부부는 사이가 나빠서, 항상 싸우고 있다.

19
ずらり
🔲 잇달아 늘어선 모양, 죽

教室には、教授の書いた本がずらりと並んでいる。
교실에는 교수님이 쓴 책이 죽 나열되어 있다.

20
せっかく
🔲 모처럼, 일부러

せっかくチャンスを得たのに無駄にしてしまった。
모처럼 기회를 얻었는데 헛되게 해 버렸다.

21
せっせと
🔲 부지런히, 열심히

彼はせっせと働いてお金を貯め、家を建てた。
그는 부지런히 일해서 돈을 모아 집을 지었다.

22
そっと
🔲 する 살그머니, 살짝

昼寝している子供が起きないよう、そっと部屋を出た。
낮잠 자고 있는 아이가 깨지 않도록, 살그머니 방을 나왔다.

23
そのうち
🔲 머지않아, 조만간, 곧

腰が痛かったが、そのうち治ると思い、病院には行かなかった。
허리가 아팠지만 곧 나을 것이라고 생각해서 병원에는 가지 않았다.

24
だいぶ
🔲 상당히, 꽤

新人の頃に比べると、だいぶ仕事に慣れてきた。
신입일 때에 비하면 꽤 업무에 익숙해졌다.

25

ちっとも

부 조금도, 전혀 (부정 수반)

今話題の映画を見に行ったが、ちっとも面白くなかった。

지금 화제인 영화를 보러 갔는데 조금도 재밌지 않았다.

26

ちゃんと

부 する 착실하게, 단정하게, 제대로

面接にはちゃんとした服装で来てください。

면접에는 단정한 복장으로 오십시오.

27

つい

부 무심코, 그만

昨日までに返事を送る予定だったが、つい忘れてしまった。

어제까지 답장을 보낼 예정이었는데 그만 잊어버렸다.

28

ついに

부 마침내, 드디어, 결국

学生最後の全国大会でついに優勝した。

학생으로 마지막인 전국 대회에서 마침내 우승했다.

29

てきぱき

부 척척, 시원시원

彼女はてきぱき仕事をするので、頼れる存在だ。

그녀는 척척 일을 하기 때문에 의지가 되는 존재이다.

30

どうか

부 아무쪼록, 부디, 제발

どうか今回だけは見逃していただけませんか。

부디 이번만은 눈감아 주시지 않겠습니까?

31

どうしても

副 반드시, 꼭,
아무리 해도(부정 수반)

この目標はどうしても達成したい。
이 목표는 꼭 달성하고 싶다.

どうしてもこの商品を値下げすることはできない。
아무리 해도 이 상품의 가격을 낮추는 것은 불가능하다.

32

どうせ

副 어차피, 결국

いくら頑張っても、どうせ彼には勝てっこない。
아무리 노력해도 어차피 그에게는 이길 수 있을 리 없다.

33

とっさに

副 순간적으로, 즉시

とっさに避けたボールが後ろにいた人に当たってしまった。
순간적으로 피한 공이 뒤에 있던 사람에게 맞고 말았다.

34

とにかく

副 아무튼, 어쨌든

結果はどうなるか分からないが、とにかく挑戦してみよう。
결과는 어떻게 될지 모르지만, 어쨌든 도전해 보자.

35

なお

副 接 여전히, 아직, 한층,
더욱

中学時代の先生と、今もなお連絡を取り合っている。
중학교 시절의 선생님과 지금도 여전히 서로 연락하고 있다.

36

なんとなく

副 어쩐지, 왠지

なんとなく、今日はいい事がありそうだ。
어쩐지 오늘은 좋은 일이 있을 것 같다.

37
なんらか
무 무엇인가 좀, 어떠한, 얼마간

犯人は、なんらかの方法で店内に侵入した。
범인은 무언가의 방법으로 가게 안에 침입했다.

38
ひたすら
무 오로지, 한결같이

彼女はひたすら癌の研究に取り組んだ。
그녀는 한결같이 암 연구에 몰두했다.

39
ひょっとすると
무 어쩌면, 혹시

友達によく似た子を見たが、ひょっとすると彼女の妹かもしれない。
친구를 매우 닮은 아이를 봤는데 어쩌면 그녀의 여동생일지도 모른다.

40
再び
무 다시, 재차

再び公務員試験にチャレンジした。
재차 공무원 시험에 도전했다.

41
まさか
무 설마

まさか彼がそんな罪を犯すとは、信じられない。
설마 그가 그런 죄를 짓다니, 믿을 수 없다.

42
まさに
무 틀림없이, 확실히, 정말로, 그야말로, 바로

まさに一生に一度しかないチャンスだ。
틀림없이 일생에 한 번밖에 없는 기회이다.

43

まるで
부 마치, 흡사,
전혀 (부정 수반)

彼のライブを直接見られるなんて、まるで夢のよう
だ。
그의 라이브를 직접 볼 수 있다니, 마치 꿈만 같다.

二人は双子なのに性格がまるで違う。
두 사람은 쌍둥이인데도 성격이 전혀 다르다.

44

むしろ
부 오히려, 차라리

彼の行動はむしろ評価されるべきだ。
그의 행동은 오히려 좋게 평가되어야 한다.

45

めったに
부 좀처럼, 거의 (부정 수반)

沖縄では、雪はめったに見られません。
오키나와에서는 눈은 좀처럼 볼 수 없습니다.

46

やっと
부 겨우, 가까스로

予約した部屋は3人がやっと入れるくらいの広さ
だった。
예약한 방은 세 명이 겨우 들어갈 정도의 크기였다.

47

わざと
부 일부러, 고의로

父は息子との勝負でわざと負けた。
아버지는 아들과의 승부에서 일부러 졌다.

48

わざわざ
부 일부러

花束を買うためにわざわざ遠回りをして帰った。
꽃다발을 사기 위해 일부러 멀리 돌아서 귀가했다.

확인 문제

● 문맥에 맞는 표현을 보기 에서 골라 써 넣으세요.

보기
かえって　　そっと　　つい
どうせ　　めったに　　かすかに　　ざっと
せっせと　　てきぱき　　ひたすら

(1) いくら頑張っても、(　　　　)彼には勝てっこない。

(2) 渋滞のため、高速道路を利用すると(　　　　)時間がかかる。

(3) 昨日までに返事を送る予定だったが、(　　　　)忘れてしまった。

(4) 昼寝している子供が起きないよう、(　　　　)部屋を出た。

(5) 沖縄では、雪は(　　　　)見られません。

(6) 会場に集まった観客は、(　　　　)1,000人はいただろう。

(7) 彼は(　　　　)働いてお金を貯め、家を建てた。

(8) 彼女は(　　　　)仕事をするので、頼れる存在だ。

(9) 彼女は(　　　　)癌の研究に取り組んだ。

(10) 遠くから(　　　　)サイレンの音が聞こえる。

정답 -
(1) どうせ　(2) かえって　(3) つい　(4) そっと　(5) めったに
(6) ざっと　(7) せっせと　(8) てきぱき　(9) ひたすら　(10) かすかに

단어 퀴즈

✿ 단어를 보고 발음과 의미를 적어 보세요.

단어	발음과 의미	
改正	かいせい	개정
せっかく		
そっと		
そのうち		
まさに		
まるで		
あらかじめ		
改めて		
つい		
いずれも		
現に		
かえって		
かすかに		
きちんと		
ごく		
ざっと		
思わず		
むしろ		
しょっちゅう		
めったに		
だいぶ		
ちゃんと		
再び		

선을 따라 접으면 답을 확인할 수 있어요.

✤ 한번 더 복습해 봅시다.

뜻
☐ かいせい 개정
☐ 모처럼, 일부러
☐ 살그머니, 살짝
☐ 머지않아, 조만간
☐ 틀림없이, 확실히, 정말로
☐ 마치, 흡사, 전혀
☐ 미리
☐ あらためて 다시, 새삼
☐ 무심코, 그만
☐ 어느 것이나 다, 모두
☐ げんに 실제로, 눈앞에
☐ 오히려, 도리어
☐ 희미하게, 어렴풋이
☐ 정확히
☐ 지극히, 극히
☐ 대강, 대충
☐ おもわず 나도 모르게, 무심코
☐ 오히려, 차라리
☐ 항상, 언제나
☐ 좀처럼, 거의
☐ 상당히, 꽤
☐ 착실하게, 단정하게, 제대로
☐ ふたたび 다시, 재차

어휘	발음과 의미	
예 改正	かいせい	개정
せっかく		
そっと		
そのうち		
まさに		
まるで		
あらかじめ		
改めて		
つい		
いずれも		
現に		
かえって		
かすかに		
きちんと		
ごく		
ざっと		
思わず		
むしろ		
しょっちゅう		
めったに		
だいぶ		
ちゃんと		
再び		

독해 연습

たった一冊の本

「たった一冊の本しか読んだことのない者を警戒せよ。」これはイギリスの政治家ベンジャミン・ディズレーリが残した言葉です。この言葉は、本の中にある主張や学説などを信じすぎてしまうのは大変危険なことだということを教えてくれています。もちろん、記録や事実のみを記した本も多くありますが、一般的に本というのは、不変の法則や絶対的な理論だけが書かれているものではありません。多くはあくまでもその筆者の主張に過ぎないという点を忘れずに、一冊でも多くの本に触れ、それを土台にして自分なりの考えを培っていくのがいいでしょう。

해석

단 한 권의 책

'단 한 권의 책밖에 읽은 적이 없는 사람을 경계하라' 이것은 영국의 정치가 벤저민·디즈레일리가 남긴 말입니다. 이 말은 책 속에 있는 주장이나 학설 등을 너무 믿어 버리는 것은 대단히 위험한 일이라는 것을 가르쳐 주고 있습니다. 물론 기록이나 사실만을 기록한 책도 많이 있지만, 일반적으로 책이라는 것은, 불변의 법칙이나 절대적인 이론만이 쓰여 있는 것은 아닙니다. 대부분 어디까지나 그 필자의 주장에 지나지 않다는 점을 잊지 말고, 한 권이라도 많은 책을 접하고, 그것을 토대로 하여 자기 나름의 생각을 키워 나가는 것이 좋을 것입니다.

369

어휘	발음	의미	어휘	발음	의미
跡	あと	자취, 흔적	鍵	かぎ	열쇠
穴	あな	구멍	影	かげ	그림자
網	あみ	그물, 망	崖	がけ	낭떠러지, 절벽
泡	あわ	거품	数	かず	수
胃	い	위, 위장	肩	かた	어깨
息	いき	숨, 호흡	角	かど	모퉁이, 모서리
粋	いき	세련됨	株	かぶ	주식
板	いた	판자	壁	かべ	벽
糸	いと	실	髪	かみ	머리카락
岩	いわ	바위	雷	かみなり	천둥, 벼락
腕	うで	팔, 솜씨	柄	がら	무늬, 몸집, 체격
裏	うら	뒤, 뒷면	岸	きし	물가, 벼랑
噂	うわさ	소문	霧	きり	안개
餌	えさ	먹이, 사료	癖	くせ	버릇, 습관
縁	えん	연, 인연	煙	けむり	연기, 안개
公	おおやけ	공공, 공식적	腰	こし	허리
丘	おか	언덕, 구릉	坂	さか	비탈길, 고개
奥	おく	속, 안, 깊숙한 곳	境	さかい	경계
表	おもて	표면, 겉	賞	しょう	상
香	かおり	향기	巣	す	보금자리, 둥지

372

어휘	발음	의미
姿	すがた	모습
隙	すき	틈
砂	すな	모래
隅	すみ	귀퉁이, 구석
炭	すみ	숯
咳	せき	기침
底	そこ	바닥, 밑
滝	たき	폭포
棚	たな	선반
谷	たに	골짜기, 골
種	たね	씨, 종자
束	たば	다발, 뭉치
翼	つばさ	날개
粒	つぶ	알, 낱알
罪	つみ	죄
隣	となり	이웃, 옆
扉	とびら	문짝
泥	どろ	진흙
波	なみ	파도
涙	なみだ	눈물

어휘	발음	의미
布	ぬの	직물, 천
墓	はか	묘, 무덤
端	はし	끝, 가장자리
旗	はた	기, 깃발
肌	はだ	피부
裸	はだか	맨몸, 벌거숭이
罰	ばつ	벌
羽	はね	날개, 깃털
幅	はば	폭, 너비
針	はり	바늘, 침
膝	ひざ	무릎
額	ひたい	이마
瞳	ひとみ	눈동자
笛	ふえ	피리
蓋	ふた	뚜껑, 덮개
麓	ふもと	산기슭
頬	ほお	볼
町	まち	동네, 마을
湖	みずうみ	호수
港	みなと	항구

어휘	발음	의미
峰	みね	봉우리
胸	むね	가슴
芽	め	싹
綿	めん	면, 면직물
	わた	목화, 솜
床	ゆか	마루
輪	わ	고리, 원형, 바퀴
枠	わく	테두리, 제약
寮	りょう	기숙사
脇	わき	겨드랑이
技	わざ	기술

어휘	의미	어휘	의미
アウトドア	아웃도어, 야외	クーラー	쿨러, 냉방기, 에어컨
アクセント	악센트, 어조	クライアント	클라이언트, 광고주
インストール	인스톨, 설치	グラウンド	그라운드, 운동장
インフルエンザ	인플루엔자, 독감	グラフ	그래프, 도표
インフレ	인플레이션	クリーニング	클리닝, 세탁
ウイルス	바이러스	クレーム	클레임, 불평, 불만
ウール	울, 양모	コインロッカー	코인 로커, 물품 보관함
ウエートレス	웨이트리스, 여성 종업원	コーラス	코러스, 합창
ウェブサイト	웹 사이트	コスト	코스트, 비용
エコ	친환경	コマーシャル	광고, 상업 광고, CM
エチケット	에티켓, 예의	コミュニケーション	커뮤니케이션, 통신, 소통
エネルギー	에너지, 힘	コレクション	컬렉션, 수집
エプロン	에이프런, 앞치마	コンクール	콩쿠르, 경연 대회
エリア	에어리어, 지대, 구역	コンクリート	콘크리트
エンジン	엔진, 원동기	コンセント	콘센트
オークション	옥션, 경매	コントロール	컨트롤, 조절
オーダーメイド	주문 제작, 맞춤 제작	サポート	서포트, 지지, 후원
オートメーション	오토메이션, 자동 제어 장치	サイレン	사이렌, 경적
キャプテン	캡틴, 주장	サプリメント	서플리먼트, 부록, 보조 식품
キャンパス	캠퍼스	シーズン	시즌, 계절, 철

어휘	의미	어휘	의미
ジャーナリスト	저널리스트, 언론인	テクノロジー	테크놀로지, 과학 기술
シャッター	셔터	デフレ	디플레이션
ジャンル	장르, 종류	テント	텐트, 천막
ショック	쇼크, 충격	テンポ	템포, 박자
スイッチ	스위치, 개폐기	トラック	트럭
スケール	스케일, 규모	トンネル	터널
スタンド	(경기장 등의) 계단식 관람석	ナイロン	나일론
ステージ	스테이지, 무대	ニーズ	니즈, 필요, 요구
スペース	스페이스, 공간	ネットワーク	네트워크
スマート	스마트, 세련됨, 재치 있음	ハード	하드, 견고함
スムーズ	원활함, 순조로움	パイプ	파이프
スライド	슬라이드	パスポート	여권
ゼネレーション	제너레이션, 세대	パターン	패턴
ゼミ	세미나	バランス	밸런스, 균형
セメント	시멘트	ハンドル	핸들, 손잡이
セリフ	대사, 말	パンフレット	팸플릿, 광고 소책자
ダウンロード	다운로드	ファミレス	패밀리 레스토랑
タレント	탤런트, 재능	フォント	폰트, 서체
チャンス	찬스, 기회	プライド	프라이드, 긍지, 자부심, 자존심
テクニック	테크닉, 기술	プライバシー	프라이버시

어휘	의미	어휘	의미
ブラシ	브러시, 솔	モノレール	모노레일
プラスチック	플라스틱	ユーモア	유머
プラットホーム	플랫폼	ユニーク	유니크, 독특함
プラン	플랜, 계획	ラケット	라켓
フルコース	풀 코스	ラッシュアワー	러시아워
ブレーキ	브레이크, 제동기	リーダー	리더, 지도자
フレッシュ	신선함, 참신함	リスク	리스크, 위험
フレンドリー	프렌들리, 우호적인	リズム	리듬, 박자
ヒロイン	히로인, 여주인공	リハビリ	재활 훈련
ペース	페이스, 얼굴	リットル	리터(ℓ)
ベテラン	베테랑, 숙련가	リニューアル	리뉴얼, 갱신, 재단장
ペンキ	페인트	リラックス	릴랙스, 긴장을 풀고 쉼
マイペース	마이페이스, 자기나름의 방식·속도	ルーズ	헐렁함
マスコミ	매스컴, 언론	レクリエーション	레크리에이션, 휴양
マスター	주인, 숙달함	レジャー	레저, 여가
マラソン	마라톤	レンタル	렌탈, 임대, 대여
ミリ(メートル)	밀리(미터)	レントゲン	뢴트겐, 엑스레이
メーター	미터, 자동 계량기	ローン	론, 대출금
メリット	메리트, 장점, 이점	ロマンティック	로맨틱, 낭만적
モダン	모던, 현대적	ワクチン	백신

어휘	의미
アドバイス(する)	충고하다
アナウンス(する)	안내방송하다
アピール(する)	어필하다
アプローチ(する)	접근하다
アンケート(する)	앙케트하다, 조사하다
オーバー(する)	초과하다, 과장하다
オーダー(する)	주문하다
カーブ(する)	구부러지다
カバー(する)	커버하다, 보충하다
キープ(する)	확보하다, 유지하다
キャンセル(する)	취소하다
キャンプ(する)	캠핑하다, 야영하다
コメント(する)	설명하다, 논평하다
ゴール(する)	골을 넣다, 득점하다
サイン(する)	서명하다
ストップ(する)	멈추다, 정지하다
スピーチ(する)	연설하다
セット(する)	(헤어스타일·알람 등을) 설정하다
チャレンジ(する)	챌린지, 도전하다
デザイン(する)	디자인하다

어휘	의미
トレーニング(する)	훈련하다
ハイキング(する)	하이킹하다
パス(する)	통과하다, 합격하다
パンク(する)	펑크나다
ピクニック(する)	소풍가다
プロポーズ(する)	프로포즈하다
プリントアウト(する)	인쇄하다
マッチ(する)	어울리다, 적합하다
ライトアップ(する)	조명을 비추다
ランニング(する)	달리기하다
リサイクル(する)	재활용하다
リストラ(する)	구조조정하다
リフレッシュ(する)	기분전환하다
リラックス(する)	릴랙스하다, 편히 쉬다

어휘	활용 예
あく 悪～	あくえいきょう 悪影響 악영향
	あくじょうけん 悪条件 악조건
かり 仮～	かりめんきょ 仮免許 임시 면허
きゅう 旧～	きゅうせい ど 旧制度 구 제도
げん 現～	げんだんかい 現段階 현단계
こう 高～	こうとくてん 高得点 고득점
	こうせいのう 高性能 고성능
さい 再～	さいかいはつ 再開発 재개발
	さい し けん 再試験 재시험
さい 最～	さいこうきゅう 最高級 최고급
しゅ 主～	しゅせいぶん 主成分 주성분
じゅん 準～	じゅんきょうじゅ 準教授 준교수
	じゅんゆうしょう 準優勝 준우승
しょ 諸～	しょがいこく 諸外国 여러 외국
	しょもんだい 諸問題 여러 문제
ぜん 前～	ぜんしゃちょう 前社長 전 사장
そう 総～	そううりあげ 総売上 총매상, 총매출
	そうせんきょ 総選挙 총선거
てい 低～	てい き あつ 低気圧 저기압
はん 半～	はんとうめい 半透明 반투명

어휘	활용 예
ひ 非～	ひじょうしき 非常識 비상식
ふ 不～	ふ せいかく 不正確 부정확
ふく 副～	ふくしゃちょう 副社長 부사장
	ふく さ よう 副作用 부작용
ま 真～	ま ごころ 真心 진심
	ま うし 真後ろ 바로 뒤
	ま よ なか 真夜中 한밤중
み 未～	み こうかい 未公開 미공개
	み しよう 未使用 미사용
む 無～	む い しき 無意識 무의식
	む せきにん 無責任 무책임
らい 来～	らいがっき 来学期 다음 학기

● 접미어

어휘	활용 예
~化 か	高齢化 고령화 こうれい か
~下 か	管理下 관리하 かんり か
~界 かい	政治界(政界) 정계, 정치계 せい じ かい せいかい
~街 がい	商店街 상점가 しょうてんがい 住宅街 주택가 じゅうたくがい
~級 きゅう	最上級 최상급 さいじょうきゅう
~切れ ぎ	期限切れ 기한이 끝남 き げんぎ
~誌 し	月刊誌 월간지 げっかん し
~式 しき	日本式 일본식 に ほんしき
~集 しゅう	作品集 작품집 さくひんしゅう
~順 じゅん	年代順 연대순 ねんだいじゅん
~賞 しょう	文学賞 문학상 ぶんがくしょう
~状 じょう	クリーム状 크림 상태 じょう 年賀状 연하장 ねん が じょう
~色 しょく	保護色 보호색 ほ ごしょく
~制 せい	予約制 예약제 よ やくせい
~製 せい	日本製 일본제 に ほんせい
~性 せい	可能性 가능성 か のうせい
~全般 ぜんぱん	音楽全般 음악 전반 おんがくぜんぱん
~沿い ぞ	線路沿い 선로변 せん ろ ぞ

어휘	활용 예
~団 だん	応援団 응원단 おうえんだん
~賃 ちん	電車賃 전철 요금 でんしゃちん
~漬け づ	勉強漬け 공부 삼매경(면학) べんきょう づ
~連れ づ	子供連れ 아이 동반 こ どもづ
~的 てき	比較的 비교적 ひ かくてき
~発 はつ	3時発 3시 출발 じ はつ
~離れ ばな	現実離れ 현실과 동떨어짐 げんじつばな
~費 ひ	人件費 인건비 じんけん ひ
~風 ふう	和風 일본풍, 일본식 わ ふう
~率 りつ	就職率 취직율 しゅうしょくりつ 競争率 경쟁율 きょうそうりつ
~流 りゅう	日本流 일본류(일본식) に ほんりゅう
~力 りょく	集中力 집중력 しゅうちゅうりょく
~類 るい	魚介類 어패류 ぎょかいるい

어휘	활용 예	
当^あて~	当^あてはまる 들어맞다, 적합하다	当^あてはめる 맞추다, 적용하다
受^うけ~	受^うけ入^いれる 받아들이다	受^うけ取^とる 받다, 수취하다, 수령하다
	受^うけ持^もつ 담당하다, 맡다	
打^うち~	打^うち明^あける 털어놓다	打^うち合^あわせる 미리 상의하다, 협의하다
	打^うち消^けす 부정하다, 없애다	
売^うり~	売^うり切^きれる 다 팔리다, 매진되다	売^うり出^だす 팔기 시작하다, 시장에 내놓다
追^おい~	追^おいかける 뒤쫓아가다, 추적하다	追^おい越^こす 추월하다, 앞지르다
	追^おい込^こむ 몰아넣다	追^おいつく 따라잡다, 따라붙다
	追^おい出^だす 쫓아내다, 몰아내다	
思^{おも}い~	思^{おも}い込^こむ 굳게 믿다	思^{おも}い切^きる 단념하다, 결심하다
	思^{おも}いつく (문득) 생각나다	思^{おも}いつめる 깊이 생각하다
書^かき~	書^かき上^あげる 다 쓰다, 열거하다	書^かき込^こむ 써 넣다, 기입하다
	書^かき取^とる 받아쓰다, 베껴 쓰다	
貸^かし~	貸^かし出^だす 대출하다	
考^{かんが}え~	考^{かんが}え込^こむ 골똘히 생각하다	考^{かんが}え直^{なお}す 다시 생각하다, 재고하다
切^きり~	切^きり上^あげる 일단락 짓다	切^きり抜^ぬける 돌파하다, 극복하다
食^くい~	食^くい止^とめる 막다, 저지하다	
組^くみ~	組^くみ合^あわせる 짜맞추다, 편성하다	組^くみ立^たてる 조립하다
繰^くり~	繰^くり返^{かえ}す 반복하다, 되풀이하다	

어휘	활용 예	
差し~	差し上げる 드리다, 바치다	差し引く 빼다, 공제하다
仕~	仕上がる 완성되다, 다 되다	仕上げる 일을 끝내다, 완성하다
信じ~	信じ通す 끝까지 믿다	
立ち~	立ち止まる 멈춰 서다	立ち直る 다시 일어서다, 회복되다
立て~	立て替える 대금을 대신 치르다	
問い~	問い合わせる 문의하다	問い掛ける 묻다, 질문을 던지다
飛び~	飛び込む 뛰어들다	飛び出す 뛰어나오다
	飛び抜ける 뛰어나다	飛び回る 분주하게 돌아다니다
取り~	取り上げる 집어들다, 채택하다	取り扱う 다루다, 취급하다
	取り入れる 집어넣다, 도입하다	取り替える 바꾸다, 교체하다
	取りかかる 시작하다, 착수하다	取り組む 맞붙다, 몰두하다
	取り消す 취소하다	取り締まる 단속하다
	取り出す 꺼내다	取り付ける 장치하다, 설치하다
	取り除く 없애다, 제거하다	取り戻す 되찾다, 회복하다
乗り~	乗り遅れる 늦어서 못 타다, 놓치다	乗り越える 극복하다
	乗り越す 하차역을 지나치다	乗り過ごす 하차역을 지나치다
払い~	払い込む 불입하다, 납입하다	払い戻す 환불하다
張り~	張り切る 의욕이 넘치다	
振り~	振り向く 뒤돌아보다	振り返る 뒤돌아보다, 회고하다

어휘	활용 예	
ひ 引き～	ひ う 引き受ける 책임지고 맡다, 담당하다	ひ かえ 引き返す 되돌아가(오)다, 반복하다
	ひ だ 引き出す 꺼내다, 인출하다	ひ と 引き止める 말리다, 만류하다
ひ 引っ～	ひ こ 引っ越す 이사하다	ひ こ 引っ込む 틀어박히다
	ひ ぱ 引っ張る 끌어당기다	
ま 待ち～	ま あ 待ち合わせる (장소, 시간 등을) 정해놓고 기다리다	
み 見～	み あ 見当たる 발견되다, 눈에 띄다	み あ 見合わせる 마주보다, 보류하다
	み おく 見送る 배웅하다	み 見かける 눈에 띄다, 보다
	み なお 見直す 다시 보다, 재점검하다	み なら 見習う 보고 배우다, 본받다
	み な 見慣れる 낯익다	み ぬ 見抜く 꿰뚫어보다, 알아채다
	み のが 見逃す 간과하다, 못본 체하다	み わた 見渡す 멀리 바라보다, 조망하다
もう 申し～	もう あ 申し上げる 말씀드리다	もう こ 申し込む 신청하다
やり～	やりつくす 전부 다하다	とお やり通す 끝까지 하다
よ 呼び～	よ お 呼び起こす 환기하다, 불러일으키다	よ 呼びかける 호소하다
	よ と 呼び止める 불러 세우다	よ だ 呼び出す 불러내다, 꾀어내다
わ 割り～	わ こ 割り込む 새치기하다, 끼어들다	わ び 割り引く 할인하다, 값을 깎다

어휘	의미	어휘	의미
足を伸ばす	멀리 발길을 뻗치다	気が重い	마음이 무겁다, 우울하다
足を運ぶ	발걸음을 옮기다, 찾아가 보다	気が利く	눈치가 빠르다, 재치 있다, 세련되다
足を引っ張る	발목을 잡다, (남을) 방해하다	気が進まない	마음이 내키지 않다
頭が上がらない	고개를 들지 못하다, 대등하게 맞설 수 없다	気が済む	만족하다, 직성이 풀리다
頭が固い	융통성이 없다, 완고하다	気が小さい	소심하다
頭に来る	화가 나다	気が散る	마음이 흐트러지다
頭を下げる	머리를 숙이다, 사과하다	気がつく	알아차리다, 깨닫다
息が合う	호흡이 맞다	気が強い	기가 세다
息が切れる	숨이 차다, 감당하지 못하다	気が早い	성급하다, 조급하다
息が長い	숨이 길다, 오래 계속되다	気が短い	성미가 급하다
腕が上がる	실력이 늘다	気が向く	마음이 내키다
腕がいい	실력이 좋다	気に入る	마음에 들다
腕を上げる	실력을 향상시키다	気にかかる	마음에 걸리다, 걱정되다
腕を磨く	실력을 연마하다	気に食わない	마음에 들지 않다
顔が広い	발이 넓다, 인맥이 넓다	気にする	걱정하다, 신경 쓰다
顔を出す	얼굴을 내밀다, 참석하다	気を落とす	낙심하다
肩を落とす	어깨가 처지다, 낙심하다	気を遣う	신경을 쓰다, 주의하다
肩を貸す	돕다, 거들다	気を取られる	정신을 뺏기다
気が合う	마음이 맞다	口がうまい	말솜씨가 좋다
気が多い	무엇에나 흥미를 느낀다, 변덕스럽다	口が重い	입이 무겁다, 말수가 적다, 과묵하다

어휘	의미
<ruby>口<rt>くち</rt></ruby>が<ruby>堅<rt>かた</rt></ruby>い	입이 무겁다
<ruby>口<rt>くち</rt></ruby>が<ruby>軽<rt>かる</rt></ruby>い	입이 가볍다
<ruby>口<rt>くち</rt></ruby>が<ruby>滑<rt>すべ</rt></ruby>る	입을 잘못 놀리다
<ruby>口<rt>くち</rt></ruby>に<ruby>合<rt>あ</rt></ruby>う	입(맛)에 맞다
<ruby>口<rt>くち</rt></ruby>にする	입에 담다, 말하다, 먹다
<ruby>口<rt>くち</rt></ruby>を<ruby>出<rt>だ</rt></ruby>す	말참견하다
<ruby>心<rt>こころ</rt></ruby>が<ruby>狭<rt>せま</rt></ruby>い	마음이 좁다
<ruby>心<rt>こころ</rt></ruby>が<ruby>広<rt>ひろ</rt></ruby>い	마음이 넓다, 무던하다
<ruby>心<rt>こころ</rt></ruby>を<ruby>配<rt>くば</rt></ruby>る	배려하다, 마음을 쓰다
<ruby>心<rt>こころ</rt></ruby>を<ruby>込<rt>こ</rt></ruby>める	마음을 다하다, 정성을 들이다
<ruby>心<rt>こころ</rt></ruby>を<ruby>引<rt>ひ</rt></ruby>く	마음을 끌다, 마음을 떠보다
<ruby>手<rt>て</rt></ruby>が<ruby>空<rt>あ</rt></ruby>く	손이 비다, 틈이 나다
<ruby>手<rt>て</rt></ruby>が<ruby>掛<rt>か</rt></ruby>かる	손이 많이 가다, 품이 들다
<ruby>手<rt>て</rt></ruby>が<ruby>足<rt>た</rt></ruby>りない	일손이 부족하다
<ruby>手<rt>て</rt></ruby>が<ruby>出<rt>で</rt></ruby>ない	손을 쓸 수가 없다, 방도가 없다
<ruby>手<rt>て</rt></ruby>が<ruby>離<rt>はな</rt></ruby>せない	일손을 놓을 수가 없다
<ruby>手<rt>て</rt></ruby>につかない	(일이) 손에 잡히지 않다
<ruby>手<rt>て</rt></ruby>を<ruby>貸<rt>か</rt></ruby>す	도와주다
<ruby>手<rt>て</rt></ruby>を<ruby>借<rt>か</rt></ruby>りる	도움을 받다
<ruby>手<rt>て</rt></ruby>を<ruby>組<rt>く</rt></ruby>む	협력하다, 동맹하다

어휘	의미
<ruby>手<rt>て</rt></ruby>を<ruby>出<rt>だ</rt></ruby>す	손을 대다, 새로이 일을 시작하다
<ruby>手<rt>て</rt></ruby>をつける	손을 대다, 시작하다
<ruby>手<rt>て</rt></ruby>を<ruby>抜<rt>ぬ</rt></ruby>く	대충하다, 어물어물 넘기다
<ruby>腹<rt>はら</rt></ruby>が<ruby>立<rt>た</rt></ruby>つ	화가 나다
<ruby>腹<rt>はら</rt></ruby>を<ruby>立<rt>た</rt></ruby>てる	노여워하다, 화를 내다
<ruby>腹<rt>はら</rt></ruby>を<ruby>抱<rt>かか</rt></ruby>える	배를 움켜쥐다, 크게 웃다
<ruby>身<rt>み</rt></ruby>につく	몸에 배다
<ruby>身<rt>み</rt></ruby>につける	몸에 걸치다, 습득하다
<ruby>耳<rt>みみ</rt></ruby>が<ruby>痛<rt>いた</rt></ruby>い	귀가 따갑다, 듣기 괴롭다
<ruby>耳<rt>みみ</rt></ruby>が<ruby>早<rt>はや</rt></ruby>い	귀가 밝다, 소식이 빠르다
<ruby>耳<rt>みみ</rt></ruby>にする	듣다
<ruby>耳<rt>みみ</rt></ruby>を<ruby>疑<rt>うたが</rt></ruby>う	귀를 의심하다
<ruby>耳<rt>みみ</rt></ruby>を<ruby>貸<rt>か</rt></ruby>す	들어 주다
<ruby>耳<rt>みみ</rt></ruby>を<ruby>傾<rt>かたむ</rt></ruby>ける	귀를 기울이다
<ruby>目<rt>め</rt></ruby>がない	매우 좋아하다, 안목이 없다
<ruby>目<rt>め</rt></ruby>に<ruby>浮<rt>う</rt></ruby>かぶ	눈에 떠오르다
<ruby>目<rt>め</rt></ruby>に<ruby>付<rt>つ</rt></ruby>く	눈에 띄다
<ruby>目<rt>め</rt></ruby>を<ruby>付<rt>つ</rt></ruby>ける	주목하다, 눈여겨보다
<ruby>目<rt>め</rt></ruby>を<ruby>通<rt>とお</rt></ruby>す	대충 훑어보다

명사		
어휘	**의미**	**예문**
あいさつ 挨拶	명 する 인사	げんき あいさつ いちにち はじ 元気な挨拶から一日を始めよう。 활기찬 인사로(부터) 하루를 시작하자.
あいじょう 愛情	명 애정, 사랑	べんとう つま あいじょう つ このお弁当には妻の愛情が詰まっている。 이 도시락에는 아내의 애정이 가득 차 있다.
あおぞら 青空	명 푸른 하늘	きも あおぞら した べんとう た 気持ちのいい青空の下で弁当を食べた。 기분 좋은 푸른 하늘 아래서 도시락을 먹었다.
あ がた 明け方	명 새벽	みな ねむ あ がた いえ かえ 皆が眠っている明け方に家に帰った。 모두가 잠들어 있는 새벽에 집에 돌아갔다.
あた 辺り	명 근처, 부근, 주위	あた この辺りにコンビニはありませんか。 이 근처에 편의점은 없나요?
あて な 宛名	명 수신인명	あて な き にゅう 宛名はこちらに記入してください。 수신인명은 여기에 적어 주세요.
あと お 後押し	명 する 후원	どうりょう あと お あたら さん 同僚の後押しもあって、新しいプロジェクトに参 か 加することになった。 동료의 후원도 있고 해서 새로운 프로젝트에 참가하게 되었다.
あとまわ 後回し	명 뒤로 미룸, 뒷전	かいぎ じゅんび じぶん しごと すべ あとまわ 会議の準備のせいで、自分の仕事は全て後回しに なった。 회의 준비 때문에 자신의 일은 전부 뒷전이 되었다.
いくせい 育成	명 する 육성	かれ かいしゃ しんじんいくせい こうけん 彼は会社の新人育成に貢献してくれている。 그는 회사의 신입 육성에 공헌해 주고 있다.
い こう 移行	명 する 이행	らいねん がつ しんせいど い こう よ てい 来年の4月から新制度へ移行する予定だ。 내년 4월부터 새로운 제도로 이행할 예정이다.

어휘	의미	예문
いこう 意向	명 의향	ぜんいん いこう き むずか 全員の意向を聞くことは難しい。 모두의 의향을 듣는 것은 어렵다.
いごこち 居心地	명 어떤 자리에서 느끼는 기분	いま しょくば な いごこち わる 今の職場はまだ慣れていないので、居心地が悪い。 지금 직장은 아직 익숙해지지 않았기 때문에 불편하다(마음이 편치 않다).
いこじ 意固地	명 ナ 옹고집	かれ いこじ いけん はんたい つづ 彼は意固地になって、その意見に反対し続けた。 그는 고집을 부리면서 그 의견에 계속 반대했다.
いし 意思	명 의사	かれ たいしょく いし かた 彼の退職の意思は固い。 그의 퇴직 의사는 확고하다.
いし 意志	명 의지, 뜻	わたし ちょうしょ いちど き か いし つよ 私の長所は、一度決めたことは変えない意志の強 さだ。 내 장점은 한 번 정한 것은 바꾸지 않는 의지의 강인함이다.
いじ ば 意地っ張り	명 ナ 고집, 고집쟁이	いじ ぱ にんげん そん おお 意地っ張りな人間は損することが多い。 고집이 센 사람은 손해 보는 경우가 많다.
いそん いぞん 依存・依存	명 する 의존	にほん せきゆ かいがい ゆにゅう いそん 日本は石油を海外からの輸入に依存している。 일본은 석유를 해외로부터 수입에 의존하고 있다.
いたずら	명 ナ する 짓궂은 장난	こども ころ はは 子供の頃はいたずらばかりして母によくしかられた。 어릴 때는 장난을 많이 쳐서 엄마에게 자주 혼났었다.
いっかつ 一括	명 する 일괄, 한데 묶음	もうしこみしょ いっかつ おく 申込書は一括して送ってください。 신청서는 한데 묶어서 보내 주세요.
いっぺん 一変	명 する 일변, 완전히 바뀜	とき つま たいど いっぺん かんけい わる ある時から妻の態度が一変して、関係が悪く なった。 언제부턴가 아내의 태도가 돌변해서 관계가 나빠졌다.
いど 井戸	명 우물	むかし すいどう いど みず く 昔は水道ではなく、井戸で水を汲んでいた。 옛날에는 수도가 아니라, 우물에서 물을 길었다.

어휘	의미	예문
いとぐち 糸口	명 실마리, 단서	<ruby>事件<rt>じけん</rt></ruby>から<ruby>一年<rt>いちねん</rt></ruby><ruby>経<rt>た</rt></ruby>つが、<ruby>解決<rt>かいけつ</rt></ruby>の<ruby>糸口<rt>いとぐち</rt></ruby>はまだ<ruby>見<rt>み</rt></ruby>つかっていない。 사건 이후로 1년이 지났지만, 해결의 실마리는 아직 발견되지 않고 있다.
いみん 移民	명 する 이민	<ruby>最近<rt>さいきん</rt></ruby>、<ruby>移民<rt>いみん</rt></ruby>する<ruby>人<rt>ひと</rt></ruby>が<ruby>増<rt>ふ</rt></ruby>え<ruby>続<rt>つづ</rt></ruby>けている。 최근 이민 가는 사람들이 계속 증가하고 있다.
いるい 衣類	명 의류	<ruby>衣類乾燥機<rt>いるいかんそうき</rt></ruby>を<ruby>買<rt>か</rt></ruby>ってから、<ruby>洗濯<rt>せんたく</rt></ruby>がとても<ruby>楽<rt>らく</rt></ruby>になった。 의류 건조기를 사고 나서부터 세탁이 매우 편해졌다.
うつわ 器	명 그릇, 용기	<ruby>日本<rt>にほん</rt></ruby>の<ruby>伝統的<rt>でんとうてき</rt></ruby>な<ruby>器<rt>うつわ</rt></ruby>は<ruby>本当<rt>ほんとう</rt></ruby>に<ruby>高価<rt>こうか</rt></ruby>なものばかりだ。 일본의 전통적인 그릇은 정말 고가인 것 뿐이다.
う て 売り手	명 판매자	<ruby>今回<rt>こんかい</rt></ruby>の<ruby>取引<rt>とりひき</rt></ruby>は<ruby>売<rt>う</rt></ruby>り<ruby>手<rt>て</rt></ruby>に<ruby>優位<rt>ゆうい</rt></ruby>に<ruby>進<rt>すす</rt></ruby>んだ。 이번 거래는 판매자에게 유리하게 진행되었다.
うわむ 上向き	명 (시세·물가의) 오름세	<ruby>今年<rt>ことし</rt></ruby>に<ruby>入<rt>はい</rt></ruby>って<ruby>景気<rt>けいき</rt></ruby>が<ruby>上向<rt>うわむ</rt></ruby>きになってきた。 올해 들어서 경기가 상승해 가고 있다.
えいよう 栄養	명 영양	<ruby>栄養<rt>えいよう</rt></ruby>の<ruby>偏<rt>かたよ</rt></ruby>ったものばかり<ruby>食<rt>た</rt></ruby>べていると<ruby>病気<rt>びょうき</rt></ruby>になりますよ。 영양이 한쪽으로 치우친 것만 먹고 있으면 병에 걸리게 돼요.
え もの 獲物	명 사냥감	<ruby>虎<rt>とら</rt></ruby>が<ruby>獲物<rt>えもの</rt></ruby>を<ruby>狙<rt>ねら</rt></ruby>って<ruby>走<rt>はし</rt></ruby>り<ruby>出<rt>だ</rt></ruby>した。 호랑이가 사냥감을 노리고 달리기 시작했다.
おうせい 旺盛	명 ナ 왕성	<ruby>成長期<rt>せいちょうき</rt></ruby>の<ruby>子供<rt>こども</rt></ruby>たちは<ruby>食欲<rt>しょくよく</rt></ruby>が<ruby>旺盛<rt>おうせい</rt></ruby>だ。 성장기 아이들은 식욕이 왕성하다.
おうとう 応答	명 する 응답	ドアをノックしてみたが<ruby>応答<rt>おうとう</rt></ruby>がなかった。 문을 노크해 보았지만 응답이 없었다.
おうよう 応用	명 する 응용	この<ruby>原理<rt>げんり</rt></ruby>を<ruby>応用<rt>おうよう</rt></ruby>すれば<ruby>新<rt>あたら</rt></ruby>しい<ruby>発明<rt>はつめい</rt></ruby>ができるかもしれない。 이 원리를 응용하면 새로운 발명이 가능할지도 모른다.

어휘	의미	예문
おおごえ 大声	명 큰 목소리	野球場では大声で応援するファンの姿が目立つ。 야구장에서는 큰 소리로 응원하는 팬의 모습이 눈에 띈다.
おおて 大手	명 큰 규모의 회사	娘は社員が6,000人にも及ぶ大手の銀行に就職した。 딸은 사원이 6,000명에나 달하는 대형 은행에 취직했다.
お代わり	명 する 같은 음식을 다시 더 먹음	運動をした日はいつもご飯をお代わりして食べる。 운동을 한 날은 언제나 밥을 더 추가해서 먹는다.
おしゃれ	명 ナ 멋부림, 치장, 멋쟁이	今日は久しぶりのデートなので、おしゃれして出 かけることにした。 오늘은 오랜만의 데이트이기 때문에 멋을 내고 외출하기로 했다.
おまけ	명 덤	この雑誌はいつもおまけが付いているので人気だ。 이 잡지는 항상 부록이 달려 있어서 인기이다.
お 折り合い	명 타협, 매듭	二人は長い間話し合って、ついに折り合いを つけた。 두 사람은 오랜 시간 대화를 해서 마침내 타협을 지었다.
お こ 折り込み	명 (신문 등의) 삽입 광고지	新聞の折り込みに新商品の広告を出すつもりだ。 신문 삽입 광고지에 신상품 광고를 낼 예정이다.
お 折りたたみ がさ 傘	명 접이식 우산	午後から雨の予報なので、折りたたみ傘を用意した。 오후부터 비가 온다는 예보이기 때문에 접이식 우산을 준비했다.
おんだんか 温暖化	명 온난화	地球温暖化の影響で海水の温度も上がってきて いる。 지구 온난화의 영향으로 해수 온도도 올라가고 있다.
かい 甲斐	명 보람, 효과	一生懸命努力した甲斐があって大学に合格した。 열심히 노력한 보람이 있어서 대학에 합격했다.
か あ 買い上げ	명 구입, 구입의 높임말	お買い上げ金額に応じてプレゼントを差し上げます。 구입하신 금액에 따라 선물을 드립니다.

어휘	의미	예문
かい ご 介護	명 する 간호, 간병, 병구완	かのじょ じたく そ ぼ かい ご 彼女は自宅で祖母の介護をしている。 그녀는 자택에서 할머니의 병간호를 하고 있다.
かいしゅう 回収	명 する 회수	みち す かいしゅう よう い 道に捨てられたごみを全て回収するのは容易なこ とではない。 길에 버려진 쓰레기를 모두 회수하는 것은 쉬운 일이 아니다.
かいせい 快晴	명 쾌청	うんどうかい かいせい そら もと おこな 運動会は快晴の空の下で行われた。 운동회는 쾌청한 하늘 아래 행해졌다.
かいてき 快適	명 ナ 쾌적함	あたら ひ こ いえ せつ び じゅうじつ ひ じょう 新しく引っ越した家は設備が充実していて非常に かいてき 快適だ。 새로 이사한 집은 설비가 고루 갖추어져 있어서 매우 쾌적하다.
か どく 買い得	명 싸게 사서 득을 봄	せんしゅう ぜんしょうひん 先週デパートではセールをしていて、全商品がお か どく 買い得だった。 지난 주 백화점에서는 세일을 해서 모든 상품이 저렴했다.
かいにゅう 介入	명 する 개입	こんかい じ けん しゃ かいにゅう うわさ 今回の事件はA社の介入が噂されている。 이번 사건은 A사가 개입했다고 소문이 나고 있다.
か ぬし 飼い主	명 기르는 사람	たい せきにん すべ か ぬし ペットに対する責任は全て飼い主にある。 반려동물에 대한 책임은 모두 기르는 사람에게 있다.
かいふう 開封	명 する 개봉	とど しょるい かいふう なか み かくにん 届いた書類を開封して中身を確認した。 도착한 서류를 개봉해서 내용을 확인했다.
かいほう 解放	명 する 해방	こ ども おお かのじょ こ そだ かいほう 子供が大きくなり、彼女は子育てからやっと解放 された。 아이가 자라서 그녀는 양육으로부터 드디어 해방되었다.
かい ろ 回路	명 회로	じ こ でんき かい ろ こ しょう げんいん あの事故は、電気回路の故障が原因だったそうだ。 저 사고는 전기 회로 고장이 원인이었다고 한다.

어휘	의미	예문
かぐ 家具	명 가구	うちの家具は色も素材もバラバラで、統一感がない。 우리집 가구는 색도 소재도 제각각이어서 통일감이 없다.
かくう 架空	명 가공, 상상으로 만듦	この映画の設定は架空の町だ。 이 영화의 설정은 가공의 마을이다.
かくかぞく 核家族	명 핵가족, 소가족	日本では戦後、核家族化が進んだ。 일본에서는 전후 핵가족화가 진행되었다.
かくさん 拡散	명 する 확산	汚染ガスが大気中に拡散して深刻な問題になっている。 오염된 가스가 대기 중에 확산되어서 심각한 문제가 되고 있다.
かくしん 核心	명 핵심	彼は問題の核心に触れる質問をした。 그는 문제의 핵심을 건드리는 질문을 했다.
かくち 各地	명 각지	明日は全国各地で雨が降るそうだ。 내일은 전국 각지에서 비가 내린다고 한다.
かくど 角度	명 각도	角度を変えて考えれば違ったアイデアが出てくるだろう。 각도를 바꾸어서 생각하면 다른 아이디어가 나올 것이다.
かくとく 獲得	명 する 획득	ゴルフの大会で賞金を獲得した。 골프 대회에서 상금을 획득했다.
かくにん 確認	명 する 확인	書類を受け取ってすぐに内容を確認した。 서류를 받고 바로 내용을 확인했다.
かくほ 確保	명 する 확보	もしもの時に備えて座席を多めに確保しておいた方がいい。 만일의 경우에 대비해서 좌석을 넉넉히 확보해 두는 편이 좋다.

어휘	의미	예문
かくめい 革命	명 혁명	イギリスで起こった産業革命は人々の生活に様々な影響を与えた。 영국에서 일어난 산업 혁명은 사람들의 생활에 여러 가지 영향을 주었다.
がくれき 学歴	명 학력	人の能力を学歴だけで判断してはいけない。 사람의 능력을 학력만으로 판단해서는 안 된다.
がくわり 学割	명 학생 할인	通学定期券を買う時は学割で安く買える。 통학 정기권을 살 때는 학생 할인으로 싸게 살 수 있다.
か ひ 駆け引き	명 する 흥정	仕事において、時には相手との駆け引きも重要である。 일에 있어서 때로는 상대와의 흥정도 중요하다.
かごん 過言	명 과언	問題の原因は彼にあるといっても過言ではない。 문제의 원인은 그에게 있다라고 해도 과언이 아니다.
か さい 火災	명 화재	昨日、あのビルで火災が起きて大騒ぎになったそうだ。 어제 저 빌딩에서 화재가 일어나서 대소동이 일어났다고 한다.
か しつ 過失	명 과실	警察によると、今回の事件では会社側に過失があったそうだ。 경찰에 의하면 이번 사건에서는 회사측에 과실이 있었다고 한다.
か せき 化石	명 화석	恐竜の化石が発見されて話題になっている。 공룡 화석이 발견되어서 화제가 되고 있다.
かぜとお 風通し	명 통풍, 환기	部屋の空気が悪いから、窓を開けて風通しをよくしよう。 방 공기가 안 좋으니까 창문을 열어서 환기를 잘 하자.
か だい 課題	명 과제	英語の課題は来週月曜日までに提出しなければならない。 영어 과제는 다음 주 월요일까지 제출하지 않으면 안 된다.

어휘	의미	예문
かたが 肩書き	몡 직함	彼女の肩書きは部長だが、部長以上の仕事をしている。 그녀의 직함은 부장이지만 부장 이상의 일을 하고 있다.
かちかん 価値観	몡 가치관	価値観の違う人と付き合うのはとても難しい。 가치관이 다른 사람과 어울리는 것은 매우 어렵다.
がっち 合致	몡 する 합치, 일치	今日はめずらしく二人の意見が合致した。 오늘은 희한하게도 두 사람의 의견이 일치했다.
がっきまつ 学期末	몡 학기말	中間試験より、学期末の試験がもっと大変だ。 중간시험(중간고사)보다 학기 말 시험이(기말고사가) 더 힘들다.
かつどう 活動	몡 する 활동	週末を利用して、ボランティア活動をしている。 주말을 이용해서 자원봉사 활동을 하고 있다.
かてい 課程	몡 과정 (일정 분야의 절차)	この仕事は、修士課程修了程度の専門知識が必要である。 이 일은 석사 과정 수료 정도의 전문 지식이 필요하다.
かわぐつ 革靴	몡 가죽 구두	このスーツには茶色の革靴がよく似合う。 이 양복에는 갈색 가죽 구두가 잘 어울린다.
かんげいかい 歓迎会	몡 환영회	毎年4月には新入生の歓迎会をしています。 매년 4월에는 신입생 환영회를 하고 있습니다.
かんご 看護	몡 する 간호	以前から看護の仕事に興味があり、看護師になった。 이전부터 간호 일에 흥미가 있어서 간호사가 되었다.
がんじつ 元日	몡 설, 설날, 새해 첫날	元日は一年の初めの重要な日だ。 설은 한 해의 시작인 중요한 날이다.
がんしょ 願書	몡 원서	入学願書の締め切りは明日の16時までだ。 입학 원서 마감은 내일 16시까지이다.

어휘	의미	예문
かんじょう 感情	명 감정	わたし かんじょう ことば ひょうげん にがて 私は感情をうまく言葉で表現するのが苦手だ。 나는 감정을 능숙하게 말로 표현하는 것이 서투르다.
かんじょう 勘定	명 する 계산	かいしゃ の かい じょうし かんじょう はら 会社の飲み会では、いつも上司が勘定を払う。 회사 회식에서는 항상 상사가 계산을 한다.
かんじん 肝心	명 ナ 중요, 소중	かんじん かれ き も 肝心なのは彼の気持ちだ。 중요한 것은 그의 마음이다.
かんちが 勘違い	명 する 착각, 오해	わたし かれ どくしん かんちが 私は彼が独身だと勘違いしていた。 나는 그가 독신이라고 착각하고 있었다.
かんてん 観点	명 관점	ひと ちが かんてん も あ まえ 人それぞれ違った観点を持っているのは当たり前 のことである。 사람들 각각 다른 관점을 가지고 있는 것은 당연한 일이다.
かんどう 感動	명 する 감동	かのじょ かんどう なみだ なが 彼女はプレゼントに感動して涙を流した。 그녀는 선물에 감동해서 눈물을 흘렸다.
かんぱい 乾杯	명 する 건배	かいしゃ しゅうねん しゃちょう あいさつ あと 会社の100周年パーティーで、社長の挨拶の後、 かんぱい 乾杯した。 회사의 100주년 파티에서 사장님의 인사 후 건배했다.
かんばん 看板	명 간판	ふる かんばん あたら 古くなったから、そろそろ看板を新しくしましょう。 낡았으니까 슬슬 간판을 새로 합시다.
かんりゃく 簡略	명 ナ 간략	ちず かんりゃくか いち わ 地図が簡略化されていて位置がよく分からない。 지도가 간략화되어 있어서 위치를 잘 알 수 없다.
かんれん 関連	명 する 관련	ろんぶん か かんれん しりょう あつ 論文を書くため、関連する資料を集めた。 논문을 쓰기 위해서 관련된 자료를 모았다.
き が 着替え	명 옷을 갈아입음, 갈아입을 옷	あした みずあそ き が も 明日は水遊びをしますので、着替えを持たせてく ださい。 내일은 물놀이를 하니까 갈아입을 옷을 가져오게 해 주세요.

어휘	의미	예문
きぎょう 企業	명 기업	いっぱんきぎょう はたら ひとびと おこな 一般企業で働く人々にアンケートを行った。 일반 기업에서 일하는 사람들에게 앙케트를 실시했다.
きけん 危険	명 ナ 위험	ひこうき なか きけん もの も こ 飛行機の中に危険な物を持ち込んではいけない。 비행기 안에 위험한 물건을 반입해서는 안 된다.
きげん 起源	명 기원	しゅくだい じんるい きげん しら 宿題で人類の起源について調べた。 숙제로 인류의 기원에 대해 조사했다.
きじ 記事	명 기사	じこ きじ この事故は、なぜか記事にならなかった。 이 사고는 어째서인지 기사화되지 않았다.
きしゃ 貴社	명 귀사	きしゃ はってん いの もう あ 貴社のますますのご発展をお祈り申し上げます。 귀사가 더욱 더 발전하시기를 기원합니다.
きじゅつ 記述	명 する 기술	じじつ きじゅつ レポートに事実をありのまま記述する。 리포트에 사실을 있는 그대로 기술한다.
きたい 期待	명 する 기대	かれ がくれき しょうらい きたい 彼ほどの学歴ならば、将来が期待できるだろう。 그 정도의 학력이라면 장래를 기대할 수 있을 것이다.
きてい 規定	명 する 규정	しゃいん みな かいしゃ きてい したが 社員は皆、会社の規定に従わなければならない。 사원은 모두 회사 규정에 따르지 않으면 안 된다.
きねん 記念	명 する 기념	りょうしん けっこんきねんび なに おく 両親の結婚記念日には何かプレゼントを贈るつもりだ。 부모님의 결혼기념일에는 무언가 선물을 보낼 생각이다.
きばん 基盤	명 기반	おお じしん おお ひとびと せいかつ きばん うしな 大きな地震により多くの人々が生活の基盤を失った。 큰 지진에 의해서 많은 사람들이 생활 기반을 잃었다.
きほん 基本	명 기본	けんぽう きほんてきじんけん まも 憲法によって基本的人権は守られなければならない。 헌법에 따라서 기본적 인권은 지켜지지 않으면 안 된다.

어휘	의미	예문
きゅうさい 救済	명 する 구제	その災害の被害者を早く救済するべきである。 그 재해의 피해자를 빨리 구제해야만 한다.
きゅうしゅう 吸収	명 する 흡수	このタオルは水をよく吸収する。 이 수건은 물을 잘 흡수한다.
きゅうじょ 救助	명 する 구조	彼は事故にあった電車の中から最後に救助された。 그는 사고가 난 전철 안에서 마지막으로 구조되었다.
きゅうぞう 急増	명 する 급증	近年、日本からの観光客が急増しているそうだ。 요즘 일본에서 오는 관광객이 급증하고 있다고 한다.
きゅうよう 休養	명 する 휴양	しばらく会社を休んで自宅で休養することに なった。 잠시 회사를 쉬고서 자택에서 휴양하게 되었다.
きょういく 教育	명 する 교육	子供たちには義務教育を受ける権利がある。 아이들에게는 의무 교육을 받을 권리가 있다.
きょうかい 境界	명 (땅·사물의) 경계	ヨーロッパでは国と国の境界を車で超えることが できる。 유럽에서는 나라와 나라의 경계를 자동차로 넘어갈 수 있다.
きょうぎ 協議	명 する 협의	国際会議では、何回もの協議が重ねられた。 국제회의에서는 몇 개의 협의가 반복되었다.
きょうぐう 境遇	명 경우, 처지	シンデレラは不幸な境遇のもとで生活していた。 신데렐라는 불행한 처지 아래서 생활하고 있었다.
ぎょうせい 行政	명 행정	行政と宗教は分けて考えなければならない。 행정과 종교는 나누어서 생각하지 않으면 안 된다.
ぎょうせき 業績	명 업적	彼は今までの業績が認められて課長になった。 그는 지금까지의 업적이 인정되어서 과장이 되었다.

어휘	의미	예문
きょうそう 競争	명 する 경쟁	しゃ きょうそう か しんしょうひん かいはつ はじ A社との競争に勝つため、新商品の開発が始まった。 A사와의 경쟁에서 이기기 위해서 신상품 개발이 시작되었다.
きょうちょう 強調	명 する 강조	せんせい ちゅうい ぶぶん く かえ きょうちょう 先生は注意するべき部分を繰り返し強調した。 선생님이 주의해야 할 부분을 반복해서 강조했다.
きょうちょう 協調	명 する 협조	しゃかい い た にん きょうちょうせい ひつよう 社会で生きるためには他人との協調性が必要で ある。 사회에서 살아가기 위해서는 타인과의 협조성이 필요하다.
きょうつう 共通	명 する 공통	こんかい しけん きょうつう もんだい せんたくもんだい 今回の試験は、共通の問題と選択問題がある。 이번 시험은 공통 문제와 선택 문제가 있다.
きょうふう 強風	명 강풍	たいふう き きょう きょうふう ちゅうい 台風が来ているので、今日は強風に注意してくだ さい。 태풍이 오고 있기 때문에 오늘은 강풍에 주의해 주세요.
きょうよう 教養	명 교양	だいがく しんがく さまざま きょうよう み 大学に進学して様々な教養を身につけたい。 대학에 진학해서 다양한 교양을 익히고 싶다.
きょうりょく 強力	명 ナ 강력	てき たお きょうりょく ぶ き ひつよう 敵を倒すためには強力な武器が必要だ。 적을 쓰러뜨리기 위해서는 강력한 무기가 필요하다.
きょうれつ 強烈	명 ナ 강렬	かれ わたし きょうれつ いんしょう あた 彼は私たちに強烈な印象を与えた。 그는 우리들에게 강렬한 인상을 주었다.
きょくげん 極限	명 극한	さむ きょくげん たっ 寒さは極限にまで達していた。 추위는 극한에까지 이르렀다.
きょくたん 極端	명 ナ 극단(적)	こんかい しけん せいと せいせき きょくたん わる 今回の試験では、生徒の成績が極端に悪かった。 이번 시험에서는 학생들의 성적이 극단적으로 나빴다.
きょよう 許容	명 する 허용	かれ しつれい たいど わたし きょようはんい こ 彼の失礼な態度は私の許容範囲を超えている。 그의 무례한 태도는 나의 허용 범위를 넘었다.

어휘	의미	예문
ぎりぎり	명 ナ 아슬아슬함, 빠듯함	彼は遅刻はしないが、いつもぎりぎりの時間に来る。 그는 지각은 안 하지만 항상 아슬아슬한 시간에 온다.
疑惑 ぎわく	명 의혹	ついに彼の疑惑が晴れた。 마침내 그의 의혹이 풀렸다.
近年 きんねん	명 근년, 근래	近年、海外からの移民が増加しているそうだ。 근래에 해외로부터의 이민이 증가하고 있다고 한다.
金融 きんゆう	명 금융	彼女は金融機関で働いている。 그녀는 금융 기관에서 일하고 있다.
空席 くうせき	명 공석, 빈자리	この演劇は大人気で、空席はほとんどなかった。 이 연극은 엄청난 인기여서 빈자리는 거의 없었다.
苦心 くしん	명 する 고심	このレポートは、私が苦心して書いたものだ。 이 리포트는 내가 고심해서 쓴 것이다.
苦労 くろう	명 する 고생	両親には苦労をかけたので、これからは親孝行したい。 부모님께는 고생을 끼쳤기 때문에 이제부터는 효도하고 싶다.
敬具 けいぐ	명 경구, 편지 맺음말	手紙の最後は敬具で締めなければならない。 편지 끝에는 맺음말로 마무리해야 한다.
軽減 けいげん	명 する 경감	新しい法律は、消費者の負担を軽減させるものになった。 새로운 법률은 소비자의 부담을 경감시키는 것이 되었다.
形成 けいせい	명 する 형성	彼は宇宙がどのように形成されたかを研究している。 그는 우주가 어떤 식으로 형성되었는지를 연구하고 있다.

어휘	의미	예문
けいたい 形態	명 형태	せいじ けいたい こっか こと 政治形態は国家により異なるものだ。 정치 형태는 국가에 따라서 다른 법이다.
げきじょう 劇場	명 극장	きょう きんじょ げきじょう こうえん 今日は近所の劇場でミュージカルの公演がある。 오늘은 근처 극장에서 뮤지컬 공연이 있다.
けつい 決意	명 する 결의, 결심	かれ かいしゃ や けつい 彼はついに会社を辞める決意をした。 그는 마침내 회사를 그만두기로 결심했다.
けっそく 結束	명 する 결속	こんかい けっそく つよ 今回のプロジェクトで、チームの結束が強まった。 이번 프로젝트로 팀의 결속이 강해졌다.
げり 下痢	명 する 설사	くさ べんとう た げり 腐った弁当を食べて、下痢してしまった。 상한 도시락을 먹고 설사를 해 버렸다.
けんか 喧嘩	명 する 다툼, 싸움	ささい げんいん かれ けんか 些細なことが原因で彼と喧嘩をした。 사소한 것이 원인으로 그와 싸움을 했다.
げんかい 限界	명 한계	かれ たいりょく げんかい かん いんたい き 彼は体力の限界を感じて、引退することに決めた。 그는 체력의 한계를 느끼고 은퇴하기로 정했다.
けんきょ 謙虚	명 ナ 겸허	とし けんきょ しせい わす 年をとっても謙虚な姿勢を忘れてはいけない。 나이가 들어도 겸허한 자세를 잊어서는 안 된다.
げんしゅ 厳守	명 する 엄수	しゅうごう じかん げんしゅ 集合時間は厳守してください。 집합 시간은 엄수해 주세요.
げんじょう 現状	명 현상(현재 상태)	とうろんかい にほんけいざい げんじょう もんだいてん はな あ 討論会で日本経済の現状と問題点を話し合った。 토론회에서 일본 경제의 현상과 문제점을 서로 이야기했다.
げんしりょく 原子力	명 원자력	にほん はつでん げんしりょく たよ 日本は発電を原子力に頼っている。 일본은 발전을 원자력에 의존하고 있다.

어휘	의미	예문
けんちく 建築	명 건축	こだい けんちく げんだい けんちく おお えいきょう 古代ローマの建築は、現代の建築にも大きな影響 あた を与えている。 고대 로마 건축은 현대 건축에도 큰 영향을 주고 있다.
けんめい 賢明	명 ナ 현명	たいふうせっきん じょうほう う たいかい ちゅうし けんめい 台風接近の情報を受け、大会を中止したのは賢明 はんだん な判断だっだ。 태풍 접근 정보를 듣고 대회를 중지시킨 것은 현명한 판단이었다.
げん り 原理	명 원리	かれ か がくげんり けんきゅう 彼は科学原理を研究している。 그는 과학 원리를 연구하고 있다.
げんりょう 減量	명 する 감량	げんりょうほうほう はし ボクサーの減量方法は、ひたすら走ることだ。 복서의 감량 방법은 오로지 뛰는 것이다.
けんりょく 権力	명 권력	せいじ か けんりょく うしな 政治家がスキャンダルにより権力を失った。 정치가가 스캔들에 의해 권력을 잃었다.
こ ごと 小言	명 잔소리	つま こごと おお 妻は小言が多い。 아내는 잔소리가 많다.
こう い 行為	명 행위	めいわくこうい おこな もの ばっ ここで迷惑行為を行った者は罰せられます。 이 곳에서 민폐 행위를 행한 자는 처벌받습니다.
こうがい 公害	명 공해	こうじょう で ゆうどく こうがい しんこく もん 工場から出る有毒ガスなどによる公害が深刻な問 だい 題となっている。 공장으로부터 나오는 유독 가스 등으로 인한 공해가 심각한 문제가 되고 있다.
ごうかく 合格	명 する 합격	しけん ごうかく ひと ぜんたい み まん この試験で合格できる人は全体の20%未満だ。 이 시험에서 합격할 수 있는 사람은 전체의 20% 미만이다.
こうぎょう 工業	명 공업	こうぎょうか すす けいざいはってん か のう 工業化が進めば、経済発展が可能だ。 공업화가 진행되면 경제 발전이 가능하다.

어휘	의미	예문
こうざん 鉱山	명 광산	ここは以前、金の鉱山として有名だった。 이곳은 이전에 금 광산으로서 유명했었다.
こうしょう 交渉	명 する 교섭	彼の交渉力は、他の社員より優れている。 그의 교섭력은 다른 사원들보다 뛰어나다.
こうせき 功績	명 공적	彼は音楽の世界で大きな功績を残した。 그는 음악 세계에서 큰 공적을 남겼다.
こうそう 高層	명 고층	友人は高層マンションの42階に住んでいる。 친구는 고층 맨션의 42층에 살고 있다.
こうだい 広大	명 ナ 광대, 광활	空港を建設するためには広大な土地が必要だ。 공항을 건설하기 위해서는 광대한 토지가 필요하다.
こうちょう 好調	명 ナ 호조, 순조로움	今月はスポーツ用品が好調な売り上げを記録した。 이번 달은 스포츠 용품이 순조로운 매상을 기록했다.
こうど 高度	명 ナ 고도	大学院では、より高度な研究ができる。 대학원에서는 보다 고도의 연구가 가능하다.
こうはい 後輩	명 후배	会社の後輩に重要な仕事を任せた。 회사 후배에게 중요한 일을 맡겼다.
こうぶつ 好物	명 즐기는 음식, 좋아하는 물건	兄は揚げ物が大好物だ。 형은(오빠는) 튀김류를 매우 좋아한다.
こうふん 興奮	명 する 흥분	激しい試合に観客は皆興奮した。 격렬한 시합에 관객은 모두 흥분했다.
こうりつ 効率	명 효율	仕事の効率を上げるために、最新型のパソコンを導入した。 일의 효율을 올리기 위해서 최신형 컴퓨터를 도입했다.

어휘	의미	예문
こうりょ 考慮	명 する 고려	いま しごと こうりょ しゃいん 今までの仕事ぶりを考慮して、社員にボーナスを だ 出した。 지금까지의 일의 성과를 고려해서 사원들에게 보너스를 지불했다.
こうれい か 高齢化	명 고령화	に ほん きんねん こうれい か すす 日本では近年、高齢化が進んでいる。 일본에서는 최근 고령화가 진행되고 있다.
こうろん 口論	명 する 말다툼, 언쟁	かい ぎ はげ こうろん く ひろ 会議では激しい口論が繰り広げられた。 회의에서는 격렬한 언쟁이 벌어졌다.
こ がた 小型	명 소형	なか こ がたけん か ひと おお ペットの中では小型犬を飼う人が多いようだ。 반려동물 중에서는 소형견을 기르는 사람이 많은 것 같다.
こ きゃく 顧客	명 고객	こ きゃくじょうほう かん り てってい 顧客情報の管理は徹底しなければならない。 고객 정보 관리는 철저히 해야 한다.
こくもつ 穀物	명 곡물	そう こ こくもつ ほ かん この倉庫には穀物が保管されている。 이 창고에는 곡물이 보관되어 있다.
ご げん 語源	명 어원	ご げん しら こと ば ふか り かい 語源を調べれば、その言葉を深く理解できる。 어원을 조사하면 그 단어를 깊이 이해할 수 있다.
こころ あ 心当たり	명 마음 짚이는 데, 짐작 가는 곳	わたし じ けん はんにん こころ あ 私は、その事件の犯人に心当たりがある。 나는 그 사건의 범인으로 짐작 가는 데가 있다.
こころ え 心得	명 마음가짐	し けん う まえ じゅけん こころ え 試験を受ける前に、「受験の心得」にしっかりと め とお 目を通した。 시험을 보기 전에 '수험에 대해 알아야 할 사항'을 제대로 훑어봤다.
こころ 試み	명 시험, 시도	こんかいせいこう かいしゃ あたら 今回成功したプロジェクトは会社にとって新しい こころ 試みだった。 이번에 성공한 프로젝트는 회사에 있어서 새로운 시도였다.

어휘	의미	예문
こじん 個人	명 개인	ふくし じゅうじつ こじんてき さんせい 福祉を充実させることには個人的に賛成だ。 복지를 충실하게 하는 것에는 개인적으로 찬성이다.
こせい 個性	명 개성	こせい そんちょう じゅうよう 個性を尊重することが重要だ。 개성을 존중하는 것이 중요하다.
こそだ 子育て	명 육아	こそだ そうぞういじょう たいへん 子育ては想像以上に大変なものだ。 육아는 상상 이상으로 힘든 것이다.
こだわり	명 구애됨, 사소한 것까지 신경 씀	かのじょ つよ も 彼女はファッションに強いこだわりを持っている。 그녀는 패션에 강한 고집을 가지고 있다.
こちょう 誇張	명 する 과장	ぶちょう はなし こちょう くせ 部長は話を誇張する癖がある。 부장님은 이야기를 과장하는 버릇이 있다.
こつ	명 요령	はは てん つく おし 母に天ぷらをうまく作るこつを教えてもらった。 엄마에게 튀김을 잘 만드는 요령을 배웠다.
こっせつ 骨折	명 する 골절	あし こっせつ かいしゃ いっしゅうかんやす 足を骨折したため、会社を一週間休んだ。 다리가 부러졌기 때문에 회사를 일주일간 쉬었다.
ことがら 事柄	명 사항, 사정	かんきょうほご かんれん ことがら はっぴょう 環境保護に関連する事柄について発表しなければ ならない。 환경 보호에 관련된 사항에 대해 발표해야 한다.
こどもむ 子供向け	명 어린이용	がいこくご べんきょう こどもむ ばんぐみ 外国語の勉強のために、子供向けの番組をたくさん み 見た。 외국어 공부를 위해서 어린이용 방송을 많이 봤다.
こりつ 孤立	명 する 고립	かのじょ なか ひとりこりつ 彼女はグループの中で一人孤立していた。 그녀는 그룹 안에서 혼자 고립되었다.
こんき 根気	명 끈기	しごと つづ こんき ひつよう どんな仕事でも続ける根気が必要だ。 어떠한 일이라도 계속하는 끈기가 필요하다.

어휘	의미	예문
こんきょ 根拠	명 근거	なに こんきょ い 何を根拠にそんなことを言ってるんですか。 뭘 근거로 그런 말을 하는 겁니까?
こんどう 混同	명 する 혼동	し ごと し せいかつ こんどう 仕事と私生活を混同してはならない。 일과 사생활을 혼동해서는 안 된다.
こんなん 困難	명 ナ 곤란	いま あ こんなん 今からスケジュールを空けるのは困難です。 지금부터 스케줄을 비우는 것은 곤란합니다(어렵습니다).
こんぽん 根本	명 근본	こんぽんてき いち ど はな あ 根本的なことから、もう一度話し合いましょう。 근본적인 것부터 다시 한 번 이야기 합시다.
さいかい 再開	명 する 재개, 다시 시작함	いそが やす こんげつ さいかい 忙しくて休んでいたピアノを今月から再開した。 바빠서 쉬고 있던 피아노를 이번 달부터 다시 시작했다.
さいがい 災害	명 재해	じしん さいがい そな ぼうさい ようい 地震などの災害に備えて、防災グッズを用意した。 지진 등의 재해에 대비해서 방재 용품을 준비했다.
さいきん 細菌	명 세균	つゆ じき さいきん ふ た もの ちゅうい 梅雨の時期は細菌が増えるので食べ物には注意し なければならない。 장마 시기에는 세균이 증가하기 때문에 음식에는 주의해야 한다.
さいげん 再現	명 する 재현	じ こ げんば さいげん 事故の現場を再現した。 사고 현장을 재현했다.
さいしんがた 最新型	명 최신형	さいしんがた けいたいでん わ ほ たか 最新型の携帯電話が欲しいが、高すぎる。 최신형 휴대 전화를 갖고 싶지만 너무 비싸다.
さいちゅう 最中	명 한창 ~인 때	しょく じ さいちゅう きんきゅうれんらく はい 食事の最中に緊急連絡が入った。 한창 식사 중에 긴급 연락이 왔다.
さいていげん 最低限	명 최저한, 최소한	こんかい りょこう みじか さいていげんひつよう も 今回の旅行は短いので最低限必要なものだけ持っ ていく。 이번 여행은 짧기 때문에 최소한 필요한 것만 가지고 간다.

어휘	의미	예문
さいてき 最適	명 ナ 최적	この仕事は彼に任せるのが最適だ。 이 일은 그에게 맡기는 것이 최적이다.
さいばい 栽培	명 する 재배	母は畑で野菜の栽培をしている。 엄마는 밭에서 야채 재배를 하고 있다.
ざいりょう 材料	명 재료	今日の料理の材料は市場に行って買ってきた。 오늘 요리 재료는 시장에 가서 사 왔다.
さしだしにん 差出人	명 발송인	手紙が届かなかった時のために差出人と住所を書いておこう。 편지가 도착하지 않았을 때를 위해서 발송인과 주소를 써 두자.
ざせつ 挫折	명 する 좌절	楽器を習い始めたものの、難しくてすぐに挫折してしまった。 악기를 배우기 시작했지만 어려워서 바로 좌절해 버렸다.
ざつおん 雑音	명 잡음, 소음	周りの雑音がうるさくて、電話の声が聞き取れない。 주변 잡음이 시끄러워서 전화 목소리가 들리지 않는다.
さっち 察知	명 する 헤아려 앎	このアラームは侵入者を察知すると鳴るようになっている。 이 알람은 침입자를 알아차리면 울리도록 되어 있다.
さっとう 殺到	명 する 쇄도	その募集には希望者が殺到した。 그 모집에는 희망자가 쇄도했다.
さむけ 寒気	명 한기, 오한	風邪を引いたのか、朝から寒気がする。 감기에 걸렸는지 아침부터 오한이 난다.
さんか 参加	명 する 참가	今日のパーティーには、用事があって参加できない。 오늘 파티에는 일이 있어서 참가할 수 없다.

어휘	의미	예문
さんぎょう 産業	명 산업	のうぎょう こうぎょう さんぎょう はってん くに ゆた 農業や工業などの産業が発展すれば国が豊かに なる。 농업이나 공업 등의 산업이 발전하면 국가가 풍요로워진다.
さんこう 参考	명 する 참고	り しゅう か もく き さい せんぱい い けん さんこう 履修科目を決める際は、先輩の意見を参考にした。 이수 과목을 결정할 때는 선배의 의견을 참고로 했다.
さんせい 賛成	명 する 찬성	わたし かれ い けん さんせい 私は彼の意見に賛成です。 나는 그의 의견에 찬성입니다.
し えん 支援	명 する 지원	くに し えん こ そだ らく 国からの支援があれば、子育てがもっと楽になる だろう。 국가로부터의 지원이 있으면 육아가 좀 더 편해질 것이다.
しかく 資格	명 자격	しゅうしょく しかく と ほう ゆうり 就職するためには資格を取った方が有利だ。 취직하기 위해서는 자격증을 따는 것이 유리하다.
じ かく 自覚	명 する 자각	かれ じ ぶん しゃかいじん じ かく た 彼はまだ自分が社会人だという自覚が足りない。 그는 아직 자신이 사회인이라는 자각이 부족하다.
し き 四季	명 사계절	に ほん し き み りょく 日本では四季それぞれに魅力がある。 일본에는 사계절 각각에 매력이 있다.
しこう 思考	명 する 사고	みずか しこう のうりょく も ロボットは自ら思考する能力を持たない。 로봇은 스스로 사고하는 능력을 가지지 않는다.
じ じつ 事実	명 사실	き じ じ じつ こと こと か その記事には、事実とは異なる事が書かれていた。 그 기사에는 사실과는 다른 것이 쓰여 있었다.
じ じょう 事情	명 사정	かれ か てい じ じょう かんが さん か し 彼の家庭の事情を考えれば、参加できないのも仕 かた 方がない。 그의 가정 사정을 생각하면 참가하지 못하는 것도 어쩔 수 없다.
し しょく 試食	명 する 시식	しんしょうひん か まえ し しょく ほう 新商品は、買う前に試食した方がいい。 신상품은 사기 전에 시식을 하는 것이 좋다.

어휘	의미	예문
しせつ 施設	명 시설	A市では新しい公共施設が建設されている。 A시에서는 새로운 공공시설이 건설되고 있다.
じぜん 事前	명 사전	診察時間を事前に予約しておけば、当日待たないでいい。 진찰 시간을 사전에 예약해 두면 당일 기다리지 않아도 된다.
じたい 事態	명 사태	大地震が起こり、町は緊急事態となった。 큰 지진이 일어나 마을은 긴급 사태가 되었다.
じちたい 自治体	명 자치 단체	各地域の自治体が毎年お祭りを開催している。 각 지역 자치 단체가 매년 축제를 개최하고 있다.
しちゃく 試着	명 する 시착, 입어 봄	服は試着してから買うようにしている。 옷은 입어 보고 나서 사도록 하고 있다.
じつげん 実現	명 する 실현	平和な社会の実現のために何ができるのか考えてみよう。 평화로운 사회의 실현을 위해서 무엇을 할 수 있는지 생각해 보자.
じっせん 実践	명 する 실천	議論するよりも実践してみることが重要だ。 논의하는 것보다 실천해 보는 것이 중요하다.
じったい 実体	명 실체	その会社は実体のない幽霊会社だ。 그 회사는 실체가 없는 유령 회사이다.
じったい 実態	명 실태	B社の経営の実態について詳しく調査した。 B사의 경영 실태에 대해서 자세하게 조사했다.
じつぶつ 実物	명 실물	そのモデルは写真より実物がもっときれいだ。 그 모델은 사진보다 실물이 더 예쁘다.
じつむ 実務	명 실무	その職に就くためには実務経験が必要だ。 그 직업에 취직하기 위해서는 실무 경험이 필요하다.

어휘	의미	예문
してん 支店	명 지점	わたし あね さくらば ぎんこう おおさか してん はたら 私の姉は桜庭銀行の大阪支店で働いている。 우리 언니는 사쿠라바 은행 오사카 지점에서 일하고 있다.
じてん 時点	명 시점	けいかく いま じてん なに き その計画は今の時点ではまだ何も決まっていない。 그 계획은 지금 시점에서는 아직 아무 것도 정해져 있지 않다.
しぼうどうき 志望動機	명 지원 동기	りれきしょ しぼうどうき じこ か ていしゅつ 履歴書に志望動機と自己PRを書いて、提出した。 이력서에 지원 동기와 자기소개를 써서 제출했다.
しほん 資本	명 자본	いま ちょきん しほん かいしゃ た あ 今までの貯金を資本に、会社を立ち上げた。 지금까지의 저금을 자본으로 하여 회사를 세웠다.
しゃこう 社交	명 사교	わたし しゃこうせい じんぶつ あこが 私は社交性のある人物に憧れている。 나는 사교성이 있는 인물을 동경하고 있다.
しゃだん 遮断	명 する 차단	あつ たいよう ひかり しゃだん へや くら 厚いカーテンで太陽の光が遮断されて部屋が暗い。 두꺼운 커텐으로 햇빛이 차단되어서 방이 어둡다.
しゅうし 終始	명 부 する 시종, 줄곧, 내내	しゅうし せっきょくてき せ ま 終始積極的に攻めたが、負けてしまった。 내내 적극적으로 공격했지만 지고 말았다.
しゅうしん 就寝	명 する 취침	しゅうしんまえ しょくじ さ ほう 就寝前の食事は避けた方がいいそうだ。 취침 전 식사는 피하는 편이 좋다고 한다.
しゅうぜん 修繕	명 する 수선, 수리	いえ やね こわ しゅうぜん 家の屋根が壊れたので、修繕することにした。 집 지붕이 부서졌기 때문에 수리하기로 했다.
しゅうだん 集団	명 집단	わたし しゅうだんこうどう にがて 私は集団行動が苦手である。 나는 집단 행동을 잘 못한다.
しゅうちゃく 執着	명 する 집착	かれ かこ しゅうちゃく まえ すす 彼ははいつまでも過去に執着して前に進めない。 그는 언제까지나 과거에 집착해 앞으로 나아가지 못한다.
じゅうみん 住民	명 주민	ちいき じゅうみん ぜいきん たか この地域は住民にかかる税金が高い。 이 지역은 주민에게 거두는 세금이 높다.

어휘	의미	예문
じゅうよう 重要	명 ナ 중요	じゅうよう しょるい なか わす 重要な書類をバスの中に忘れてしまった。 중요한 서류를 버스 안에 두고 잊어버렸다.
しゅうりょう 修了	명 する 수료	だいがくいん かてい しゅうりょう 大学院の課程をすべて修了した。 대학원 과정을 모두 수료했다.
しゅうりょう 終了	명 する 종료, 끝남, 끝냄	みせ きょう えいぎょう しゅうりょう あの店は今日で営業を終了するらしい。 저 가게는 오늘로 영업을 종료한다는 것 같다.
じゅく 塾	명 학원	こども いろいろ じゅく かよ いそが まいにち おく 子供たちは色々な塾に通って忙しい毎日を送って いる。 아이들은 여러 학원에 다니며 바쁜 매일을 보내고 있다.
じゅけん 受験	명 する 수험, 입시	がっこう じゅけんべんきょう ゆうせん 学校より、受験勉強を優先させることはよくない。 학교보다 수험(입시) 공부를 우선시 하는 것은 좋지 않다.
じゅこう 受講	명 する 수강	だいがく けいざいがく こうぎ じゅこう 大学で経済学の講義を受講している。 대학에서 경제학 강의를 수강하고 있다.
しゅし 趣旨	명 취지	かいぎ しゅし めいかく 会議の趣旨をより明確にするべきだ。 회의의 취지를 보다 명확하게 해야만 한다.
しゅしょく 主食	명 주식	にほんじん しゅしょく こめ 日本人の主食は米である。 일본인의 주식은 쌀이다.
じゅしん 受信	명 する 수신	ちょうし わる じゅしん パソコンの調子が悪くて、メールが受信できな かった。 컴퓨터 상태가 안 좋아서 메일을 수신할 수 없었다.
しゅつげん 出現	명 する 출현, 나타남	しゅつげん ひとびと ばな かそく スマホが出現してから、人々のテレビ離れが加速 か 化している。 스마트폰이 출현한 후로 사람들의 TV 이탈이 가속화되고 있다.
しゅっさん 出産	명 する 출산	しゅっさんりつ ていか しゃかいもんだい 出産率の低下が社会問題になっている。 출산율 저하가 사회 문제가 되고 있다.

어휘	의미	예문
しゅどうけん 主導権	명 주도권	グループの中では彼が主導権を握っている。 그룹 안에서는 그가 주도권을 쥐고 있다.
しゅとく 取得	명 する 취득	運転免許を取得して、もう20年になる。 운전면허를 취득하고서 이미 20년이 된다.
じゅんい 順位	명 순위	テストの点数が良かったので、学年成績の順位も 上がった。 시험 점수가 좋았기 때문에 학년 성적 순위도 올랐다.
じゅんじょ 順序	명 순서	銀行では、手続きの順序が分かりやすく書いて あった。 은행에서는 (이용) 절차 순서가 알기 쉽게 쓰여져 있었다.
じゅんび 準備	명 する 준비	昨日は一日中引っ越しの準備に追われた。 어제는 하루 종일 이사 준비에 쫓겼다.
しょうがい 生涯	명 생애	彼女は幸せな生涯を送った。 그녀는 행복한 생애를 보냈다.
しょうがい 障害	명 장애, 방해	強い意志があれば、どんな障害でも乗り越えられる。 강한 의지가 있으면 어떠한 장애라도 극복할 수 있다.
しょうがくきん 奨学金	명 장학금	成績優秀者には奨学金が出るので、頑張ってくだ さい。 성적 우수자에게는 장학금이 나오니 열심히 하세요.
じょうぎ 定規	명 자	布に定規を当てて、長さを測った。 천에 자를 대서 길이를 쟀다.
しょうきょ 消去	명 する 소거, 지워 없앰	データを確認したら、すぐに消去してください。 데이터를 확인했다면 바로 지워 주세요.
じょうきょう 状況	명 상황	現場に着き次第、状況を教えてください。 현장에 도착하는 대로 즉시 상황을 알려 주세요.

어휘	의미	예문
しょうげん 証言	명 する 증언	さいばん　じけん　かん　しょうげん 裁判で事件に関する証言をした。 재판에서 사건에 관한 증언을 했다.
じょうけん 条件	명 조건	まじめ　しょうじき　ひと　けっこん　じょうけん 真面目で正直な人であることが結婚の条件だ。 성실하고 정직한 사람이 결혼 조건이다.
しょうこ 証拠	명 증거	かれ　はんにん　しょうこ　み 彼が犯人だという証拠が見つかった。 그가 범인이라는 증거가 발견되었다.
しょうしか 少子化	명 저출산	にほん　きんねん　しょうしか　すす 日本では近年、少子化が進んでいる。 일본에서는 근래 저출산이 진행되고 있다.
じょうしき 常識	명 상식	しゅうしょくしけん　いっぱんじょうしき　と　もんだい　おお 就職試験では、一般常識を問う問題が多かった。 취직 시험에서는 일반 상식을 묻는 문제가 많았다.
じょうしょ じょうちょ 情緒・情緒	명 정서	ちゅうがくせい　むすめ　じょうちょふあんてい　しんぱい 中学生の娘が情緒不安定で心配です。 중학생인 딸의 정서가 불안정해서 걱정입니다.
しょうしん 昇進	명 する 승진	かれ　さい　わか　ぶちょう　しょうしん 彼は30歳の若さで部長に昇進した。 그는 30세의 젊은 나이에 부장으로 승진했다.
しょうすう 少数	명 소수	はな　あ　しょうすう　いけん　そんちょう 話し合いでは少数の意見も尊重しなければならない。 의논에서는 소수의 의견도 존중하지 않으면 안 된다.
じょうせい 情勢	명 정세	あたら　だいとうりょう　くに　じょうせい　あんてい 新しい大統領になってから、国の情勢が安定した。 새 대통령이 취임하고 나서 국가 정세가 안정되었다.
しょうせつ 小説	명 소설	ほん　だいす　かれ　しょうらいしょうせつか　い 本が大好きな彼は、将来小説家になりたいと言った。 책을 매우 좋아하는 그는 장래에 소설가가 되고 싶다고 말했다.
じょうたつ 上達	명 する 숙달, 향상됨	じん　ともだち　かれ　えいご　じょうたつ アメリカ人の友達ができてから、彼は英語が上達した。 미국인 친구가 생긴 이후 그는 영어가 향상되었다.

어휘	의미	예문
じょうだん 冗談	명 농담	かのじょ 彼女はいつも冗談を言って皆を笑わせる。 그녀는 항상 농담을 해서 모두를 웃게 만든다.
じょうねつ 情熱	명 정열	かれ　しごと　しゅみ　じょうねつ　そそ　あつ　にんげん 彼は仕事にも趣味にも情熱を注ぐ熱い人間だ。 그는 일에도 취미에도 정열을 쏟는 열정적인 인간이다.
しょうらい 将来	명 장래	しょうらい　こと　ふあん　よる　ねむ 将来の事が不安で、夜も眠れない。 장래의 일이 불안해서 밤에도 잘 자지 못한다.
しょく ひ 食費	명 식비	わ　や　がいしょく　おお　しょく ひ 我が家は外食が多いので、食費がかかりすぎて いる。 우리 집은 외식을 자주 하기 때문에 식비가 너무 많이 든다.
しょくひん 食品	명 식품	けんこう　しょくひん　た 健康にいい食品を食べるようにしている。 건강에 좋은 식품을 먹도록 하고 있다.
しょくりょうひん 食料品	명 식료품	たてもの　しょくりょうひん　ほか　いりょうひん う　ば この建物には食料品の他に衣料品売り場もある。 이 건물에는 식료품 외에 의류 매장도 있다.
じょげん 助言	명 する 조언	まよ　とき　はは　じょげん　たす 迷った時はいつも母の助言に助けられている。 망설일 때에는 항상 어머니의 조언에 도움받고 있다.
しょしんしゃ 初心者	명 초심자, 초보자	わたし　せんげつ　はじ　しょしんしゃ 私は先月ギターを始めたばかりで、まだ初心者だ。 나는 지난달에 막 기타를 배우기 시작해서 아직 초보자이다.
しょせき 書籍	명 서적	さいきん わ だい　しょせき　こうにゅう 最近話題の書籍をインターネットで購入した。 요즘 화제의 서적을 인터넷에서 구입했다.
しょっ き 食器	명 식기	すべ　こうきゅう　しょっ き これらは全て高級な食器だ。 이것들은 모두 고급 식기이다.
しょぶん 処分	명 する 처분	ひつよう　もの　しょぶん 必要のない物が、なかなか処分できない。 필요없는 물건을 좀처럼 처분할 수 없다.

412

어휘	의미	예문
しょみん 庶民	명 서민	私は高級レストランより、庶民的な食堂の方が好きだ。 나는 고급 레스토랑보다 서민적인 식당 쪽을 좋아한다.
しょもつ 書物	명 책, 도서	博物館では、昔書かれた書物がきれいに保存されていた。 박물관에서는 옛날에 쓰여진 서적이 깨끗하게 보존되어 있었다.
しりょう 資料	명 자료	図書館で発表のための資料を集めた。 도서관에서 발표를 위한 자료를 모았다.
しんか 進化	명 する 진화	人工知能の技術は年々進化している。 인공 지능 기술은 해마다 진화하고 있다.
しんきょう 心境	명 심경	彼はずっと大学を辞めたいと言っていたが、今は心境が変わったようだ。 그는 계속 대학을 그만두고 싶다고 말했지만 지금은 심경이 변한 것 같다.
しんけい 神経	명 신경	虫歯の神経の治療があまりにも痛くて泣いてしまった。 충치 신경 치료가 너무나도 아파서 울어 버렸다.
じんけん 人権	명 인권	子供の人権が守られていない国は意外に多い。 아이들의 인권이 지켜지고 있지 않는 나라는 의외로 많다.
しんさつ 診察	명 する 진찰	大学病院では、診察にかかる時間より待ち時間の方が長い。 대학 병원에서는 진찰에 걸리는 시간보다 기다리는 시간 쪽이 길다.
しんせき 親戚	명 친척	いとこの結婚式では、親戚を代表して父が挨拶をした。 사촌 결혼식에서는 친척을 대표해서 아버지가 인사를 했다.
しんそう 真相	명 진상, 참된 모습	あの事件の真相は未だに分からないままだ。 저 사건의 진상은 아직도 밝혀지지 않은 상태이다.

어휘	의미	예문
しんだん 診断	명 する 진단	医者からは、たいした病気ではないという診断を受けた。 의사로부터 큰 병은 아니라는 진단을 받았다.
しんどう 振動	명 する 진동	携帯電話が振動する音が会議室に響いていた。 휴대 전화가 진동하는 소리가 회의실에 울리고 있었다.
しんぼう 辛抱	명 する 참고 견딤	帰国まであと1か月の辛抱だ。 귀국까지 앞으로 한 달만 참으면 된다.
じんみゃく 人脈	명 인맥	学生時代に築いた人脈は、社会人になってからも役に立つ。 학창 시절에 쌓았던 인맥은 사회인이 되고 나서도 도움이 된다.
しんりがく 心理学	명 심리학	彼女の専攻は心理学です。 그녀의 전공은 심리학입니다.
しんりん 森林	명 삼림	空気が良い森林の中で過ごしたい。 공기가 좋은 삼림 속에서 지내고 싶다.
じんるい 人類	명 인류	人類はこれからも成長を続けていくだろう。 인류는 앞으로도 성장을 계속해 갈 것이다.
しんろ 進路	명 진로	高校卒業後の進路は大学進学だけだと思っていた。 고등학교 졸업 후 진로는 대학 진학뿐이라고 생각했었다.
しんわ 神話	명 신화	彼の成功は、まるで神話のようだと言われている。 그의 성공은 마치 신화 같다는 이야기를 듣는다.
すいてき 水滴	명 물방울	ガラスのコップに水滴がついている。 유리컵에 물방울이 맺혀 있다.
すいへいせん 水平線	명 수평선	海辺に座って水平線に日が昇るのを眺めた。 해변에 앉아서 수평선에 해가 떠오르는 것을 바라보았다.

어휘	의미	예문
すうがく 数学	명 수학	こうこうせい とき すうがく す りけい だいがく すす 高校生の時から数学が好きで、理系の大学に進んだ。 고등학교 때부터 수학을 좋아해서 이과계 대학에 진학했다.
すえ こ 末っ子	명 막내	すえ こ あま じょうず ひと おお 末っ子には甘え上手な人が多いようだ。 막내 중에는 애교를 잘 떠는 사람들이 많은 것 같다.
す きら 好き嫌い	명 호불호, 좋고 싫음	す きら なん た こども じゅうよう 好き嫌いなく何でも食べることが、子供には重要だ。 가리는 것 없이 뭐든지 먹는 것이 아이들에게는 중요하다.
ず のう 頭脳	명 두뇌	かれ すぐ ず のう も ぬし 彼は優れた頭脳の持ち主である。 그는 우수한 두뇌의 소유자이다.
す 住まい	명 주거	す お住まいはどちらですか。 사시는 곳은 어디인가요?
せいいっぱい 精一杯	명 ナ 부 최선, 최대한임	いま わたし せいいっぱい これが今の私にできる精一杯のことだ。 이것이 지금 내가 할 수 있는 최선이다.
せいかく 正確	명 ナ 정확	みせ いちど い せいかく おぼ その店には一度行ったことがあるが、正確には覚えていない。 그 가게에는 한 번 간 적이 있지만 정확히는 기억하고 있지 않다.
せいこう 成功	명 する 성공	せいこう どりょく ひつよう ビジネスで成功したければ、努力が必要だ。 비즈니스로 성공하고 싶다면 노력이 필요하다.
せいさく 政策	명 정책	せいふ くに せいさく へんこう 政府は国の政策を変更した。 정부는 국가 정책을 변경했다.
せいしん 精神	명 정신	つら おお ぶん せいしんてき つよ 辛いことも多かったが、その分、精神的に強くなった。 괴로운 일도 많았지만 그만큼 정신적으로 강해졌다.

어휘	의미	예문
せいぞん 生存	명 する 생존	ひこうきじこ あと じょうきゃくぜんいん せいぞん かくにん 飛行機事故の後、乗客全員の生存が確認された。 비행기 사고 후, 승객 전원의 생존이 확인되었다.
せいちょう 成長	명 する 성장	こども せいちょう はや おどろ 子供の成長の早さには、いつも驚かされる。 아이의 빠른 성장에는 항상 놀란다.
せいぶつ 生物	명 생물	こども とき どうぶつ さかな す せいぶつ べんきょう 子供の時から動物や魚が好きで、生物の勉強も とくい 得意だった。 어렸을 때부터 동물이나 물고기를 좋아해서 생물 공부도 자신이 있었다.
せいり 整理	명 する 정리	ひ こ せいり はじ 引っ越しのために、たんすの整理を始めた。 이사 때문에 옷장 정리를 시작했다.
せいりつ 成立	명 する 성립	なが きょうぎ けっか けいやく せいりつ 長い協議の結果、契約が成立した。 긴 협의 결과, 계약이 성립되었다.
せきたん 石炭	명 석탄	やま むかし せきたん この山では昔、石炭がとれたそうだ。 이 산에서는 옛날에 석탄이 채굴되었다고 한다.
せきゆ 石油	명 석유	せきゆ たいせつ てんねんしげん 石油はとても大切な天然資源だ。 석유는 매우 중요한 천연자원이다.
せけんし 世間知らず	명 ナ 세상 물정에 어두움	かのじょ だい しゃかいじんけいけん せけんし 彼女はもう30代だが、社会人経験もなく、世間知 らずだ。 그녀는 이미 30대이지만 사회인 경험도 없고, 세상 물정에 어둡다.
ぜっこうちょう 絶好調	명 ナ 절정, 최상의 상태	せんしゅう やす きょう たいちょう ぜっこうちょう 先週ゆっくり休んだので、今日の体調は絶好調だ。 지난주 푹 쉬었기 때문에 오늘 몸 상태는(컨디션은) 매우 좋다.
せっしゅ 摂取	명 する 섭취	しょくじ ふそく せっしゅ 食事では不足しがちなビタミンを摂取するために、 くだもの た 果物を食べている。 식사로는 부족하기 쉬운 비타민을 섭취하기 위해서 과일을 먹고 있다.

어휘	의미	예문
せっとく 説得	명 する 설득	反対する両親を説得して、留学することを許してもらった。 반대하는 부모님을 설득해서 유학 가는 것을 허락받았다.
ぜつめつ 絶滅	명 する 절멸, 멸종	この動物園では絶滅しそうな動物を保護する活動もしている。 이 동물원에는 멸종될 것 같은 동물을 보호하는 활동도 하고 있다.
せんきょ 選挙	명 する 선거	彼は選挙に勝って新しい市長となった。 그는 선거에 이겨서 새로운 시장이 되었다.
せんたくし 選択肢	명 선택지	この試験は4つの選択肢から、適当なものを選ぶ方式だ。 이 시험은 4개의 선택지에서 적당한 것을 고르는 방식이다.
そうおう 相応	명 ナ する 상응	仕事に相応な給料をもらわなければならない。 일에 상응한 월급을 받아야 한다.
そうおん 騒音	명 소음	工事現場から出る騒音が地域で問題になっている。 공사 현장에서 나는 소음이 지역에서 문제가 되고 있다.
ぞうか 増加	명 する 증가	人口増加に伴い、公害が深刻になっている。 인구 증가에 따라 공해가 심각해 지고 있다.
そうぐう 遭遇	명 する 조우, 우연히 만남	山登りをしていたら、熊に遭遇して本当に怖かった。 등산을 하고 있었는데 곰과 맞닥뜨려서 정말로 무서웠다.
そうしょく 装飾	명 する 장식	子供部屋の装飾に壁紙を買ってきた。 아이 방을 장식하기 위해 벽지를 사 왔다.
ぞうだい 増大	명 する 증대	夏はエアコンの使用とともに電気の消費量が増大する。 여름은 에어컨 사용과 함께 전기 소비량이 증대한다.

어휘	의미	예문
そうてい 想定	명 する 상정	<ruby>株<rt>かぶ</rt></ruby>の<ruby>損失<rt>そんしつ</rt></ruby>が<ruby>想定<rt>そうてい</rt></ruby>した<ruby>以上<rt>いじょう</rt></ruby>の<ruby>金額<rt>きんがく</rt></ruby>に<ruby>膨<rt>ふく</rt></ruby>らんでしまった。 주식 손실이 생각했던 것 이상의 금액으로 늘어나 버렸다.
そうとう 相当	명 ナ 부 する 상당, 대등함, 꽤, 제법	<ruby>彼<rt>かれ</rt></ruby>は<ruby>相当怒<rt>そうとうおこ</rt></ruby>っているようだ。 그는 상당히 화가 나 있는 것 같다.
そうなん 遭難	명 する 조난	<ruby>山<rt>やま</rt></ruby>で<ruby>道<rt>みち</rt></ruby>に<ruby>迷<rt>まよ</rt></ruby>って、<ruby>遭難<rt>そうなん</rt></ruby>するところだった。 산에서 길을 헤매서 조난할 뻔했다.
そうりつ 創立	명 する 창립	この<ruby>会社<rt>かいしゃ</rt></ruby>は<ruby>創立<rt>そうりつ</rt></ruby>30<ruby>年<rt>ねん</rt></ruby>になる。 이 회사는 창립 30년이 된다.
そくてい 測定	명 する 측정	この<ruby>小学校<rt>しょうがっこう</rt></ruby>では、<ruby>毎年<rt>まいとし</rt></ruby>4<ruby>月<rt>がつ</rt></ruby>に<ruby>身体測定<rt>しんたいそくてい</rt></ruby>を<ruby>行<rt>おこな</rt></ruby>っている。 이 초등학교에서는 매년 4월에 신체 측정을 실시하고 있다.
そしょう 訴訟	명 する 소송	<ruby>会社<rt>かいしゃ</rt></ruby>の<ruby>金<rt>かね</rt></ruby>を<ruby>私的<rt>してき</rt></ruby>に<ruby>使<rt>つか</rt></ruby>った<ruby>社員<rt>しゃいん</rt></ruby>に<ruby>対<rt>たい</rt></ruby>し<ruby>訴訟<rt>そしょう</rt></ruby>を<ruby>起<rt>お</rt></ruby>こした。 회사 돈을 사적으로 사용한 사원에 대해 소송을 했다.
そんとく 損得	명 손실과 이득	<ruby>損得<rt>そんとく</rt></ruby>だけを<ruby>考<rt>かんが</rt></ruby>えて<ruby>行動<rt>こうどう</rt></ruby>してはいけない。 득실만을 생각해서 행동해서는 안 된다.
たいきゅうせい 耐久性	명 내구성	この<ruby>建物<rt>たてもの</rt></ruby>は、<ruby>地震<rt>じしん</rt></ruby>の<ruby>後<rt>あと</rt></ruby>に<ruby>建<rt>た</rt></ruby>てられた<ruby>耐久性<rt>たいきゅうせい</rt></ruby>の<ruby>高<rt>たか</rt></ruby>い<ruby>建築物<rt>けんちくぶつ</rt></ruby>だ。 이 건물은 지진 후에 지어진 내구성의 높은 건축물이다.
たいけん 体験	명 する 체험	<ruby>夏<rt>なつ</rt></ruby>には<ruby>怖<rt>こわ</rt></ruby>い<ruby>体験<rt>たいけん</rt></ruby>について<ruby>話<rt>はな</rt></ruby>すテレビ<ruby>番組<rt>ばんぐみ</rt></ruby>が<ruby>多<rt>おお</rt></ruby>い。 여름에는 무서운 체험에 대해 이야기하는 TV 프로그램이 많다.
だいしきゅう 大至急	명 부 매우 급함	<ruby>父<rt>ちち</rt></ruby>が<ruby>倒<rt>たお</rt></ruby>れたと<ruby>聞<rt>き</rt></ruby>いて、<ruby>大至急病院<rt>だいしきゅうびょういん</rt></ruby>へ<ruby>向<rt>む</rt></ruby>かった。 아버지가 쓰러지셨다고 듣고서 급히 병원으로 향했다.

어휘	의미	예문
たいしょ 対処	명 する 대처	こんなん じたい たいしょ 困難な事態にでもすぐ対処できるようにしておき なさい。 곤란한 사태에서도 바로 대처할 수 있도록 해 두어라.
たいしょく 退職	명 する 퇴직	きょう たいしょく こうはい さいご しゅっきんび 今日は退職する後輩の最後の出勤日だった。 오늘은 퇴직하는 후배의 마지막 출근일이었다.
たいせい 体制	명 체제	びょういん いし めい かんごし めい たいせい うんえい この病院は、医師2名、看護師6名の体制で運営し ている。 이 병원은 의사 2명, 간호사 6명의 체제로 운영하고 있다.
だいたん 大胆	명 ナ 대담	あかじ つづ だいたん けいえいかいぜん ひつよう 赤字が続いており、大胆な経営改善が必要だ。 적자가 계속되고 있어서 대담한 경영 개선이 필요하다.
だいち 大地	명 대지	ほっかいどう やさい きた だいち めぐ い 北海道のおいしい野菜は、北の大地の恵みだと言 われている。 홋카이도의 맛있는 야채는 북쪽 대지의 은혜라고 일컬어지고 있다.
たいちょう 体調	명 몸 상태, 컨디션	さいきん たいちょう よ しんぱい 最近なんとなく体調が良くないので心配だ。 요즘 왠지 몸 상태가 좋지 않아서 걱정이다.
たいど 態度	명 태도	きゃく む たいど よ お客さんに向かってその態度は良くないです。 손님을 향해 그런 태도는 좋지 않아요.
たいとう 対等	명 ナ 대등	かいぎ じょうし ぶか たいとう たちば ぎろん おこな 会議では上司と部下が対等な立場で議論を行った。 회의에서는 상사와 부하가 대등한 입장에서 토론을 했다.
たいない 体内	명 체내, 몸속	た たいない しょうかきゅうしゅう じかん 食べたものが体内で消化吸収されるには3時間ぐ らいかかる。 먹은 것이 체내에서 소화 흡수되는 데에는 3시간 정도 걸린다.
たいはん 大半	명 대부분	くに たいはん ひと うんてんめんきょ も この国では大半の人が運転免許を持っている。 이 나라에서는 대부분의 사람이 운전면허를 가지고 있다.

어휘	의미	예문
たいりつ 対立	명 する 대립	その議論においては意見の対立が避けられないだろう。 그 논의에 있어서는 의견 대립을 피할 수 없을 것이다.
たくはいびん 宅配便	명 택배	宅配便を受け取るために一度家に戻った。 택배를 받기 위해 한번 집으로 돌아왔다.
たしゃ 他者	명 타인, 다른 사람	他者と比べるより、昨日の自分と比べて更に努力するべきだ。 타인과 비교하는 것보다 어제의 자신과 비교해서 더욱 노력해야 한다.
ただ	명 공짜, 무료, 보통, 예사	この雑誌はただで配っているものだ。 이 잡지는 무료로 나눠주고 있는 것이다. 彼はスーパーマンではなく、ただの会社員だ。 그는 슈퍼맨이 아닌 보통의 회사원이다.
たっせい 達成	명 する 달성	彼は営業の目標金額を達成し、「今月の職員」に選ばれた。 그는 영업 목표 금액을 달성하여 '이달의 직원'으로 뽑혔다.
たにん 他人	명 타인	彼とはもう20年も一緒に働いているので、他人とは思えない。 그와는 벌써 20년이나 함께 일하고 있기 때문에 타인이라고는 생각할 수 없다.
た ほうだい 食べ放題	명 무제한 식사, 무한 리필	最近、お好み焼きの食べ放題が人気です。 요즘에 오코노미야키 무한 리필이 인기입니다.
いき ため息	명 한숨	ため息をつくと、幸せが逃げるそうよ。 한숨을 쉬면 행복이 달아난대.
たよ 便り	명 알림, 편지, 소식	便りがないのはいい知らせだという言葉がある。 무소식이 희소식이라는 말이 있다.

어휘	의미	예문
たん い 単位	명 단위, 학점	そつぎょう 卒業するためには、あと12単位が必要だ。 졸업하기 위해서는 앞으로 12학점이 필요하다.
だんかい 段階	명 단계	とりひきさき けいやく いま だんかい むずか その取引先との契約は今の段階では難しい。 그 거래처와의 계약은 지금 단계에서는 어렵다.
たんしゅく 短縮	명 する 단축	かい ぎ じ かん たんしゅく じ ぜん しりょう おく 会議の時間を短縮するために、事前に資料を送っておいた。 회의 시간을 단축하기 위해서 사전에 자료를 보내 두었다.
たんじゅん 単純	명 ナ 단순	おさな ころ たんじゅん つか きょういく よ 幼い頃から単純なお使いをさせるのが教育に良いそうだ。 어릴 때부터 단순한 심부름을 시키는 것이 교육에 좋다고 한다.
たんしん 単身	명 단신	ちち たんしん ふ にん 父はアメリカに単身赴任している。 아버지는 미국에 단신 부임 중이다.
だんたい 団体	명 단체	にん い じょう にゅうじょうりょう だんたいりょうきん 20人以上なら、入場料は団体料金になる。 20명 이상이라면 입장료는 단체 요금이 된다.
だんてい 断定	명 する 단정	そう さ ちゅう だんてい かれ はんにん まだ捜査中なので断定はできないが、彼が犯人かもしれない。 아직 수사 중이기 때문에 단정은 할 수 없지만 그가 범인일지도 모른다.
たんとう 担当	명 する 담당	しんにゅうしゃいん さいよう たんとう 新入社員の採用を担当している。 신입 사원의 채용을 담당하고 있다.
ち きゅう 地球	명 지구	うみ ち きゅう し 海は地球の70%を占めている。 바다는 지구의 70%를 차지하고 있다.
ち たい 地帯	명 지대	ち いき に ほん だいこうぎょうち たい ひと この地域は日本3大工業地帯の一つです。 이 지역은 일본 3대 공업 지대의 한 곳입니다.

어휘	의미	예문
ち のう 知能	명 지능	さる にんげん ちか ちのう も 猿は人間に近い知能を持っていて、感情表現も豊 かんじょうひょうげん ゆた かだ。 원숭이는 인간에 가까운 지능을 지니고 있고 감정 표현도 풍부하다.
ちゅうこく 忠告	명 する 충고	あんなに忠告したのに、彼はそれを聞かずに失敗 ちゅうこく かれ き しっぱい した。 그렇게 충고했는데도 그는 그것을 듣지 않고 실수했다.
ちゅう こ 中古	명 중고	あまり使わないものはリサイクルショップで中古 つか ちゅうこ 品を買った。 ひん か 그다지 사용하지 않는 물건은 리사이클숍에서 중고품을 샀다.
ちゅうしゃ 注射	명 する 주사	しようず ちゅうしゃき かなら す 使用済みの注射器は必ず捨ててください。 사용한(다 쓴) 주사기는 반드시 버려 주세요.
ちゅうしょく 昼食	명 중식, 점심 식사	ちゅうしょくご なか ねむ 昼食後には、お腹がいっぱいで眠くなってしまう。 점심 식사 후에는 배가 불러서 졸린다.
ちょうじょう 頂上	명 정상	ふ じさん ちょうじょう み けしき すば 富士山の頂上から見る景色は素晴らしい。 후지산 정상에서 보는 경치는 멋있다.
ちょうしょく 朝食	명 조식, 아침 식사	ちょうしょく はん 朝食はご飯とパン、どちらがいいですか。 조식은 밥과 빵 어느 쪽이 좋습니까?
ちょうせん 挑戦	명 する 도전	わたし あたら ちょうせん にが て 私は新しいことに挑戦するのが苦手だ。 나는 새로운 일에 도전하는 것이 거북하다(서툴다).
ちょぞう 貯蔵	명 する 저장	むかし しょくりょう ちょぞうしつ ここは昔、食料の貯蔵室だった。 여기는 옛날에 식료품 저장실이었다.
ちょっかん 直感	명 する 직감	じぶん ちょっかん しん すこ がんば 自分の直感を信じて、もう少し頑張ることにした。 자신의 직감을 믿고 조금 더 힘내기로 했다.

어휘	의미	예문
ちょっこう 直行	명 する 직행	今日は朝から打ち合わせがあるので、取引先に直行した。 오늘은 아침부터 미팅이 있기 때문에 거래처로 직행했다.
ついきゅう 追求	명 する 추구	この家具はデザインを追求するあまり、実用性が低くなってしまった。 이 가구는 디자인을 추구한 나머지 실용성이 떨어져 버렸다.
つういん 通院	명 する 통원	手術後は月に一度通院して、薬をもらっている。 수술 후에는 한 달에 한 번 통원하며 약을 받고 있다.
つうかん 痛感	명 する 통감	会議当日に、もっと早くから準備しておくべきだったと痛感した。 회의 당일에 좀 더 일찍부터 준비해 두어야 했다라고 통감했다.
つうきん 通勤	명 する 통근	会社が移転したので、毎日2時間かけて通勤している。 회사가 이전했기 때문에 매일 2시간 들여서 통근하고 있다.
つうじょう 通常	명 통상, 보통	商品の展示会が終わったら、通常業務に戻る。 상품 전시회가 끝나면 통상 업무로 돌아간다.
つうち 通知	명 する 통지	番号を通知しない電話には出ないようにしている。 번호를 통지하지 않은 전화는 받지 않도록 하고 있다.
つうちょう 通帳	명 통장	外国に住むなら、まず通帳を作った方がいい。 외국에 살려면 우선 통장을 만드는 것이 좋다.
つうやく 通訳	명 する 통역, 통역사	通訳になるため留学して2年経ったが、まだまだ勉強が必要だ。 통역사가 되기 위해 유학 와서 2년이 지났지만, 아직 공부가 더 필요하다.
つごう 都合	명 형편, 사정	今日は都合が悪いので、明日会いましょう。 오늘은 형편이 좋지 않으니 내일 만납시다.

어휘	의미	예문
つよき 強気	명 ナ 강경함, 강세	しごと かん つよき かのじょ ふだん おだ 仕事に関しては強気な彼女だが、普段は穏やかだ。 일에 관해서는 강경한 그녀지만 평상시는 온화하다.
ていか 低下	명 する 저하	せんしゅう きゅうげき きおんていか のうか ひがい う 先週の急激な気温低下で農家が被害を受けている。 지난주의 급격한 기온 저하로 농가가 피해를 받고 있다.
ていか 定価	명 정가	か ていか き おどろ セールで買ったテレビの定価を聞いて驚いた。 세일해서 산 텔레비전의 정가를 듣고 놀랐다.
ていぎ 定義	명 する 정의	ひと きも ひとこと ていぎ 人の気持ちというものは、一言で定義できないも のだ。 사람의 마음이라는 것은 한마디로 정의할 수 없는 것이다.
ていしゅつ 提出	명 する 제출	し き ぜんじつ じょうし きかくしょ ていしゅつ 締め切りの前日に上司に企画書を提出した。 마감 전날에 상사에게 기획서를 제출했다.
ていちゃく 定着	명 する 정착	かのじょ みせ ていちゃく 彼女はあの店のモデルとして、すっかり定着した。 그녀는 그 가게의 모델로서 완전히 정착했다.
て 手がかり	명 단서	はんにん て え けいじ ふたた げんば 犯人への手がかりを得るため、刑事は再び現場に む 向かった。 범인에 대한 단서를 얻기 위해, 형사는 다시 현장으로 향했다.
てぎわ 手際	명 솜씨, 손재주	はは りょうり とくい いそが あさ てぎわ ちょうしょく 母は料理が得意で、忙しい朝でも手際よく朝食を じゅんび 準備してくれる。 엄마는 요리를 잘해서 바쁜 아침에도 솜씨 좋게 아침밥을 준비해 준다.
てちが 手違い	명 착오	みせ てちが ちゅうもん しょうひん とど 店の手違いで注文していない商品が届いた。 가게의 착오로 주문하지 않은 상품이 도착했다.
てつがく 哲学	명 철학	かれ だいがく てつがく せんこう いろいろ がくしゃ ほん 彼は大学で哲学を専攻していて、色々な学者の本 よ を読む。 그는 대학에서 철학을 전공하고 있어서 다양한 학자의 책을 읽는다.

어휘	의미	예문
てってい 徹底	명 する 철저	かのじょ 彼女はモデル志望で普段から栄養管理を徹底して いる。 그녀는 모델 지망이라서 평소에 영양 관리를 철저히 하고 있다.
て ぶくろ 手袋	명 장갑	かれ し　　て ぶくろ　　あ 彼氏に手袋を編んでプレゼントした。 남자 친구에게 장갑을 떠서 선물했다.
て まえ 手前	명 자기 앞, 자기 쪽	ゆうびんきょく　　て まえ　　たてもの　　　　　　　じ むしょ 郵便局の手前の建物が、うちの事務所です。 우체국 바로 앞의 건물이 저의 회사 사무실입니다.
てんかい 展開	명 する 전개	いま み　　　　　　　　　　　　こん ご　　てんかい 今見ているドラマの今後の展開がまったく読め ない。 지금 보고 있는 드라마의 이후 전개를 전혀 예상할 수 없다.
てんきん 転勤	명 する 전근	ちち　しごと　てんきん　おお　　　　わたし　　　　たび　てんこう 父の仕事は転勤が多く、私もその度に転校した。 아버지의 일은 전근이 많아서 나도 그때마다 전학 갔다.
てんけい 典型	명 전형	ちち　てんけいてき　　に ほん 父は典型的な日本のサラリーマンで、毎日夜遅く はたら まで働いている。 아버지는 전형적인 일본 샐러리맨으로, 매일 밤늦게까지 일하고 있다.
てんさい 天才	명 천재	てんさい　い　　　　　　　　　かれ　　じつ　かく みんなから天才だと言われていた彼は、実は隠れ ど りょく は た努力派だった。 모두에게 천재라고 불렸던 그는, 사실은 숨은 노력파였다.
てんらんかい 展覧会	명 전람회	ゆうじん　　　　てんらんかい　　　　　　　　　　　　こんしゅう 友人から展覧会のチケットをもらったので、今週 まつ み い 末に見に行くつもりだ。 친구에게 전람회 티켓을 받아서 이번 주말에 보러갈 예정이다.
どう ぐ 道具	명 도구	つく　　　　　　　どう ぐ　か ケーキやクッキーを作るための道具を買った。 케이크나 쿠키를 만들기 위한 도구를 샀다.
とうけい 統計	명 통계	いろ　　　とうけい　　　　　　　　　　ぶんせき　　　　　　　　　　か 色んな統計からデータを分析してレポートを書い た。 다양한 통계로부터 데이터를 분석하여 리포트를 썼다.

어휘	의미	예문
とうめい 透明	명ナ 투명	みずうみ みず そこ み とうめい この 湖 の水は底が見えるほど透明だ。 이 호수의 물은 바닥이 보일만큼 투명하다.
どうよう 同様	명ナ 같음, 마찬가지임	じょうきょう ほか かいしゃ どうよう み このような状況は他の会社でも同様に見られる。 이러한 상황은 다른 회사에서도 마찬가지로 보여진다.
とくぎ 特技	명 특기	わたし とくぎ やまてせん えき なまえ びょういんない ぜんぶ 私の特技は山手線の駅の名前を30秒以内に全部 い 言えることです。 제 특기는 야마노테선의 역 이름을 30초 이내에 전부 말할 수 있는 것입니다.
とくせい 特製	명 특제	がくしょく た きょう はは とくせい いつもは学食で食べているが、今日は母の特製 べんとう 弁当だ。 보통은 학생 식당에서 먹지만 오늘은 엄마의 특제 도시락이다.
とくべつ 特別	명ナ 특별	かれ じじょう とくべつ にゅうしつ きょか 彼は事情があるため特別に入室を許可された。 그는 사정이 있기 때문에 특별히 입실을 허가받았다.
としごろ 年頃	명 적령, 나이대	だい なや おお としごろ 10代というのは、悩みの多い年頃だ。 십대란 고민이 많을 나이대이다.
とたん 途端	명 찰나, 막 그 순간	せんしゅ とたん たお そのマラソン選手は、ゴールした途端、倒れこん だ。 그 마라톤 선수는 골인하자마자 쓰러졌다.
とちゅう 途中	명 도중	き とちゅう あきら やると決めたら、途中で諦めるものではない。 하겠다고 정했으면 도중에 포기해서는 안 된다.
とりひきさき 取引先	명 거래처	きょう とりひきさき ぶちょう かいぎ 今日は取引先の部長との会議がある。 오늘은 거래처 부장님과의 회의가 있다.
なかまはず 仲間外れ	명 동료들에게 따돌 림을 받음	こども とき かばん ちが なかまはず 子供の時、鞄がみんなと違うというだけで仲間外 れにされた。 어렸을 때 가방이 모두와 다르다는 이유만으로 따돌림당했다.

426

어휘	의미	예문
なかみ 中身	명 내용물, 알맹이	ふくぶくろ なかみ なん たの 福袋の中身が何なのか、楽しみです。 복주머니의 내용물이 무엇인지 기대됩니다.
なや 悩み	명 고민	なや そうだん あいて ひつよう あなたには悩みを相談できる相手が必要です。 당신에게는 고민을 상담할 수 있는 상대가 필요합니다.
なら ごと 習い事	명 배우는 것	う こども いろいろ なら ごと これから生まれてくる子供には、色々な習い事を させたい。 앞으로 태어날 아이에게는 여러 가지를 배우게 하고 싶다.
な ゆ 成り行き	명 되어 가는 형편, 과정, 추이	かいしゃ こんご な ゆ ちゅうもく あの会社の今後の成り行きが注目されています。 저 회사의 앞으로의 추이가 주목되고 있습니다.
にせもの 偽物	명 가짜	せんげつはっけん へいあんじだい うつわ にせもの 先月発見された平安時代の器は偽物であることが わ 分かった。 지난달 발견된 헤이안시대의 그릇은 가짜임이 밝혀졌다.
にちじょう 日常	명 일상	うんどう ちょうしょく た しゅっきん わたし にちじょう 運動して、朝食を食べて出勤するのが私の日常だ。 운동을 하고 아침 식사를 하고 출근하는 것이 나의 일상이다.
にっか 日課	명 일과	いちにち にっか お いえ かえ 一日の日課を終えて家に帰るとくたくたになる。 하루의 일과를 마치고 집에 돌아오면 녹초가 된다.
にっこう 日光	명 일광, 햇볕	にっこう あ わたし からだ えいきょう 日光を浴びることは、私たちの体にいい影響を あた 与える。 햇볕을 쬐는 것은 우리 몸에 좋은 영향을 준다.
にゅうせいひん 乳製品	명 유제품	にゅうせいひん ふく ほね つよ 乳製品に含まれるカルシウムには、骨を強くする こうか 効果がある。 유제품에 함유된 칼슘에는 뼈를 강하게 하는 효과가 있다.
にゅうりょく 入力	명 する 입력	けんさく がめん ほん なまえ にゅうりょく さんこうしょ さが 検索画面に本の名前を入力して、参考書を探した。 검색 화면에 책 이름을 입력해서 참고서를 찾았다.

어휘	의미	예문
にんしき 認識	명 する 인식	しゃちょう こんかい もんだい じゅうようせい にんしき 社長は今回の問題の重要性を認識しはじめた。 사장님은 이번 문제의 중요성을 인식하기 시작했다.
にん む 任務	명 임무	しごと にん む かくじつ じっこう のうりょく もと この仕事は任務を確実に実行する能力が求められる。 이 일은 임무를 확실히 실행할 능력이 요구된다.
ぬく 温もり	명 온기, 따스함	じっか かえ かぞく ぬく かん 実家に帰ると、家族の温もりを感じることができる。 본가에 오면 가족의 온기를 느낄 수 있다.
ねつ い 熱意	명 열의	せい じ か ねつい わかもの こころ うご その政治家の熱意は、若者の心を動かした。 그 정치가의 열의는 젊은이들의 마음을 움직였다.
ね 寝つき	명 잠듦	ね わる ね ぶそく ひ おお 寝つきが悪いので、寝不足の日が多い。 잠이 들지 못해서 수면 부족인 날이 많다.
ねっちゅう 熱中	명 する 열중	こうこうせい とき ねっちゅう べんきょう 高校生の時、サッカーに熱中して勉強をしなかった。 고등학생 때 축구에 열중해서 공부를 하지 않았다.
のうぎょう 農業	명 농업	のうぎょう いなか としょ 農業は田舎でお年寄りがするもの、というイメージがある。 농업은 시골에서 어르신들이 하는 것이라는 이미지가 있다.
のうこう 農耕	명 농경	かんれい こうすいりょう すく とち のうこう てき 寒冷で降水量が少ないため、この土地は農耕に適さない。 한랭하고 강수량이 적기 때문에, 이 땅은 농경에 적합하지 않다.
のうひん 納品	명 する 납품	きのうのうひん しょうひん まちが てん ぽ れんらく 昨日納品した商品が間違っていたと店舗から連絡があった。 어제 납품한 상품이 잘못되었다고 점포에서 연락이 왔다.
は あく 把握	명 する 파악	もんだいてん は あく かいけつあん かんが まず問題点を把握してから解決案を考えるべきだ。 우선 문제점을 파악하고 나서 해결안을 생각해야 한다.

어휘	의미	예문
はいいろ 灰色	명 회색, 잿빛	は で いろ きら はいいろ ふく か 派手な色が嫌いで、灰色の服ばかり買ってしまう。 화려한 색이 싫어서, 회색 옷만 사고 만다.
はい き 廃棄	명 する 폐기	さんぎょうはい き ぶつ ふ ほうとう き しんこく もんだい 産業廃棄物の不法投棄が深刻な問題になっている。 산업 폐기물 불법 투기가 심각한 문제가 되고 있다.
はいけい 拝啓	명 삼가 아룀 (편지 인사말)	むすこ て がみ はいけい ちちうえさま はじ 息子からの手紙は「拝啓、父上様」で始まってい た。 아들로부터의 편지는 '삼가 아룁니다, 아버님'으로 시작되고 있었다.
はいけん 拝見	명 する 삼가 봄	しょるい ひととお はいけん いただいた書類は一通り拝見いたしました。 받은 서류는 한번 훑어보았습니다.
はいじょ 排除	명 する 배제	こんかい けいかく じゃ ま もの てっていてき はいじょ 今回の計画に邪魔になりそうな者は徹底的に排除 した。 이번 계획에 방해될 것 같은 사람은 철저히 배제했다.
はいたつ 配達	명 する 배달	い ぜんはいたつ あた ち 以前配達のバイトをしていたので、この辺りの地 り くわ 理に詳しい。 이전에 배달 아르바이트를 했었기 때문에 이 근처 지리에는 밝다.
はい ふ 配布	명 する 배부	まち はい ふ き ふ あつ 町でチラシを配布して寄付を集めた。 마을에서 전단지를 배포해서 기부를 모집했다.
は き 破棄	명 する 파기	じじょう こんやく は き 事情があって、婚約を破棄した。 사정이 있어서 약혼을 파기했다.
は きゅう 波及	명 する 파급	ぜんこく は きゅう わたし かいしゃ どうにゅう クールビズは全国に波及して、私の会社にも導入 された。 쿨비즈(여름철의 간소한 옷차림)는 전국에 파급되어 우리 회사에도 도입 되었다.
ばく ろ 暴露	명 する 폭로	ともだち ひ みつ ばく ろ お こ 友達に秘密を暴露されて落ち込んでいる。 친구에게 비밀을 폭로당해서 침울해 있다.

어휘	의미	예문
はじ 恥	명 부끄러움, 수치	たくさんの人の前で転んでしまい、恥をかいた。 많은 사람들 앞에서 넘어져 버려서 창피했다.
はだ ぎ 肌着	명 내의, 내복	最近は、冬は暖かくて夏は涼しい肌着を販売している。 요즘은 겨울엔 따뜻하고 여름엔 시원한 내복을 판매하고 있다.
はつげん 発言	명 する 발언	その会議では発言した内容が全て記録される。 그 회의에서는 발언한 내용이 모두 기록된다.
はつばい 発売	명 する 발매, 출시	多くの人が新しいゲームの発売を首を長くして待っている。 많은 사람들이 새로운 게임의 발매(출시)를 애타게 기다리고 있다.
はつめい 発明	명 する 발명	ワットは蒸気機関を発明した偉大な人物である。 와트는 증기 기관을 발명한 위대한 인물이다.
はながら 花柄	명 꽃무늬	娘の部屋のカーテンを花柄に変えた。 딸의 방 커튼을 꽃무늬로 바꾸었다.
はなよめ 花嫁	명 신부, 새색시	両親に花嫁姿を見せることができて嬉しい。 부모님께 신부 모습을 보여줄 수 있어서 기쁘다.
はやくち 早口	명 말이 빠름	彼は韓国語でも英語でもとても早口で聞き取れない。 그는 한국어든 영어든 말이 너무 빨라서 알아들을 수 없다.
はん こ 判子	명 도장	銀行で口座を作る時は判子が必要だ。 은행에서 계좌를 만들 때는 도장이 필요하다.
はんしゃ 反射	명 する 반사	太陽の光がビルに反射して、とても眩しかった。 태양 빛이 빌딩에 반사되어 매우 눈부셨다.

어휘	의미	예문
はんたい 反対	명 する 반대	間違って反対側に来てしまったので、今から戻ります。 실수로 반대쪽으로 와 버려서, 지금부터 다시 돌아가겠습니다.
ばんのう 万能	명 만능	これはどんな料理にも合う万能調味料です。 이것은 어떤 요리에도 잘 맞는 만능 조미료입니다.
はんらん 氾濫	명 する 범람	情報が氾濫していて、何が真実なのか分からない。 정보가 범람하고 있어서 무엇이 진실인지 알 수 없다.
はんろん 反論	명 する 반론	こちらの意見に反論はありますか。 이쪽 의견에 반론은 있으십니까?
ひあ 日当たり	명 볕이 듦, 양지바른 곳	南向きの部屋は日当たりがいい分、家賃が高い。 남향 방(집)은 볕이 잘 드는 만큼 집세가 비싸다.
ひがい 被害	명 피해	先日起きた地震の被害は深刻である。 얼마 전에 일어난 지진 피해는 심각하다.
ひかげ 日陰	명 응달, 그늘	洗濯物を日陰に干したので、まだ乾かない。 빨래를 그늘에 널어서 아직 마르지 않는다.
ひざ 日差し	명 햇살, 햇볕	強い日差しから目を守るためにサングラスをかけた。 강한 햇볕으로부터 눈을 지키기 위해서 선글라스를 썼다.
ひしょ 秘書	명 비서	スケジュール管理は全て秘書に任せてある。 스케줄 관리는 모두 비서에게 맡겼다.
ひじょうしき 非常識	명 비상식(적)	こんな遅い時間に訪ねてくるとは、非常識にもほどがあるよ。 이렇게 늦은 시간에 찾아오다니, 비상식적인 것도 정도가 있지.
ひっしゃ 筆者	명 필자	最後まで読んだら筆者の伝えたいことが理解できますよ。 마지막까지 읽었다면 필자가 전하고 싶은 것을 이해할 수 있을 거예요.

어휘	의미	예문
ひつじゅ 必需	명 필수	げんだいじん けいたいでんわ ひつじゅひん 現代人にとって、携帯電話は必需品だ。 현대인에게 있어서 휴대 전화는 필수품이다.
ひとご 人込み	명 붐빔, 북적임, 인파	ゆうえんち ひとご なか かぞく さが たいへん 遊園地で人込みの中から家族を探すのは大変だっ た。 놀이공원에서 인파 속에서 가족을 찾는 것은 힘든 일이었다.
ひとみし 人見知り	명 낯가림	わたし ひとみし はじ あ ひと はな 私は人見知りなので、初めて会う人とはうまく話 せない。 나는 낯을 가리기 때문에 처음 만난 사람과는 잘 이야기하지 못한다.
ひなん 非難	명 する 비난	かいしゃ じこご たいおう わる しゃかい ひなん その会社は、事故後の対応が悪く、社会から非難 された。 그 회사는 사고 후의 대응이 나빠서 사회로부터 비난받았다.
ひまん 肥満	명 비만	や いま ぎゃく しょうがっこう ころ ひまん 痩せている今とは逆に、小学校の頃は肥満だった。 날씬한 지금과는 반대로, 초등학교 때는 비만이었다.
びみょう 微妙	명 ナ 미묘	はは むすめ びみょう へんか き 母は娘の微妙な変化に気づいた。 엄마는 딸의 미묘한 변화를 알아차렸다.
ひょうか 評価	명 する 평가	さくひん さくしゃ しご ひょうか この作品は作者の死後、評価された。 이 작품은 작자(작가)의 사후에 가치를 인정받았다.
ひろう 披露	명 する 피로, 공개	こんかい しんさく 今回のファッションショーでは新作のドレスも ひろう 披露された。 이번 패션쇼에서는 신작 드레스도 공개되었다.
ひろば 広場	명 광장	かいしゃ まえ ひろば しんせいひん はつばい ひら 会社の前の広場で新製品の発売イベントが開かれた。 회사 앞 광장에서 신제품 발매 이벤트가 열렸다.
びんかん 敏感	명 ナ 민감	わたし おと びんかん ね ちい おと め さ 私は音に敏感で、寝ていても小さな音で目が覚め てしまう。 나는 소리에 민감해서, 자고 있어도 작은 소리에 깨 버린다.

어휘	의미	예문
ひんしつ 品質	명 품질	この商品は品質が保証されており、安心して買える。 이 상품은 품질이 보증되어 있어서 안심하고 살 수 있다.
ふ かけつ 不可欠	명 ナ 불가결, 없어서는 안 됨	優勝する上で必要不可欠なものは、チームワークだと思う。 우승하는 데 있어서 필수 불가결인 것은 팀워크라고 생각한다.
ふ きげん 不機嫌	명 ナ 불쾌함, 언짢음	部長が不機嫌な顔をしていたのでみんな黙ってしまった。 부장님이 언짢은 얼굴을 하고 있어서 모두 입을 다물고 말았다.
ふ きん 付近	명 부근, 근처	大学の付近には学生向けの物件が集中している。 대학 근처에는 학생들을 대상으로 하는 물건(부동산)이 집중되어 있다.
ふくすう 複数	명 복수, 둘 이상의 수	複数のことを一度にやろうとしたら失敗した。 여러 가지 일을 한번에 하려고 했더니 실패했다.
ふくろ 袋	명 자루, 봉지	コンビニで買い物をした時、袋に商品を入れてもらった。 편의점에서 물건을 샀을 때 봉지에 상품을 넣어 주었다.
ふこう 不幸	명 ナ 불행	交通事故の中、全員無事だったのが不幸中の幸いでした。 교통사고 속에 전원 무사했던 것이 불행 중 다행이었습니다.
ふごう 符号	명 부호	この暗号はモールス符号で書かれている。 이 암호는 모르스 부호로 쓰여 있다.
ふごう 富豪	명 부호, 부유하고 세력 있는 사람	彼の夢は世界一の富豪になることだ。 그의 꿈은 세계 제일의 부호가 되는 것이다.
ぶじょく 侮辱	명 する 모욕	他人を侮辱することは許されない行為だ。 다른 사람을 모욕하는 것은 용서할 수 없는 행위이다.

어휘	의미	예문
ふ しん 不審	명 ナ 의심스러움, 수상함	学校の帰りに不審な人物を見かけたので、警察に 通報した。 학교 귀갓길에 의심스러운 인물을 봤기 때문에 경찰에게 신고했다.
ふ せい 不正	명 ナ 부정	試験中に不正行為をした者は不合格となります。 시험 중에 부정행위를 한 사람은 불합격이 됩니다.
ふっこう 復興	명 する 부흥, 다시 일어남	震災からの復興にはまだ時間がかかりそうだ。 지진의 재해로부터의 부흥에는 아직 시간이 걸릴 것 같다.
ふ とん 布団	명 이불	子供の頃は床に布団を敷いて寝ていた。 어릴 때에는 바닥에 이불을 깔고 잤다.
ぶ なん 無難	명 ナ 무난	よく知らない人なので無難な贈り物を準備した。 잘 알지 못하는 사람이기 때문에 무난한 선물을 준비했다.
ふ にん 赴任	명 する 부임	新しく赴任する学校は、私の母校だ。 새롭게 부임할 학교는 내 모교이다.
ふ はい 腐敗	명 する 부패	冷蔵庫の中の魚が腐敗して悪臭を放っている。 냉장고 속의 생선이 부패해서 악취를 내뿜고 있다.
ふ こ 振り込み	명 する 납입, 이체	家賃の振り込みをうっかり忘れて、大家さんから 電話が掛かってきた。 집세 납입을 깜빡해서 집주인에게 전화가 걸려 왔다.
ぶんけい 文系	명 문과계	今は、文系では就職が難しい時代と言われている。 지금은 문과계로는 취직이 어려운 시대라고 말해지고 있다.
ふんしつ 紛失	명 する 분실	財布を落として、交番で紛失届を出した。 지갑을 떨어뜨려서 파출소에서 분실 신고를 했다.
ぶんるい 分類	명 する 분류	図書館で本を分類するアルバイトをしている。 도서관에서 책을 분류하는 아르바이트를 하고 있다.

어휘	의미	예문
へいきん 平均	명 する 평균	彼女は日本の女性の平均身長より背が高い。 그녀는 일본 여성의 평균 신장보다 키가 크다.
へいせい 平静	명 ナ 평정	祭りが終わり、町は平静を取り戻した。 축제가 끝나고 마을은 평정을 되찾았다.
へんけん 偏見	명 편견	彼女に対して偏見があったが、話してみたらいい 人だった。 그녀에 대해서 편견이 있었지만 이야기해 보았더니 좋은 사람이었다.
へんこう 偏向	명 する 편향	今の高校教育は大学入試に偏向している。 지금의 고등학교 교육은 대학 입시에 편향되어 있다.
へんしゅう 編集	명 する 편집	彼は出版社で雑誌の編集の仕事をしている。 그는 출판사에서 잡지 편집 업무를 하고 있다.
ほうしゅう 報酬	명 보수	彼は大きな仕事を無事に終えて、たくさんの報酬 を手に入れた。 그는 큰 일을 무사히 끝내고 많은 보수를 손에 넣었다.
ほうそう 包装	명 する 포장	昨日買った指輪を、プレゼント用に包装してもら った。 어제 산 반지를 선물용으로 포장해서 받았다.
ぼうだい 膨大	명 ナ 방대	膨大な資料の中から必要なものを選んだ。 방대한 자료 중에서 필요한 것을 골랐다.
ほうちょう 包丁	명 부엌칼	料理によって違う種類の包丁を使う。 요리에 따라 다른 종류의 부엌칼을 사용한다.
ぼうちょう 膨張	명 する 팽창	赤や黄色の服は太って見えるので膨張色という。 빨강이나 노란색 옷은 살쪄 보이기 때문에 팽창색이라고 부른다.
ぼうりょく 暴力	명 폭력	どんな理由があっても暴力は許されないことだ。 어떤 이유가 있어도 폭력은 용서받지 못할 일이다.

어휘	의미	예문
ほっきょく 北極	몡 북극	ほっきょく こおり と 北極の氷が溶けているというニュースを見た。 북극의 얼음이 녹고 있다는 뉴스를 봤다.
ほんしつ 本質	몡 본질	ものごと み だま ほんしつ みぬ だい 物事は見かけに騙されず、本質を見抜くことが大 じ 事だ。 모든 것은 겉 모습에 속지 말고 본질을 간파하는 것이 중요하다.
ほんね 本音	몡 진심, 본심	ほんね き だ かのじょ よ だ 本音を聞き出すために彼女を呼び出した。 진심을 듣기 위해서 그녀를 불러냈다.
ほんばん 本番	몡 본 방송	ほんばん じゅんび こと 本番までに準備しなければならない事がたくさん ある。 본 방송까지 준비하지 않으면 안 되는 일이 많이 있다.
ほんもの 本物	몡 진품, 진짜	ちゅうこ か ひん ほんもの 中古で買ったブランド品のかばんが本物かどうか わ 分からない。 중고로 산 명품 가방이 진품인지 어떤지 알 수가 없다.
まえう けん 前売り券	몡 예매권	いまにんき えいが まえう けん か 今人気の映画の前売り券を買っておいた。 지금 인기 있는 영화의 예매권을 사 두었다(예매를 해 두었다).
まえむ 前向き	몡 긍정적	きかくしょ けん まえむ かんが この企画書の件、前向きに考えてみます。 이 기획서 건, 긍정적으로 생각해 보겠습니다.
ま あ 待ち合わせる	몡 약속하여 만나기 로 함	ま あ ばしょ かれ あらわ しんぱい 待ち合わせの場所に彼が現れなくて心配になった。 약속 장소에 그가 나타나지 않아서 걱정이 되었다.
まど 間取り	몡 방 배치	ふ どうさんや まど かくにん きぼう あ へや 不動産屋で間取りを確認したが、希望に合う部屋 がなかった。 부동산에서 방 배치를 확인했지만 희망에 맞는 방이 없었다.
まなつ 真夏	몡 한여름	さいこう き おん ど こ ひ まなつび 最高気温が30度を超える日を真夏日という。 최고 기온이 30℃를 넘는 날을 한여름 날이라고 한다.

어휘	의미	예문
みおく 見送り	명 する 전송, 배웅	せんぱい かいがいてんきん み おく くうこう き 先輩の海外転勤の見送りに、空港まで来た。 선배의 해외 전근을 배웅하러 공항까지 왔다.
みじゅく 未熟	명 ナ 미숙	いもうと かんが みじゅく よ なか こと わ 妹 はまだ考えが未熟で、世の中の事が分かっていない。 여동생은 아직 생각이 미숙해서 세상 일들을 알지 못한다.
みぢか 身近	명 ナ 신변, 친근함, 자기와 관계가 깊음	せんぱい おな ち いき しゅっしん き きゅう みぢか かん 先輩が同じ地域の出身だと聞いて、急に身近に感じた。 선배가 같은 지역 출신이라고 듣고서 갑자기 친근하게 느껴졌다.
み なら 見習い	명 견습, 수습	りょうり にん みせ み なら はじ 料理人になるために、まずは店の見習いから始めた。 요리사가 되기 위해서 우선은 가게의 견습부터 시작했다.
み まわ 身の回り	명 신변	わたし とし み まわ じ 私はどんなに年をとっても、身の回りのことは自 ぶん 分でしたい。 나는 아무리 나이를 먹어도 신변의 일들은 스스로 하고 싶다.
み ぶ 身振り	명 몸짓	がいこくご み ぶ て ぶ おも つた 外国語ができないので、身振り手振りで思いを伝えた。 외국어를 할 수 없어서 몸짓 손짓으로(손짓 발짓으로) 생각을 전했다.
む くち 無口	명 ナ 말수가 적음	かれ む くち ひと さけ の 彼はいつもは無口な人だが、お酒を飲むとおしゃべりになる。 그는 평소에는 말수가 적은 사람이지만 술을 마시면 수다쟁이가 된다.
む じ 無地	명 무늬가 없음	かいしゃ き い む じ えら 会社に着て行くシャツはいつも無地を選んでいる。 회사에 입고 가는 셔츠는 항상 무늬가 없는 것을 고르고 있다.
むす 結びつき	명 연결, 결합, 관계	ゆうじん かいしゃ どうりょう ひと ひと むす たい 友人や会社の同僚など、人と人との結びつきを大 せつ 切にしてきた。 친구나 회사 동료 등 사람과 사람 사이의 관계를 중요시해 왔다.

어휘	의미	예문
むちゃ 無茶	명 ナ 터무니없음, 지독함	そんな無茶なお願いをされても困ります。 그런 터무니없는 부탁을 하시면 곤란합니다.
むりょう 無料	명 무료	このバスは、65歳以上の高齢者は無料で乗れる。 이 버스는 65세 이상의 고령자는 무료로 탈 수 있다.
む 群れ	명 무리, 떼	船の上からレーダーで魚の群れを探す。 배 위에서 레이더로 물고기 떼를 찾는다.
めいかく 明確	명 ナ 명확	これは法律で明確に決められていることです。 이것은 법률로 명확하게 정해져 있는 것입니다.
めいぶつ 名物	명 명물	地方には、それぞれの名物がある。 지방에는 각각의 명물이 있다.
めいよ 名誉	명 ナ 명예	父はお金にも名誉にも関心がないようだ。 아버지는 돈에도 명예에도 관심이 없는 것 같다.
めいれい 命令	명 する 명령	いくら上司の命令でも、してはいけないことだと思った。 아무리 상사의 명령이라도 해서는 안 되는 것이라고 생각했다.
めんせつ 面接	명 する 면접	最終面接は、社長と二人で1時間話すというものだった。 최종 면접은 사장과 둘이서 한 시간 이야기하는 것이었다.
もうしこみしょ 申込書	명 신청서	修学旅行の申込書には保護者のサインが必要だ。 수학여행 신청서에는 보호자 사인이 필요하다.
も 燃えるごみ	명 가연성 쓰레기	ごみの分別をしたら、ほとんどが紙などの燃えるごみだった。 쓰레기 분리수거를 했더니 대부분이 종이 등의 타는 쓰레기였다.

어휘	의미	예문
もけい 模型	명 모형	けんちくよてい　たてもの　もけい　つく 建築予定の建物の模型を作って、プレゼンテーションをした。 건축 예정인 건물 모형을 만들어서 프리젠테이션을 했다.
もさく 模索	명 する 모색	もんだい　かいけつ　　　　さまざま　ほうほう　もさく 問題を解決するために様々な方法を模索している。 문제를 해결하기 위해 다양한 방법을 모색하고 있다.
ものごと 物事	명 사물, 일, 매사	じこぶんせき　　　　　じぶん　かか　ものごと 自己分析のために、自分に関わる物事をノートに か　だ 書き出した。 자기 분석을 위해서 자신과 관계된 일을 노트에 써 나갔다.
もみじ 紅葉	명 단풍	あき　きょうと　もみじ　み　い　　おも 秋には京都の紅葉を見に行こうと思っています。 가을에는 교토의 단풍을 보러 가려고 합니다.
やくいん 役員	명 임원, 간부	はは　がっこう　やくいん　まか　　　　　　いそが 母は学校の役員を任されて、いつも忙しい。 엄마는 학교 임원을 맡아서 항상 바쁘다.
やりがい	명 (하는) 보람	しごと　きゅうりょう　だいじ　　　　　　　　　　　　　つづ 仕事は給料も大事だが、やりがいがないと続けられない。 일은 월급도 중요하지만 보람이 없으면 계속할 수 없다.
ゆうい 優位	명 우위	けんか　　　　　　　　あに　ゆうい　た 喧嘩をするといつも兄が優位に立つ。 싸움을 하면 언제나 형이 우위에 선다.
ゆううつ 憂鬱	명 ナ 우울	れんきゅう　さいしゅうび　ゆううつ 連休の最終日は、憂鬱になりがちだ。 연휴 마지막 날은 우울해지기 쉽다.
ゆうしょく 夕食	명 저녁 식사	じっか　　ゆうしょく　　よるじ　き 実家での夕食は、夜7時と決まっている。 본가에서의 저녁 식사는 밤 7시로 정해져 있다.
ゆうそう 郵送	명 する 우송	にもつ　おお　　　　　　　　　も　かえ　　　ゆうそう 荷物が多すぎたので、持ち帰らずに郵送にした。 짐이 너무 많았기 때문에 가지고 돌아가지 않고 우송했다.

어휘	의미	예문
ゆう や 夕焼け	명 저녁노을	こうえん あそ ゆうや あ おんがく なが 公園で遊んでいると夕焼けに合わせて音楽が流れた。 공원에서 놀고 있었더니 저녁노을에 맞춰서 음악이 흘렀다.
ゆうわく 誘惑	명 する 유혹	た もの ゆうわく ま しっぱい 食べ物の誘惑に負けて、いつもダイエットに失敗してしまう。 음식의 유혹에 져서 늘 다이어트에 실패하고 만다.
ゆ かい 愉快	명 ナ 유쾌	かれ あか ゆかい ひと 彼はとても明るくて、愉快な人だ。 그는 매우 밝고 유쾌한 사람이다.
ゆ らい 由来	명 する 유래	はは まち なまえ ゆらい き 母にこの町の名前の由来を聞いてみた。 어머니에게 이 동네 이름의 유래를 물어보았다.
よう き 容器	명 용기, 그릇	つく りょうり ようき い れいぞうこ ほぞん 作った料理を容器に入れて、冷蔵庫に保存した。 만든 요리를 용기에 담아서 냉장고에 보존했다.
よう し 用紙	명 용지	ようし せつやく りょうめんいんさつ コピー用紙を節約するために、両面印刷にした。 복사 용지를 절약하기 위해서 양면 인쇄로 했다.
よう す 様子	명 모습, 모양, 상태	すうねん まち ようす おお へんか ここ数年で町の様子が大きく変化した。 요 몇 년간 마을의 모습이 크게 변화했다.
ようふく 洋服	명 양복, 옷	さいきんふと まえ か ようふく き 最近太ってしまって、前に買った洋服が着られない。 요즘 살이 쪄서 전에 샀던 옷을 입을 수 없다.
よこ ど 横取り	명 する 가로챔	おとうと あね よこど な 弟は姉におもちゃを横取りされて泣いてしまった。 남동생은 누나에게 장난감을 빼앗겨서 울어 버렸다.
よご 汚れ	명 더러움, 오염	ゆか よご お そうじ じかん 床の汚れがなかなか落ちなくて、掃除に時間がかかった。 바닥의 때가 좀처럼 지워지지 않아서 청소에 시간이 걸렸다.
よ さん 予算	명 예산	らいねんど よさん なんど かいぎ く かえ 来年度の予算について、何度も会議を繰り返した。 내년도 예산에 대해서 몇 번이나 회의를 거듭했다.

어휘	의미	예문
よっきゅう 欲求	명 욕구	た 食べたいという欲求を我慢することができない。 먹고 싶은 욕구를 참을 수가 없다.
よ とう 与党	명 여당	よ とう　　い けん　 や とう　 はげ　　　はんたい 与党の意見に野党は激しく反対した。 여당의 의견에 야당은 격렬하게 반대했다.
らいてん 来店	명 する 내점, 가게에 옴	みせ　　 らいてん　　 きゃく　 さいこう　 りょうり　 ていきょう あの店は、来店するお客さんに最高の料理を提供 する。 저 가게는 내점하는 손님에게 최고의 요리를 제공한다.
り かい 理解	명 する 이해	きょうかしょ　 ないよう　 り かい　　　　　 せんせい　 しつもん 教科書の内容が理解できなくて、先生に質問した。 교과서의 내용이 이해가 되지 않아서 선생님께 질문했다.
り くつ 理屈	명 도리, 이치, 이론	わたし　 かれ し　　　　　　　り くつ　　　　　い 私の彼氏はいつも理屈ばかり言って、つまらない。 내 남자 친구는 항상 이론만 내세워서 말하니까 재미없다.
り けい 理系	명 이과계	か がくたんとう　　　 たんにん せんせい　 あこが　　 り けい　 だいがく 化学担当だった担任の先生に憧れて理系の大学に しんがく 進学した。 화학 담당이었던 담임 선생님을 동경해서 이과계 대학에 진학했다.
り ねん 理念	명 이념	かいしゃ　 けいえいり ねん　 きょうかん　　 にゅうしゃ　 き この会社の経営理念に共感して、入社を決めた。 이 회사의 경영 이념에 공감하여 입사를 정했다.
りょうしょう 了承	명 する 승낙, 납득, 양해	こんかい　 き かく　 やくいんかい　 りょうしょう　　　 あした　　 かい し 今回の企画は役員会で了承され、明日から開始す る。 이번 기획은 임원회에서 승낙받아 내일부터 개시된다.
りょうりつ 両立	명 する 양립, 병행	かのじょ　 し ごと　 べんきょう　 りょうりつ 彼女は仕事と勉強を両立している。 그녀는 일과 공부를 병행하고 있다.
り れきしょ 履歴書	명 이력서	しゅうかつ　　　　　 まいにち り れきしょ　 か 就活のために、毎日履歴書を書いている。 취업 활동을 위해 매일 이력서를 쓰고 있다.
ろう か 老化	명 する 노화	ろう か　 ふせ　 け しょうひん　 にんき　 あつ 老化を防ぐ化粧品が人気を集めている。 노화를 방지하는 화장품이 인기를 모으고 있다.

어휘	의미	예문
ろうどう 労働	명 する 노동	働く人のために労働環境を整える必要がある。 일하는 사람을 위해서 노동 환경을 정비할 필요가 있다.
ろんぶん 論文	명 논문	自分が書いた論文が専門誌に載ることになった。 내가 쓴 논문이 전문지에 실리게 되었다.
ろんり 論理	명 논리	彼は相手を納得させるために論理的に説明した。 그는 상대를 납득시키기 위해 논리적으로 설명했다.
わしょく 和食	명 일식, 일본 음식	朝食はパンよりご飯やみそ汁などの和食の方が好きだ。 아침 식사는 빵보다 밥이나 된장국 등의 일식 쪽을 더 좋아한다.

어휘	의미	예문
あいはん 相反する	동 상반되다	その記事には事実と相反する内容が書かれている。 그 기사에는 사실과 상반되는 내용이 쓰여 있다.
あお 仰ぐ	동 우러러보다, 위를 보다	空を仰げば雲ひとつなかった。 하늘을 우러러보니 구름 한점 없었다.
あ 明かす	동 밝히다	彼女はこれまで守り続けてきた秘密を明かした。 그녀는 지금까지 지켜 왔던 비밀을 밝혔다.
あ 明ける	동 날이 밝다, 새해가 되다	もうすぐ夜が明ける。 곧 날이 밝는다.
あ 挙げる	동 들다, 올리다, 거행하다	質問がある人は手を挙げてください。 질문이 있는 사람은 손을 들어 주세요.
あじつ 味付ける	동 맛을 내다	健康のことを考えて、料理は薄く味付けるようにしている。 건강을 생각해서 요리는 싱겁게 맛을 내도록 하고 있다.
あま 甘える	동 어리광 부리다	幼い頃はよく両親に甘えておもちゃを買ってもらったものだ。 어렸을 때는 자주 부모님께 어리광을 부려서 장난감을 사주시곤 했다.
あま 余る	동 남다	夕食を作りすぎて、かなり余ってしまった。 저녁밥을 너무 많이 만들어서 상당히 남아 버렸다.
あやま 誤る	동 실수하다	地下鉄の中で誤って隣の人の足を踏んでしまった。 지하철 안에서 실수해 옆 사람의 발을 밟아 버렸다.
い か 言い換える	동 바꿔 말하다	専門用語を分かりやすい言葉に言い換えて説明した。 전문 용어를 이해하기 쉬운 말로 바꾸어서 설명했다.

어휘	의미	예문
いの 祈る	图 기원하다, 기도하다	かれ めんせつ 彼の面接がうまくいくよう祈っています。 그의 면접이 잘 되기를 기도하고 있습니다.
いば 威張る	图 뽐내다, 으스대다	かれ ぶちょう しょうしん いば 彼は部長に昇進してからずっと威張っている。 그는 부장으로 승진하고나서 계속 으스대고 있다.
い か 入れ替える	图 교체하다, 바꿔 넣다	か しょうひん よう ふくろ い か 買った商品をプレゼント用の袋に入れ替えた。 구입한 상품을 선물용 봉투에 바꿔 넣었다.
う 浮かぶ	图 뜨다	ふね うみ う 船が海に浮かんでいる。 배가 바다에 떠 있다.
う 受かる	图 (시험 등에) 붙다, 합격하다	めんせつ う いわ きょう かぞく しょくじ 面接に受かったお祝いに、今日は家族で食事する よてい 予定だ。 면접에 합격한 것을 축하하기 위해 오늘은 가족과 식사할 예정이다.
う つ 受け継ぐ	图 계승하다, 이어받다	あじ だいだい う つ きぎょうひみつ この味のレシピは代々受け継がれてきた企業秘密 だそうだ。 이 맛의 조리법은 대대로 계승되어 온 기업 비밀이라고 한다.
う つ 受け付ける	图 접수하다	きゃくさま くじょう う つ コールセンターでは、お客様からの苦情を受け付 けています。 콜센터에서는 손님으로부터의 불만을 접수하고 있습니다.
うつ 移す	图 옮기다	つくえ うえ なら ほん ほんだな うつ 机の上に並べていた本を、本棚に移した。 책상 위에 세워 두었던 책을 책장으로 옮겼다.
うつ 移る	图 옮기다, 이동하다, 바뀌다	じ むしょ かい かい うつ 事務所が7階から5階に移った。 사무실이 7층에서 5층으로 이동했다.
う だ 生み出す	图 낳다, 만들어 내다	しょうひん かいしゃ きょだい りえき う だ あの商品は会社に巨大な利益を生み出した。 저 상품은 회사에 거대한 이익을 냈다.
うらな 占う	图 점치다, 예언하다	うらな し ことし うんせい うらな 占い師に今年の運勢を占ってもらった。 점술가가 올해 운세를 점쳐 주었다.

어휘	의미	예문
<ruby>売<rt>う</rt></ruby>り<ruby>切<rt>き</rt></ruby>れる	동 매진되다, 품절되다	<ruby>新商品<rt>しんしょうひん</rt></ruby>は<ruby>好評<rt>こうひょう</rt></ruby>で、すぐに<ruby>売<rt>う</rt></ruby>り<ruby>切<rt>き</rt></ruby>れてしまった。 신상품은 호평이어서 바로 품절되어 버렸다.
<ruby>負<rt>お</rt></ruby>う	동 지다, 업다, 책임지다	チームの<ruby>成績<rt>せいせき</rt></ruby>が<ruby>上<rt>あ</rt></ruby>がらず、<ruby>監督<rt>かんとく</rt></ruby>が<ruby>全<rt>すべ</rt></ruby>ての<ruby>責任<rt>せきにん</rt></ruby>を<ruby>負<rt>お</rt></ruby>って<ruby>辞任<rt>じにん</rt></ruby>した。 팀의 성적이 오르지 않아서 감독이 모든 책임을 지고 사임했다.
<ruby>押<rt>お</rt></ruby>さえる	동 누르다, 억누르다	<ruby>風<rt>かぜ</rt></ruby>が<ruby>吹<rt>ふ</rt></ruby>いたので、<ruby>帽子<rt>ぼうし</rt></ruby>を<ruby>手<rt>て</rt></ruby>で<ruby>押<rt>お</rt></ruby>さえた。 바람이 불어서 모자를 손으로 눌렀다.
<ruby>恐<rt>おそ</rt></ruby>れ<ruby>入<rt>い</rt></ruby>る	동 송구하다	<ruby>恐<rt>おそ</rt></ruby>れ<ruby>入<rt>い</rt></ruby>ります、<ruby>先<rt>さき</rt></ruby>ほどお<ruby>電話<rt>でんわ</rt></ruby>いただいた<ruby>鈴木<rt>すずき</rt></ruby>と<ruby>申<rt>もう</rt></ruby>します。 죄송합니다, 아까 전화 받았던 스즈키라고 합니다.
<ruby>陥<rt>おちい</rt></ruby>る	동 빠지다, 빠져들다	<ruby>突然<rt>とつぜん</rt></ruby>の<ruby>火事<rt>かじ</rt></ruby>で、みんながパニックに<ruby>陥<rt>おちい</rt></ruby>った。 갑작스런 화재로 모두가 패닉에 빠졌다.
<ruby>思<rt>おも</rt></ruby>い<ruby>立<rt>た</rt></ruby>つ	동 결심하다, 마음먹다	<ruby>私<rt>わたし</rt></ruby>は<ruby>子供<rt>こども</rt></ruby>の<ruby>時<rt>とき</rt></ruby>から、<ruby>思<rt>おも</rt></ruby>い<ruby>立<rt>た</rt></ruby>ったらすぐ<ruby>行動<rt>こうどう</rt></ruby>するタイプだった。 나는 어릴 때부터 마음먹으면 바로 행동하는 타입이었다.
<ruby>買<rt>か</rt></ruby>い<ruby>換<rt>か</rt></ruby>える	동 새로 사서 바꾸다	この<ruby>洗濯機<rt>せんたくき</rt></ruby>は10<ruby>年<rt>ねん</rt></ruby><ruby>使<rt>つか</rt></ruby>ったからそろそろ<ruby>買<rt>か</rt></ruby>い<ruby>換<rt>か</rt></ruby>えたい。 이 세탁기는 10년 사용했기 때문에 슬슬 새 걸로 바꾸고 싶다.
<ruby>関<rt>かか</rt></ruby>わる	동 관계되다, 관계하다, 상관하다	この<ruby>事件<rt>じけん</rt></ruby>に<ruby>関<rt>かか</rt></ruby>わるのは<ruby>危険<rt>きけん</rt></ruby>だと<ruby>判断<rt>はんだん</rt></ruby>した。 이 사건에 관계되는 것은 위험하다고 판단했다.
<ruby>書<rt>か</rt></ruby>き<ruby>上<rt>あ</rt></ruby>げる	동 다 쓰다, 완결을 내다	<ruby>作家<rt>さっか</rt></ruby>はたった<ruby>一日<rt>いちにち</rt></ruby>で<ruby>原稿<rt>げんこう</rt></ruby>を<ruby>全<rt>すべ</rt></ruby>て<ruby>書<rt>か</rt></ruby>き<ruby>上<rt>あ</rt></ruby>げた。 작가는 단 하루만에 원고를 모두 썼다.
<ruby>書<rt>か</rt></ruby>き<ruby>直<rt>なお</rt></ruby>す	동 다시 쓰다	<ruby>構成<rt>こうせい</rt></ruby>に<ruby>問題<rt>もんだい</rt></ruby>があり、<ruby>企画書<rt>きかくしょ</rt></ruby>を<ruby>書<rt>か</rt></ruby>き<ruby>直<rt>なお</rt></ruby>すように<ruby>言<rt>い</rt></ruby>われた。 구성에 문제가 있어서 기획서를 다시 쓰라는 말을 들었다.

어휘	의미	예문
か 掻く	동 긁다, 긁적이다	彼は恥ずかしそうに自分の頭を掻いた。 그는 부끄러운 듯이 자신의 머리를 긁적였다.
かた 語る	동 말하다, 이야기하다	祖母はよく若いころの話を語ってくれました。 할머니는 자주 젊은 시절 이야기를 해 주었습니다.
かま 構う	동 상관하다, 염려하다, 신경 쓰다	私に構わないで先に行ってください。 저에게 신경 쓰지 말고 먼저 가세요.
から 絡む	동 얽히다, 휘감기다	この事件にはお金の問題が絡んでいる。 이 사건에는 돈 문제가 얽혀 있다.
きず 傷つく	동 상처 입다, 다치다	恋人に振られて、とても傷ついた。 연인에게 차여서 매우 상처 받았다.
ひ わた 引き渡す	동 넘겨주다	再開発のため、田舎の土地を建設会社に引き渡した。 재개발 때문에 시골의 토지를 건설 회사에 넘겨주었다.
き か 切り替える	동 바꾸다, 전환하다	試合に負けて悔しいが、気持ちを切り替えて、練習に励んだ。 시합에 져서 분하지만 기분을 전환해서 열심히 연습했다.
きわ 極まる	동 극에 달하다	感極まって泣いてしまった。 감격에 겨워 울어 버렸다.
く ちが 食い違う	동 어긋나다	裁判では両方の主張が食い違った。 재판에서는 양측의 주장이 어긋났다.
く あ 組み合わせる	동 짝을 짓다, 조합하다	新しく買った服にお気に入りの靴を組み合わせた。 새로 산 옷과 마음에 드는 신발을 조합시켰다.
く 汲む	동 (물을) 긷다, 퍼 담다	川から水を汲んできた。 강에서 물을 길어 왔다.

어휘	의미	예문
こし か 腰掛ける	동 걸터앉다	疲れたので公園のベンチに腰掛けて休んだ。 피곤했기 때문에 공원 벤치에 걸터앉아서 쉬었다.
こぼす	동 엎지르다, 흘리다	コップを倒して水をこぼしてしまった。 컵을 쓰러뜨려 물을 흘리고 말았다.
さ 冴える	동 선명하다, 예민해지다, 또렷해지다	コーヒーを飲んだせいか、目が冴えて眠れない。 커피를 마신 탓인지 눈이 말똥말똥해서 잘 수 없다.
さが 捜す	동 찾다	母親は迷子になった子供を必死に捜していた。 어머니는 미아가 된 아이를 필사적으로 찾고 있었다.
しか 叱る	동 꾸짖다, 혼내다	門限を破ってしまい、父に叱られた。 통금 시간을 어겨 버려서 아버지께 야단맞았다.
し 敷く	동 깔다, 펴다	うちはベッドではなく布団を敷いて寝ている。 우리집은 침대가 아니라 이불을 깔고 자고 있다.
しげ 茂る	동 무성지다, 우거지다	森にはたくさんの種類の木が茂っていた。 숲에는 많은 종류의 나무가 우거져 있었다.
しょう 称する	동 칭하다	学生時代、勉強会と称して、毎週飲み会をしていた。 학창 시절, 공부회라고 칭하고 매주 회식을 했었다.
ちが すれ違う	동 스쳐 지나가다	さっきすれ違った人は私と同じ眼鏡をかけていた。 방금 스쳐 지나간 사람은 나와 똑같은 안경을 쓰고 있었다.
せっ 接する	동 접하다, 대하다	私の周囲には子供がいないので、どう接したらいいのか分からない。 내 주위에는 아이가 없기 때문에 어떻게 대하면 좋을지 모르겠다.
た 絶える	동 끊기다, 중단되다	妹とは意見が合わないので、毎日喧嘩が絶えない。 여동생과는 의견이 맞지 않기 때문에 매일 싸움이 끊이지 않는다.

어휘	의미	예문
たず 訪ねる	동 방문하다, 찾아오다	よるおそ し ひと たず き 夜遅くに知らない人が訪ねて来た。 밤늦게 모르는 사람이 찾아왔다.
たっ 達する	동 달하다, 도달하다	せんじつ ゆうえんち にゅうえんしゃ まんにん たっ 先日、この遊園地の入園者は100万人に達した。 일전에, 이 놀이공원의 입장객은 100만 명에 달했다.
だっ 脱する	동 벗어나다, 탈출하다	かれ さくひん すば しろうと いき だっ 彼の作品は素晴らしく、素人の域を脱している。 그의 작품은 훌륭하며, 아마추어 영역을 벗어나 있다.
だま 騙す	동 속이다	ひと だま かね と さぎ 人を騙してお金を取るのは詐欺だ。 사람을 속여 돈을 취하는 것은 사기이다.
た 足る	동 족하다, 만족하다	はいりょ た めいわく 配慮が足らず、ご迷惑をおかけいたしました。 배려가 부족해서 폐를 끼쳤습니다.
つか 捕まる	동 잡히다, 붙잡히다	なが あいだに はんにん つか 長い間逃げていた犯人がようやく捕まった。 오랫동안 도망쳤던 범인이 드디어 붙잡혔다.
つ つ 突き詰める	동 끝까지 파고들다, 골똘히 생각하다	かれ ものごと つ つ かんが かる かんが 彼は物事を突き詰めて考えるタイプで、軽く考え られない。 그는 모든 일을 골몰히 생각하는 타입으로 가볍게 생각하지 못한다.
つ 次ぐ	동 잇다, 뒤따르다	うめ つ さくら さ はじ 梅に次いで桜が咲き始めた。 매화에 이어 벚꽃이 피기 시작했다.
つづ 続く	동 이어지다, 계속되다	せんぞ だい つづ ゆうめい みせ ここは先祖の代から続いている有名なお店だ。 여기는 조상 대대로 계속되고 있는 유명한 가게이다.
つつ 包む	동 싸다, 두르다	かし ほうそうし つつ そのお菓子はきれいな包装紙に包んである。 그 과자는 예쁜 포장지에 싸여 있다.
つ かさ 積み重なる	동 겹쳐 쌓이다	しゃっきん つ かさ は さん 借金が積み重なって、ついに破産した。 빚이 쌓여서 마침내 파산했다.

448

어휘	의미	예문
<ruby>積<rt>つ</rt></ruby>み<ruby>重<rt>かさ</rt></ruby>ねる	동 겹겹이 쌓다, 쌓아 나가다	<ruby>目標<rt>もくひょう</rt></ruby>を<ruby>実現<rt>じつげん</rt></ruby>するために<ruby>知識<rt>ちしき</rt></ruby>と<ruby>経験<rt>けいけん</rt></ruby>を<ruby>積<rt>つ</rt></ruby>み<ruby>重<rt>かさ</rt></ruby>ねてきた。 목표를 실현시키기 위해 지식과 경험을 쌓아 왔다.
<ruby>出会<rt>であ</rt></ruby>う	동 우연히 만나다, 마주치다	<ruby>彼<rt>かれ</rt></ruby>は<ruby>今<rt>いま</rt></ruby>までに<ruby>出会<rt>であ</rt></ruby>った<ruby>誰<rt>だれ</rt></ruby>よりも<ruby>魅力的<rt>みりょくてき</rt></ruby>な<ruby>人<rt>ひと</rt></ruby>だった。 그는 지금까지 만났던 누구보다도 매력적인 사람이었다.
<ruby>閉<rt>と</rt></ruby>じる	동 닫히다, 닫다	<ruby>布団<rt>ふとん</rt></ruby>に<ruby>入<rt>はい</rt></ruby>って<ruby>目<rt>め</rt></ruby>を<ruby>閉<rt>と</rt></ruby>じる<ruby>時<rt>とき</rt></ruby>が<ruby>一番幸<rt>いちばんしあわ</rt></ruby>せだ。 이불에 들어가서 눈을 감을 때가 가장 행복하다.
<ruby>途絶<rt>とだ</rt></ruby>える	동 끊어지다, 두절되다	<ruby>旅<rt>たび</rt></ruby>に<ruby>出<rt>で</rt></ruby>た<ruby>友人<rt>ゆうじん</rt></ruby>と<ruby>連絡<rt>れんらく</rt></ruby>が<ruby>途絶<rt>とだ</rt></ruby>えて<ruby>心配<rt>しんぱい</rt></ruby>だ。 여행을 떠난 친구와 연락이 끊겨 걱정이다.
<ruby>戸惑<rt>とまど</rt></ruby>う	동 당황하다, 망설이다	<ruby>彼女<rt>かのじょ</rt></ruby>の<ruby>態度<rt>たいど</rt></ruby>が<ruby>急<rt>きゅう</rt></ruby>に<ruby>変<rt>か</rt></ruby>わったので、<ruby>戸惑<rt>とまど</rt></ruby>ってしまった。 그녀의 태도가 갑자기 변했기 때문에 당황하고 말았다.
<ruby>捕<rt>と</rt></ruby>らえる	동 잡다, 붙잡다, 포착하다	<ruby>犯人<rt>はんにん</rt></ruby>を<ruby>捕<rt>と</rt></ruby>らえる<ruby>瞬間<rt>しゅんかん</rt></ruby>がカメラに<ruby>映<rt>うつ</rt></ruby>っていた。 범인을 체포하는 순간이 카메라에 찍혀 있었다.
<ruby>撮<rt>と</rt></ruby>る	동 찍다	<ruby>長編映画<rt>ちょうへんえいが</rt></ruby>を<ruby>撮<rt>と</rt></ruby>るためにシナリオを<ruby>書<rt>か</rt></ruby>いている。 장편 영화를 찍기 위해 시나리오를 쓰고 있다.
<ruby>流<rt>なが</rt></ruby>れる	동 흐르다, 흘러내리다	<ruby>川<rt>かわ</rt></ruby>の<ruby>水<rt>みず</rt></ruby>がさらさらと<ruby>流<rt>なが</rt></ruby>れている。 강물이 졸졸 흐르고 있다.
<ruby>鳴<rt>な</rt></ruby>く	동 (동물이) 울다	<ruby>小鳥<rt>ことり</rt></ruby>が<ruby>鳴<rt>な</rt></ruby>く<ruby>声<rt>こえ</rt></ruby>で<ruby>目<rt>め</rt></ruby>を<ruby>覚<rt>さ</rt></ruby>ました。 작은 새가 우는 소리에 눈을 떴다.
<ruby>投<rt>な</rt></ruby>げ<ruby>出<rt>だ</rt></ruby>す	동 내던지다	<ruby>彼女<rt>かのじょ</rt></ruby>は、<ruby>仕事<rt>しごと</rt></ruby>を<ruby>途中<rt>とちゅう</rt></ruby>で<ruby>投<rt>な</rt></ruby>げ<ruby>出<rt>だ</rt></ruby>すような<ruby>無責任<rt>むせきにん</rt></ruby>な<ruby>人<rt>ひと</rt></ruby>じゃない。 그녀는 일을 도중에 내던지는 무책임한 사람이 아니다.
<ruby>馴染<rt>なじ</rt></ruby>む	동 친숙해지다, 융합하다	<ruby>坂本<rt>さかもと</rt></ruby>さんは<ruby>転校<rt>てんこう</rt></ruby>して<ruby>来<rt>き</rt></ruby>たばかりだが、もうクラスに<ruby>馴染<rt>なじ</rt></ruby>んでいる。 사카모토 씨는 전학 온 지 얼마 안 되었지만 이미 학급에 친숙해졌다.

어휘	의미	예문
な た 成り立つ	동 성립되다, 이루어지다	がっこう がくせい きょういん はじ な た 学校は学生と教員がいて初めて成り立つ。 학교는 학생과 교원이 있어야 비로소 성립된다.
な 鳴る	동 소리가 나다, 울리다	げんかん なんど な 玄関のチャイムが何度も鳴っている。 현관 초인종이 몇 번이나 울리고 있다.
にら 睨む	동 노려보다, 째려보다	しごとちゅう けいたいでんわ み じょうし にら 仕事中に携帯電話を見ていたら、上司に睨まれ た。 일하는 중에 휴대 전화를 보고 있었더니 상사가 째려보았다.
のぞ 覗く	동 엿보다	となり へや おと き のぞ 隣の部屋から音が聞こえたので、そっと覗いた。 옆방에서 소리가 들려서 살짝 엿보았다.
の き 乗り切る	동 끝까지 가다, 이겨 내다, 극복하다	きょう いそが いちにち なん の き 今日はとても忙しい一日だったが、何とか乗り切 った。 오늘은 매우 바쁜 하루였지만 어떻게든 이겨냈다.
はか 測る	동 재다, 측정하다	にもつ すんぽう はか ものさしで荷物の寸法を測ってみた。 자로 짐의 치수를 재 보았다.
は だ 吐き出す	동 토해 내다, 내뱉다, 털어놓다	せんぱい た ふまん は だ 先輩は溜まっていた不満を吐き出した。 선배는 쌓였던 불만을 털어놓았다.
は 履く	동 (신발을) 신다, (바지 · 치마를) 입다	まえか は この前買ったハイヒールを履いてきました。 요전에 산 하이힐을 신고 왔습니다.
はな 離れる	동 떨어지다, 떠나다	てんきん はな 転勤でソウルを離れることになった。 전근으로 서울을 떠나게 되었다.
ひ お 引き起こす	동 일으키다	じけん ひ お はんにん せいしんてき もんだい 事件を引き起こした犯人は精神的に問題があるら しい。 사건을 일으켰던 범인은 정신적으로 문제가 있다고 한다.

어휘	의미	예문
ひ た 引き立てる	동 북돋다, 격려하다	しんじん ころ わたし ひ た かのじょ かんしゃ 新人の頃から私を引き立ててくれた彼女に感謝している。 신인 시절부터 나를 격려해 준 그녀에게 감사하고 있다.
ふざける	동 장난치다, 깔보다, 놀리다	たい ど わる おこ ふざけていたら、態度が悪いと怒られた。 장난치고 있었더니 태도가 나쁘다고 혼났다.
ふ だ 踏み出す	동 전진하다, 발을 내딛다, 출발하다	かれ てんしょく あら じんせい いっぽ ふ だ 彼は転職して、新たな人生の一歩を踏み出した。 그는 이직해서 새로운 인생의 한 걸음을 내딛었다.
ふ 振る	동 흔들다	ちち うし すがた み て ふ 父の後ろ姿が見えなくなるまで、手を振った。 아버지의 뒷모습이 보이지 않을 때까지 손을 흔들었다.
ふる ま 振舞う	동 행동하다	かれ なにごと ふ ま 彼はまるで何事もなかったかのように振る舞った。 그는 마치 아무 일도 없었던 것처럼 행동했다.
ほう 放っておく	동 내버려 두다, 방치하다	かる きず おも ほう きずぐち は 軽い傷だと思って放っておいたら傷口が腫れてきた。 가벼운 상처라고 생각해서 방치해 두었더니 상처 부위가 붓기 시작했다.
ま あ 待ち合わせる	동 만날 약속을 하다, 만나기로 하다	あいて ま あ デートの相手とカフェで待ち合わせる。 데이트 상대와 카페에서 만나기로 하다.
まも 守る	동 지키다, 막다	かれ や やくそく いま まも 彼はタバコを止めるという約束を今も守っている。 그는 담배를 끊겠다는 약속을 지금도 지키고 있다.
み 満たす	동 채우다, 충족시키다	ぼ しゅう じょうけん み おうぼしゃ ひとり 募集の条件を満たす応募者は一人もいなかった。 모집 조건을 충족시키는 응모자는 한 명도 없었다.
み なお 見直す	동 다시 보다, 재검토하다	まいしゅう い き かれ み 毎週ボランティアに行っていると聞いて、彼を見 なお 直した。 매주 자원봉사를 하러 가고 있다고 듣고, 그를 다시 봤다.

어휘	의미	예문
見慣れる （みなれる）	동 늘 보아서 익숙하다, 눈에 익다	彼女が急に髪を切った時は驚いたが、今はもう見慣れた。 그녀가 갑자기 머리를 잘랐을 때는 놀랐지만, 지금은 이미 익숙해졌다.
身につける （みにつける）	동 몸에 걸치다, 지니다, 익히다	祖母からもらった時計をいつも身につけている。 할머니께 받은 시계를 항상 차고 있다.
見渡す （みわたす）	동 멀리까지 보다, 조망하다	窓の外を見渡すと、大きな湖が見えた。 창밖을 바라다보니, 큰 호수가 보였다.
向き合う （むきあう）	동 마주 보다, 마주 대하다	これからは、自分の病気としっかり向き合うことにした。 이제부터는 자신의 병과 확실히 마주 보기로 했다.
めぐり合う （めぐりあう）	동 우연히 만나다	こんなにたくさんの人がいる中でめぐり会えたのは奇跡だ。 이렇게 많은 사람이 있는 가운데 만날 수 있었던 것은 기적이다.
持ち込む （もちこむ）	동 반입하다, 갖고 들어오다	劇場内に飲食物を持ち込んではいけない。 극장 안에 음식물을 반입하면 안 된다.
燃やす （もやす）	동 태우다	庭で古い本を燃やした。 마당에서 낡은 책을 태웠다.
盛り上がる （もりあがる）	동 고조되다, 흥이 오르다	今年の文化祭は、有名な歌手が来て盛り上がった。 올해 문화제(학교 축제)는 유명한 가수가 와서 분위기가 달아올랐다.
許す （ゆるす）	동 허가하다, 용서하다	結婚を許してもらうために彼女の両親に会いに行った。 결혼을 허락받기 위해서 여자 친구의 부모님을 만나러 갔다.
酔う （よう）	동 취하다, 멀미하다	今日は飲みすぎて、すっかり酔ってしまった。 오늘은 과음해서 완전히 취해 버렸다.

452

어휘	의미	예문
^よ呼びかける	동 부르다, 호소하다	^{かんきょうだんたい}環境団体は^{まち}街に^で出て^{しみん}市民の^{きょうりょく}協力を^よ呼びかけた。 환경 단체는 거리에 나와 시민들의 협력을 호소했다.
^{よろこ}喜ぶ	동 기뻐하다	^{むすめ}娘はプレゼントをもらって^{よろこ}喜んだ。 딸은 선물을 받고 기뻐했다.
^わ詫びる	동 사과하다, 사죄하다	^{いま}今までの^{しつれい}失礼を^{せいしき}正式にお^わ詫びいたします。 지금까지의 실례를 정식으로 사죄드립니다.
^わ割れる	동 깨지다, 부서지다	^{きょうふう}強風で、^{いえ}家の^{まど}窓が^わ割れてしまった。 강풍으로 집 창문이 깨져 버렸다.

어휘	의미	예문
<ruby>甘<rt>あま</rt></ruby>い	イ 달다, 만만하다, 무르다	このチョコレートはとても<ruby>甘<rt>あま</rt></ruby>い。 이 초콜릿은 매우 달다. <ruby>校内<rt>こうない</rt></ruby>の<ruby>試験<rt>しけん</rt></ruby>だと<ruby>思<rt>おも</rt></ruby>って<ruby>甘<rt>あま</rt></ruby>く<ruby>見<rt>み</rt></ruby>ていた。 교내 시험이라고 생각해 만만하게 보고 있었다.
ありがたい	イ 고맙다, 감사하다	<ruby>悩<rt>なや</rt></ruby>んでいる<ruby>時<rt>とき</rt></ruby>に<ruby>先生<rt>せんせい</rt></ruby>に<ruby>言<rt>い</rt></ruby>われた<ruby>言葉<rt>ことば</rt></ruby>が、とてもありがたかった。 고민하고 있을 때 선생님에게 들은 말이 정말 감사했다.
<ruby>薄暗<rt>うすぐら</rt></ruby>い	イ 조금 어둡다, 어둑하다	その<ruby>部屋<rt>へや</rt></ruby>は<ruby>窓<rt>まど</rt></ruby>が<ruby>小<rt>ちい</rt></ruby>さくて、<ruby>昼<rt>ひる</rt></ruby>でも<ruby>薄暗<rt>うすぐら</rt></ruby>い。 그 방은 창문이 작아서 낮에도 조금 어둡다.
<ruby>羨<rt>うらや</rt></ruby>ましい	イ 부럽다	<ruby>同僚<rt>どうりょう</rt></ruby>の<ruby>海外勤務<rt>かいがいきんむ</rt></ruby>が<ruby>決<rt>き</rt></ruby>まったと<ruby>聞<rt>き</rt></ruby>いて<ruby>羨<rt>うらや</rt></ruby>ましかった。 동료의 해외 근무가 결정되었다는 말을 듣고 부러웠다.
<ruby>思<rt>おも</rt></ruby>いがけない	イ 뜻밖이다, 의외다	<ruby>高校<rt>こうこう</rt></ruby>の<ruby>友達<rt>ともだち</rt></ruby>と20<ruby>年<rt>ねん</rt></ruby>ぶりに、<ruby>思<rt>おも</rt></ruby>いがけないところで<ruby>出会<rt>であ</rt></ruby>った。 고등학교 친구와 20년 만에 생각지도 못한 곳에서 만났다.
<ruby>堅苦<rt>かたくる</rt></ruby>しい	イ 매우 엄격하다, 딱딱하다	<ruby>今夜<rt>こんや</rt></ruby>は<ruby>堅苦<rt>かたくる</rt></ruby>しい<ruby>話<rt>はなし</rt></ruby>は<ruby>抜<rt>ぬ</rt></ruby>きにして、<ruby>楽<rt>たの</rt></ruby>しみましょう。 오늘 저녁은 딱딱한 이야기는 빼고 즐깁시다.
<ruby>気<rt>き</rt></ruby>まずい	イ 서먹서먹하다, 거북하다	<ruby>前<rt>まえ</rt></ruby>の<ruby>彼女<rt>かのじょ</rt></ruby>と<ruby>同<rt>おな</rt></ruby>じチームになって、<ruby>気<rt>き</rt></ruby>まずかった。 전 여자 친구와 같은 팀이 되어서 거북했다.
<ruby>心地<rt>ここち</rt></ruby>よい	イ 기분 좋다, 상쾌하다	<ruby>春<rt>はる</rt></ruby>の<ruby>風<rt>かぜ</rt></ruby>が<ruby>心地<rt>ここち</rt></ruby>よいので、<ruby>外<rt>そと</rt></ruby>でコーヒーが<ruby>飲<rt>の</rt></ruby>みたくなった。 봄바람이 기분이 좋아서 밖에서 커피를 마시고 싶어졌다.
<ruby>好<rt>この</rt></ruby>ましい	イ 마음에 들다, 바람직하다	その<ruby>行事<rt>ぎょうじ</rt></ruby>にはスーツを<ruby>着<rt>き</rt></ruby>て<ruby>参加<rt>さんか</rt></ruby>するのが<ruby>好<rt>この</rt></ruby>ましい。 그 행사에는 정장을 입고 참가하는 것이 바람직하다.

어휘	의미	예문
すばや 素早い	イ 재빠르다, 민첩하다	上司の素早い判断のおかげで大きな損害は避けられた。 상사의 재빠른 판단 덕분에 큰 손해는 피할 수 있었다.
たまらない	イ 견딜수 없다	この俳優が好きで好きでたまらない。 이 배우가 너무 좋아서 어쩔 줄 모르겠다.
たやす 容易い	イ 손쉽다, 용이하다	彼にとってこの仕事は容易いものだった。 그에게 있어서 이 일은 쉬운 것이었다.
ばかばかしい	イ 바보 같다, 어리석다	子供の頃は、ばかばかしいいたずらをよくしていた。 어렸을 때는 바보 같은 장난을 자주 했다.
はばひろ 幅広い	イ 폭넓다	彼は幅広い知識を持っており、雑学王と呼ばれている。 그는 폭넓은 지식을 가지고 있어서 잡학왕이라고 불리고 있다.
みすぼらしい	イ 초라하다, 볼품없다	こんなにみすぼらしい姿を世間にさらすわけにはいかない。 이렇게 볼품없는 모습을 세상에 드러낼 수는 없다.
む あつ 蒸し暑い	イ 무덥다	東南アジアはいつ行っても蒸し暑い。 동남아시아는 언제 가도 무덥다.
めでたい	イ 경사스럽다	彼が昇進するのはとてもめでたいことだ。 그가 승진하는 것은 매우 경사스러운 일이다.
ものすごい	イ 대단하다, 굉장하다	彼が住んでいる家はものすごく大きい。 그가 살고 있는 집은 굉장히 크다.
わかわか 若々しい	イ 아주 젊다, 생기있다, 풋풋하다	彼女は肌につやがあるので若々しく見える。 그녀는 피부에 윤기가 있어서 생기 있어 보인다.

어휘	의미	예문
いだい 偉大	ナ 위대	わたし ちち いだい そんざい 私にとって父は偉大な存在である。 나에게 있어서 아버지는 위대한 존재이다.
うんめいてき 運命的	ナ 운명적	かれ うんめいてき で あ けっこん 彼らは運命的に出会い、結婚した。 그들은 운명적으로 만나서 결혼했다.
えんかつ 円滑	ナ 원활	かいぎ めだ もんだい お えんかつ すす 会議は目立った問題も起きず、円滑に進められた。 회의는 눈에 띄는 문제도 일어나지 않고 원활하게 진행되었다.
きゃっかんてき 客観的	ナ 객관적	わたし きゃっかんてき いけん の 私はただ客観的な意見を述べただけです。 저는 단지 객관적인 의견을 말했을 뿐입니다.
きゅうそく 急速	ナ 급속	こうぎょう きゅうそく はってん こうがいもんだい しんこく 工業が急速に発展したせいで、公害問題が深刻に なった。 공업이 급속하게 발전한 탓에 공해 문제가 심각해졌다.
ごうりてき 合理的	ナ 합리적	しゃちょう はんだん ひじょう ごうりてき おも 社長の判断は非常に合理的だったと思う。 사장님의 판단은 매우 합리적이었다고 생각한다.
じどうてき 自動的	ナ 자동적	りょうきん じどうてき ぎんこうこうざ ひ お 料金は自動的に銀行口座から引き落とされるそう だ。 요금은 자동적으로 은행 계좌에서 이체된다고 한다.
じみち 地道	ナ 착실함, 견실함	じ みち どりょく せいこう ひけつ 地道な努力が成功の秘訣である。 착실한 노력이 성공의 비결이다.
しゅかんてき 主観的	ナ 주관적	かれ しゅかんてき いけん それは彼の主観的な意見にすぎない。 그것은 그의 주관적인 의견에 지나지 않는다.
じゅどうてき 受動的	ナ 수동적	かれ じぶん なに こうどう じゅどうてき ひと 彼は自分から何も行動しない受動的な人だ。 그는 스스로 아무런 행동도 하지 않는 수동적인 사람이다.
じんこうてき 人工的	ナ 인공적	もり なか じんこうてき つく せきぞう はっけん 森の中で人工的に作られた石像を発見しました。 숲속에서 인공적으로 만들어진 석상을 발견했습니다.

어휘	의미	예문
せいてき 静的	ナ 정적	<ruby>私<rt>わたし</rt></ruby>の<ruby>妹<rt>いもうと</rt></ruby>はとてもおとなしく、<ruby>静的<rt>せいてき</rt></ruby>な<ruby>性格<rt>せいかく</rt></ruby>だ。 제 여동생은 매우 얌전하고 정적인 성격이다.
せつじつ 切実	ナ 절실	<ruby>私<rt>わたし</rt></ruby>にとって<ruby>就職<rt>しゅうしょく</rt></ruby>は<ruby>切実<rt>せつじつ</rt></ruby>な<ruby>問題<rt>もんだい</rt></ruby>だ。 나에게 있어서 취직은 절실한 문제이다.
ないこうてき 内向的	ナ 내향적	<ruby>彼<rt>かれ</rt></ruby>は<ruby>内向的<rt>ないこうてき</rt></ruby>な<ruby>性格<rt>せいかく</rt></ruby>で<ruby>目立<rt>めだ</rt></ruby>つことが<ruby>嫌<rt>きら</rt></ruby>いだ。 그는 내향적인 성격으로 눈에 띄는 것을 싫어한다.
なめ 滑らか	ナ 매끈함, 미끄러움, 거침없음	この<ruby>生地<rt>きじ</rt></ruby>はとても<ruby>滑<rt>なめ</rt></ruby>らかで<ruby>丈夫<rt>じょうぶ</rt></ruby>だ。 이 옷감은 매우 매끄럽고 튼튼하다.
にくたいてき 肉体的	ナ 육체적	<ruby>仕事<rt>しごと</rt></ruby>では、<ruby>肉体的<rt>にくたいてき</rt></ruby>な<ruby>疲<rt>つか</rt></ruby>れより<ruby>精神的<rt>せいしんてき</rt></ruby>な<ruby>負担<rt>ふたん</rt></ruby>が<ruby>大<rt>おお</rt></ruby>きい。 일에서는 육체적인 피로보다 정신적인 부담이 크다.
ばくだい 莫大	ナ 막대함	<ruby>彼<rt>かれ</rt></ruby>は<ruby>宝<rt>たから</rt></ruby>くじに<ruby>当<rt>あ</rt></ruby>たって<ruby>莫大<rt>ばくだい</rt></ruby>な<ruby>賞金<rt>しょうきん</rt></ruby>をもらった。 그는 복권에 당첨되어 막대한 상금을 받았다.
ふ ちょう 不調	ナ 상태가 나쁨	<ruby>買<rt>か</rt></ruby>ったばかりのテレビが<ruby>不調<rt>ふちょう</rt></ruby>なので、<ruby>交換<rt>こうかん</rt></ruby>できるか<ruby>聞<rt>き</rt></ruby>いてみた。 산 지 얼마 안 된 TV가 상태가 좋지 않아서 교환이 가능한지 물어보았다.
ほんかくてき 本格的	ナ 본격적	<ruby>受験勉強<rt>じゅけんべんきょう</rt></ruby>を<ruby>本格的<rt>ほんかくてき</rt></ruby>に<ruby>始<rt>はじ</rt></ruby>めたのは、<ruby>高校<rt>こうこう</rt></ruby>2<ruby>年<rt>ねん</rt></ruby>の<ruby>時<rt>とき</rt></ruby>だった。 수험 공부를 본격적으로 시작한 것은 고등학교 2학년 때였다.
らくてんてき 楽天的	ナ 낙천적	<ruby>母<rt>はは</rt></ruby>は<ruby>心配性<rt>しんぱいしょう</rt></ruby>だが、<ruby>私<rt>わたし</rt></ruby>は<ruby>楽天的<rt>らくてんてき</rt></ruby>な<ruby>性格<rt>せいかく</rt></ruby>だ。 엄마는 걱정이 많지만 나는 낙천적인 성격이다.

어휘	의미	예문
あっという 間に	부 눈 깜짝할 사이에	楽しい時間はあっという間に過ぎてしまう。 즐거운 시간은 눈 깜짝할 사이에 지나가 버린다.
いちいち	부 일일이, 빠짐없이	父は私のすることにいちいち文句をつけてくる。 아버지는 내가 하는 것에 일일이 트집을 잡는다.
一段と	부 한층, 더욱	1月になって寒さが一段と増してきた。 1월이 되어 추위가 한층 더 심해졌다.
一斉に	부 일제히	最近暖かくなったためか、桜が一斉に咲き始めた。 요즘 (날씨가) 따뜻해져서인지 벚꽃이 일제히 피기 시작했다.
一層	부 한층 더, 더욱	試験に受かるためには、より一層努力が必要だ。 시험에 합격하기 위해서는 한층 더 노력이 필요하다.
いつの間にか	부 어느샌가, 어느덧	小説を読んでいたらいつの間にか夜になっていた。 소설을 읽고 있었더니 어느새 밤이 되어 있었다.
今にも	부 당장에라도, 이내, 곧	外が暗くなって、今にも雨が降りそうだ。 밖이 어두워져서 당장에라도 비가 올 것 같다.
言わば	부 말하자면	彼は何でも買ってくれる、言わばサンタクロース みたいな存在だ。 그는 뭐든 사 주는, 말하자면 산타클로스 같은 존재이다.
うっかり	부 する 깜빡, 무심코	電車の中に、傘をうっかり忘れてしまった。 전철 안에 우산을 깜빡 두고 내리고 말았다.
うろうろ	부 する 어슬렁 어슬렁	さっきから、家の前をうろうろしている人がいる。 조금 전부터 집 앞을 어슬렁거리는 사람이 있다.

어휘	의미	예문
うんと	부 엄청, 실컷, 많이	彼女は前よりうんと大きいケーキを作って持ってきてくれた。 그녀는 전보다 훨씬 큰 케이크를 만들어서 가지고 와 주었다.
大いに	부 매우, 크게, 대단히	この記者の意見には大いに賛成だ。 이 기자의 의견에는 매우 찬성이다.
主に	부 주로	お正月は主に田舎に帰って、両親と時間を過ごす。 설에는 주로 시골에 돌아가 부모님과 시간을 보낸다.
およそ	부 대개, 대강, 대략	駅ではおよそ300人の人が電車を待っていた。 역에는 대략 300명의 사람이 전철을 기다리고 있었다.
かっと	부 벌컥, 발끈	かっとなって、石を蹴ってしまった。 벌컥 화가 나서 돌을 걷어차 버렸다.
軽々(と)	부 가뿐히, 가볍게, 쉽게	重くて誰も持てなかった荷物を彼は軽々と持ち上げた。 무거워서 아무도 들지 못했던 짐을 그는 가뿐히 들어 올렸다.
ぎっしり	부 가득, 빽빽이	このパンの中には、クリームがぎっしり詰まっている。 이 빵 속에는 크림이 가득 차 있다.
きっぱり	부 딱 잘라, 단호하게	契約の延長は無理だときっぱり断られた。 계약 연장은 무리라고 딱 잘라 거절당했다.
逆に	부 반대로, 거꾸로	おごるつもりが、逆にご馳走になってしまった。 한턱낼 생각이었는데, 거꾸로 대접을 받고 말았다.
ぐうぐう(と)	부 쿨쿨	父は、ぐうぐうといびきをかいて寝ていた。 아버지는 쿨쿨 코를 골며 자고 있었다.
くっきり(と)	부 뚜렷하게, 선명하게	現場には犯人の足跡がくっきりと残っていた。 현장에는 범인의 발자국이 선명히 남아 있었다.

어휘	의미	예문
ぐっすり	부 푹 잠든 모양, 푹	今日はぐっすり寝られそうです。 오늘은 푹 잘 수 있을 것 같습니다.
ぐらぐら	부 흔들흔들	虫歯で弱くなった歯がぐらぐらしている。 충치로 약해진 이빨이 흔들흔들 한다.
ぐるぐる	부 빙글빙글, 둘둘	目がぐるぐる回ってまっすぐ歩けない。 눈이 빙글빙글 돌아서 똑바로 걸을 수 없다.
くれぐれも	부 부디, 아무쪼록	お母様にくれぐれもよろしくお伝えください。 어머님께 아무쪼록 안부 잘 전해 주세요.
ぐんぐん	부 부쩍부쩍, 쑥쑥	日本で生活を始めたら、日本語の実力がぐんぐん上がる。 일본에서 생활을 시작했더니 일본어 실력이 쑥쑥 향상된다.
こそこそ(と)	부 살금살금, 남몰래	こそこそと隠れていないで出てきなさい。 몰래 숨어 있지 말고 나오세요.
こっそり	부 몰래, 살짝	台所でこっそりケーキを食べていたら妹にばれてしまった。 부엌에서 몰래 케이크를 먹고 있었는데 여동생에게 들키고 말았다.
再三 さいさん	부 재차, 여러 번	再三注意したが、彼は聞かなかった。 재차 주의를 주었지만 그는 듣지 않았다.
さんざん	부 심하게, 몹시, 호되게	先生にはさんざんお世話になったので、何かお礼をしたい。 선생님께는 너무 신세를 져서 뭔가 사례를 하고 싶다.
至急 しきゅう	부 매우 급함	戻り次第、至急連絡ください。 돌아오는대로 급히 연락 주십시오.
次第に しだいに	부 서서히, 차츰, 점점	空が次第に暗くなり、雨が降り始めた。 하늘이 점차 어두워져서 비가 오기 시작했다.

어휘	의미	예문
じっくり	부 시간을 들여 하는 모양, 차분하게	このカレーはじっくり煮て作った。 이 카레는 푹 끓여 만들었다.
実_{じつ}に	부 실로, 정말로	チンパンジーは実に利口な動物だ。 침팬지는 정말로 영리한 동물이다.
すやすや(と)	부 새근새근	赤ん坊がすやすやと眠っている。 아기가 새근새근 자고 있다.
すらすら	부 술술, 줄줄	英語の小説をすらすら読めるようになりたい。 영어 소설을 술술 읽을 수 있게 되고 싶다.
絶対_{ぜったい}	부 절대	今彼女に告白しなければ、絶対後悔するだろう。 지금 그녀에게 고백하지 않으면 절대 후회할 것이다.
続々_{ぞくぞく}	부 속속, 잇달아	これから新商品が続々登場する予定です。 이제부터 신상품이 잇달아 등장할 예정입니다.
ぞっと	부 する 오싹	旅行の写真に知らない女の人が写っていて、ぞっとした。 여행 사진에 모르는 여자가 찍혀 있어서 오싹했다.
そわそわ	부 する 안절부절못함	大会当日、彼女は緊張してそわそわしていた。 대회 당일, 그녀는 긴장해서 안절부절못했다.
たった今_{いま}	부 방금, 지금 막	たった今、試合の結果が出た。 지금 막, 시합 결과가 나왔다.
たっぷり	부 충분히, 듬뿍	会社を辞めたから時間はたっぷりある。 회사를 그만두었으니 시간은 충분히 있다.
だぶだぶ	부 ナ する 헐렁헐렁	友達に服を借りたが、大きすぎてだぶだぶだった。 친구에게 옷을 빌렸지만 너무 커서 헐렁헐렁했다.

어휘	의미	예문
だらだら(と)	부 줄줄, 장황하게	だらだらと汗が流れ落ちた。 줄줄 땀이 흘러내렸다. だらだらと無駄な話をした。 장황하게 쓸데없는 이야기를 했다.
断然 だんぜん	부 단연	テレビを見る時間よりスマホを見ている時間の方が断然長い。 TV를 보는 시간보다 스마트폰을 보고 있는 시간 쪽이 단연 길다.
単に たん	부 단지, 다만, 그저	彼は単にみんなと友達になりたかっただけだ。 그는 그저 모두와 친구가 되고 싶었을 뿐이다.
近々 ちかぢか	부 머지않아	近々、新しい本を出版する予定だ。 머지않아 새로운 책을 출판할 예정이다.
着々(と) ちゃくちゃく	부 착착	着々と作業を進めたため、予定通り工事が終わった。 착착 작업을 진행했기 때문에 예정대로 공사가 끝났다.
つくづく	부 곰곰이, 절실히, 정말	言いたいことが言えず、つくづく私は小心者だと感じた。 말하고 싶은 것을 말하지 못하고, 정말이지 나는 소심한 사람이라고 느꼈다.
てっきり	부 틀림없이, 영락없이	彼女はてっきり韓国人だと思ったら日本人だった。 그녀는 틀림없이 한국인이라고 생각했는데 일본인이었다.
到底 とうてい	부 도저히	彼女が言っていることは、私には到底理解できない。 그녀가 말하는 것은 나로서는 도저히 이해할 수 없다.
とうとう	부 드디어, 마침내, 끝내, 결국	職場に風邪が流行っていたが、とうとう私も引いてしまった。 직장에 감기가 유행하고 있었는데, 결국 나도 걸려 버렸다.

어휘	의미	예문
とく 特に	부 특히, 특별히	えいが とく なが いえ み ほう この映画は特に長いから、家で見た方がいい。 이 영화는 특히 길어서 집에서 보는 편이 좋다.
どっと	부 우르르, 왈칵	かいてんちょく ご きゃく あつ 開店直後のデパートに、客がどっと集まってきた。 개점 직후의 백화점에 손님이 우르르 모여 들었다.
どんどん	부 척척, 착착, 계속해서, 자꾸자꾸	じ ぶん しごと すす 自分のペースで仕事をどんどん進めた。 자기 페이스로 일을 척척 진행했다. かいてん どうじ ひと はい 開店と同時に、どんどん人が入ってきた。 개점과 동시에 계속해서 사람이 들어왔다.
すく 少なくとも	부 적어도, 최소한	にもつ とど すく いっしゅうかん いじょう 荷物が届くまで少なくとも一週間以上はかかるだ ろう。 짐이 도착하기까지 적어도 1주일 이상은 걸릴 것이다.
なるべく	부 되도록, 가능한 한	なつやす しゅくだい はや お 夏休みの宿題はなるべく早く終わらせたい。 여름 방학 숙제는 되도록 빨리 끝내고 싶다.
にやにや	부 する 히죽히죽	きのう おも だ おも 昨日のデートを思い出して、思わずにやにやして しまった。 어제 데이트를 떠올리며 나도 모르게 히죽히죽 거리고 말았다.
のろのろ(と)	부 する 느릿느릿, 꾸물꾸물	こうえん ある ねこ み 公園でのろのろと歩いている猫を見ました。 공원에서 느릿느릿 걷고 있는 고양이를 봤습니다.
はっきり(と)	부 뚜렷이, 분명히, 확실히	にゅうがくしき きのう 入学式のことは昨日のことのようにはっきりと おぼ 覚えている。 입학식은 어제의 일처럼 확실히 기억하고 있다.
ばったり	부 우연히 딱, 갑자기 뚝	だいがく じ だい ゆうじん まち あ 大学時代の友人に街でばったり会った。 대학교 시절의 친구를 거리에서 우연히 딱 만났다.
ばっちり	부 확실하게, 충분히	じゅん び しんぱい ばっちり準備したから心配しなくてもいいよ。 확실하게 준비했으니까 걱정하지 않아도 돼.

어휘	의미	예문
はらはら	[부] [する] 조마조마, 하늘하늘	高_{たか}い木_きに登_{のぼ}っている子供_{こども}を見_みてはらはらした。 높은 나무에 오르고 있는 아이를 보며 조마조마했다.
反面_{はんめん}	[부] 반면	彼女_{かのじょ}は職場_{しょくば}では明_{あか}るい反面_{はんめん}、家_{いえ}に帰_{かえ}ると無口_{むくち}になる。 그녀는 직장에서는 밝은 반면, 집에 돌아오면 과묵해진다.
引_ひき続_{つづ}き	[부] 계속해서, 잇달아, 곧이어	結果_{けっか}が出_でるまで、引_ひき続_{つづ}き実験_{じっけん}をすることにした。 결과가 나올 때까지 계속해서 실험을 하기로 했다.
非常_{ひじょう}に	[부] 대단히, 몹시	あの歌手_{かしゅ}は若者_{わかもの}に非常_{ひじょう}に人気_{にんき}がある。 저 가수는 젊은이들에게 매우 인기가 있다.
普段_{ふだん}	[부] 평소, 평상시	これは、普段_{ふだん}なかなか食_たべられない高級料理_{こうきゅうりょうり}だ。 이것은 평소에 좀처럼 먹을 수 없는 고급 요리이다.
ぶつぶつ(と)	[부] 중얼중얼, 투덜투덜	彼_{かれ}はぶつぶつと独_{ひと}り言_{ごと}を言_いっていた。 그는 중얼중얼 혼잣말을 하고 있었다.
ふわふわ(と)	[부] 둥실둥실, 푹신푹신	白_{しろ}い雲_{くも}がふわふわと浮_うかんでいる。 하얀 구름이 둥실둥실 떠 있다.
誠_{まこと}に	[부] 정말로, 대단히	この度_{たび}は、誠_{まこと}にありがとうございました。 이번에는 진심으로 감사했습니다.
まごまご	[부] [する] 우물쭈물, 갈팡질팡	思_{おも}いがけない来客_{らいきゃく}にまごまごした。 뜻밖의 방문객에 우물쭈물했다.
間_まもなく	[부] 머지않아, 곧	間_まもなく電車_{でんしゃ}が参_{まい}ります。黄色_{きいろ}い線_{せん}の内側_{うちがわ}に下_さがってお待_まちください。 곧 전철이 (들어) 옵니다. 노란선 안쪽으로 물러나 기다려 주십시오.
万一_{まんいち}	[부] 만에 하나, 만약, 만일	万一_{まんいち}地震_{じしん}が起_おきた時_{とき}は、すぐに机_{つくえ}の下_{した}に隠_{かく}れなさい。 만일 지진이 일어났을 때는, 바로 책상 밑에 숨으세요.

어휘	의미	예문
無理やり	부 억지로, 강제로	嫌がることを無理やりさせても、子供のためにならない。 싫어하는 것을 억지로 시켜도 아이에게 도움이 되지 않는다.
めっきり	부 뚜렷이, 현저히, 부쩍	この辺りはめっきり人通りが減ってしまった。 이 근처는 부쩍 사람의 왕래가 줄어 버렸다.
最も	부 가장, 제일	世界で最も面積が広い国はロシアである。 세계에서 가장 면적이 넓은 나라는 러시아이다.
やむを得ない	부 어쩔 수 없는, 불가피한	やむを得ない事情があって、会社を辞めることにした。 어쩔 수 없는 사정이 있어서 회사를 그만두기로 했다.
ゆったり(と)	부 넉넉히, 느긋이	一週間休みをもらって、温泉でゆったりとした時間を過ごした。 일주일간 휴가를 내서 온천에서 느긋한 시간을 보냈다.
わくわく	부 する 두근두근 설레는 모양	修学旅行までまだ2週間もあるのに、今からわくわくしてきた。 수학여행까지 아직 2주일이나 있는데, 지금부터(벌써부터) 두근거리기 시작했다.
割に	부 비교적	これは値段の割に、丈夫で使いやすい。 이건 가격에 비해 튼튼하고 사용하기 쉽다.
あらゆる	연 온갖, 모든	事件解決のため、過去のあらゆる資料を調べた。 사건 해결을 위해 과거의 모든 자료를 조사했다.
ほんの	연 그저 명색뿐인, 불과, 아주	ほんの小さな失敗で、彼は会社を首になった。 아주 작은 실수로 그는 회사에서 해고되었다.
見知らぬ	연 알지 못하는, 낯선	見知らぬ国へ一人で旅行してみたい。 낯선 나라로 혼자서 여행을 해 보고 싶다.

한자 읽기

어휘	의미	어휘	의미
<ruby>握手<rt>あくしゅ</rt></ruby>	악수	<ruby>劣<rt>おと</rt></ruby>る	뒤떨어지다
<ruby>鮮<rt>あざ</rt></ruby>やかな	선명한, 산뜻한	<ruby>介護<rt>かいご</rt></ruby>	개호, 간호, 간병
<ruby>焦<rt>あせ</rt></ruby>る	안달하다, 초조해 하다	<ruby>抱<rt>かか</rt></ruby>える	안다, (책임·부담 등을) 떠안다
<ruby>圧勝<rt>あっしょう</rt></ruby>	압승	<ruby>拡充<rt>かくじゅう</rt></ruby>	확충
<ruby>圧倒的<rt>あっとうてき</rt></ruby>	압도적	<ruby>隠<rt>かく</rt></ruby>す	감추다, 숨기다
<ruby>怪<rt>あや</rt></ruby>しい	이상하다, 수상하다	<ruby>下降<rt>かこう</rt></ruby>	하강
<ruby>改<rt>あらた</rt></ruby>める	고치다, 개선하다	<ruby>囲<rt>かこ</rt></ruby>む	둘러싸다
<ruby>勇<rt>いさ</rt></ruby>ましい	용감하다, 용맹스럽다	<ruby>傾<rt>かたむ</rt></ruby>く	기울다, 한쪽으로 쏠리다
<ruby>衣装<rt>いしょう</rt></ruby>	의상	<ruby>辛<rt>から</rt></ruby>い	맵다
<ruby>傷<rt>いた</rt></ruby>む	아프다, 괴롭다	<ruby>絡<rt>から</rt></ruby>まる	얽히다, 휘감기다
<ruby>祝<rt>いわ</rt></ruby>う	축하하다	<ruby>願望<rt>がんぼう</rt></ruby>	소원
<ruby>映<rt>うつ</rt></ruby>る	반영하다, 비치다	<ruby>勧誘<rt>かんゆう</rt></ruby>	권유
<ruby>腕<rt>うで</rt></ruby>	팔	<ruby>記憶<rt>きおく</rt></ruby>	기억
<ruby>運賃<rt>うんちん</rt></ruby>	운임, 운송료	<ruby>企画<rt>きかく</rt></ruby>	기획
<ruby>偉<rt>えら</rt></ruby>い	훌륭하다, (지위·신분 등이) 높다	<ruby>競<rt>きそ</rt></ruby>う	다투다, 경쟁하다
<ruby>大幅<rt>おおはば</rt></ruby>に	큰 폭으로, 대폭	<ruby>貴重<rt>きちょう</rt></ruby>な	귀중한
<ruby>補<rt>おぎな</rt></ruby>う	보충하다	<ruby>規模<rt>きぼ</rt></ruby>	규모
<ruby>幼<rt>おさな</rt></ruby>い	어리다	<ruby>求人<rt>きゅうじん</rt></ruby>	구인
<ruby>納<rt>おさ</rt></ruby>める	납입하다	<ruby>行事<rt>ぎょうじ</rt></ruby>	행사

어휘	의미
きょくたん 極端	극단
きょ ひ 拒否	거부
ぐうぜん 偶然	우연
くや 悔しい	분하다
けいしょう 軽傷	경상(가벼운 상처)
けいぞく 継続	계속
けい び 警備	경비
けしき 景色	경치, 풍경
げ じゅん 下旬	하순
けわ 険しい	험하다, 험상궂다
げんしょう 現象	현상
こわ 怖い	무섭다, 두렵다
さい ど 再度	재차, 두 번
さくじょ 削除	삭제
さつえい 撮影	촬영
さん ぴ 賛否	찬반
し きゅう 至急	지급, 시급, 급히
し げき 刺激	자극
し せい 姿勢	자세
じっせん 実践	실천

어휘	의미
しぼ 絞る	(물기를) 짜다, (범위를) 좁히다
しめ 湿る	축축해지다
し 占める	차지하다
じ もと 地元	그 지방, 근거지
じゅうなん 柔軟	유연
じょうけい 情景	정경, 광경
しょうさい 詳細	상세
しょうてん 焦点	초점
しょうりゃく 省略	생략
しょ り 処理	처리
しん ぽ 進歩	진보
すいちょく 垂直	수직
せいえん 声援	성원
せいけつ 清潔	청결
せ けん 世間	세간, 세상
せ ぼね 背骨	등뼈
ぜんりょう 善良	선량
そうがく 総額	총액
そう ご 相互	상호
そう ち 装置	장치

어휘	의미
そざい 素材	소재
そっちょく 率直な	솔직한
そな 備える	준비하다, 갖추다
そんがい 損害	손해
そんちょう 尊重	존중
たお 倒す	넘어뜨리다, 쓰러뜨리다
ちゅうしょうてき 抽象的	추상적
ちゅうせん 抽選	추첨
ちょうせつ 調節	조절
ちりょう 治療	치료
つと 務める	(역할을) 맡다, 역임하다
つ 積む	쌓다, 싣다
つよび 強火	화력이 센 불
とうぼう 逃亡	도망
とたん 途端に	그 순간에, 찰나에, 바로
となり 隣	옆, 이웃
とぼ 乏しい	모자라다, 부족하다, 가난하다
ともな 伴う	동반하다, 따라가다
なご 和やか	(기색·분위기가) 부드러움, 온화함
にぎ 握る	쥐다

어휘	의미
にく 憎い	밉다
にく 憎む	미워하다, 시기하다
のうやく 農薬	농약
のぞ 除く	제거하다, 제외하다
はじ 恥	부끄러움, 수치
はず 外れる	빠지다, 떨어지다, 누락되다, 벗어나다
はな 離れる	(거리가) 떨어지다, 멀어지다
はへん 破片	파편
はり 針	바늘
ひかくてき 比較的	비교적
ひと 等しい	동등하다, 동일하다
ひひょう 批評	비평
びょうどう 平等	평등
ふく 含める	포함시키다
ふたん 負担	부담
ふ 触れる	닿다, 접촉하다
ぶんせき 分析	분석
へんきゃく 返却	반환, 반납(되돌려줌)
ぼうえき 貿易	무역
ぼうさい 防災	방재, 재해 방지

어휘	의미
<ruby>豊<rt>ほう</rt></ruby><ruby>富<rt>ふ</rt></ruby>	풍부
<ruby>迷<rt>まよ</rt></ruby>う	망설이다, 헤매다
<ruby>乱<rt>みだ</rt></ruby>れる	흐트러지다, 혼란해지다
<ruby>密<rt>みっ</rt></ruby><ruby>接<rt>せつ</rt></ruby>な	밀접한
<ruby>密<rt>みっ</rt></ruby><ruby>閉<rt>ぺい</rt></ruby>	밀폐
<ruby>戻<rt>もど</rt></ruby>す	되돌리다
<ruby>模<rt>も</rt></ruby><ruby>範<rt>はん</rt></ruby>	모범
<ruby>敗<rt>やぶ</rt></ruby>れる	지다, 패배하다
<ruby>優<rt>ゆう</rt></ruby><ruby>秀<rt>しゅう</rt></ruby>	우수
<ruby>油<rt>ゆ</rt></ruby><ruby>断<rt>だん</rt></ruby>	방심, 부주의
<ruby>要<rt>よう</rt></ruby><ruby>求<rt>きゅう</rt></ruby>	요구
<ruby>容<rt>よう</rt></ruby><ruby>姿<rt>し</rt></ruby>	용모와 자태
<ruby>幼<rt>よう</rt></ruby><ruby>稚<rt>ち</rt></ruby>	유치
<ruby>世<rt>よ</rt></ruby>の<ruby>中<rt>なか</rt></ruby>	세상, 세간
<ruby>略<rt>りゃく</rt></ruby>する	생략하다
<ruby>冷<rt>れい</rt></ruby><ruby>蔵<rt>ぞう</rt></ruby><ruby>庫<rt>こ</rt></ruby>	냉장고

어휘	의미	어휘	의미
鮮^{あざ}やかな	산뜻한, 선명한	劣^{おと}る	뒤떨어지다
焦^{あせ}る	안달하다, 초조해 하다	驚^{おどろ}かせる	놀라게 하다
与^{あた}える	주다	介護^{かい ご}	간호, 간병
扱^{あつか}う	다루다, 취급하다	開催^{かいさい}	개최
厚^{あつ}かましい	뻔뻔스럽다	抱^{かか}える	끌어안다
荒^{あら}い	거칠다, 난폭하다	拡張^{かくちょう}	확장
争^{あらそ}う	싸우다	肩^{かた}	어깨
勢^{いきお}い	기세, 힘	傾^{かたむ}く	기울다
勇^{いさ}ましい	용감하다	簡潔^{かんけつ}な	간결한
異色^{い しょく}	이색	勧誘^{かんゆう}	권유
至^{いた}る	이르다	管理^{かん り}	관리
違反^{い はん}	위반	機嫌^{き げん}	기분
腕^{うで}	팔	帰省^{き せい}	귀성 (고향에 돌아감)
敬^{うやま}う	존경하다	競^{きそ}う	경쟁하다, 겨루다
運賃^{うんちん}	운임	寄付^{き ふ}	기부
永久^{えいきゅう}	영구	距離^{きょ り}	거리
演技^{えん ぎ}	연기	暮^くらす	살다
援助^{えんじょ}	원조	詳^{くわ}しい	상세하다
訪^{おとず}れる	방문하다	系統^{けいとう}	계통

어휘	의미
けい び 警備	경비
けず 削る	깎다, 줄이다
けんしゅう 研修	연수
こ 濃い	짙다, 진하다
こう か 硬貨	금속 화폐
こう ぎ 講義	강의
こう し 講師	강사
こうちょう 好調	호조, 순조
こお 凍る	얼다
こ 焦げる	타다, 그을리다
こころよ 快い	기분 좋다, 상쾌하다, 유쾌하다
こんらん 混乱	혼란
ざいせき 在籍	재적
さか 逆らう	거스르다
さそ 誘う	권유하다, 꾀다
さつえい 撮影	촬영
さんしょう 参照	참조
したが 従う	따르다, 좇다
じっせん 実践	실천
し てき 指摘	지적

어휘	의미
し ぼう 志望	지망
しめ 湿っぽい	축축하다, 눅눅하다
じゃくてん 弱点	약점
しゅうかく 収穫	수확
じゅうきょ 住居	주거
じゅこう 受講	수강
しゅっ せ 出世	출세
しゅ み 趣味	취미
じゅんちょう 順調	순조
しょうじょう 症状	증상
しょうたい 招待	초대
しょうちょう 象徴	상징
しんけん 真剣	진지함
しんだん 診断	진단
すいちょく 垂直	수직
すく 救う	구하다, 구제하다
す 捨てる	버리다
せいさん 精算	정산
せいぞう 製造	제조
せっきょくてき 積極的	적극적

어휘	의미
せつぞく 接続	접속
せ 責める	비난하다, 책망하다
そく ざ 即座に	당장, 즉시
ぞく 属する	속하다
そ しき 組織	조직
そな 備える	대비하다, 준비하다, 갖추다
そん 損	손해, 불리함
そんしつ 損失	손실
た 絶えず	끊임없이, 늘
たば 束ねる	하나로 묶다
たよ 頼り	의지, 의지하는 사람
たんぺん 短編	단편
ちぢ 縮める	줄이다, 단축하다
ち 散る	흩어지다, (꽃이) 지다
つと 努める	힘쓰다, 노력하다
つ 積もる	쌓이다
ていこう 抵抗	저항
てんけいてき 典型的	전형적
でんとう 伝統	전통
とうひょう 投票	투표

어휘	의미
とうろく 登録	등록
とうろん 討論	토론
にな 担う	짊어지다, 떠맡다
ぬの 布	천
のぼ 昇る	떠오르다, 오르다, 올라가다
はいゆう 俳優	배우
はげ 激しい	심하다, 격렬하다, 치열하다
は 果たす	완수하다, 달성하다
はな 離れる	떨어지다, 거리가 멀어지다
はぶ 省く	줄이다
は へん 破片	파편
ひと 等しい	같다, 동일하다, 동등하다
ひ なん 避難	피난
ひ はん 批判	비판
ひ ろう 疲労	피로
ひろ 拾う	줍다, 습득하다
ふく し 福祉	복지
へんこう 変更	변경
へんぴん 返品	반품
ほ しょう 保証	보증

어휘	의미
<ruby>混<rt>ま</rt></ruby>じる	섞이다
<ruby>招<rt>まね</rt></ruby>く	초대하다, 초래하다
<ruby>乱<rt>みだ</rt></ruby>れ	혼란, 어지러움
<ruby>導<rt>みちび</rt></ruby>く	인도하다, 이끌다
<ruby>見<rt>み</rt></ruby><ruby>逃<rt>のが</rt></ruby>す	못 보고 놓치다, 묵인하다
<ruby>迎<rt>むか</rt></ruby>え	맞이함, 마중
<ruby>恵<rt>めぐ</rt></ruby>まれる	혜택받다, 풍족하다
<ruby>面倒<rt>めんどう</rt></ruby>だ	성가시다, 귀찮다
<ruby>催<rt>もよお</rt></ruby>し	행사, 개최
<ruby>養<rt>やしな</rt></ruby>う	기르다, 양육하다
<ruby>破<rt>やぶ</rt></ruby>れる	찢어지다, 깨지다
<ruby>柔<rt>やわ</rt></ruby>らかい	부드럽다, 유연하다
<ruby>豊<rt>ゆた</rt></ruby>か	풍족함, 풍부함
<ruby>陽気<rt>ようき</rt></ruby>	(성격이) 밝고 쾌활한 모양, 날씨
<ruby>欲<rt>よく</rt></ruby>	욕심
<ruby>乱暴<rt>らんぼう</rt></ruby>	난폭
<ruby>領収書<rt>りょうしゅうしょ</rt></ruby>	영수증
<ruby>礼儀<rt>れいぎ</rt></ruby>	예의

어휘	의미	어휘	의미
2対1 たい	2대1	家族連れ か ぞく づ	가족 동반
悪影響 あくえいきょう	악영향	壁際 かべぎわ	벽가, 벽 쪽
悪条件 あくじょうけん	악조건	仮採用 かりさいよう	임시 채용
アメリカ流 りゅう	미국류(스타일)	仮処分 かりしょぶん	가처분
アルファ ベット順 じゅん	알파벳순	管理下 かん り か	관리하, 관리 아래
医学界 い がくかい	의학계	期限切れ き げん ぎ	기한이 끝남
一日おきに いちにち	하루 걸러	危険性 き けんせい	위험성
異文化 い ぶん か	이문화, 외국 문화	貴団体 き だんたい	귀하의 단체 ('상대방의 단체'의 존칭)
異分野 い ぶん や	다른 분야	旧制度 きゅうせい ど	구제도, 이전의 제도
薄暗い うすぐら	좀 어둡다, 침침하다	クリーム状 じょう	크림 상태
応援団 おうえんだん	응원단	結婚観 けっこんかん	결혼관
親子連れ おや こ づ	부모 자식이 동행(동반)	決定権 けっていけん	결정권
音楽全般 おんがくぜんぱん	음악 전반	現実離れ げんじつばな	현실과 동떨어짐
風邪気味 かぜ ぎ み	감기 기운	現社長 げんしゃちょう	현 사장, 현재의 사장
会員制 かいいんせい	회원제	現制度 げんせい ど	현 제도
会社員風 かいしゃいんふう	회사원풍, 회사원 같은	現段階 げんだんかい	현단계
顔写真付き かおじゃしん つ	증명사진 포함	高収入 こうしゅうにゅう	고수입
学年別 がくねんべつ	학년별	高水準 こうすいじゅん	높은 수준
		高性能 こうせいのう	고성능

어휘	의미	어휘	의미
こくさいしょく 国際色	국제적 색채	しょねん ど 初年度	초년도, 첫해
こどもづ 子供連れ	어린이 동반	しょもんだい 諸問題	여러 문제
さいかいはつ 再開発	재개발	しんがくりつ 進学率	진학률
さいせっきん 最接近	최접근	じょう スキー場	스키장
さいていしゅつ 再提出	재(다시)제출	せいこうりつ 成功率	성공률
さいほうそう 再放送	재방송	せい じ しょく 政治色	정치색
さいゆうりょく 最有力	가장 유력	ぜんしゃちょう 前社長	전(이전) 사장
さくひんしゅう 作品集	작품집	ぜんちょうちょう 前町長	전(이전) 읍장
しゅうしょくりつ 就職率	취직률, 취업률	せんろ ぞ 線路沿い	선로변
じゅうたくがい 住宅街	주택가	そううりあげ 総売上	총 매상(매출)
しゅうちゅうりょく 集中力	집중력	そうしんもと 送信元	송신원
しゅげんりょう 主原料	주원료	たいこうしん 対抗心	대항심
しゅせいぶん 主成分	주성분	たの 頼みづらい	부탁하기 어렵다
じゅんけっしょう 準決勝	준결승	てい か かく 低価格	저가, 낮은 가격
じゅんゆうしょう 準優勝	준우승	てい 低カロリー	저칼로리
しょうたいじょう 招待状	초대장	でんしゃちん 電車賃	전철 요금
しょうてんがい 商店街	상점가	とうきょうえきはつ 東京駅発	도쿄역 출발
しょがいこく 諸外国	여러 외국	どうしゃ 同社	같은 회사, 그 회사
しょっ き るい 食器類	식기류	とうひょうりつ 投票率	투표율
しょ て つづ 諸手続き	각종 절차, 여러 절차	と かいそだ 都会育ち	도시에서 자람

어휘	의미
読書離れ どくしょばなれ	독서 기피, 독서 이탈
夏休み明け なつやす あ	여름 방학이 끝남(끝난 직후)
日本式 にほんしき	일본식
日本風 にほんふう	일본풍
日本流 にほんりゅう	일본류, 일본식
年代順 ねんだいじゅん	연대순
働き手 はたら て	일손, 일꾼
花の頃 はな ころ	꽃 구경 절정기
半透明 はんとうめい	반투명
非公式 ひこうしき	비공식
ビジネス マン風 ふう	비즈니스맨풍
一仕事 ひと し ごと	어떤 큰일 · 사업
副社長 ふくしゃちょう	부사장
副大臣 ふくだいじん	부대신, 차관
不正確 ふ せいかく	부정확
二人連れ ふたり づ	일행 두 명
文学賞 ぶんがくしょう	문학상
別会場 べつかいじょう	다른 회장(행사장)
勉強漬け べんきょう づ	공부에 열중함, 공붓벌레

어휘	의미
ボール状 じょう	볼 형상, 볼 모양
真新しい ま あたら	아주 새롭다
真後ろ ま うし	바로 뒤
真夜中 ま よ なか	한밤중
未経験 み けいけん	미경험
未使用 み しょう	미사용
ムード一色 いっしょく	무드 일색
無回答 む かいとう	무응답
無計画 む けいかく	무계획
無責任 む せきにん	무책임
名選手 めいせんしゅ	명선수
用心深く ようじんぶか	신중하게, 조심스럽게
予約制 よ やくせい	예약제
来学期 らいがっ き	다음 학기
来シーズン らい	다음 시즌
別れ際 わか ぎわ	헤어지려고 할 때
私宛て わたし あ	내 앞(수신인)
和風 わ ふう	일본풍, 일본식

문맥 규정

어휘	의미	어휘	의미
あいつ 相次ぐ	연달아, 잇달아	え 得る	얻다
あいにく	공교롭게도	おだ 穏やかな	온화한, 평온한
あいまい 曖昧	애매	おと 劣る	뒤떨어지다
あこがれ	동경	おとろ 衰える	쇠퇴하다, 쇠하다
アピール	어필, 호소	おも き 思い切って	과감히, 마음껏
あらかじ 予め	미리, 사전에	おも こ 思い込む	마음먹다, 믿어 버리다
あらそ 争う	싸우다	おんこう 温厚な	온후한
アレンジ	어레인지, 배치, 편집	かいさん 解散	해산
あん い 安易に	안이하게	かいしょう 解消	해소
か げん いい加減な	적당한, 엉터리인, 무책임한	かいせい 改正	개정
いだ 抱く	안다, 품다	かいせつ 開設	개설
いっ き 一気に	단숨에	かいぜん 改善	개선
い はん 違反	위반	かいやく 解約	해약
い よく 意欲	의욕	かか 抱える	안다, 맡다
いらいら	안달복달, 초조함	か 欠かさない	빠뜨리지 않다, 거르지 않다
インパクト	임팩트, 충격, 영향	かがや 輝かしい	빛나다, 훌륭하다
う け 打ち消す	부정하다, 없애다	かく ほ 確保	확보
うとうと	꾸벅꾸벅	かさかさ	바삭바삭, 물기가 없어 거친 모양
うなずく	(고개를) 끄덕이다, 수긍하다	かた 固める	굳히다, 확고히 하다

어휘	의미
かたよる	치우치다, 기울다
かっき 活気	활기
かっこう 格好	모습, 모양, 꼴
かっぱつ 活発に	활발하게
かんりょう 完了	완료
きがる 気軽に	부담 없이, 가볍게
ぎっしり	가득, 잔뜩
きのう 機能	기능
きゅうじん 求人	구인
ぎりぎり	아슬아슬, 빠듯함
くじょう 苦情	불평, 불만, 푸념
ぐち	푸념
くちょう 口調	어조, 말투
ぐったり	녹초가 된 모양, 축 늘어진
く 悔やむ	후회하다, 애석하게 여기다
クリア	클리어, 해결, 합격, 허가
けいき 契機	계기
げきてき 劇的に	극적으로
けはい 気配	기색, 기척
げんかい 限界	한계

어휘	의미
けんとう 見当	예상, 예측
こうかい 後悔	후회
こうしょう 交渉	교섭
こうちょう 好調	호조, 순조
ごかい 誤解	오해
こそこそ	소곤소곤, 살금살금
ごちゃごちゃ	어지러이 뒤섞인 모양, 뒤죽박죽
ごろごろ	데굴데굴, 빈둥빈둥
さいばい 栽培	재배
さ つか 差し支える	지장이 있다
さっぱり	산뜻한, 담백한
シーズン	시즌, 시기
じかん 時間をつぶす	시간을 때우다
じたい 辞退	사퇴, 사양, 거절
し き 締め切る	마감하다
じもと 地元	그 고장, 그 지방
しや 視野	시야
じゃま 邪魔	방해, 훼방
しゅうかく 収穫	수확
じゅうなん 柔軟	유연

어휘	의미
じょうしょう 上昇	상승
しょうりゃく 省略	생략
ショック	쇼크, 충격
じょじょに 徐々に	서서히
じろじろ	빤히, 유심히
しんしゅつ 進出	진출
ずうずうしい	낯 두껍다, 뻔뻔하다
すっきり	상쾌하고 산뜻한 모양, 말끔히, 깨끗이
スペース	스페이스, 공간, 여백
スムーズに	원활하게, 순조롭게
するどい 鋭い	날카롭다, 예리하다
ぜいたくな	사치스런
せいちょう 成長	성장
せつぞく 接続	접속
せつび 設備	설비
せつやく 節約	절약
せまる 迫る	다가오다, 육박하다
せんねん 専念	전념
そうい 相違	상이, 다름, 틀림
ぞくしゅつ 続出	속출

어휘	의미
そそっかしい	덜렁거리다, 방정맞다
ぞろぞろ	많은 사람이 잇달아 움직이는 모양, 줄줄
そんちょう 尊重	존중
ターゲット	타깃, 목표, 표적
たいかく 体格	체격
タイミング	타이밍, 적절한 순간
たくわえる 蓄える	저장하다, 비축하다
ただいな 多大な	(수량·정도가) 매우 큰
たっする 達する	이르다, 도달하다
たっぷり	듬뿍, 많이
たのもしい 頼もしい	믿음직하다, 미덥다
ちゃくちゃく 着々	척척, 순조롭게
ちゅうけい 中継	중계
ちらかす 散らかす	어지르다, 흩뜨리다
つうか 通過	통과
つうじる 通じる	통하다, 연결되다
つまずく	발이 걸려 넘어지다
つまる 詰まる	막히다
つよみ 強み	강점
つらい 辛い	괴롭다

어휘	의미
ていきょう 提供	제공
ていせい 訂正	정정
てきど 適度な	적당한
デザイン	디자인
でたらめに	엉터리로, 되는대로
てんきん 転勤	전근
てんけん 点検	점검
てんぷ 添付	첨부
どうにゅう 導入	도입
とくしょく 特色	특색
とくてい 特定	특정
どくとく 独特	독특
と こ 溶け込む	녹아들다
と ち 飛び散る	사방에 흩날리다
と 飛びつく	달려들다, 덤벼들다
なだらか	완만함, 순조로움
ニーズ	니즈, 수요, 요구
にご 濁る	흐려지다, 탁해지다
にっこり	생긋, 방긋
のんびり	한가로이, 유유히

어휘	의미
はっき 発揮	발휘
はなし つ 話が尽きない	이야기가 끊이지 않다
ばめん 場面	장면
はら た 腹を立てる	화를 내다
バランス	밸런스, 균형
はんえい 反映	반영
パンク	펑크, 구멍이 남
ひ と 引き止める	말리다, 붙잡다
ひそひそ	소곤소곤, 속닥속닥
びっしょり	흠뻑
ひょうか 評価	평가
ひょうばん 評判	평판
ひれい 比例	비례
びんかん 敏感	민감
ふあんてい 不安定	불안정
ふきゅう 普及	보급
ふく 含む	포함하다, 머금다
ふさわしい	어울리다
ぶらぶら	어슬렁어슬렁
プレッシャー	프레셔, 심리적 압박

어휘	의미
ぶんせき 分析	분석
ぶんたん 分担	분담
ほうどう 報道	보도
ほう ふ 豊富に	풍부하게
ほんもの 本物	진짜, 진품, 실물
ぼんやり	멍하니, 멀거니
マイペース	마이 페이스, 자기 방식
まねる	흉내 내다, 모방하다
まれな	드문, 좀처럼 없는
む ちゅう 夢中	열중함, 몰두함
めいしょ 名所	명소, 명승지
め ざ 目指す	목표로 하다
めん 面して	인접해, 마주해, 면해
めんどう 面倒だ	귀찮다, 번거롭다
もてなす	대접하다, 환대하다
も あ 盛り上がる	고조되다, 높아지다
やかましい	시끄럽다, 떠들썩하다
やく め 役目	역할
やと 雇う	고용하다
ゆうこう 有効	유효

어휘	의미
ゆう り 有利	유리
ゆ だん 油断	방심, 부주의
よ そく 予測	예측
よ と 呼び止める	불러 세우다
リーダー	리더, 지도자
リハーサル	리허설
リラックス	릴랙스, 긴장을 풀고 쉼
わ だい 話題	화제
わ こ 割り込む	끼어들다
わりと	비교적

あいまい 애매, 애매모호	≒	はっきりしない 분명하지 않다
明_{あき}らかな 분명한	≒	はっきりした 확실한, 분명한
当_あてて 맞혀서, 명중시켜서	≒	ぶつけて 던져서, 맞혀서
過_{あやま}ち 잘못, 실수	≒	正_{ただ}しくない 옳지 않다
あやまり 잘못, 틀림, 실수	≒	間違_{まちが}っているところ 틀린 부분
あわれな 불쌍한, 애처로운	≒	かわいそうな 불쌍한
案_{あん}の定_{じょう} 생각한 대로, 아니나 다를까	≒	やっぱり 역시
いきなり 갑자기	≒	突然_{とつぜん} 돌연
息抜_{いきぬ}きした 한숨 돌렸다, 잠시 쉬었다	≒	休_{やす}んだ 쉬었다
いじって 만지고, 손대고	≒	触_{さわ}って 만지고
依然_{いぜん} 의연, 여전	≒	まだ 아직
依然_{いぜん}として 여전히	≒	相変_{あいか}わらず 변함없이
一層_{いっそう} 한층 더, 더욱더	≒	もっと 더욱, 좀 더, 한층
一転_{いってん}する 일변하다	≒	すっかり変_かわる 완전히 변하다
いばる 거만하게 굴다, 으스대다	≒	偉_{えら}そうにする 대단한 듯 굴다, 잘난 체하다
うつむく 고개를 숙이다	≒	下_{した}を向_むく 아래를 향하다, 밑을 보다

大げさだ 요란스럽다, 허풍을 떨다	≒	オーバーだ 오버이다
おおよそ 대강, 대체로	≒	だいたい 대체로
お勘定は済ませました 계산은 끝냈습니다	≒	お金は払いました 돈은 지불했습니다
臆病 겁이 많음	≒	なんでも怖がる 무엇이든 무서워하다
惜しい 아깝다, 섭섭하다	≒	もったいない 아깝다
おそらく 아마도, 어쩌면	≒	たぶん 아마
落ち込んだ 낙담했다, 침울했다	≒	がっかりした 실망했다
思いがけない 의외이다, 뜻밖이다	≒	意外な 의외의
買いしめる 매점하다, 사재기하다	≒	全部買う 전부 사다
ガイド 가이드	≒	案内 안내
回復する 회복하다	≒	よくなる 좋아지다
概要 개요	≒	大体の内容 대략의 내용
欠かせない 빠뜨릴 수 없다	≒	ないと困る 없으면 곤란하다
かかりつけの 늘 진찰(치료) 받는	≒	いつも行く 항상 가는
各自 각자	≒	一人一人 한 사람 한 사람
かさかさしている 꺼칠꺼칠하다	≒	乾燥している 건조하다

かしこい 현명하다, 영리하다	≒ <ruby>頭<rt>あたま</rt></ruby>がいい 머리가 좋다
<ruby>過剰<rt>かじょう</rt></ruby>である 과잉이다	≒ <ruby>多<rt>おお</rt></ruby>すぎる 지나치게 많다
かつて 일찍이, 전에	≒ <ruby>以前<rt>いぜん</rt></ruby> 이전
<ruby>勝手<rt>かって</rt></ruby>な 제멋대로인	≒ わがままな 제멋대로인, 버릇없는
<ruby>勘定<rt>かんじょう</rt></ruby> 계산, 셈	≒ <ruby>会計<rt>かいけい</rt></ruby> 회계, 계산
<ruby>記憶<rt>きおく</rt></ruby>して 기억해서	≒ <ruby>覚<rt>おぼ</rt></ruby>えて 외워서
<ruby>奇妙<rt>きみょう</rt></ruby>な 기묘한	≒ <ruby>変<rt>へん</rt></ruby>な 이상한
<ruby>行儀<rt>ぎょうぎ</rt></ruby> 예의범절, 예의	≒ マナー 매너, 예의
くたくただ 녹초가 되다	≒ ひどく<ruby>疲<rt>つか</rt></ruby>れた 매우 지치다
くだらない 하찮다, 시시하다	≒ <ruby>価値<rt>かち</rt></ruby>がない 가치가 없다
くどい 끈덕지다	≒ しつこい 끈질기다, 끈덕지다
くるんで 휘감아서	≒ <ruby>包<rt>つつ</rt></ruby>んで 포장해서
<ruby>見解<rt>けんかい</rt></ruby> 견해	≒ <ruby>考<rt>かんが</rt></ruby>え<ruby>方<rt>かた</rt></ruby> 사고방식
<ruby>小柄<rt>こがら</rt></ruby>だ 몸집이 작다	≒ <ruby>体<rt>からだ</rt></ruby>が<ruby>小<rt>ちい</rt></ruby>さい 몸이 작다
<ruby>異<rt>こと</rt></ruby>なる 다르다	≒ <ruby>違<rt>ちが</rt></ruby>う 다르다
<ruby>再三<rt>さいさん</rt></ruby> 두세 번, 여러 번	≒ <ruby>何度<rt>なんど</rt></ruby>も 몇 번이나

ささやく 속삭이다, 소곤거리다	≒	小声で話す 작은 소리로 이야기하다
指図する 지시하다	≒	命令する 명령하다
定める 정하다, 결정하다	≒	決める 정하다
雑談 잡담	≒	おしゃべり 잡담, 수다
騒がしい 시끄럽다, 소란스럽다	≒	うるさい 시끄럽다
仕上げる 일을 끝내다, 마무리하다	≒	完成させる 완성시키다
じかに 직접	≒	直接 직접
しぐさ 동작, 표정, 몸짓	≒	動作 동작
仕事に取り掛かる 일에 착수하다	≒	仕事を始める 일을 시작하다
じたばたしても 발버둥쳐도, 버둥거려도	≒	慌てても 허둥대도
じっと 꼼짝 않고, 가만히	≒	動かないで 움직이지 않고
失望した 실망했다	≒	がっかりした 실망했다
湿っている 습기가 차 있다, 젖어 있다	≒	まだ乾いていない 아직 마르지 않다
終日 종일	≒	一日中 하루 종일, 내내
修正する 수정하다	≒	直す 고치다
収納する 수납하다	≒	仕舞う 정리하다, 치우다, (서랍 등에) 넣다

^{しょうとつ} 衝突する 충돌하다	≒	ぶつかる 부딪치다, 충돌하다
^{じょじょ} 徐々に 서서히, 점차	≒	^{しだい} 次第に 차츰, 차차
^{しょせき} 書籍 서적	≒	^{ほん} 本 책
^{しょゆう} 所有する 소유하다	≒	^も 持つ 가지다
^{しんけん} 真剣に 진지하게	≒	まじめに 진지하게, 진정으로
^{しんこく} 深刻な 심각한	≒	^{じゅうだい} 重大な 중대한
^{しんちょう} 慎重に 신중하게	≒	^{じゅうぶんちゅうい} 十分注意して 충분히 주의해서
^す 済ます 끝내다, 마치다	≒	^お 終える 마치다
^{せい} 精いっぱい 있는 힘껏, 최대한	≒	^{いっしょうけんめい} 一生懸命 열심히
^{そうぞう} 騒々しい 시끄럽다	≒	うるさい 시끄럽다
^{そうとう} 相当 상당히	≒	かなり 꽤
そろう 모이다, (인원 따위가) 차다	≒	^{あつ} 集まる 모이다
そろえる 맞추다, 같게 하다	≒	^{おな} 同じにして 같게 해서
^{ただ} 直ちに 곧, 즉시	≒	すぐに 곧, 바로
たちまち 곧, 금세	≒	すぐに 곧, 즉시
たびたび 여러 번, 자주	≒	^{なんど} 何度も 몇 번, 여러 번

たまたま 우연히, 때마침	偶然に 우연히
縮む 줄어들다	小さくなる 작아지다
注目をした 주목을 했다	関心を持った 관심을 가졌다
追加する 추가하다	足す 더하다
ついていた 운이 따랐다, 재수 좋았다	運がよかった 운이 좋았다
つねに 항상	いつも 늘, 항상
テクニック 테크닉, 기술	技術 기술
でたらめ 엉터리	嘘 거짓말
テンポ 템포, 속도	速さ 속도, 빠르기
同情した 동정했다	かわいそうだと思った 불쌍하다고 생각했다
当分 당분간, 잠시 동안	しばらく 잠깐, 한동안
動揺した 동요했다	不安になった 불안해졌다
同僚 동료	同じ会社の人 같은 회사 사람
とがる (끝이) 뾰족해지다	細くなる 가늘어지다
とっくに 훨씬 전에, 벌써	ずっと前に 훨씬 전에
とりあえず 우선	一応 우선, 일단

にっちゅう 日中 주간, 낮	≒	ひるま 昼間 주간, 낮
ハードだ 고되다, 힘들다	≒	たいへん 大変だ 힘들다
はげる 벗겨지다, 바래다	≒	と 取れる 떨어지다, 빠지다
ひ かえ 引き返した 되돌아왔다	≒	もど 戻った 돌아왔다
ひ きょう 卑怯な 비겁한	≒	ずるい 교활하다
ひとがら 人柄 인품	≒	せいかく 性格 성격
ブーム 붐, 일시적 대유행	≒	りゅうこう 流行 유행
ぶかぶかだ 헐렁헐렁하다	≒	おお とても大きい 매우 크다
ぶっそう 物騒になってきた 세상이 뒤숭숭하고 위험한 상태가 되었다	≒	あんぜん 安全じゃなくなってきた 안전하지 않게 되었다
ふ へい 不平 불평	≒	もん く 文句 불평, 불만, 이의
プラン 플랜, 계획	≒	けいかく 計画 계획
ほぼ 거의, 대강	≒	だいたい 대체로, 대강
ま ぎわ 間際 직전, 막 ~하려는 찰나	≒	ちょくぜん 直前 직전
まれだ 드물다, 희소하다	≒	あまり(い)ない 별로 없다
みずから 몸소, 스스로	≒	じ ぶん 自分で 스스로
みょう 妙な 묘한	≒	へん 変な 이상한

むかつく 화나다, 화가 치밀다	≒ 怒る 화나다
無口だ 말이 없다	≒ あまり話さない 별로 말하지 않다
最寄りの 가장 가까운	≒ 一番近い 제일 가까운
山のふもと 산기슭	≒ 山の下のほう 산 밑, 산 아래쪽
やむを得ない 어쩔 수 없다	≒ 仕方がない 어쩔 수 없다
やや 약간, 좀	≒ 少し 조금
優秀だった 우수했다	≒ 頭がよかった 머리가 좋았다
愉快な 유쾌한 사람	≒ 面白い 재미있는 사람
ゆずりました 양보했습니다	≒ あげました 주었습니다
ゆずる 양도하다, 팔아넘기다, 물려주다	≒ 売る 팔다
油断している 방심하고 있다	≒ 気をつけていない 주의하고 있지 않다
用心する 주의하다, 조심하다	≒ 気を付ける 조심하다
利口な 영리한	≒ 頭がいい 머리가 좋다
レンタル 렌털, 임대	≒ 借りる 빌리다
わずかに 조금, 약간	≒ 少し 조금

어휘	의미	어휘	의미
あいず 合図	신호	おお 大げさ	과장, 허풍
あま 甘やかす	응석을 받아 주다	おも 思いつく	(문득) 생각이 떠오르다
あ 荒れる	거칠어지다, 사나워지다	おんこう 温厚	온후, 온화
あわただしい	어수선하다, 분주하다	おんだん 温暖	온난
い わけ 言い訳	변명	かいけん 会見	회견
い い 生き生き	생생한(활기찬) 모양	がいけん 外見	외견
い だい 偉大	위대	かいやく 解約	해약
いっせいに	일제히	かすか	희미함, 어렴풋함
いったん	일단	かなう	이루어지다
い はん 違反	위반	かばう	(남의 잘못을) 감싸다
いんたい 引退	은퇴	がん こ 頑固	완고
いんよう 引用	인용	かんしょう 鑑賞	감상
う い 受け入れる	받아들이다	がんじょう 頑丈	튼튼함, 옹골참
うす 薄める	묽게 하다, 희석시키다	きっかけ	동기, 계기
う あ 打ち明ける	(비밀 · 고민 등을) 숨김없이 이야기하다	ぎっしり	가득, 잔뜩
う あ 打ち合わせ	협의, 회의	きっぱり	단호히
えんぜつ 演説	연설	きゅうげき 急激	급격
えんちょう 延長	연장	きょうゆう 共有	공유
おお 覆う	덮다, 씌우다, 가리다	く 暮れ	(시기 · 계절 등이) 끝나는 무렵, 연말

어휘	의미
けいこう 傾向	경향
けいじ 掲示	게시
けっかん 欠陥	결함
こうたい 交代	교대
ごうどう 合同	합동
こころづよ 心強い	마음 든든하다
こころよ 快 い	기분 좋다, 상쾌하다, 유쾌하다
こつこつ	꾸준히 노력하는 모양
さいそく 催促	재촉
さいばい 栽培	재배
さくせい 作成	작성
さっさと	빨랑빨랑, 재빠르게
さびる	녹슬다
さまたげる	방해하다, 지장을 주다
ざんだか 残高	(은행 계좌의) 잔고, 잔액
しっそ 質素	질소, 검소
しみる	스며들다, 배다
じゅうじつ 充実	충실
じゅうまん 充満	충만
しゅざい 取材	취재

어휘	의미
じゅんちょう 順調	순조로움
しょう 生じる	생기다, 발생하다
じょうたつ 上達	향상, 숙달
しょき 初期	초기
しょほ 初歩	초보
しるし 印	표시
しんこく 深刻	심각
するど 鋭い	날카롭다, 예리하다
せけん 世間	세간, 세상
せだい 世代	세대
せつやく 節約	절약
せめて	적어도, 하다못해
せんめい 鮮明	선명
そうき 早期	조기
そくざに 即座に	바로, 즉석에서
ぞくしゅつ 続出	속출
そざい 素材	소재
たくましい	늠름하다, 씩씩하다
たさい 多彩	다채, 다채로움
たた 畳む	접다, (빨래·옷 등을) 개다

어휘	의미
だ とう 妥当	타당
た も 保つ	지키다, 유지하다, 견디다
だらしない	칠칠치 못하다
ち ぢ 縮む	줄어들다, 오그라들다
ちゅうだん 中断	중단
ちゅうもく 注目	주목
ちょうじょう 頂上	정상, 절정
ちゃくちゃく 着々	착착, 순조롭게
ち 散らかす	흩뜨리다, 어지르다
つ 尽きる	다하다, 끝나다
ていねん 定年	정년
て がる 手軽	간편함, 간단함
てんかい 展開	전개
と あ 問い合わせる	문의하다
とくしゅ 特殊	특수
とっくに	훨씬 전에, 벌써
とぼしい	모자라다, 부족하다
にご 濁る	탁해지다, 흐려지다
にっか 日課	일과
にぶ 鈍い	둔하다, 굼뜨다, 무디다

어휘	의미
の つ 乗り継ぐ	다른 것으로 갈아타고 목적지로 가다
はい し 廃止	폐지
はきはき	또박또박, 시원시원하고 분명한 모양
はずす	떼다, 벗다
はったつ 発達	발달
は 腫れる	붓다
はん い 範囲	범위
はんせい 反省	반성
ふ きゅう 普及	보급
ふさぐ	막다, 가리다
ふさわしい	어울리다
ふもと 麓	산기슭
ふ む 振り向く	뒤돌아보다
ぶんかい 分解	분해
ぶん や 分野	분야
へだ 隔てる	사이를 떼다, 가로막다
ベテラン	베테랑, 숙련자
ほうしん 方針	방침
ほ そく 補足	보충
ほ ぞん 保存	보존

어휘	의미
ほっと	안심(안도)하는 모양
矛盾 むじゅん	모순
目上 めうえ	윗사람, 연장자
めくる	넘기다, 젖히다
ものたりない	어딘가 부족하다, 미흡하다
最寄り もより	가장 가까움, 근처
漏れる も	(물·빛 등이) 새다, 누설되다
役目 やくめ	역할, 임무
破れる やぶ	찢어지다, 깨지다
行方 ゆくえ	행방
用途 ようと	용도
利益 りえき	이익
略す りゃく	생략하다, 간단히 하다
冷静 れいせい	냉정
論争 ろんそう	논쟁

색인

494

496

き

JLPT 합격 시그널 일본어능력시험 단어장 N2

초판인쇄	2025년 5월 9일
초판발행	2025년 5월 30일

저자	JLPT 연구모임
편집	김성은, 조은형, 오은정, 무라야마 토시오
펴낸이	엄태상
디자인	이건화
조판	이서영
콘텐츠 제작	김선웅, 장형진
마케팅	이승욱, 노원준, 조성민, 이선민
경영기획	조성근, 최성훈, 김로은, 최수진, 오희연
물류	정종진, 윤덕현, 신승진, 구윤주

펴낸곳	시사일본어사(시사북스)
주소	서울시 종로구 자하문로 300 시사빌딩
주문 및 교재 문의	1588-1582
팩스	0502-989-9592
홈페이지	www.sisabooks.com
이메일	book_japanese@sisadream.com
등록일자	1977년 12월 24일
등록번호	제 300-2014-92호

ISBN 978-89-402-9445-1(13730)